CLAUDE LANZMANN

DAS GRAB DES GÖTTLICHEN TAUCHERS

Ausgewählte Texte

Aus dem Französischen von
Erich Wolfgang Skwara

Rowohlt

Die französische Originalausgabe erschien 2012 unter dem Titel
«La Tombe du Divin Plongeur» bei Éditions Gallimard, Paris.

1. Auflage November 2015
Copyright der deutschsprachigen Ausgabe © 2015 by
Rowohlt Verlag GmbH, Reinbek bei Hamburg
Alle deutschen Rechte vorbehalten
«La Tombe du Divin Plongeur» Copyright © 2012 by
Éditions Gallimard, Paris
Alle Rechte vorbehalten
Satz Newzald PostScript (InDesign) bei
Pinkuin Satz und Datentechnik, Berlin
Druck und Bindung CPI books GmbH, Leck, Germany
ISBN 978 3 498 03942 4

Für Juliette

INHALT

RUND UM SHOAH

WÜRDIGUNGEN UND GRABREDEN

Zum ersten Mal bin ich in den fünfziger Jahren nach Paestum gereist. Gemeinsam mit Simone de Beauvoir und Jean-Paul Sartre verbrachte ich fast einen ganzen Tag dort; von der harten Mittagssonne bis zum Einbruch der Dunkelheit ließen wir den dorischen Tempelsäulen Zeit, knochenweiß zu werden. Und immer wieder bin ich im Lauf meines Lebens nach Paestum zurückgekehrt. Erst gestern fand ich die alte, unangetastete Empfindung aufs Neue in mir vor, eine Mischung bis zum zerreißen gereizter Nerven und ungekannter Ruhe, das Gefühl, eine vor dem Leben und vor dem Tod geschützte Oase des Friedens erreicht zu haben. Die Gegenwart der drei Tempel, der Umstand, dass sie die Jahrhunderte überdauert haben, schien mir eine Gewähr für meine eigene Existenz zu sein.

Ich wusste alles über die dorischen Säulentempel, über das Parthenon, über den Tempel von Segesta oder jene von Agrigento auf Sizilien und einen anderen, dem Apollon geweihten kleinen Tempel auf der Peloponnes. Um dorthin zu gelangen, musste man warten, bis der Weg mit Dynamit freigesprengt war: So sehr hatte ihn der Krieg in Vergessenheit geraten lassen. Beim Schreiben dieser Zeilen fällt selbst mir sein Name nicht mehr ein – und doch, plötzlich weiß ich ihn wieder: Es ist der Tempel von Bassai! Mit Simone de Beauvoir hielt ich mich tagelang im Umkreis des Parthenon auf, den *Guide Bleu* in der Hand. Ich lernte gern und überprüfte an ihrer Seite die Genauigkeit meines Wissens: über die Geisa, die Mutuli, die Friese, die Triglyphen, die Metopen, die Architrave. Ich hatte viel gelesen und verdankte meine Kenntnisse damals jenen dicken blauen Reiseführern, die nie in Gefahr gerieten, uns mit ihren Belehrungen lästig zu fallen; sie kannten ihre Leser. Ich erinnere mich noch, wie ich mit Hilfe eines *Guide Bleu* in Italien die Straße wählte, die den Ufern des Gardasees folgt. Ich war begeistert, als ich las: «Herrliche Landschaften, Tunnel»!

Das Grab des göttlichen Tauchers habe ich, da es erst 1968 entdeckt wurde, viel später kennengelernt. Dann allerdings habe ich mich nicht davon losreißen können. Oft blieb ich zu lange im Tempelbereich und erreichte das Museum erst, als es bereits geschlossen war; ein anderes Mal konnte ich es mehrere Wochen, ja Monate nicht besuchen, weil dort gebaut wurde. Und nie hätte ich gedacht, dass mein Herz so berührt, dass ich im tiefsten Inneren so erschüttert sein könnte wie an dem Tag, als der Taucher mir schließlich erschien: ein vollkommener Bogen; es war, als spränge er endlos hinein in den Raum zwischen Leben und Tod. Ein ergreifendes Tauchmanöver, denn tatsächlich befindet er sich im Leeren, und vielleicht wird sein Fallen nie enden. Man begreift nicht: Von wo ist er abgesprungen, wohin stürzt er sich? Vielleicht fällt er auch gar nicht? Er scheint zu schweben.

Wenn ich nach etwas Beständigem suche, nach einem Zusammenhang, einer meinem Leben oder den hundert Leben, die ich, wie manche sagen, gelebt habe, innewohnenden Einheit, dann nimmt der göttliche Taucher – so heißt im Museum von Paestum das Fresko, das die Decke seines Grabmals schmückte – eine zentrale Stelle ein. Das Fresko hat nicht nur eine ästhetische Bedeutung für mich wie die Betrachtung von Kunst, von jedwedem Schönen, für mich ist es darüber hinaus auch tröstend, ja: schön und tröstend zugleich. Und wie es Nachfolger Jesu Christi gibt, so bin ich dem göttlichen Taucher von Paestum gefolgt. Die Nachfolge aber barg ein Gebot, das zu missachten mir unmöglich war, dem ich mich allerdings auch erst nach vielen Jahren ganz unterwerfen konnte. Die Leere stieß mich ab und zog mich an: Ich musste warten, bis ich über siebzig war.

Heute taucht man in Paestum nicht mehr, die Küste dort ist sandig und flach, aber genauso gefährlich wie die weiter im Norden gelegene Amalfiküste. Damals hingegen war es nicht die vollkommene Schönheit des Hotels hoch oben auf der schwindelerregend steilen, sich hundert Meter über das Mittelmeer erhebenden Kliffküste, welche die stärkste Anziehungskraft auf mich ausübte, sondern ein Felsvorsprung, von dem aus man aus vier Metern Höhe ins Meer springen konnte. Sommer für Sommer habe ich mich auf diesem Felsvorsprung aufgehalten, habe mich behutsam an seinen äußersten Rand vorgewagt, bin dann aus Furcht vor der Leere und Transparenz des Wassers – die Sonne vervielfachte die Tiefe noch – wieder zurückgewichen: Nicht aus vier Metern Höhe sprang man in Wahrheit, eher aus acht, zehn, vielleicht sogar zwölf. Nur wenige Schwimmer trauten sich das zu. Und die meisten von ihnen machten keinen Kopfsprung, sondern sprangen mit den Füßen voraus. Nach langem Nachdenken schwor ich mir und dem göttlichen Taucher eines Tages, es trotzdem zu tun. Ich kam aus Paestum zurück und sprang. Ein schlechter Kopfsprung; ich war zu angespannt, um nach vorne abzuspringen, ich fiel eher mit dem Kopf voraus, aber sobald ich den festen Boden verlassen hatte, spürte ich, dass es zu spät war, meinen Entschluss rückgängig zu machen. Bei einem Sprung aus vier Metern Höhe hat man genug Zeit, sich in der Leere schweben zu fühlen: Die Fallgeschwindigkeit ist sogleich hoch, man fällt so schnell, dass das Wasser dem tauchenden Anfänger eine Ohrfeige verpasst und seine Arme – er hält sie straff gespannt – brutal zusammenstaucht. Trotzdem war ich wie verrückt vor Stolz und entschlossen, sofort noch einmal zu springen. Ich wollte meine innere Lockerheit, die Anspannung der Beine und Arme steigern und den Kopf wie geschützt in der Wiege der Armmuskeln halten.

Heute ist es zwölf Jahre her, dass ich den ersten Sprung tat: Seitdem bin ich mehrmals an diesem Ort gewesen, um zu springen, ja ich reiste immer nur mit dieser einen Absicht dorthin, sogar im vergangenen Sommer noch. Mich in die Leere zu werfen ist mir ein Bedürfnis geworden; fast bin ich süchtig danach. Außerdem bewunderte ich die Klippenspringer, die sich in jener Gegend von Felsvorsprüngen zwanzig oder dreißig Meter nach unten stürzen, und einmal konnte ich bei so einer Gelegenheit den Sprung eines Italieners beobachten: Anfangs gekrümmt wie der göttliche Taucher, streckte er seinen Körper ganz kurz vor dem Eintauchen fast senkrecht aus. Ich hoffte, ihn wiederzusehen. Schon am nächsten Tag hatte ich Glück. In einem Fischerboot näherte er sich der Stufenleiter, über die er auf den Felsvorsprung gelangte, auf dem ich mich befand. Er durchmaß ihn mit Riesenschritten, ohne Augen für irgendwen, bis er zu einer in den Felsen gehauenen, kaum erkennbaren Treppe kam. Außer Atem, mit Herzklopfen folgte ich ihm: Er ging sehr schnell, als wollte er nicht nachdenken müssen. Schließlich erreichte er den Felsvorsprung, den er sich ausgesucht hatte, eine schwindelerregend steil abfallende Kante, in etwa dreißig Meter Höhe. Ich blieb in der Nähe, freilich hinter ihm, weil ich fürchtete, andernfalls unwillkürlich zu zittern und so die äußerste Konzentration zu stören, deren Zeuge ich war. Ich weiß nicht, ob er mich bemerkte; um zu tun, was er vorhatte, musste er allein sein. Und doch konnte ich nicht weggehen, es war, als hätte man mir befohlen, bis zum letzten Augenblick bei ihm zu bleiben, als gäbe es eine Pflicht, der ich mich nicht entziehen durfte. Alles an dem Mann war vollkommen: die Silhouette, die Muskulatur, das ungemein schöne, vergeistigte Gesicht, das ihm vielleicht dieses Zwiegespräch mit dem Tod ermöglichte, das in jedem seiner Züge erkennbare Bewusstsein der bösen Folgen jedes noch so geringen Zögerns. Draußen auf dem Meer wartete das Fischerboot, das ihn gebracht hatte. Er sammelte sich lange, sehr lange, bis er die nötige Gewissheit, die Selbstsicherheit erlangt hatte und der nicht zu errechnende, nur für ihn erkennbare Moment gekommen war, in dem er sich entspannt und mit weit geöffneten Armen horizontal in die Luft schwang.

Es mag überraschen, dass ich das Vorwort zu einer Sammlung von Texten auf diese Weise beginne. Ich habe sie in verschiedenen Phasen meines Lebens zu ganz unterschiedlichen Anlässen geschrieben und in Zeitschriften, Illustrierten und Tageszeitungen veröffentlicht, die mittlerweile verschwunden, vergessen oder doch nicht mehr allgemein bekannt sind. Da ich mich gegen das Sammeln wehre und mich eher der Zukunft als der Vergangenheit zuwende, hatte ich nie daran gedacht, sie in einem Buch zusammenzustellen, und noch weniger daran, ihnen ein neues Leben zu verleihen. Erst meine Memoiren *Der patagonische Hase* – und die Art, wie sie von der Öffentlichkeit aufgenommen wurden – brachten mich darauf, meine Vergangenheit als Schreiber unter die Lupe zu nehmen. Ich sage bewusst «Schreiber», weil viele erstaunt gewesen sind, dass der Regisseur von *Shoah* tatsächlich auch schreiben konnte. Entscheidender jedoch war: *Der Hase* wurde als das Buch eines Schriftstellers, als ein literarisches Werk gesehen. In der verbreiteten Neigung, Menschen und Dinge einzuordnen und zu kategorisieren, wird gern geglaubt, es sei unnatürlich oder nicht angemessen, wenn jemand mehrere Eisen im Feuer hat.

Im *Grab des göttlichen Tauchers* finden sich Artikel wie *Der Priester von Uruffe und die Kirchenraison*, die mich viel Zeit und Arbeit gekostet haben. Den Wert dieses Stücks erkannte ich auf Anhieb. 1958 in *Les Temps Modernes* veröffentlicht, erschien es vierzig Jahre später ein zweites Mal in *L'Infini*, einer Zeitschrift von Philippe Sollers, der den Essay für sich entdeckt hatte. Doch nicht allein solche Texte – es gibt mehrere dieser Art – haben mich veranlasst, das Buch zu veröffentlichen. Bevor ich anfing, Filme zu drehen, habe ich zwanzig Jahre lang, von 1950 bis 1970, vom Schreiben gelebt, indem ich praktizierte, was man «Brotjournalismus» nennt, den die «ernsthaften», die etablierten Journalisten, die jede Woche wenigstens von einer großen Idee heimgesucht werden, verachten. Albert Cohen, den ich jeden Monat für einen Tag in seiner Wohnung in Genf besuchte, hat mir in diesem Zusammenhang einmal von einem kurzen Wortwechsel zwischen Paul Valéry und Albert Einstein erzählt. Valéry war immer mit einem Notizbuch ausgerüstet, in das er knauserig jeden Einfall hineinschrieb. Er fragte Einstein: «Wie gelingt es Ihnen nur, Meister, Ihre Ideen nicht zu vergessen?» – «Ach, Monsieur, Ideen hat man selten», antwortete Einstein. Auch ich hatte nicht jede Woche eine Idee: So kam es, dass ich zwanzig Jahre lang für *France-Soir* als «rewriter», anders gesagt: als Ghostwriter gearbeitet habe. Ich schrieb die Artikel anderer Leute anonym noch einmal. Für einen Nachmittag, manchmal auch noch für die darauf folgende Nacht verlangte diese geheime Arbeit Konzentration und Schnelligkeit. Die Ghostwriter von *France-Dimanche* erlebten anstrengende, bisweilen aber auch fröhliche Nächte; ich erinnere mich, ein Gespräch zwischen der britischen Königin Elisabeth II., Nikita Chruschtschow und dem damaligen Vorsitzenden des Ministerrats der UdSSR, Marschall Nikolai Bulganin – beide auf Staatsbesuch in London – nicht redigiert, sondern vollständig erfunden zu haben. Die Begegnung hatte sich gewiss nicht so zugetragen, wie ich sie erzählte, doch meine Geschichte war immerhin lebendig und witzig; leider habe ich sie verloren. Wie auch immer, auf diese Weise bestritt ich damals meinen Lebensunterhalt, wobei ich über den Rest der Zeit frei verfügen konnte, und diese Freiheit war mir wichtiger als alles andere. Der Chef der Verlagsgruppe war Pierre Lazareff, genannt «Pierre Hosenträger». Nach ungefähr zehn Jahren machte mir seine Frau Hélène Lazareff, die Gründerin und Chefredakteurin von *Elle*, den Vorschlag, für ihr Blatt jeden Monat einen umfangreichen Artikel zu schreiben, und ich nahm das Angebot an. Mit viel Phantasie und beträchtlicher Schreibanstrengung – um den oft mageren Informationen auf die Sprünge zu helfen –, erzählte der erste dieser Beiträge, wie der Dalai-Lama 1959 vor der chinesischen Armee geflohen war, die Tibet und die Hauptstadt Lhasa überfallen hatte. Der Artikel erschien unter meinem Namen. Daneben allerdings gab es viele Texte, unter die ich meinen Namen nicht setzen wollte und für die ich mir in letzter Minute, schon in der Setzerei, ein Pseudonym ausdenken musste. Ein unbegreiflicher Geistesblitz machte mich dergestalt zu Jean-Jacques Delacroix! Der Vorname kam mir gewiss wegen Jean-Jacques Servan-Schreiber in den Sinn, der damals viel von sich reden machte, Delacroix vermutlich wegen des Malers Eugène Delacroix oder auch wegen Jean de la Croix, wer weiß? Es wird wohl ein Geheimnis bleiben.

Warum veröffentlichte ich unter einem Pseudonym? Ich schrieb auch für *Les Temps Modernes*, ja gehörte ihrer Redaktion an, wobei weder ich noch Simone de Beauvoir oder Sartre den geringsten Widerspruch darin sahen, dass ich gleichzeitig für beide Zeitschriften tätig war, ermöglichte mir die eine doch, unbezahlt für die andere zu arbeiten. Und Marcel Péju, seinerzeit Mitherausgeber von *Les Temps Modernes*, war selbst Ghostwriter bei *Samedi-Soir*, dem Konkurrenten von *France-Dimanche*. Während des Algerienkrieges unterstützten wir die Nationale Befreiungsfront (FLN), mit der wir auch in direktem Kontakt standen, und so wurde *Les Temps Modernes* wiederholt zensiert oder beschlagnahmt. Die Aktivisten der FLN hatten freilich ihrerseits strenge moralische Vorstellungen, deren Einhaltung sie auch von ihren Unterstützern erwarteten, und Frantz Fanon – wenig später habe ich ihn in Tunis kennengelernt und maßlos bewundert, neben tausend anderen Gründen vor allem für die Art, in der er sein Leben mit seinen Überzeugungen zur Deckung brachte – soll es mir, wie ich später erfuhr, verübelt haben, dass ich auf diese Weise mein täglich Brot verdiente (auch wenn wir nicht großzügig bezahlt wurden, bewahrte ich mir so immerhin meine Freiheit), und hat, auf mich gemünzt, zu einem seiner Vertrauten gesagt: «Aber was ist mit der Einheit des Ich?» Das hat mich berührt; ich verspürte wenig Lust, ihm die dunklen Verflechtungen meiner Existenz zu erklären, und außerdem verstand ich ihn: Als Ghostwriter zu arbeiten oder über Schauspielerinnen zu schreiben musste ihm frivol, ja wie ein Widerspruch zum radikalen Engagement erscheinen. Lebten wird doch in einer totalitären, vom Kalten Krieg geprägten Zeit: Man hatte sein Handeln zu verantworten, und für mich war es nun mal einfacher, meinen Namen zu wechseln. Dennoch bildeten Lanzmann und Delacroix eine Einheit: Sie waren in jedem Augenblick derselbe Mensch, und der eine wie der andere begann seine Artikel angesichts der leeren Seite mit Bangigkeit im Herzen. Beide gingen mit der gleichen Ernsthaftigkeit ans Werk, beide schrieben nie etwas schlampig hin, beide fanden immer wieder bestätigt, was für ein unvergleichliches Vergnügen das Geschriebene bereitet und wie viel Stolz und Freude das Wiederlesen einer gelungenen Schilderung schenkt.

Nachdem *Der patagonische Hase* veröffentlicht war, machte ich mich zufällig und ohne bestimmte Absicht an ein anderes Wiederlesen: Ich nahm mir einige Texte vor, die aus der Feder meines Alter Ego Delacroix stammten, alle vor vierzig Jahren in *Elle* erschienen. Von Delacroix wechselte ich zu Lanzmann und seinen Arbeiten für dieselbe Zeitschrift und fand mehr als nur eine Familienähnlichkeit; ich konnte zwischen den einen und den anderen nicht den Hauch eines Unterschiedes ausmachen, konnte nicht erkennen, wer was geschrieben hatte. Die Einheit des Ich, die Fanon so kostbar gewesen war, stellte sich vor meinen Augen her ... die Einheit des Ich war ich! Daraufhin habe ich systematisch alle von mir verfassten Arbeiten wiedergelesen. Und lesend staunte ich, wie viel Freude ich empfand, denn die Texte sind jung geblieben und ohne Falten, was am Ende dazu führte, dass ich nicht mehr begreifen konnte, warum ich mir damals eine Maske aufgesetzt und welche Scham in jenen fernen Zeiten von mir Besitz ergriffen hatte. Mehr noch, die Verwandtschaft zwischen dem Stil der Texte und dem des *Patagonischen Hasen* war offenkundig: Es war die gleiche Handschrift; *Der Hase* steckte schon ganz und gar in dem, was ich meinen «Brotjournalismus» genannt habe. Und so traf ich die Entscheidung, das vorliegende Buch zu veröffentlichen.

Allein bin ich, es sinkt der Abend mir herab,
und meine Seele neigt, o Herr, sich auf das Grab,
so wie des Ochsen Haupt zur Wasserkühle strebt.

Diese Verse aus Victor Hugos Gedicht *Der Schlaf des Boas* bekomme ich nicht mehr aus dem Kopf, sie kursieren in meinem Schädel, sie tauchen mehrmals am Tag oder in der Nacht, sogar wenn ich nicht allein bin, plötzlich wieder auf. Mich bewegt das Thema des Grabes zutiefst – und zusehends häufiger. Ich wage nicht zu glauben, dass jemand, wenn es so weit sein wird, auf die Idee verfallen könnte, meinem Körper oder der Erinnerung an mich das Adjektiv «göttlich» beizufügen, aber ich fordere den Rang des Tauchers für mich ein. Mein ganzes Leben habe ich nach der Wahrheit getaucht, und nicht nur im Meer. Alle wichtigen Entscheidungen, die ich zu treffen hatte, waren wie Kopfsprünge, Sturzflüge ins Leere, sämtlicher Sicherheiten ledig, und ich war genötigt, erfolgreich oder doch zumindest bereit zu sein, jene schwerwiegenden Folgen auf mich zu nehmen, die ein Misslingen bedeutet hätte. Wie viele Unbekannte haben mir seit dem Erscheinen des *Patagonischen Hasen* und dem Gerede von meinen hundert Leben geschrieben oder gesagt: «Ach Monsieur, was für ein Glück Sie gehabt haben, mein Leben wird nie wie Ihres sein.» Ich bedankte mich; ich konnte meinem Gesprächspartner indes keinen Ratschlag geben. Ich war zu überzeugt, dass sie recht hatten: Das heutzutage zur Regel gewordene umfassende Nivellieren und nörgelnde Kleinhalten allen Daseins hat die Zahl der Kopfspringer beträchtlich reduziert. Eher fügt man sich, passt sich vorgegebenen Mustern an, marschiert im Gleichschritt ... es sind unerbittliche Forderungen, die all jene, die um die erträumte oder erahnte, aber nie erlebte Freiheit trauern, in den Selbstmord treiben. Ich werde hier nicht versuchen, eine Liste der Kopfsprünge meines bewegten Lebens zu erstellen, deren Prinzip und Grundgefühl immer gewesen ist, die Angebote, die Gelegenheiten zum Wagnis nicht zurückzuweisen, sie vielmehr nach Möglichkeit zu suchen und sich zugleich sehr elend und schuldig zu fühlen, wenn man der Vorsicht, den Sicherheiten und dem häuslichen Glück den Vorzug gibt. Es stimmt: Die Zeiten waren günstiger, und ich habe meine Chancen genutzt. Die Résistance, die Widerstandsbewegung, Berlin während der Blockade, meine illegale Reise nach Ostdeutschland, die mir Jahre im Gefängnis hätte einbringen können, das gewaltige Abenteuer von *Shoah*, von tausend Gefahren beschwert, und schließlich *Der patagonische Hase*, auch er ein Kopfsprung, weil ich die Arbeit in der Gewissheit, dass ich mich schon noch eines Tages daranmachen würde, endlos hinauszögerte, genauso wie damals hoch über dem Meer, als es mir nicht gelang, meine Angst vor der Leere zu überwinden. Ich könnte weitere Beispiele aufzählen, aber es reicht.

In diesem Buch finden sich nicht nur die für den Brotberuf

verfassten Schriften, Reportagen, Porträts von Schauspielerinnen und Schauspielern, Autoren, Sängern und Halunken, sondern auch Artikel, die in *Les Temps Modernes*, in *France-Observateur* oder in *Le Monde* erschienen sind und die den wichtigen, die Zeitgenossen fesselnden Ereignissen des Jahrhunderts gewidmet sind: politische und polemische Texte, viele davon rund um *Shoah* entstanden, Vorworte, Trauerreden, Vorträge etc. Altes und Neues, in den letzten Jahren Entstandenes vermischt sich. Manches Stück steckt die vergehende Zeit und die langsamen Veränderungen ab, die sich im Inneren einer Epoche ereignen, uns aber erst aus der Distanz erkennbar werden. Andere Texte haben mir ein echtes Problem bereitet: Ich würde sie heute nicht mehr schreiben, aber ist das ein Grund, sie nicht in einem Buch zu veröffentlichen, das von meinem Leben, vom vergangenen Jahrhundert Zeugnis ablegen will, ohne zu lügen oder meine damaligen Wahrnehmungen zu vertuschen? Mitten im Kalten Krieg habe ich zum Beispiel in *Les Temps Modernes* einen sehr bösen Artikel über den *Petit Guide des névroses politiques* von Arthur Koestler geschrieben, der damals wie ein Rasender dem Antikommunismus verfallen war. Ich hatte den Autor von *Ein spanisches Testament* und *Diebe in der Nacht* wie einen Bruder geliebt, hatte *Sonnenfinsternis* bewundert und später den Doppelselbstmord von Koestler und seiner Frau in ihrer Londoner Wohnung als niederschmetternd empfunden. Heute würde ich gegen Koestler nichts mehr schreiben, in meinem persönlichen Pantheon nimmt er einen bedeutenden Platz ein. Aber ich habe den Artikel verfasst und publiziere ihn deshalb auch, denn er entspricht einer Zeit, in der auch ich ein Rasender war, und vielleicht bilden unsere Rasereien zusammen die Vernunft der Epoche. Was im Mittelpunkt steht, ist indessen die Frage der Weitergabe: Unser Gedächtnis wird immer schlechter, und mit dem Erinnern dürfen wir es uns nicht leichtmachen. So habe ich beim Lesen der verschiedenen

Übersetzungen des *Patagonischen Hasen* – von gelegentlichen, in so langen Übertragungen unvermeidlichen Sinnwidrigkeiten einmal abgesehen – feststellen müssen, dass manche Fehler der Tatsache geschuldet waren, dass das Wissen um die jüngere Geschichte schwindet. Ich schrieb beispielsweise – und es ist wirklich so gewesen (ich war zur Zeit der deutschen Besatzung selbst Mitglied der kommunistischen Jugendbewegung): «Die Kommunisten waren von Fallschirmabwürfen angloamerikanischer Waffen ausgeschlossen, die allein der *gaullistischen* Résistance vorbehalten blieben.» Die Übersetzung lautete: «Die Kommunisten waren von den Fallschirmabwürfen angloamerikanischer Waffen ausgeschlossen, die allein der *französischen* Résistance vorbehalten blieben»! Nach der Befreiung bezeichnete sich die Kommunistische Partei Frankreichs als «Partei der 75 000 Erschossenen», und wenn die Zahl in dieser Höhe auch ein wenig Propaganda gewesen sein mag, standen die Kommunisten doch ohne Zweifel an der Spitze des Kampfes gegen die Nazis und hatten die größten Opfer auf sich genommen. Was in den letzten siebzig Jahren geschehen ist, der Niedergang des Kommunismus, der Fall der Berliner Mauer etc., hat in den heutigen Generationen bestimmte Erinnerungen fast völlig getilgt, die für die an den Ereignissen Beteiligten noch ganz lebendig sind; sie wurden buchstäblich von einem Tsunami hinweggefegt, der die Gegenwart entwurzelt, ihr die Geschichte nimmt und mit allem reinen Tisch macht, was unser eigentliches Leben war und bleibt.

Noriaki Tsuchimoto, der begabte japanische Filmemacher, bei uns unbekannt, in seinem Land aber sehr berühmt, der sein Leben damit verbrachte, der Minamata-Krankheit auf den Grund zu gehen (auf Kyūshū, der südlichsten Insel des Archipels, leitete der 1906 gegründete Chemiekonzern Chisso ohne irgendwelche Vorsichtsmaßnahmen Quecksilber ins Meer und zerstörte dadurch auf Jahrzehnte die gesamte Nahrungskette und alle an ihr Beteiligten von den Fischen bis hin zu denen, die sie verzehrten: Zuerst erkrankten die Katzen und führten rätselhafte, entsetzliche Veitstänze auf, dann wurden in Fischerfamilien, die glaubten, Gott wolle sie strafen, missgebildete und degenerierte Kinder mit Kröpfen geboren) und mit der Kamera bis zu seinem Tod gegen die offizielle Leugnung dieses Verbrechens anzugehen, schickte mir, nachdem er *Shoah* gesehen hatte, einen brüderlichen Brief: «Die Zeit zwingt uns, alles zu vergessen.» Doch auch wenn das Vergessen am Ende unvermeidlich ist, kämpfe ich mit *Das Grab des göttlichen Tauchers* vorsichtig, wie ich es immer getan habe, gegen alle Tode. Und darum findet sich in dieser Sammlung der *Shoah* gewidmete Satz: «Für mich hat die Zeit nie aufgehört, *nicht* zu vergehen.»

DER PRIESTER VON URUFFE
UND DIE KIRCHENRAISON

Nachdem Guy Desnoyers, der Priester von Uruffe in Lothringen, eine Frau aus seiner Gemeinde ermordet hatte, die von ihm schwanger und deren Entbindung näher gerückt war, schnitt er ihr den Bauch auf, entfernte den Fötus und erteilte ihm die Sterbesakramente. Diese beispiellose Tat erschütterte das Frankreich der zweiten Hälfte des zwanzigsten Jahrhunderts zutiefst. Im Januar 1958 war ich beim Prozess gegen den Priester von Uruffe in Nancy.

Hinten im Saal schrie jemand auf. Andere überraschte Ausrufe folgten. Der Vorsitzende Richter Facq hob nicht einmal den Kopf, unbeirrt verlas er das Urteil. Er musste es zu Ende bringen. Die vier Anklagepunkte – das doppelte Verbrechen, den Kindesmord und die Vorsätzlichkeit – hatten die Geschworenen und das Gericht mehrheitlich anerkannt, dem Angeklagten zugleich allerdings mildernde Umstände zugebilligt. Dem Recht war Genüge getan: Man entließ den Pfarrer von Uruffe und die sieben Geschworenen, die ihn soeben zu lebenslanger Zwangsarbeit verurteilt hatten. Die Geschworenen konnten den Gerichtspalast durch eine Hintertür verlassen. Doch obwohl der Pfarrer längst mit einem Gefangenenwagen abtransportiert und in seine Zelle zurückgebracht worden war – drei Polizeiketten hatten den Wagen abschirmen müssen –, herrschte bei der Menschenmenge auf dem Gerichtsvorplatz noch große Aufregung.

Die versammelten Menschen waren eher überrascht als empört; angesichts der Einzelheiten dieses Zerrbilds von einem

Urteilsspruch wirkten sie wie aus allen Wolken gefallen. Mildernde Umstände hatten dem Pfarrer das Leben gerettet, sie standen jedoch – ganz wie der *deus ex machina* in einem Theaterstück – in keinerlei Verhältnis zu dem, was im Gerichtssaal gesagt worden war. Die Umstände nämlich, die das Verbrechen des Pfarrers Desnoyers «milderten» – es gab sie durchaus –, waren zu keinem Zeitpunkt des Prozesses zur Sprache gebracht worden: weder vom Angeklagten noch von den Zeugen, weder von Seiten der Anklage noch vom Gericht, kaum auch von der Verteidigung. Auf diesen merkwürdigen Vorgang werde ich später zurückkommen. Man hätte dem Verbrechen des Pfarrers zumindest eine Bedeutung beimessen müssen; man hätte es in die Geschichte seines Lebens einordnen und sich entschließen müssen, den Mann und sein Verbrechen ganz zu verstehen. Das hätte jedoch bedeutet, ein Urteil zu fällen, und gerade das sollte unbedingt vermieden werden.

Nach zehn Verhandlungsstunden unter dem Vorsitz eines Richters, der die eigentlichen Fragen nicht zur Sprache gebracht sehen wollte, war der Priester von Uruffe nicht wirklich verurteilt worden: Der milde Schuldspruch war skandalös, er war ungerecht. Auch das Todesurteil wäre ungerecht gewesen. Doch weil man sich den eigentlichen Prozess erspart hatte, weil man sich dazu entschlossen hatte, nicht verstehen zu wollen, schien dieses Urteil die folgerichtige Strafe zu sein. Es gab keine Entschuldigung für das Verbrechen: Nach allen Debatten blieb es auf wundersame Weise undurchsichtig, obwohl die äußeren Gegebenheiten eindeutig und bekannt waren. Bis zum Urteilsspruch folgte der Prozess von Nancy der goldenen Regel aller Strafprozesse. Also musste man die Konsequenz daraus ziehen, musste bestrafen, die Todesstrafe verhängen.

Drei Tage später erlitt der Staatsanwalt Parisot im gleichen Verhandlungssaal des Schwurgerichtes im Département Meurthe-et-Moselle einen Herzinfarkt. Er weigerte sich, die Todesstrafe für den zweiten Mörder der Verhandlungsperiode zu fordern. Sein eisernes Herz kam ohne Zittern mit der fahlen Morgendämmerung der Guillotine zurecht; dass ein Gericht eine strafrechtliche Verfolgung verweigerte, war jedoch ganz offensichtlich ein Skandal.[1] Die Erklärungen des Vertreters der Staatsanwaltschaft boten der Massenpresse in ihrer üblichen Überstürzung einmal mehr Gelegenheit, die verstaubte akademische Debatte um das Für und Wider der Todesstrafe auszugraben – ohne zu sehen, dass es der denkbar schlechteste Zeitpunkt dafür war. Die Strafmilderung an sich empörte den Staatsanwalt nicht: Natürlich war es in den dreißig Jahren seiner Karriere – und ohne dass sein Herz deshalb versagt hätte – vorgekommen, dass ihm ein Kopf, den er gern hätte rollen sehen, nicht gewährt worden war. Und umgekehrt hatte die Presse andere, durch und durch widerwärtige Gerichtsurteile hingenommen. Nein, es war eine Art Evidenz, die Parisot wie ein Dolch mitten ins Herz traf: Dass der Prozess und das Urteil von Nancy die Ausübung des Richteramtes in Zukunft grundsätzlich unmöglich machten, war nicht zu übersehen. Indem sich die Geschworenen im katholischen Lothringen weigerten, den Pfarrer von Uruffe zu verstehen und zu bestrafen, hatten sie die französische Strafjustiz (die zwischen den Polen der nackten strafrechtlichen Verfolgung und des Verständnisses für den Straftäter oszillierte) der Möglichkeit beraubt, Recht zu sprechen – ob es nun um einen Freispruch oder um eine Verurteilung ging.

In jedem ähnlich gelagerten Prozess hätten die Geschworenen keine zehn Minuten gebraucht, um einen beliebigen Angeklagten aufs Schafott zu schicken. Aber der Prozess um den Pfarrer war

---

[1] Staatsanwalt Borel hatte die Anklage gegen Desnoyers geführt.

anders: Wie aufsehenerregend sein Verbrechen auch gewesen sein mochte, gegenüber einem weltlichen Angeklagten hätte die Justiz wenigstens funktioniert, ohne sich selbst zu schaden. Jetzt waren sie anfangs wie gelähmt, dann klammerte sie alles aus, was dabei hätte helfen können, die Person des Verbrechers und seine Motive zu beleuchten. Und wenn man die mildernden Umstände gelten lässt, bedeuten sie immerhin, dass es für wichtig erachtet wurde, die Beweggründe des Angeklagten mit allen verfügbaren Mitteln zu verstehen. Gewiss, das «Verstehen» zieht nicht unbedingt einen gnädigen Urteilsspruch nach sich: Man hat Jacques Fesch[2] unter die Guillotine geschickt, obwohl alle Gründe, die für seine Begnadigung sprachen, im Verlauf seines Prozesses präsentiert worden waren. Dass auch dieses Urteil skandalös war, ist bekannt.

Doch dabei handelt es sich um einen gewöhnlichen Skandal, wie er sich an Geschworenengerichten jedes Jahr mehrmals ereignet, ohne die Grundlagen unserer Justiz zu erschüttern. In der französischen Strafjustiz ist die Todesstrafe als schlimmster Ausgang immer eine Gewissheit. Sie ist maßgebend. Wenn der Staatsanwalt einen Kopf fordert, verlangt er nie mehr, als das Gesetz zulässt, er verlangt die strenge Anwendung des Gesetzes. Jacques Fesch war voll und ganz verstanden worden, aber letztlich sagte sich jeder: «Ich will es gar nicht so genau wissen», und man vollstreckte das Todesurteil, um im Namen der Ordnung, der zu schützenden Gesellschaft ein Exempel zu statuieren. Wo würde das hinführen, wenn man Polizistenmörder nicht hart bestrafte? In

---

2 Am 25. Februar 1954 schoss der sehr kurzsichtige vierundzwanzigjährige Sohn eines Bankiers, Jacques Fesch, nachdem er einen Geldwechsler überfallen hatte, auf die ihn verfolgenden Polizisten und tötete einen von ihnen mit einem Herzschuss. Er wurde zum Tode verurteilt. Vor der Urteilsvollstreckung fand er im Gefängnis den Glauben seiner Kindheit wieder und schritt wie ein Heiliger zur Guillotine. Der gütige französische Staatspräsident René Coty hatte ihm die Begnadigung verweigert.

einem solchen Falle geben sich die Geschworenen taub und blind: Sie bestrafen den Verbrecher für das Verbrechen und lassen dem Automatismus der Gesetze ihren Lauf. Es scheint, als würde man allein aufgrund der Tatsachen urteilen, wie es in den meisten Strafprozessen getan wird, wenn der Richter mit dem Strafgesetzbuch in der Hand über das Strafmaß entscheidet. Das ist strafrechtliche Verfolgung in ihrer ursprünglichen Form. Diese Art von Rechtsprechung ist abstoßend, und das Todesurteil gegen Jacques Fesch war ein Skandal. Aber im Unterschied zu dem, was in Nancy geschah, bestand der Skandal nur im Hinblick auf eine andere Art von Rechtsprechung. Man wollte den Verbrecher Jacques Fesch und seine «gesellschaftliche Prägung» nicht vollständig erfassen. In der unterhöhlten bürgerlichen Gesellschaft, die nicht, oder nur um den Preis von Heuchelei, dazu imstande ist, die Prinzipien und Institutionen, an die sie sich früher gebunden fühlte, aufrechtzuerhalten, stehen sich heute diese beiden Auffassungen von Rechtsprechung gegenüber – und existieren dennoch nebeneinander. Darin liegt ja gerade der Sinn mildernder Umstände, die selbst vor den Augen des strengsten aller Staatsanwälte im Prozess zugelassen werden können: Sie sind in Wahrheit nicht weniger oder mehr als das Gesetz selbst, sie stehen nicht im Widerspruch zu diesem und verweisen im Grunde auf eine andere Gerechtigkeitsvorstellung, auch wenn sich ihre Fürsprecher dessen nicht bewusst sind. Eine nicht zwingend auf eine Bestrafung ausgerichtete Rechtsprechung, die sich am Horizont jedes milden Urteils abzeichnet, kann zwar jene andere Form der Rechtsprechung radikal in Frage stellen, widerspricht ihr aber nicht im eigentlichen Sinn. Der Staatsanwalt – das ist für ihn das Entscheidende – behält stets das Recht, den Kopf eines Angeklagten zu fordern. In einem anderen Fall mag er also durchaus auf dem höchsten Strafmaß bestehen.

In Nancy ist dieses Recht verlorengegangen. Die Geschwore-

nen und die Richter haben sich nicht für eine andere Rechtsprechung entschieden, indem sie dem Pfarrer von Uruffe in einem
verpfuschten Prozess, in welchem vom Angeklagten gar nicht die
Rede war, mildernde Umstände zuerkannten; sie wollten sich nicht
grundsätzlich gegen die Todesstrafe aussprechen, sondern haben,
weil der Angeklagte Priester war, willkürlich ein gnädiges Urteil
verhängt. Im Jahr der Begnadigung, 1958, verzichtet die republika-
nische Justiz lieber auf ein Urteil und begeht Selbstmord, anstatt
sich den Problemen zu stellen, die ihr das Verbrechen eines Priesters bereitet.

Das Paradoxe an diesem schändlichen und aufregenden Prozess war, dass die Beteiligten sich sowohl vor dem Begreifen als
auch vor dem Bestrafen fürchteten und das gnädige Urteil lediglich
gewährten, weil sie sich geweigert hatten, zu verstehen. So viel ist
sicher: Wenn nur ein einziges erklärendes Wort, wie zaghaft auch
immer, gesprochen worden wäre, hätte man gegen den Pfarrer von
Uruffe ohne das geringste Zögern die Todesstrafe verhängt. Dass
er seinen Kopf behalten durfte, verdankte er nur dem Schweigen,
zuallererst seinem eigenen – das bewundernswert war –, dann auch
dem Schweigen aller. Wenn jemand gesprochen hätte, wäre er verloren gewesen. Zwischen dem Angeklagten, der Staatsanwaltschaft,
der Verteidigung, dem Gericht und den Geschworenen bestand
das unausgesprochene Einverständnis, die Kirche um jeden Preis
aus der Affäre herauszuhalten, also das Wesentliche zu verbergen,
nichts von dem auszusprechen, was in unser aller Augen hätte
rechtfertigen können, dass man dem Pfarrer Desnoyers mildernde
Umstände zubilligte: Auswahl und Ausbildung der Priester, strenge
Disziplin in den Seminaren, Zölibat, Keuschheitsgebot, Verhältnis
zwischen dem Landpfarrer und der Kirchenhierarchie, keine Möglichkeit, Schwierigkeiten mit einem Vorgesetzten zu besprechen,
usw. Niemand wollte verstehen, wie das Leben eines Priesters auf

dem Land, in Lothringen, in der zweiten Hälfte des zwanzigsten Jahrhunderts aussieht, oder sich die Frage stellen, was «Glauben» für diesen Gottesdiener bedeuten mochte, der dazu imstande war, verbissen und tüchtig sein Priesteramt auszuüben und sich zugleich mit hochgezogener Soutane unter dem Familientisch von der Hand eines dreizehneinhalbjährigen Kindes, der Schwester des Mädchens, das er ermorden würde, masturbieren zu lassen. Es geht nicht darum, ein Exempel zu statuieren oder die Ungeheuerlichkeit des Verbrechens zu leugnen. Doch Maître Gasse, der Verteidiger des Pfarrers von Uruffe, bewahrte in seiner Akte schöne und pathetische Briefe anderer Priester auf, die er nach der Verhaftung Desnoyers' erhalten hatte. Sie forderten, ohne ihr Entsetzen über den Mord an Régine Fays zu verbergen, Gnade für ihren Bruder und baten den Anwalt, die römisch-katholische Kirche anzuklagen, um Desnoyers besser verteidigen zu können. Er solle der Kirchenhierarchie den Prozess machen, die das Verbrechen von Uruffe hauptsächlich zu verantworten habe. In den Briefen hielten die Priester ihre Erfahrungen und ihr eigenes Versagen nicht zurück, beklagten, dass ein junger Bauernsohn den Zwängen und dem Räderwerk der Kirche nicht hatte entkommen können. Sie zeigten die wirklichen Probleme auf und die – ob nun absichtlich oder nicht – allgemein verbreiteten Widersprüche, gegen die der Priester Desnoyers über zehn Jahre angekämpft hatte. In den Händen eines Anwalts, der verrückt genug und bereit gewesen wäre, um der Wahrheit willen seinen Mandanten unter die Guillotine zu schicken, wären solche Bekenntnisse Dynamit gewesen. Einige Priester, die mit der Kirche brechen wollten, boten sogar an, im Prozess auszusagen. Aber Maître Gasse war ein bedachter Verteidiger, er brach den Schweigepakt nicht: Die Briefe dieser Radikalen blieben in seiner Aktentasche.

Der Mörderpfarrer hätte auf seiner Anklagebank zu Recht

meinen können, dieser Prozess rechtfertige nachträglich sein Verbrechen: Auch er versuchte die Kirche außen vor zu lassen. Der Mord an Régine Fays bleibt – wie wir sehen werden – unverstanden, wenn man glaubt, der Pfarrer habe nur sich selbst schützen wollen. Desnoyers versuchte zuerst, seinen eigenen Ruf, die Würde des Priestertums und paradoxerweise seine Ehre als Geistlicher zu retten. Die Staatsraison, eine höhere «Kirchenraison», eignete sich in seinen Augen dazu, das zu schützen, als dessen Richter und Werkzeug er sich verstand, sie stärkte ihn, den verschreckten und allmächtigen Bauern. So gesehen, hatte man dem Pfarrer von Uruffe tatsächlich nur für sein eigenes Verbrechen den Prozess gemacht: Es war, als ob sich die Darsteller der Komödie von Nancy miteinander verschworen, als ob sie beschlossen hätten, ein Urteil zu fällen, ohne die Kirche auch nur mit einem Wort zu erwähnen.

Doch es handelte sich nicht um eine gewöhnliche Verschwörung; es war kein Komplott. Die Verschworenen hatten nicht im Voraus eine Entscheidung gefällt, um dann zynisch die ihnen zugewiesene Rolle zu spielen. Im Gegenteil, diese gewaltige Verschwörung des Schweigens war nicht vereinbart, sie war weder zynisch noch machiavellistisch: Sie war buchstäblich von niemandem gewollt.

Auch wenn offensichtlich alle etwas zu verlieren und gute Gründe für ihr Schweigen hatten, unterschieden sich die Gründe doch. Die Verteidigung, die Kirche und die – durch die Staatsanwälte vertretene – politische Rechte verfolgten in diesem Prozess verschiedene Ziele. Über das zu fällende Urteil – Tod oder Nachsicht – war keine Verabredung getroffen worden. Die Verteidigung und die Kirche schwiegen, um so vielleicht den Priester zu retten, die Rechte hingegen schwieg, um ihn umso gewisser verurteilt zu sehen. Allein der Verteidiger, der sein Metier beherrschte, hatte ein unmittelbares Interesse daran, den Pfarrer zu retten. Die Rechte und die Kirche hatten ein anderes Ziel, das gleiche. Sie wollten die Kirche retten.

So versuchte die Rechte, die Kirche in Schutz zu nehmen, diese hingegen wollte sich eigenständig und auf ihre Weise schützen. Alle diese Absichten erforderten Stillschweigen. Es waren jedoch drei sehr redselige Arten Schweigen. Für die Rechte – und damit ist vor allem das katholische Großbürgertum gemeint – bestand die Rettung der Kirche darin, alle Bindungen zu durchtrennen, die den Mörderpriester an sie knüpften, die Wesensgleichheit zwischen dem Pfarrer und der Kirche zunichtezumachen, die Kirche aus dem Geistlichen und den Geistlichen aus der Kirche zu vertreiben. Im äußersten Falle sollte der Priester Desnoyers nie ein Priester gewesen sein, denn sonst hätte in seiner Person die gesamte Kirche auf der Anklagebank gesessen.

Die Zeitung *Le Figaro* brachte dieses schwierige und wundersame Unterfangen auf einen Nenner und schreckte nicht vor der Schlagzeile «Guy Desnoyers, der Mörder von Uruffe, wird heute verurteilt» zurück. Ein vulgärer Säufer, ein dahergelaufener Übeltäter war dieser Desnoyers, der zehn Jahre lang die Schäflein dreier Pfarreien getauft, verheiratet und begleitet hatte! Um die Kirche zu retten, beginnt die Rechte skeptisch und stupide damit, sie auf ihre Funktion als «Säule der Gesellschaft» zu reduzieren, verwirft fröhlich den Wert der Sakramente und bemerkt nicht, dass unter diesen Bedingungen die Säule nur noch auf Sand gebaut ist. Die Leute der Partei der Ordnung, die Wohltäterdamen, die sich an die ihnen anvertrauten Armen und ihre guten Werke halten, kümmert das allerdings nicht: Es gibt keine bösen Priester. Entweder ist ein Priester gut, oder er ist gar kein Priester. Der Skandal darf nicht auf die Kirche zurückfallen, ihre Hände sollen unbeschmutzt bleiben. Doch das hätte nur gelingen können, indem man die Hände des Pfarrers Desnoyers völlig beschmutzt hätte, und das war unmöglich.

Hier greift die entzaubernde und retroaktive Logik des Manichäismus: Sich zu fragen, wie man ein böser Priester, ein Mörderpriester wird, oder dem Pfarrer von Uruffe, der mit dreizehn Jahren in die Priesterseminare geworfen wurde und bis zum sechsundzwanzigsten Lebensjahr jungfräulich geblieben ist, zuzugestehen, dass er seine eigene Geschichte haben könnte, das hieße anerkennen, dass es ungewisse, erzwungene oder gar nicht vorhandene Berufungen gibt, dass die Kirche Menschen in Verbrecher verwandeln kann und für die Verwandlungen auch verantwortlich ist; es hieße, diese Probleme wenigstens aufzuwerfen und zu akzeptieren, dass die Kirche verhört werden soll. Aber wenn der Pfarrer Desnoyers bereits schuldig war, bevor er Priester wurde, wenn er schon immer kriminell war, so wie andere Verräter oder Polizisten sind, wenn er nichts als ein Fremdkörper ist, ein Blendwerk, ein Albtraum, der eines Tages die Gestalt eines Priesters annahm, hat die Kirche damit nichts zu schaffen, und die schöne Ordnung hat nie zu herrschen aufgehört. Und dann ist es nicht nur erlaubt, sondern notwendig, ihn zu köpfen: Wenn das Band zwischen diesem Priester und seiner Kirche erst einmal magisch zerschnitten ist, sollte es auch tatsächlich durchtrennt werden. Das ist der Zweck des Fallbeils. Es verstößt den Priester aus der Kirche, es stellt die Ordnung wieder her. Zugleich beweist es die Andersartigkeit des bösen Pfarrers und besagt, dass er nie Geistlicher gewesen ist und die Ordnung sozusagen im Vorhinein hergestellt war, von Ewigkeit zu Ewigkeit. Die Formel dieser Chirurgie lieferte der Staatsanwalt in seiner Anklage. Er deutete mit dem Zeigefinger auf den mageren Hals des Bauchaufschneider-Pfarrers und donnerte: «Schneidet den verfaulten Ast vom Baum, und er wird umso höher wachsen!» Eine starke Metapher. Wenn man sie wörtlich nimmt, führt sie zu endlosen Widersprüchen. Aber ihre Bedeutung war klar: Zum Schutz der Kirche musste man Desnoyers köpfen.

In Wahrheit schützte die Rechte jedoch weniger die Kirche als sich selbst und die allgemeine Ordnung. Oder genauer: Für sie ist es ein und dasselbe, sie kann die Kirche nicht von sich trennen, sie handelt, als ob sie die Kirche wäre. Sie nimmt ihre Position ein und stellt sich vor, dasselbe wie die Kirche zu wollen, weil sie begonnen hat, ihre eigene zynische und kurzsichtige Ideologie auf die Kirche zu übertragen. Der Standpunkt der Rechten ist schlicht: Die Landpfarrer – das weiß man ja – schlafen mit ihren Dienstmädchen; Jahr für Jahr, auch das ist bekannt, werden Priester wegen Vergehen gegen die Sittlichkeit verurteilt (aber die Presse berichtet darüber kaum), über die Bordelle für Kardinäle wird in bürgerlichen Salons gern gescherzt. Wenn niemand öffentlich darüber spricht, entstehen auch keine Schwierigkeiten. Nun aber macht der Pfarrer von Uruffe durch sein Verbrechen, durch die seltsame Taufe des dem Bauch seiner Mutter entrissenen Neugeborenen und durch sein bestürzendes Leben den Skandal nicht nur öffentlich, sondern offenbart ihn in einer bisher ungeahnten Tiefe. So einen Menschen kann es doch nur geben, wenn die Kirche selbst verdorben ist! Gott, Glaube, Sünde, Priestertum, Beziehungen zu Vorgesetzten, von denen man sich nicht vorstellen kann, dass sie den Priester nicht schon lange vor dem Verbrechen seines Amtes enthoben haben, weil das Verhalten von Desnoyers doch allgemein bekannt war und man sie immer wieder davon in Kenntnis gesetzt hatte, usw. – der Pfarrer von Uruffe stellt alles in Frage.

Wie verhält sich die Rechte zu dem Skandal? Sie schweigt und richtet hin, sie verstößt das Ungeheuer. Die Staatsraison befiehlt, alles zu leugnen: So etwas gibt es nicht. Und sie weiß genau, dass die Rechtsprechung dergestalt nichts als ein Zerrbild abgeben wird. Aber was sein muss, muss sein: entweder so oder der endgültige und tiefgreifende Skandal. Die Partei der Ordnung kennt keinen Mittelweg. Aber die Rechte ist nur ein Maulwurf, der genau das Gegenteil von dem tut, was er zu tun glaubt. Um einen Skandal zu unterdrücken, schafft die Rechte einen anderen, der in den Augen der Kirche unerträglich ist, auf jeden Fall unendlich unerträglicher als der erste; indem sie tatsächlich alle Bindungen des Pfarrers von Uruffe zur Kirche löst und ihn unter die Guillotine schicken will, kündigt sie auf aufsehenerregende Weise ihre eigenen Bindungen an die Kirche auf, spricht die Wahrheit über die Beziehungen zu ihr aus, über die Klassenstruktur der Kirche und macht sie zu einem bloßen Satelliten der Macht, zu einem Gerippe, das die bürgerliche Ordnung stützt.

In diesem abgekarteten Spiel kann die Kirche alles verlieren, ihre Daseinsberechtigung und ihr Ansehen, das die Rechte sich einbildet zu retten. Der Pfarrer von Uruffe hat sie bloßgestellt, doch sie will sich nicht mit der Rechten verbünden, denn ihr ungeschickt schwerfälliges Schweigen ist noch kompromittierender. Die Kirche will auch schweigen: will nicht öffentlich Stellung beziehen, ihre innere Fäulnis und die wahren Beweggründe des Priesters nicht enthüllen. Aber sie wird mit allen ihr zur Verfügung stehenden Mitteln deutlich machen, dass ihr Schweigen eine völlig andere Bedeutung hat als das Schweigen der Rechten. Und sie wird, was auf dasselbe hinausläuft, den Priester zu retten versuchen.

Die Kirche, das ist das Wesentliche, präsentiert sich hier als unabhängige Macht, die ihre eigene Ordnung bewahrt: Der Tod des Priesters hätte für sie in jeder Hinsicht schwerwiegende Folgen. Sie will Desnoyers aus genau den Gründen retten, aus denen die Rechte ihn unter der Guillotine sehen will: weil sie schuldig ist und es einsieht, weil es sich bei Desnoyers, was für ein schlimmer Verbrecher er auch sein mag, nur um einen unwichtigen kleinen Mann handelt und seine Schuld die Schuld der gesamten Kirche ist – der Bischöfe, der Kardinäle, der Jesuiten und des Papstes; kurz, weil sie weiß, dass dieser Prozess ihr Prozess ist. Wenn die Kirche, wie es der Rechten gefallen würde, Desnoyers zum Sündenbock, zum schwarzen Schaf machte, wenn sie ihn trotz der Tatsachen aus ihrem Schoß verstoßen und sich die Hände vom Verbrechen reinwaschen wollte, würde sie ihre Schuld nicht nur enthüllen, anstatt sie zu verbergen, sie würde ihm etwas Irdisches, Menschliches, nahezu Liederliches verleihen, das wiederum die Kirche der menschlichen Rechtsprechung ausliefern würde. Sich von Desnoyers, dem elenden Landpfarrer, tatsächlich loszusagen und ihn widerstandslos dem Henker auszuliefern würde nichts anderes heißen, als ihn «zu opfern», so wie man einen Komplizen ausliefert, um sich selbst der Justiz zu entziehen. Zugleich würde die Kirche damit anerkennen – wie die Armee oder Polizei –, einem menschlichen Tribunal zu unterstehen, und nicht anders als Desnoyers der weltlichen Rechtsprechung unterworfen zu sein. Das Verbrechen Desnoyers' zu säkularisieren, den Mörder zu entweihen, würde die gesamte Kirche entweihen, die Institution schwächen, ihre Schuld verweltlichen. Es wäre, als vergäße man Gott und gäbe sich den Atheisten und Marxisten preis. Anders ausgedrückt: Wenn die Kirche jede Mitwirkung am Verbrechen von Uruffe leugnet, wenn sie die Verantwortung für den Mord allein Desnoyers anlastet, wenn sie auf nicht schuldig plädiert, wird sie sich paradoxerweise der Gerichtsbarkeit unterwerfen. Wenn sie aber damit anfängt, in allen Kirchen und Kathedralen zu verkünden, dass der Mann, den man verurteilen wird, sehr wohl ein Priester ist und auch Priester bleibt, wenn sie über tausend Kreuz- und Sühnewege ihre Solidarität mit ihm bekundet und betont, dass sie ihn nicht verlassen wird, wenn sie sich also neben ihm auf der Anklagebank niederlässt und mit ihm, wegen ihm, durch ihn, in ihm leidet, zeigt sie, dass die Schuld des Pfarrers auch ihre Schuld ist. Doch das verändert die Bedeutung der Schuld: Das schwarze Schaf wird zum verlorenen Schaf, und die gesamte Kirche verliert sich in Guy Desnoyers. Gewiss, Desnoyers ist schuldig, und ihr könnt Recht über ihn sprechen, aber was auch immer ihr tun werdet, er ist eurer Gerichtsbarkeit nicht unterworfen. Die Schuld eines Priesters kann nie die Schuld eines gewöhnlichen Menschen sein. Der Beweis dafür ist unser Bestehen, und wenn ihr ihn verurteilt, verurteilt ihr die Kirche. Indem sie das Verbrechen des Pfarrers von Uruffe auf sich nimmt und sich gemeinsam mit ihm anklagen lässt, weist sie die weltliche Gerechtigkeit radikal zurück. Mehr noch: Sie macht sich selbst zum Richter, spielt sich als Gericht auf, das allein befähigt ist, das Herz zu prüfen, oder vielmehr: das an der Unergründlichkeit des Herzens Maß nimmt und der Rechtsprechung das «Richtet nicht, damit ihr nicht gerichtet werdet» der Evangelien entgegenhält.

Geheimnis und Entsetzen. Während die Rechte den Skandal unterdrückt, hypostasiert ihn die Kirche.

Der Skandal des Priesters ist ein Skandal der Kirche, ein Skandal aller Menschen. Die Schuld des Priesters wächst ins Unendliche, sie wird undurchsichtig. Die Kirche selbst wird undurchsichtig, in ihrem Herzen gibt es Abgründe, Schwindel, schreckliche Schattenseiten, unendliche Möglichkeiten der Sünde, die Grenze zwischen Gut und Böse verschwimmt. Es gibt Böses, das gut ist, und Gutes, das böse ist. Der reinigende Manichäismus der Rechten ist davon weit, sehr weit entfernt. Das Sakrale – das Mysterium von Sündenfall und Erlösung – wird vollständig wiedererlangt: In ganz Lothringen war es nie so gegenwärtig wie an jenen Tagen. Man könnte fast sagen, es lag Zauberei in der Luft. Verdorben, lasterhaft, leidend, siegreich, prachtvoll – so versammelte und mobilisierte sich die gesamte Kirche, vereinigten sich ihre Bischöfe, ihre Landpfarrer, ihre Diakonen und Hilfsdiakonen, ihren Legionen von Gläubigen, ihre guten Hirten, ihre Marienkinder, ihre Frömmler, ihre Scheinheiligen, ihre heldenhaften Heiligen und alle ihre Wunderseher um das magere und blasse Gesicht des Mörderpriesters. Salbungsvolle Kniefälle auf den eisigen Steinplatten der Kathedrale von Nancy, auf der Stelle tretendes, frommes, ungeduldiges Innehalten an allen Stationen des Kreuzweges («eine Stimmung des Irrsinns», schrieben die Zeitungen), und dazu die Chöre, die reinen Stimmen der Töchter Mariens der Pfarrgemeinde von Uruffe, die, versammelt um ihren neuen, noch jüngeren und noch viel besser als sein Vorgänger aussehenden Priester, in der von einem aktivistischen Pfarrer, wie auch Desnoyers es gewesen ist, eigenhändig wiederaufgebauten kleinen Kirche für diesen sangen und büßten.

Um zu verstehen, dass die Kirche ihren Priester nicht unter die Guillotine schicken lassen konnte, musste man nur den beiden Bäuerinnen zuhören, Régine Fays' Mutter und Michèle Léonard, der Desnoyers noch vor dem Mord an Régine ein Kind gemacht hatte. Ihr Leben war durch ihn buchstäblich zerbrochen worden. Unter Tränen, von Schluchzen geschüttelt, hatten beide ihn während der Verhandlung weiterhin ganz selbstverständlich «Herr Pfarrer» genannt, ob sie ihre Worte an den Vorsitzenden Richter oder an Desnoyers richteten. Sein Ansehen als Priester war für sie unberührt geblieben. Er trug Zivilkleidung, sie aber sahen ihn in der Soutane. Für sie war unvorstellbar, dass er nicht seine alte Kleidung tragen könnte. Der einzige Zeuge aus Uruffe, der es, abgesehen von den Gendarmen, wagte, Desnoyers ganz einfach «Desnoyers» zu nennen, war der Bürgermeister, eine angesehene Persönlichkeit. Und selbst er tat es mit einer seltsamen Verlegenheit in der Stimme, als wäre er sich nicht sicher, ob er sich diese Kühnheit erlauben durfte. Der Hochmut der Zeitung *Figaro* fehlte ihm ganz.

Desnoyers unter der Guillotine, ein guillotinierter Priester, der auf keinen Fall zum Märtyrer gemacht werden durfte, denn das wäre für die ländlichen Gegenden Frankreichs, wo die Kirche in unserem Land noch wirklich mächtig ist, ein wahrlich tödlicher Schlag gegen das Ansehen aller Soutanen gewesen, das hätte bedeutet, alle Priester als *zur Enthauptung geeignet* einzustufen, ihre göttliche Immunität aufzuheben, gegen die Sakramente anzugehen, das *Tu es sacerdos in aeternum* der Priesterweihen ins Wanken zu bringen. Es hätte, kurz gesagt, das Ende der Sakralität bedeutet. Aus gutem Grund dachte die Kirche zuerst an ihre ländlichen Pfarrgemeinden. Aber sie dachte auch an ihre Landpfarrer, an den niederen Klerus. Und der war völlig solidarisch mit Desnoyers. Sobald das Verbrechen bekannt geworden war und noch während der Mörder vor seiner Verurteilung vierzehn Monate im Gefängnis saß, erhielt dieser in einem fort Briefe von Mitbrüdern aus sämtlichen Pfarrgemeinden Frankreichs. Es waren keineswegs Briefe von Linken, von einflussreichen Ketzern oder von Rebellen gegen die Kirchenhierarchie. Sie stammten nicht von ihres Amtes enthobenen Priestern oder von solchen, denen das bevorstand. Nein, die wendeten sich ausschließlich an den Anwalt, sie schlugen vor, sie könnten selber als Zeugen aussagen, und wünschten, dass der Kirche öffentlich der Prozess gemacht werden sollte. Andere wiederum sprachen gar nicht erst davon: Sie redeten von Liebe, sie hielten Desnoyers zum inbrünstigen Gebet an. In der wunderlichen, sowohl vergeistigten als auch sachbezogenen Sprache von Gläubigen, die sich ihres Glaubens sicher sind, erzählten sie ihm von der Messe, die sie am vergangenen Sonntag gefeiert hatten, einer «schönen Messe»; sie redeten in seiner ureigenen Sprache, der einzigen, die er in Wahrheit je gesprochen hatte, und auch der einzigen, die er je zu verstehen fähig gewesen war. Wie Desnoyers, so zählten auch diese Priester zu den Ehrerbietigen. Sie griffen nicht die Kirche an, sie protestierten nicht, sie waren mit dem Verbrechen weder einverstanden noch verdammten sie es, sie schwiegen sich darüber aus. Niemand hat je ein Wort der Erklärung von Desnoyers gefordert. Das bedeutet natürlich nicht, dass jeder von ihnen Régine Fays mit den eigenen Händen hätte töten können, aber sehr wohl, dass sie alle in diesem Verbrechen ein Priesterverbrechen sahen, also ein Verbrechen, das einer ihresgleichen begangen hatte. Desnoyers'

Tat konnte sie nicht so tief entsetzen, wie sie etwa weltliche Laien erschütterte, weil sie ihnen gewissermaßen vertraut war. Und diese Vertrautheit, die sie alle – nicht alle gemeinsam, aber jeder für sich – mit dem Verbrechen verband, bedingte das Schweigen. Hätten sie darüber sprechen können, falls sie das Bedürfnis empfunden hätten, dem Verbrechen einen Namen zu geben, wäre genau diese Vertrautheit zerbrochen worden. Eine Erklärung fordern, wie zaghaft auch immer, würde bereits bedeuten, sie auch zu erhalten, mit der Herrschaft der Einsamkeit und der Geheimnisse Schluss zu machen, sich zu wundern, dagegen anzugehen, sich zu distanzieren: Es würde bedeuten, dass zwei Priester es wagen, einander in die Augen zu sehen, sich ihren Schwierigkeiten zu stellen und eine neue Sprache zu finden; mit einem Wort, es wäre ein auflösendes, ein trennendes Handeln.

Diese Ehrerbietigen verstanden Desnoyers, ohne dass er sich hätte erklären müssen. Auch vor seinen Richtern sollte er nicht sprechen: «Mein Sohn», schrieb ihm einer von ihnen, ein alter, erfahrener, gläubiger Priester, «füge nun deinem Fehltritt nicht die Sünde des Hochmuts hinzu, indem du dich zu erklären versuchst.» Sie fühlten sich von ihm bedroht, nicht so sehr in ihrem Ansehen, in ihren Privilegien oder in ihrer materiellen Existenz, sondern in ihrer intimsten Wirklichkeit, auf der Ebene, auf der sie fast alle, um weiterhin leben und die tatsächlichen Schwierigkeiten des Priestertums ertragen zu können, im Geheimen und in der Einsamkeit Übereinkünfte mit dem Himmel eingehen müssen, die bei den meisten den militanten Glauben unabwendbar in Unaufrichtigkeit verwandeln. Eine unnötige Furcht, denn Desnoyers gehörte nicht zu den Redenden. Die Briefe wollten einen bereits Bekehrten missionieren. Sie bewirkten nichts anderes, als den Menschen zu stärken, der er immer gewesen war, und bereiteten ihn noch besser darauf vor, der Angeklagte zu sein, der gebraucht wurde, damit die Kirche ihre gefährliche Rettungsaktion erfolgreich bestehen konnte.

Und doch waren die Briefeschreiber, Desnoyers' Mitbrüder, unterworfene Priester, die sein Verbrechen verstanden, für die Kirche gefährlicher als die Häretiker, die sich entschlossen zeigten, von den Grauen des Priesterstandes Zeugnis abzulegen. Das Fallbeil hätte buchstäblich den erstarrten niederen Klerus getroffen. Die Guillotine hätte diesen Bauern, die wissen, dass das Gute, streng genommen, unmöglich und trostlos ist, und die die Vergebung ihrer Sünden genauso nötig haben wie ihre Gläubigen, plötzlich ein prometheisches und Furcht erregendes Bild ihres Staates vermittelt, das die Ausübung ihres Priesteramtes unmöglich gemacht und sie aufgebracht hätte. Denn sie hätten zu Recht oder Unrecht gespürt, dass man mit diesem Verbrechen noch etwas anderes bestrafte, nämlich das, was Desnoyers zum Mord getrieben hatte: Unzucht, Zärtlichkeit, verstohlene Küsse in einer Ecke des Pfarrhauses, kurz, ihre eigenen Sünden und Stürze, das über sie alle verhängte Geschick, ihre tägliche Existenz. Wenn sie sich am Horizont ihrer Verfehlungen, die bislang je nach Fall im Austausch gegen heruntergeleierte Rosenkränze, Vaterunser und Ave-Maria, Fasteneinlagen oder Bußgewänder bestraft oder vergeben wurden, künftig im Schatten des Schafotts wandeln sehen müssten, wäre es dann nicht unmöglich, Priester zu sein, weil «die Natur», wie einer von ihnen schrieb, «sich nicht ändert»? Gefährliche Lebensläufe: Man stelle sich vor, wie vierzigjährige Priester, die siegreich das Kap der Versuchungen hinter sich gelassen haben, junge büßende Geistliche und Spirituelle, denen die Wollüste des Beichtstuhles das Herz entflammt hat, ihren Bischofspalast belagern und einen Risikozuschlag fordern.

Selbst wenn der höhere Klerus keine Gründe hatte, Desnoyers zu retten, machte die Verbundenheit des niederen Klerus mit ihm es unumgänglich. Die Haltung der Kirche muss also als Aussöhnung des höheren und des niederen Klerus über die Köpfe der Bourgeoisie hinweg verstanden werden. Aber da war noch etwas anderes: Desnoyers war weder ein Lüstling noch ein Zyniker; er war ein gläubiger Mensch, ein Landpfarrer, bis aufs Herz von Unaufrichtigkeit zerfressen, und gerade weil er gläubig war, war er weniger als alle anderen dazu imstande, sich mit seinen Sünden abzufinden. Er sündigte, er hörte nicht auf zu sündigen, aber er leugnete, wie wir sehen werden, mit all seiner Kraft die Existenz der Sünde, er ertrug es nicht, seine Schwächen anzuerkennen, er konnte sich nicht zu der Entscheidung durchringen, dass in seinen Bedürfnissen etwas Legitimes steckte. Wäre er in der Lage gewesen, sich zu sagen: «So ist es eben, mein Freund, du bist ein Priester, der Frauen braucht, also steh dazu und unternimm das Nötige», hätte er genauso gut in Zivilkleidung Präservative in einer Apotheke kaufen können, er hätte Karriere machen und Papst werden können. Dieser Zynismus, diese Freiheit sich selbst gegenüber ist ein Vorzug, den man in den Priesterseminaren für kleine Bauern nicht erwerben kann: Geistliche, die auch die Rolle des Teufels spielen können, sind zuerst einmal Kinder der Bourgeoisie. Der Kirche konnte überhaupt nicht daran gelegen sein, dass ihre Landpfarrer plötzlich dächten, die Straflosigkeit der Privilegierten der Kirchenhierarchie rühre daher, dass diese, von sich selbst niemals so sehr in die Enge getrieben, nie Verbrechen begehen würden.

Die Kirche hatte also gute Gründe, Desnoyers zu retten. Nun soll untersucht werden, wie ihr das gelungen ist, denn der Urteilsspruch war nicht vorauszusehen. Die Rechte wollte das Todesurteil, der Staatsanwalt hatte sich gleich zu Beginn seiner Anklagerede gegen ein Gnadenurteil ausgesprochen. Entschieden hatte er den Kopf des Priesters gefordert. Doch gerade dank des Staatsanwaltes konnte Nachsicht geübt werden, dank eines Mannes, der offensichtlich bereits alles verstanden hatte, weshalb er den Zeugen während der Verhandlungen keine einzige Frage stellte; dank der Art und Weise, wie der Prozess von den französischen Richtern vorbereitet worden war; dank des Vorsitzenden Richters, auch er ein Mann der Ordnung, der, um die Kirche «zu schützen», mit bemerkenswerter Lebhaftigkeit die spöttischste Vernehmung führte, die es wohl je in einem Geschworenengericht gegeben hat; schließlich dank der gesamten Rechten, die es eilig hatte, den «bedauerlichen» Prozess hinter sich zu bringen.

Die Rechte glaubte, der Kirche zu dienen: Doch die Kirche hat sich der Rechten über die ganze Debatte hinweg bedient, sich buchstäblich die Bedeutung ihrer Handlung angeeignet und diese verfremdet, sie hat ihrem Schweigen eine völlig andere Bedeutung verliehen. In diesem Sinne hat die Rechte der Kirche gedient. Ihr geplantes Vorgehen lag auf der Hand, war aber nicht zu verwirklichen: Desnoyers sollte so verurteilt werden, als ob er kein Priester wäre, das Leben des Angeklagten sollte mithin unterschlagen, die wahren Beweggründe des Verbrechens verschwiegen und vor allem, das war besonders wichtig, es sollte jenes Abenteuer vermieden werden, das Psychologie genannt wird.

Der Prozess dauerte insgesamt, mit den Plädoyers der Verteidigung und allen Vernehmungen, nur zehn Stunden – ein Rekord –, dennoch musste man sie füllen, von irgendwas reden. Doch wovon? Vom Verbrechen natürlich, aber vom bis auf die Knochen entblößten, das heißt auf die bloßen Sachverhalte – Lage des Körpers, Größe der Wunden, Richtung des Schlitzes, Zeit, Ort etc. – reduzierten Verbrechen. Es war verblüffend, wie man versuchte, ähnlich wie Alain Robbe-Grillet, die kriminelle Handlung in einen Zufall, in eine Gelegenheitsuntat zu verwandeln. Ewig hielt man sich mit all den bestens bekannten Aussagen auf, die der Angeklagte längst zu Protokoll gegeben hatte. So befand man sich auf sicherem Boden: Ein Mann hatte zu einer bestimmten Uhrzeit an einem bestimmten Ort auf eine bestimmte Weise getötet.

So viel war sicher; es hatte darüber hinaus den Vorteil, dass man Desnoyers umso gewisser aufs Schafott schicken konnte, weil die Umstände seines Mordes ja wirklich besonders grauenhaft waren.

Nur zehn Zeugen wurden befragt, darunter zwei Gendarmen, ein Kommissar, ein Gerichtsmediziner, der Bürgermeister von Uruffe, der darlegte, wie er die Nacht des Verbrechens verbracht hatte – nämlich anfangs im Bett, dann, nachdem Desnoyers ihn um Erlaubnis gebeten hatte, die Alarmglocke zu läuten, auf der Straße –, und drei Psychiater. Nur zwei Zeugen kamen zu Wort, die den Pfarrer sehr gut gekannt hatten: Michèle Léonard und die Mutter von Régine Fays. Sie nicht zu befragen wäre unmöglich gewesen.

Kein Priester wurde in den Zeugenstand gerufen, keiner der ehemaligen Lehrer Desnoyers' im Seminar, kein Familienmitglied, kein Lehrer, keines der weiblichen Gemeindemitglieder von Blâmont, Réhon oder Uruffe, die seit über zehn Jahren seine Liebhaberinnen gewesen waren, niemand, der uns von den Gerüchten, dem Geflüster und der seltsamen Komplizenschaft hätte berichten können. Hartleibig wie Kellerasseln schwiegen alle über das, was ohnehin jedem bekannt war, von der erstaunlichen kollektiven Verantwortung des gesamten Dorfes von Uruffe für den Mord an Régine Fays.

Natürlich verlor man einige Worte über das Leben von Desnoyers, allerdings nur in Verbindung mit der – wie man sagt – «Ermittlung seiner Moral», die der Kommissar vorgenommen hatte. Sie fand hinter verschlossenen Türen statt. Was man dort hatte erfahren können, war so bestürzend, dass man allerdings erwartet hätte, der Vorsitzende Richter würde den Priester endlich verpflichten, sein beharrliches Schweigen zu brechen. Aber mit

Humor lavierte man sich durch: Alles ging wie von selbst, auch hier beschränkte man sich auf den Sachverhalt; es gab nichts zu verstehen, es mussten keine Fragen gestellt werden. Der vergnügte Kommissar sah nichts als Unzucht am Werk, Desnoyers verwandelte sich vor unseren Augen in einen Bruder von Rabelais, die Geschworenen begannen zu lächeln, und man vergaß, dass es schließlich am Anfang ein Verbrechen gegeben hatte, ein Bauchaufschlitzen, eine Verstümmelung und eine Taufe.

Blâmont, seine erste Pfarrei, 1946: Mit sechsundzwanzig Jahren ist er unberührt, Vikar, gerade wurde er zum Priester geweiht. Sie ist ebenfalls Jungfrau, sechzehn Jahre alt, sie heißt Madeleine. Er wird von der Familie aufgenommen. Er macht sie zur Frau, sie macht ihn zum Mann, heimlich, in einer Ecke. Sein Vorgesetzter ahnt etwas, verwarnt ihn und bringt ihn in einer anderen Pfarrei unter. Desnoyers wird nach Réhon versetzt. Dort beginnt er neue Affären, aber er trifft sich auch weiterhin regelmäßig mit Madeleine. Schließlich heiratet sie; er vollzieht die Trauung. Er gibt zu, «ein wenig verlegen» gewesen zu sein. Der Ehemann, ein Soldat, wird bald nach Nordafrika versetzt. Desnoyers macht ihn zum betrogenen Ehemann. Sein Verhältnis mit Madeleine wird zehn Jahre dauern, bis 1956, es hört erst ein paar Tage vor der Ermordung Régines auf. Der Pfarrer beendet keine seiner Beziehungen: Er behält alle seine Geliebten. Immerhin hätte man sich darüber wundern können. Niemand hat sich gewundert.

Réhon: Er eilt durch die Nacht, um einem Vater von vier Kindern die Sterbesakramente zu erteilen. Vor zwei Gläsern Wein und neben dem Leichnam gibt sich die Witwe ihm hin, fünfzigjährig, wenige Minuten nach der Letzten Ölung. Auch das Verhältnis zu ihr dauert bis zum Verbrechen an. Sie gibt ihm Geld, das erste Mal 50 000 Francs für das Kirchendach, ein zweites Mal 150 000 Francs, damit er sich ein Auto, eine Quatre Chevaux, kaufen kann, was dem Anwalt der Nebenkläger ermöglichen wird, ihn als Zuhälter zu bezeichnen. Er ist ein moderner Priester.

Uruffe: Er ist nicht mehr Vikar, sondern der hauptverantwortliche Priester, ganz und gar selbständig, frei von jeder Kontrolle. Der Kommissar wollte ihre Namen nicht verlesen. Aber es sind viele: fünfzehn, sechzehn, siebzehn Jahre alt. Einer von ihnen hat er die Erstkommunion erteilt, ein Jahr später, beim Kartenspiel im Haus ihrer Eltern, verwickelte er sie, wie der Kommissar sagt, in «Spiele der gemeinsten Lüsternheit». Die Eltern jagen ihn aus dem Haus, schweigen jedoch. Er muss, beschließt der Pfarrer, seinen kleinen Lothringer Mädchen, den «Bachstelzen» von Uruffe in ihren weißen Röckchen, das Meer zeigen. Im vergangenen Jahr hat man eine Reise zum Wallfahrtsort Lourdes unternommen, mit vielen verzückten Augenblicken angesichts der abgelegten Krücken vor der Grotte von Massabielle. Dieses Mal geht es an die Côte d'Azur. Sie fahren also los: der Pfarrer, die Bachstelzen und einige zähe Frömmler, die immer mit dabei sein wollen. Ein Strand unweit von Le Lavandou. Ein armseliger Strand ohne Umkleidekabinen, aber der Pfarrer hat beschlossen, dass hier gebadet werden soll. Mit weit geöffneten Armen breitet er wie ein Vogelmensch seine Soutane als Schutzschirm aus, damit sich die Bachstelzen dahinter entkleiden können. Den Schützlingen hat er den Rücken zugewandt, aber er wirft Seitenblicke auf sie. Eine Frömmlerin kommt zufällig vorbei, sieht die jungen splitternackten Mädchen im Schatten des stieläugigen Pfarrers, begreift sofort, stößt einen Schrei aus und wird ohnmächtig. Aber sie wird erst nach dem Verbrechen bereit sein, darüber zu sprechen.

Auch der jüngsten Schwester von Régine Fays hat er die Erstkommunion erteilt. Er kommt häufig zur Familie Fays zum Kaffee und zum Kartenspielen. Régine ist bereits seine Geliebte. Aber sie erledigt gerade Einkäufe, die Mutter hält sich in der Küche auf. Er sitzt mit der Kleinen allein am Tisch. Dann machen sie Handspiele: Sie hebt die Soutane hoch und masturbiert den Pfarrer, der unter den Augen Gottes seinem Orgasmus entgegeneilt und die Bluse des noch nicht entwickelten Kindes durchwühlt. Der brave Richter gestattet sich, hier doch ein wenig Entrüstung zu zeigen: «Stimmt das, Desnoyers?» – «Ja.» – «Wie oft?» – «Mehrmals.» – «Genauer bitte!» – «Zwanzigmal vielleicht.»

Es reicht mit der Unzucht. Wir werden auf die Beziehung zwischen Desnoyers und Michèle Léonard zurückkommen, die dramatischer war, weil es, wie im Fall von Régine Fays, auch um ein Kind ging und weil das Verhalten des Priesters bei dieser Gelegenheit die Generalprobe für das war, was er mit Régine Fays machen sollte: Er mordete, aber es war ein symbolischer Mord, ein reiner Mord. Eine ausschließlich sachbezogene Untersuchung wird hier versagen: Man muss das Leben von Desnoyers in seiner Gesamtheit verstehen und ihm eine Bedeutung zuschreiben.

Nun kommen die Psychiater mit ihren Aussagen an die Reihe. Die Entschlossenheit, nichts begreifen zu wollen, manifestiert sich hier am offensichtlichsten und am skandalösesten. Auch sie sagten unter Ausschluss der Öffentlichkeit aus. Alle drei erklärten Desnoyers für seine Tat verantwortlich: keine Epilepsie, kein Gedächtnisschwund nach dem Verbrechen, weder Sadismus noch intensiver Kampf oder «temporäre Verwirrtheit». Der Anwalt versuchte, sie auf das unebene Terrain der Psychologie zu locken. Zwei von ihnen verweigerten diesen Schritt, um die Ehre der Psychiatrie zu wahren. Der dritte erklärte sich dazu bereit, verzog vor Abscheu den Mund. So erfuhr man, was man hatte vermuten können. Desnoyers war sich durchaus seiner Schuld bewusst, hatte ein klares Verständnis von Gut und Böse, war zugleich introvertiert und aktivistisch in seinem Glauben. Während der an ihm vorgenommenen Untersuchungen hatte er das Gefühl, die Psychiater seien ihm überlegen, sein sexuelles Verhalten war wesentlich durch fehlende Reife bestimmt, seine sexuellen Triebe waren nicht in sein Gefühls- und Gemütsleben integriert, mit einem Wort: Er war nicht imstande zu sublimieren. Der kühne Psychiater erklärte abschließend: «Zu Beginn hatte sich Desnoyers sehr zurückhaltend gezeigt, aber wir haben ihn geduldig befragt, letztlich war er bereit, uns einige sehr präzise und nützliche Einzelheiten über sein eigentliches Sexualleben preiszugeben. Wenn mir jemand Fragen stellen möchte, werde ich gern darauf antworten, weil wir ja hinter verschlossenen Türen tagen.» Das war doch wichtig, oder etwa nicht? Man zitterte erwartungsvoll. Aber der Vorsitzende Richter hatte keine Fragen zu stellen. Er blickte den Staatsanwalt forsch an. «Ich vertraue ganz dem hohen Gericht», antwortete der geschmeidig wie ein Hermelin. Der Strafverteidiger? Auch er hatte keine Fragen. Die Nebenkläger? Die Geschworenen? Alle stumm. Beleidigt trat der Psychiater ab.

Unsinn. Absurdität. Inhaltsleere Vorgänge. Eine Abfolge bedeutungsloser Ereignisse. So erschien Desnoyers' Leben dank der vollkommenen Schamhaftigkeit der Leute, die über ihn zu Gericht saßen, und ihrer wilden Entschlossenheit, nur ja nicht die katholische Kirche in Verlegenheit zu bringen. Allein diese konnte seinen Kopf retten: Die Kirche verwandelte die Sinnlosigkeit in Bedeutung, die Zügellosigkeit seiner Natur in eine Demonstration des Übernatürlichen. Im Gerichtssaal breitete sich ein heiliges Entsetzen aus, die Kirche bestand auf dem zutiefst Grauenhaften des Verbrechens, um den Geschworenen zu zeigen, dass es den menschlichen Verstand überstieg, und um ihnen auf diese Weise das Recht und die Möglichkeit abzusprechen, ein Urteil zu fällen. Aus dem Schweigen der Rechten schuf sie ein teuflisches Schweigen. Das Schweigen der Kirche verursachte buchstäblich höllischen Lärm. Der Teufel selbst saß auf der Anklagebank; wie die Wege Gottes, so sind auch die Wege des Teufels unergründlich. Mit eiserner Logik begegnete die

Kirche denen, die es nicht gewagt hatten, Desnoyers als Menschen zu verurteilen, denn dann hätten sie ihn als Priester verurteilen müssen: «Das geht euch nichts mehr an. Ihr versteht nichts vom Priesterstand. Dieses Verbrechen fällt nicht in eure Zuständigkeit, ihr habt eingesehen, dass ihr kein Recht hattet, in der Sache das Wort zu ergreifen. Ihr habt die Wahrheit verschwiegen, damit nicht bekannt wird, dass die Kirche menschlich, allzu menschlich ist. Also lasst euch gesagt sein, dass diese Wahrheit bodenlos ist.»

Vollendete Hypostase: Die Kirche, ihre Priester und auch Desnoyers sind übermenschlich. Das Mysterium herrscht, erst ist das Verbrechen unergründlich, dann Gott. Zittert, ihr Geschworenen, der Himmel schaut auf euch herab. Spielt nicht Gott, er allein ist Richter und richtet die Richter. Es ist wahr: Die sieben katholischen Geschworenen aus Lothringen, die über das Schicksal von Desnoyers zu entscheiden hatten, waren zutiefst erschrocken.

Aber, so wird man fragen, wo war die Kirche in diesem weltlichen und republikanischen Prozess? Sie war, wie ich schon gesagt habe, in den Kathedralen und Landkirchen, wo die Messen gefeiert, die Kreuzwege abgeschritten und die Sühnezeremonien vollzogen werden; ein Kontrapunkt zur Verhandlung, der genauso wichtig war wie der Prozess selbst. Die Kirche war auch im Gefängnis von Nancy der Seelsorger, die Gegenwart eines großen, schwerfälligen, schwarzen spanischen Priesters, der über Desnoyers wachte, wie er bestimmt nie zuvor über einen Angeklagten gewacht hatte, mit einer eifersüchtigen, offenkundigen, nahezu aggressiven Fürsorglichkeit. Mit baumelndem Kruzifix half er ihm beim Aussteigen aus dem Gefangenenwagen, stand gemeinsam mit ihm den Fotografen gegenüber, geleitete ihn zur Anklagebank und nahm ihn am Ende der Sitzungen wieder unter seine Fittiche: Sie beide, der Priester in Zivil und der Priester in der schwarzen Soutane, schienen ein großes Geheimnis zu teilen.

Die Zusammensetzung der Jury spielte der Kirche in die Hände. Die Wahrscheinlichkeitsrechnung, durch das Einspruchsrecht, von dem der Verteidiger bis zuletzt Gebrauch machte, erheblich verstärkt, ergab, dass in einer katholischen Region wie Lothringen die Mehrheit der Geschworenen nichts anderes als katholisch sein konnte. Sie waren es ohne Ausnahme. Fünf gehörten sogar der Katholischen Aktion an, einer war ihr Vorsitzender. Wir können nicht wissen, ob die Kirche Druck auf sie ausgeübt hat. Aber das war auch gar nicht nötig. Ihre indirekte Macht reichte aus. Hätte die Kirche angedeutet, dass sie ein Todesurteil wünschte, hätten die Geschworenen keine mildernden Umstände gelten lassen.

Doch diese Katholiken gehörten auch zur Klasse der Besitzenden, sie waren Vertreter der bürgerlichen Ordnung: Ihnen konnte keinesfalls daran gelegen sein, dass man der Kirche den Prozess machte. Hätten der Verteidiger oder Desnoyers ausgesagt, hätten sich die Reflexe dieser Klasse gegen den Angeklagten gerichtet. Die Kirche hätte sich in die Arme der Rechten fallen lassen: Sie hätten den Priester zum Schafott geschickt. Das Feld, auf dem sich das wirkmächtige Plädoyer des Verteidigers bewegte, war damit im Voraus abgesteckt. Es pendelte zwischen Erpressung und heiligem Entsetzen.

Erpressung: Ich lasse die Kirche außen vor. Ich habe nicht den Bischof von Nancy vorgeladen, ich fordere keine Zeugenaussage eines Priesters. Weder auf die Seminare noch auf die Priesterausbildung oder auf die Kirchenhierarchie werde ich zu sprechen kommen. Ich greife niemanden an, ich könnte es tun. Aber wozu? Der Kern des Problems liegt anderswo.

Heiliges Entsetzen: Desnoyers ist Priester. Die Kirche war seine Berufung. Er war ihr Amtsträger. Er hatte Zugang zu ihr. Man muss ein Priester sein, um ihn zu verstehen, ihn, der nichts anderes tut, als seinem Bischof immer wieder mitzuteilen: «Ich werde also nicht mehr die Messe lesen», und der in seinem Gefängnis wie ein Mönch von morgens bis abends betet. «Er ist ein Hexenmeister[3], der die Kirche von ihren Verfehlungen gereinigt hat und der sich heute seinen geistigen Oberhäuptern völlig unterworfen hat ...» – «Hat Gott, der alles erlaubt, nicht auch gestattet, dass die teuflische Verkommenheit bis an die äußersten Grenzen des Skandals reiche, um eine neue Ordnung entstehen zu lassen, die ein neues Verhältnis zwischen dem Priester und seinen Gläubigen verlangt ..., damit daraus neue Wege der Überwachung und Kontrolle hervorgehen ...» – «Und wer ihr auch sein möget, rührt nicht an den Kopf, den Gott eines Tages zur Prüfung der Menschen und zur Prüfung der Seinen erwählt hat und der die geheiligte Ölung der Priesterweihe empfing ...» Er beendete sein Plädoyer mit einem wahrhaftigen Gebet, in dem sogar die Eidesformel zitiert wurde, welche die Geschworenen sprechen müssen, bevor sie zu tagen beginnen: «Vor Gott und vor den Menschen».

Im Saal des Geschworenengerichtes von Meurthe-et-Moselle war die Kirche vor allem und im Wesentlichen durch einen Menschen vertreten: den Angeklagten selbst, Guy-Marie-Louis-Henri Desnoyers, siebenunddreißig Jahre alt, Priester von Blâmont, Réhon und Uruffe, schuldig, ein neunzehnjähriges Mädchen ermordet zu haben, ihr den Bauch aufgeschlitzt und mit einem kleinen Pfadfindermesser Wunden ins Gesicht des noch ungeborenen Kindes geschnitten zu haben. Wie wir sehen werden, war er der eigentliche Terrorist des Prozesses.

Das war bereits offensichtlich, als er sich zwischen seinen beiden Wächtern auf die Anklagebank setzte und sein erloschenes

---

3   Maître Gasse benutzte dieses Wort, alle hier zitierten Sätze sind seinem Plädoyer entnommen.

Gesicht einem Rosenkranz mit schwarzem Kreuz zuneigte, das er mit seinen Fingern hin und her drehte. Seine Kleidung verblüffte: ein weißes Hemd ohne Krawatte, mit offenem, weit ausgeschnittenem Kragen, ein kleines, schwarzes, einreihiges, zu enges Jackett, das aussah, als hätte er es für eine dringende Erledigung eilig über die Schultern geworfen. Und wenn man ganz nah an die Anklagebank herantrat, konnte man sehen, dass Desnoyers statt Schuhen leichte, sommerliche Sandalen trug. Die Kleidung erfüllte einen Zweck. Sie war eine Karikatur ziviler Kleidung. Da der Priester die Soutane nicht tragen durfte, versuchte er mit allen ihm zur Verfügung stehenden Mitteln zu zeigen, dass er keineswegs ein Zivilist wie die anderen war und auch kein gewöhnlicher Mörder, der einen «guten Eindruck» machen wollte und bereit war, gebürstet, lackiert, frisiert und im Würgegriff einer Krawatte aufzutreten. Der Pfarrer von Uruffe war so sehr ein Priester und so wenig ein Zivilist, so offensichtlich ungeschickt in der Wahl seiner Kleidung, dass es schien, als habe er sich in der Jahreszeit geirrt. Am 24. Januar um neun Uhr morgens begann die Verhandlung, Schnee und Eis bedeckten Nancy.

In der Regel mischt sich der Angeklagte in den langweiligen und überladenen Monolog des Vorsitzenden Richters, den man als «Vernehmung» bezeichnet, nicht ein, die in Sie-Form an ihn gerichteten Sätze fordern auch keine Antwort. Desnoyers jedoch unterstrich das Gesagte zweimal auf bemerkenswerte Weise: «Der Priester X ...», sagte der Richter, «hat Sie dazu gebracht, Priester werden zu wollen. Und Sie haben ja dazu gesagt ...» – «Ja, von ganzem Herzen», unterbricht ihn der Pfarrer. Und wieder: «Ihr Vater, ein anständiger Bauer, dem nichts vorzuwerfen ist, ist im vergangenen Sommer gestorben.» – «Ja, leider, im Juli», präzisierte Desnoyers. Dieses «leider» aus dem Mund eines Bauchaufschlitzers konnte als Spitze der Unaufrichtigkeit erscheinen. Aber er sprach weder unaufrichtig noch aufrichtig. Es war ein Priesterwort, der Berufsjargon eines Experten der Reue. Sobald Desnoyers «leider» sagt, wird er zu einer Institution, deren Aufgabe es ist, mit präzisen Worten auf den Tod zu reagieren, und zwar auf alle Sterbefälle, er wird zu demjenigen, der das Mandat dafür erhalten hat, Bedauern auszusprechen. Die Frage, ob er dabei aufrichtig ist, spielt keine Rolle, kann keine Rolle spielen – oder vielmehr: Es dürfen sich andere, seine Richter, gern diese Frage stellen, und Desnoyers darf getrost annehmen, dass sie das tun, doch es ist irrelevant. Einen diesbezüglichen Argwohn gibt es nur auf einer empirischen Ebene: Sobald er die Soutane trägt, ist Desnoyers über alle Mutmaßungen erhaben, steht er über aller Subjektivität. Er ist das Wort ohne Geist. Er weist den Geist zurück, weil er immer sagt, was gesagt werden muss, und immer tut, was getan werden muss. Darin liegt die einzige Hinterhältigkeit Desnoyers', in seinem Strafprozess, in seinem Leben überhaupt sowie im Moment seines Verbrechens: Bis zum bitteren Ende blieb er in der Priesterrolle.

Man war darüber verwundert, dass er das Verbrechen geplant und zugleich so schlecht vorbereitet hatte. Das war kindisch, der Verdacht musste unweigerlich und nahezu augenblicklich auf ihn fallen. Und das umso mehr, als Michèle Léonard wusste, dass er der Vater des Kindes der schwangeren Régine Fays war (er hatte es ihr gestanden), und bestimmt die Hälfte der Bewohner von Uruffe es vermutete. Die Verwunderung rührte daher, dass man in Desnoyers einen gewöhnlichen Mörder sehen wollte, der natürlich im Voraus damit rechnet, dass er verdächtigt werden wird, und daher nach dem Verbrechen angesichts unwiderleglicher Tatsachen eine Unschuldsmiene aufsetzt. Sich ein solides Alibi zu verschaffen bedeutet aber nicht nur, einen glaubwürdigen Aufenthaltsort für den Moment des Verbrechens zu erfinden, es verlangt vielmehr die Fähigkeit, sich schon vor der Tat ins Nachher zu versetzen, sich die eigene Zukunft als die Zukunft eines Mörders vorzustellen und dessen Partei zu ergreifen. Und genau das ist einem Desnoyers völlig unmöglich: Wie er sich mit seinen Liebhaberinnen nie in einem dauerhaften Zustand der Verfehlung zu fühlen vermag, wie es für ihn nie ein «nach der Liebe» und mit der Einsicht in die begangene Sünde keine Minute gibt, in der er sich im Schoß einer Frau auszuruhen vermag, gibt es für ihn genauso wenig ein «nach dem Verbrechen». Desnoyers bleibt nach dem begangenen Mord derselbe, der er vor dem Verbrechen gewesen ist, der zu sein er nie aufgehört hat: ein Priester in einer Soutane, über jeden Verdacht erhaben. Zwischen dem Vorher und dem Nachher ist die Zeit zersplittert. Die Dauer des Verbrechens und die Dauer des Beischlafs sind bloßer Augenblick, ein im Moment, da es geschah, nicht zur Kenntnis genommenes Wetterleuchten. Seine Vorbereitungen sind so simpel und einfältig, weil sie nur auf diesen Moment zielen. Es genügt Desnoyers, nicht anwesend zu sein, während er tötet. Weiter reicht seine Voraussicht nicht. Als Régine ermordet ist, wird er sich nicht einmal die Mühe machen, sich des Revolvers zu entledigen. Er wird ihn an den gewohnten Platz in der Schreibtischschublade legen. Warum auch nicht, wo er doch Priester ist? Man muss begreifen: Dieses Verbrechen war ein unmögliches Verbrechen. Jeder andere als Desnoyers hätte in Uruffe in Anbetracht dessen, was dort alle wussten, in Anbetracht der vielen Gerüchte, die über ihn im Umlauf waren und die er natürlich kannte, über eine Hinterhältigkeit verfügen müssen, wie wir sie aus Kriminalromanen kennen, um die Tat begehen zu können und dabei nicht erwischt zu werden. Das bedeutet jedoch auch: Ein gewöhnlicher Mörder, der weiß, dass die Waffen seiner Gegner den eigenen mindestens ebenbürtig sind, hätte darauf verzichtet, die Tat zu verüben. Aber Desnoyers war der Pfarrer von Uruffe und in den eigenen Augen über jeden Verdacht erhaben.

Darin liegt seine Hinterhältigkeit, die zugleich seine völlige Unschuld oder sein Wahnsinn ist. Er handelte zwar vorsätzlich, trotzdem kann man mit Recht sagen, er habe sein Verbrechen überhaupt nicht vorbereitet. Ein Auszug aus der Vernehmung durch den Vorsitzenden Richter ist aufschlussreich: Ja, am Tag des Verbrechens war Desnoyers recht früh nach Nancy aufgebrochen, nachdem er jedermann erklärt hatte, dass er dort den Nachmittag verbringen und anschließend in der Gemeinde Houdemont bei seinen Eltern übernachten werde; ja, sein Revolver befand sich im Ablagefach seines Wagens; ja, er hatte tags zuvor mit Régine Fays für den betreffenden Tag um sechs Uhr abends ein Treffen am Fuß des Kalvarienberges vereinbart; ja, er wusste, dass es um diese Zeit bereits dunkel sein würde – es war schließlich Winter; ja, er brauchte nicht in das Ortsgebiet von Uruffe zu fahren, um von Nancy zum Kalvarienberg zu gelangen, weil dieser sich am Ortsende, an der Straße nach Nancy befindet; ja, er hatte sich in Nancy von einem Priester seines Ordens verabschiedet und ihm gesagt, dass er direkt nach Houdemont fahren würde; ja, wenn man sich beeilt, hat man genügend Zeit, Régine beim Kalvarienberg zu treffen, sie zu töten und anschließend noch annähernd pünktlich in Houdemont einzutreffen.

Beispielhafter Vorsatz, unbestreitbar, erklärt der Richter: fast schon das Muster eines vorsätzlich begangenen Mordes. Aber Desnoyers leugnet die offensichtlichen Tatsachen. Die ganzen übereinstimmenden Fakten scheinen aus seiner Sicht nicht dem Zustand gerecht zu werden, in dem er sich befand. Der Richter führt die Vernehmung geduldig fort: «Und was ist mit dem Revolver? Sie wussten also, dass sie damit töten würden?» «Nein, ich habe ihn immer in meinem Wagen.» – «Mag sein, aber wie steht es um das Treffen mit Régine, das Sie am Vortag ausgemacht haben, bei Nacht, am Kalvarienberg, in völliger Abgeschiedenheit?» – «Ich weiß es nicht, ich wollte sie wiedersehen und mit ihr sprechen ...» – «Also gut, Sie erreichen den Kalvarienberg, sie wartet dort schon, sie ist allein, sie hat ihren Milcheimer bei sich, sie ist schwanger, sie steigt in Ihren Wagen ein, Sie drehen um und fahren los Richtung Nancy ...» – «Nein, nein, zu dem Zeitpunkt wusste ich das noch nicht, ich weiß nicht mehr, ich bin mir nicht sicher ...» – «Sie biegen in eine Seitenstraße ein, in einen kleinen einsamen Weg, den nach fünf Uhr abends niemand mehr benutzt. Das geschah absichtlich, nicht wahr, das war die Straße für das Verbrechen?» – «Nein, das geschah *zufällig*», beharrt Desnoyers eigensinnig. «Sie fahren zwei Kilometer und halten bei einer Baumgruppe an. Es ist die erste, auf die Sie nach dem Verlassen der Hauptstraße treffen, und sie ist gut geeignet, um dort einen Leichnam zu verstecken, nicht wahr?» – «Nein, das war Zufall.» – «Sie stellen den Motor ab, nehmen Ihren Revolver, fragen Régine, ob sie Ihnen vergibt, und erteilen ihr die Absolution; wussten Sie zu dem Zeitpunkt, dass Sie sie töten wür-den?» – «Nein, keinesfalls, das stimmt nicht, ich wusste es nicht.» – «Sie öffnet die Wagentür, tritt auf die Straße, will fortlaufen, weil sie Angst hat. Sie entsichern Ihren Revolver, steigen ebenfalls aus, lau-fen ihr nach, holen sie ein und zielen auf sie ...» – «Nein, das wusste ich nicht.» – «Sie pressen den Lauf des Revolvers in ihren Nacken und schießen.» – «Ja.»

Beide haben recht, der Richter und der Priester. Natürlich hat Desnoyers sein Verbrechen vorsätzlich begangen. Genauso vor-sätzlich hatte er sich mit seinen Affären verabredet: Dass Michèle oder Régine gerade anwesend waren, wenn die Lust in ihm auf-blitzte, sollte ihn jedes Mal überraschen; «zufällig» hatte er sie vorbeizukommen gebeten, um das Tabernakel zu putzen oder die Kirchenstühle ordentlich aufzureihen. Wenn man ihn dazu befragte, antwortete er darum auch, dass er von nichts wusste. Wie wir gesehen haben, verläuft die Zeit für Desnoyers nicht linear: Er kann sich das *Nach dem Verbrechen*, das *Nach dem Schuldigwerden* nicht vorstellen. Aber ebenso wenig kann er begreifen, was *Vor dem Verbrechen* bedeutet, kann er sich dazu durchringen, sich vierundzwanzig Stunden oder auch nur eine Stunde zuvor mit einem bevorstehenden Mord oder mit einem bevorstehenden Kuss auseinanderzusetzen. Und es stimmt: Bis zum letzten Augenblick, bis zur letzten Sekunde der zersplitterten Zeit weiß er von nichts. Seine vorsätzliche Handlung ergibt sich kurzfristig und ist rein praktischer Natur.

Gott sieht es, und Desnoyers treibt sein Versteckspiel mit Gott. Er ist überspannt. Er hat sein Leben lang keinen Beischlaf zwischen Bettlaken erlebt; zum Glück trägt er einen Rock, den er nur hochheben muss. Er ejakuliert unfassbar schnell, wie ein Blitz. Er hortet seine Liebhaberinnen, weil er keine von ihnen liebt: Zu lieben braucht Zeit, braucht Dauer, braucht Geschichte. Aber Desnoyers hat weder eine Geschichte noch verfügt er über Wissen oder über ein Gedächtnis. Er ist ein überspannter, schlechter Gläubiger. Er sündigt aufrecht und legt sich dazu nicht nieder. Nach der erfolgten bösen Tat stürzt er sich, außer Atem und völlig benommen, in seine Aufgaben als Priester. Er ist kein sanftmütiger Pfarrer, allerdings auch kein Hitzkopf, der sich gehenlässt. Ein Organisator ist er, ein Erfinder, ein Ergebener, ein Unermüdlicher. Als er die Pfarrei von Uruffe übernommen hatte, siechte sie unter einem alten, kranken malthusianischen Pfarrer dahin, der nur für die Sterbenden etwas übrighatte. Desnoyers erweckte sie wieder, gründet einen Chor, eine Fußballmannschaft, ein Pfarrkino, er organisiert Gruppenreisen. Er renoviert die Kirche, er verschönert sie; er ist das Faktotum, das sich um alles kümmert, er ist Fahrer und Krankenpfleger, immer bereit, anderen zu Diensten zu sein, allen Wünschen zuvorzukommen. Die Familie Fays wird ihm ewig dankbar sein, weil er jeden Tag viermal zu ihnen kam, um die geschwollenen Füße eines der fünf Kinder zu pflegen. Er folgt jeder Bitte, und der Bürgermeister von Uruffe hat dementsprechend zu Protokoll gegeben, dass man ihn in der tiefsten Nacht und bei allerschlimmster Kälte habe holen können, immer habe Desnoyers gerufen: Hier bin ich, sei in die Soutane geschlüpft und habe sich auf den Weg gemacht. Das ist seine Aufgabe als Priester: Er erfüllt sie bewundernswert gut, nie besser, als wenn er einen Fehltritt begeht.

Aber nachdem er getötet hat, nachdem Régine ermordet ist, wird er darin wahrhaftig erhaben, befindet er sich vielleicht zum ersten Mal in tatsächlicher Ausschließlichkeit in der Haut des Priesters von Uruffe, kann er endlich *bis ans bittere Ende* gehen. Kaum zwei Stunden ist es her, dass er das Pfadfindermesser und die blutüberströmten Hände mit einem benzindurchtränkten Taschentuch abgewischt hat. Er ist im Haus seiner Eltern und spricht gelassen – er wirkte «ganz normal», erklärten diese später – über eine Erbschaftsangelegenheit. Er erhält einen Anruf: Michèle Léonard teilt ihm mit, dass Régine verschwunden ist. In Uruffe ist man beunruhigt. Régines Mutter, die ihre Tochter nicht nach Hause kommen sah, sie auch bei den Nachbarn nicht fand, hat Michèle verständigt, und die hat sofort an den Pfarrer gedacht. Sie wusste, dass Régine von ihm schwanger war, und sie wusste auch, dass er dieses Kind nicht vor aller Öffentlichkeit zur Welt kommen lassen würde. Und er, tüchtig wie immer, entgegnete nur ein knappes: «Ich komme sofort!» Mit halsbrecherischer Geschwindigkeit fuhr er die Strecke von Houdemont nach Uruffe, hielt beim Pfarrhaus kurz an und warf den Revolver in eine Schublade, begab sich dann zu Michèle und half sofort bei der Suche. Oder, genauer gesagt, er übernimmt deren Leitung, wie es allein der hingebungsvolle, der unermüdliche Pfarrer von Uruffe tun würde; tun muss. Er ist es übrigens, der nahelegt, dass es für diese Suche einen «Anlass» gibt, er steigert die zunächst noch gefasste Unruhe hin zur schlimmsten Befürchtung.

Michèle, ihren Bruder und einen Nachbarn lässt er in seine Quatre Chevaux einsteigen und beginnt die Landschaft zu durchkämmen. Er kommt ein erstes Mal an der Baumgruppe vorbei, bei der er den Leichnam versteckt hat, fährt jedoch rasch daran vorbei, ohne die Geschwindigkeit zu drosseln. Gegen Mitternacht kehrt die Gruppe unverrichteter Dinge nach Uruffe zurück. Ein Gemeindemitglied ist verschwunden. Aber Uruffe schläft ruhig. Nur bei den Familien Fays und Léonard brennt Licht. Was tun? Ein Mörder versteckt sich, ein Aktivist dagegen handelt, er muss unablässig tätig sein. Arzt, Krankenpfleger, Fahrer, Kinobetreiber, dann Suchtrupp-Anführer und Gendarm. Und das ist noch nicht genug: Der Pfarrer sorgt dafür, dass aus der Beunruhigung einiger weniger die Panik sämtlicher Dorfbewohner wird. Atemlos, wie es seine Art ist, eilt er zum Bürgermeister, weckt ihn und bittet darum, die Sturmglocke läuten zu dürfen. Das wird ihm erlaubt, dann läutet er sie, allein in der Kirche, ein am Glockenseil hängender, wahnsinnig gewordener Küster, bis er vor Erschöpfung nicht mehr kann. Die Dorfbewohner schrecken aus dem Schlaf auf: Man versammelt sich in zunächst untätigen Gruppen auf dem Hauptplatz und in den Lokalen. Die schwarze Soutane wird tätig, rast hin und her, spornt die Kräfte an, überzeugt die Zweifler: Ein Unglück ist geschehen.

Die Öffentlichkeit ist nun vollzählig, jetzt kann er Régine finden. Er bricht mit denselben Beifahrern im Auto auf. Diesmal nimmt er sich kaum Zeit, auf den vereisten Straßen herumzuirren. Er fährt geradewegs zum Wäldchen, wird langsamer, meint, dort etwas Weißes gesehen zu haben, hält an. Auf eigene Faust. Michèles Bruder steigt als Erster aus dem Auto, er findet die Kleine, mit klaffender Wunde, die Nabelschnur zwischen den Schenkeln, daneben das Neugeborene mit durchstochenen Augen. Er stößt einen Schrei aus. Nun steigt auch Desnoyers aus dem Wagen. Vor der erstarrten Michèle murmelt er: «Oh diese Verbrecher! Meine arme Régine, ich hätte nie gedacht, dass sie dazu imstande wären!» Und sofort sinkt der Pfarrer von Uruffe auf die Knie und betet. Er ist nicht erstaunt, er ist nicht empört, er bleibt kalt, er betet, er tut, was er tun muss. Alles geschieht genau so, als ob er überführt werden wollte. Seit Michèle ihn angerufen hat, ist sein ganzes Verhalten ein Geständnis. Aber er verhält sich folgerichtig gegenüber sich selbst; das Verbrechen als solches war bereits ein Geständnis, und Desnoyers sucht keine gewöhnliche Straflosigkeit. Er geht eine unmögliche Wette ein, nämlich *trotz* seines Schuldgeständnisses und nach seinem Schuldgeständnis über jeden Verdacht erhaben zu bleiben, indem er seine Priesterrolle weiter spielt bis zum Ende, um so die Absurdität der Allmacht der Religion zu beweisen. Eine Allmacht, die er in jener Nacht schon einmal ermessen hat, weil ja sie es war, sie allein, die ihm befohlen hat, das Verbrechen zu begehen. Er hat getötet, um der Kirche, genauer gesagt: dem Priester von Uruffe, das heißt: seiner Soutane, einen Skandal zu ersparen. Und dieser Imperativ war so kategorisch, dass der Priester jede Vorsicht außer Acht ließ. Es ist gerecht, dass solche Allmacht nun gegen seine Geständnisse für ihn einstehen soll.

In dieser heldenhaften Nacht treibt der Priester von Stunde zu Stunde den Widerspruch in die Höhe, bis er unhaltbar wird, bis zu den wahren Geständnissen, den – um ein hübsches Wort des Kommissars zu zitieren – «verriegelten Schuldgeständnissen». Sobald man Régine gefunden hat, werden die Gendarmen von Colombey-les-Belles telefonisch verständigt. Während man ihre Ankunft erwartet, sitzt der Priester, umgeben von vor Bestürzung verstummten Bauern, an einem Tisch in der Dorfgaststätte. Er trinkt ein Glas Wein und liest mit gesenktem Kopf in einem Handbuch der Theologie, das er sich im Pfarrhaus geholt hat. Er hebt den Kopf und sagt mit lauter Stimme, obgleich niemand eine Frage an ihn gerichtet hat: «Ich kenne den Mörder, ich kenne die Wahrheit, aber ich darf nichts sagen, ich muss das Beichtgeheimnis wahren. Selbst mein Bischof könnte mich nicht davon entbinden. Hier steht es geschrieben!» Maßgebendes Wort, ein Hexenmeister, der mit Zaubertränken jongliert und dem gegenüber den ahnungslosen, schnöden Pfarrkindern höchste Macht verliehen worden ist. Denn er verachtet sie. Endlich treten die Gendarmen auf. Man wiederholt für sie die Worte des Pfarrers. Sie verhören ihn: «Ja, ich weiß», sagt er, «aber ich darf nicht sprechen. Ich kann euch nur sagen, dass ihr nach dem Täter nicht in Uruffe zu suchen braucht. Der Mörder kommt nicht aus diesem Dorf.» Stundenlang bedrängt man ihn, will ihn zwingen, er leugnet weiterhin und schlägt von Zeit zu Zeit etwas in seinem Handbuch nach, als würde er daraus neue Kraft schöpfen. Vor seinem nach Schießpulver riechenden Revolver, der ihn durch eine neben den Leichen gefundenen Patronenhülse überführt, wird er im Pfarrhaus seine erhabensten Worte sprechen: «Selbst der Papst», erklärt er, «könnte mich nicht meines Beichtgeheimnisses entbinden. Falls ich spreche, würde das ein Anlass für die Exkommunikation sein.»

Man hat ihn nicht aus der Kirche ausgestoßen. In der Tat ist er über jeden Verdacht erhaben geblieben, auch nach seinen Geständnissen, sogar vor seinen Richtern blieb er der vorbildliche Priester, das «schöne Bildnis», das er seit seinem dreizehnten Lebensjahr abgab, als seine Eltern sich ihren Anteil am Paradies sicherten, indem sie das unterworfene, gehorsame und reine Kind ins Knabenseminar schickten. Er war der Angeklagte, der er zu sein hatte, und nicht mit Gold aufzuwiegen. Er sprach mit lauter, verständlicher, kalter Stimme gegenüber jedermann die Worte des Bedauerns aus, die man von ihm erwartete: «Ich bitte Sie, Michèle, für den Schmerz, den ich Ihnen zugefügt habe, um Vergebung. Seit vierzehn Monaten, seit ich im Gefängnis bin, habe ich zu verstehen versucht. Aber ich verstehe nicht, ich bin nicht mehr derselbe

Mensch.» Und zur Mutter von Régine: «Ich erkenne die Tatsachen an, aber die Beweggründe kann ich nicht erklären. Ich bitte Sie um Vergebung.»

Aber er log: Er ist derselbe Mensch geblieben. Vielleicht ein Verbrecher, doch ein unfehlbarer Priester Gottes. Und in seinen Augen war nur das von Bedeutung. Auch gegenüber den Geschworenen argumentierte er mit Autorität, wie er es vor den Bauern getan hatte, als er in seinem Handbuch nachschlug. Er gab alles zu, er leugnete nichts, er ließ sich auf keinen Wortwechsel ein – mit Ausnahme des Vorwurfs der Vorsätzlichkeit –, aber plötzlich hob er den Kopf und verteidigte sich Zug um Zug, und zwar immer genau dann, wenn sein Priestertum zum Thema wurde. In diesem Punkt hat er nie nachgegeben. Desnoyers' Ehre war seine Priesterwürde, und er hat nie zugelassen, dass sie angezweifelt wurde. Als der Vorsitzende Richter zu ihm sagt: «Alles in allem haben Sie jedes Verständnis Ihres Priesteramtes verloren», erwidert er, «Ich habe mich nie von meinem Priestertum losgesagt.» Und er fügt hinzu: «Ich bin immer Priester gewesen, ich bin Priester, ich bleibe Priester.» – «Man sagt, dass Sie Pläne geschmiedet haben, mit Régine anderswo zu leben.» – «Wer sagt das? Ich konnte nicht, ich war Priester.» – «Haben Sie an Selbstmord gedacht?» – «Ich konnte nicht, ich bin Priester.» – «Und das Priesteramt zu verlassen, um zu heiraten?» «Unmöglich, ich bin Priester.» – Diese Auswege waren in seinen Augen schlimmer als der Mord an Régine.

Der Verschreckte ließ Schrecken walten: Er war erbarmungslos und unerbittlich zu den Mädchen, mit denen er schlief. Sie existierten nicht, für ihn gab es nur die Beziehung zur allerhöchsten geistigen Instanz. Bloß um die alles überragenden Interessen der Religion, die sich in ihm verkörperten und die zu verteidigen sein Auftrag war, war es ihm zu tun. Michèle Léonard verdankte ihre Rettung allein der Strenge ihrer Eltern, die einen Skandal in Uruffe

verhindern wollten. Der Opferwille des Pfarrers war bewundernswert; so ließ er der Kleinen unter den Augen ihres Vaters derbe
Schelte zuteilwerden: «Ich hätte nie geglaubt, dass sie so verant-
wortungslos sein würde»; und dann schlug er vor, sie zur Entbindung bei Freunden unterzubringen, die in Südfrankreich lebten.
Was das Kind betraf, entschied er, es einem Wohlfahrtsverband
anzuvertrauen. Und so geschah es auch. Er kümmerte sich um alles,
und die Eltern von Michèle waren ihm sehr dankbar dafür. Sie
weinte jeden Tag um ihr Kind, aber er hatte ihr verboten, es wiederzusehen. Sie gehorchte.

Als dann Régine schwanger wurde, zwang er auch sie, der Familie zu erklären, dass sie beim Jahresfest des Nachbardorfes von
einem Unbekannten vergewaltigt worden sei. Zu ihrem Unglück
war ihre Mutter eine anständige und umgängliche Frau. Sie sagte
zu Régine: «Nun gut, dann wirst du das Kind eben hier zur Welt
bringen, und wir werden es gemeinsam aufziehen. Es gibt keinen
Grund, ein Drama daraus zu machen.» Es gab aber doch einen, denn
der Priester wollte in Uruffe keine Spuren hinterlassen. In Schrecken versetzt, versetzte er andere in Schrecken, überanstrengt,
angespannt, gleichzeitig abgeklärt, war der Pfarrer Desnoyers zu
töten bereit.

Bevor die Geschworenen sich zur Beratung zurückziehen,
erhebt er sich und setzt zu einer letzten Erklärung an: «Ich bin
Priester», sagte er zu ihnen, «ich bleibe Priester, ich werde als
Priester alles wiedergutmachen. Ich überantworte mich Ihnen,
weil ich weiß, dass Sie mir gegenüber die Rolle Gottes einnehmen.»
Guy Desnoyers blieb tatsächlich überzeugt, Gott mit ganzer Kraft
gedient zu haben.

Les Temps Modernes, Nummer 146, April 1958

DIE FLUCHT DES DALAI-LAMA

Es war geschafft. Die mit Schätzen beladenen Yaks der Karawane hatten den Zenit des 5200 Meter hoch gelegenen Gebirgspasses Gyatso La überschritten und befanden sich auf dem Weg nach Indien. Die uralten Yaks der Klöster von Sera, Drepung und Ganden atmeten schwer, sie keuchten zwischen den Armen der ihrer Pflicht bis zum Tod ergebenen zwölfjährigen Mönche. In der dünnen Luft vergaßen die Meister der Meditation die Hochachtung, die sie ihrem Gott schuldeten, bedingungslos, stöhnend drängten sie ihn zur Flucht.

Aber der dreiundzwanzigjährige Gott, unempfindlich gegen die Kälte, die Angst, die Höhenkrankheit und den Unwillen der Yaks, saß stur und reglos, dem Weg in das Exil den Rücken kehrend, auf seinem weißen Pony. Er wartete. Weit unten, zweitausend Meter unterhalb des Passes, durchfegte der den Kahlsteppen Zentralasiens vom Sturm entrissene Sand die Ebene von Lhasa, das ganze fruchtbare Kyi-Chu-Tal mit seinen Gerstenfeldern und seinen blauen und roten Buchweizenfeldern, seinen Gärten, seinen Wäldchen, seinen smaragdfarbenen Flüssen, seinen Millionen von Vögeln und Tausenden von Blumen. Sternblumen, Weißveilchen, Ringel- und Feldblumen, seit jeher hatten sie alle bis in die Gegend von Lhasa gelangten Pilger verzückt. Dank des Sandsturmes, der während der ersten beiden Frühlingsmonate jeweils am Beginn des Nachmittags einsetzt und die märchenhafte Stadt buchstäblich verschlingt, hatte der Dalai-Lama seinen Palast in Potala verlassen und die Berge erreichen können, ohne von den Soldaten des chinesischen Generals Tan Kuan-san bemerkt worden zu sein.

Das Orakel von Gadong, der berühmteste «Wettermacher» in ganz Tibet, waltete auch in der dünnen Luft beim Überqueren des Gyatso La seines Amtes. Er hob die Arme leicht an und richtete sie zum Himmel. Ein junger Mönch mit schriller Stimme bat den «Wettermacher» flehentlich, dass die Gottheiten den Sturm unten in der Ebene besänftigen mögen; bebend, angespannt, atemlos, mit heiserer Stimme: Auch dieser den Dalai-Lama auf seiner Flucht begleitende Ratgeber wollte den Chinesen rasch entkommen. Diesmal war er auf Nummer sicher gegangen: Jeder wusste, dass sich der Sandsturm bei Einbruch der Dunkelheit legt.

Mit einem Schlag flaute der Sturm ab und enthüllte die phantastische Architektur des Potala-Palastes, die mit Blattgold bedeckten Dächer, die im Licht der untergehenden Sonne glänzten, die Terrassen, die Strebebögen, seine steinernen Stufen, seine im unteren Teil massiven, sich dann verengenden Mauern, eine aus so vollkommenen Linien geformte Pyramide, dass sie ohne menschliches Zutun von einem göttlichen Bauherrn aus dem Felsen gehauen scheint. Trotz der Entfernung zeigte sich Lhasa den Fliehenden in dieser dünnen Luft, in der die Sonnenstrahlen jeder Farbe ihre ursprüngliche Reinheit zurückgeben, in einer fassungslos machenden Bildschärfe; im Umkreis des Potala liegen die blauen Berge, der 1300 Jahre alte Jokhang-Tempel, das Kloster von Drepung mit seinen zehntausend Mönchen, die medizinische Schule oberhalb der Bahnlinie, Lhasa und seine zahlreichen Klöster, Tempel, Kapellen, Lhasa und alle Blumen seiner Balkone.

In einer violetten Mönchsrobe, auf dem Pony sitzend, scheinbar gleichgültig betrachtet der Dalai-Lama, die vierzehnte Reinkarnation der lebenden Buddhas, ein letztes Mal die heilige Stadt und seinen Palast, den Potala. Da ist nichts, nicht einmal ein Seufzen, nichts Finsteres in seinem schönen göttlichen Blick, aber für einen Moment hat etwas den wunderbaren Gleichmut im Gesicht des Buddha gebrochen. Er ist dreiundzwanzig Jahre und zugleich Millionen Jahre alt, er hat eine Daseinsunendlichkeit hinter sich. Er ist frei von Begierde und Angst, Reue und Zorn, er hat die 84 000 Leidenschaften der menschlichen Seele besiegt, die, Jahrhundert für Jahrhundert, in jeder Herzenseinkehr durch empfindsame Asketen erkennbar gemacht und eine nach der anderen im *Kanjur*, dem großen heiligen Buch der tibetischen Schriften, benannt worden sind. Wenn er auf den vollkommenen Frieden und die Gelassenheit des Nirwana verzichtet und den schmerzvollen Weg der Reinkarnation gewählt hat, dann allein zum Wohl der Menschen, um ihnen zu helfen, sich, wie er es getan hat, von der Unwissenheit, der Täuschung, dem Verhaftetsein an die Welt zu befreien.

Den prosaischen Namen Lhamo Dhondup, der ihm bei seiner Geburt vererbt worden ist, hat er gegen ein Dutzend anderer eingetauscht, denen nur schwer gerecht zu werden ist. Er ist Dalai-Lama (Ozean der Weisheit) oder auch Kundun (der Gegenwärtige), er ist der Große Kostbare, der Geheiligte, die Sanfte Herrlichkeit, der Sprachmächtige, der Hervorragende Verstand, Er, der die Lehre verkörpert, usw. Im Gegensatz zu diesen prunkvollen Bezeichnungen ist der hochgewachsene, etwas gebeugte junge Mann mit dem frischen Teint und der großen Intellektuellenbrille gegenüber dem Leben, den Gefühlen, den Gebärden und dem Mienenspiel tot. Seit nunmehr zwanzig Jahren haben ihn in seinen Gemächern im Potala, ganz oben im höchsten Stockwerk des Palastes, Mönche mit Flammenaugen tagtäglich die Leidenschaftslosigkeit gelehrt: Fasten, Buß-Übungen, lange Stunden des Studiums, Nächte der Schriftauslegung, erschöpfende öffentliche Zeremonien – eine grauenvolle Lehrzeit für den Beruf, ein Gott zu sein. Als er vor zehn Jahren, also mit dreizehn, das letzte Mal weinte, wäre sein oberster Kammerherr vor Scham fast gestorben: Der Ozean der Weisheit hatte vom

Dach des Potala-Palastes aus in hundertfünfzig Meter Tiefe Kinder seines Alters Ball spielen gesehen.

Er weint nicht mehr. Aber noch ist er trotz allem nicht weit genug vom Leben entfernt. Weil er die Flucht ergreift. Weil ihm die Farben von Lhasa am späten Nachmittag des 17. März den Atem verschlagen. Ein auch nur angedeutetes Seufzen des Gott-Menschen aus Asien auf der Höhe des Gyatso La kommt im abendländischen Gefühlsregister dem Zerbrechen von Rolands Horn in Roncevaux oder dem weibischen Schluchzen gleich, das Boabdil, den Sultan von Granada, überwältigte, als der katholische König Ferdinand von Aragón ihn aus der Stadt verjagte, die er so sehr geliebt hatte.

Fünfzehn Tage hatten die Gewaltmärsche durch die nahezu undurchdringlichen Dschungel des südlichen Tibets und über die Gebirgsketten des Himalajas gedauert. Der Dalai-Lama, seine Mutter, seine Brüder, sein Gefolge, feudale Adlige, Mönche und Khampas – erbitterte Raubkrieger aus der Provinz Kham – bahnten sich einen Weg bis an die Grenze Indiens. Immer wieder mussten sie sich vor der chinesischen Luftwaffe verstecken. Nicht alle schaffen es bis dahin, aber die Nachricht von der Flucht des Gottes verbreitet sich im ganzen Land; Mönche und Nonnen, Bauern, Nomaden und Bettler setzen wie im Wahn ihre Gebetsmühlen und ihre an Buddha gerichteten Beschwörungen in Gang, die *om mani padme hum* (Heil oh Juwel in der Lotusblume).[4] Auf seinem Weg, inmitten des Dschungels, findet der Große Geheiligte Hunderte weißer Schals, als Zeichen der Liebe und der Unterwerfung von Waldmönchen für ihn ausgestreut. Eremiten, die in den vereisten Einöden des Himalaja die Ekstase suchen, bieten ihm für eine Nacht ihre

---

4   Der Buddha Chenrezig, der Dalai-Lama, wird oft inmitten einer Lotusblüte – dem Symbol der göttlichen Geburt – sitzend dargestellt.

Hütte an, auf der Stelle verwandelt sie sich «in einen himmlischen Palast, in Licht und Frieden des Universums». Wo er Zuflucht findet, errichtet er durch nichts als seine Anwesenheit einen neuen Potala: unschätzbarer Vorzug dieses bescheidenen jungen Mannes.

Doch er schafft auch dramatische Probleme. Ein Problem für Pandit Nehru, der ihn in Indien aufnimmt: Was macht man mit einem Gott? Ein Problem für Mao Zedong: Was macht man ohne diesen Gott? Mit anderen Worten, wie soll man ohne den Dalai-Lama die zwei Millionen Bewohner des Daches der Welt regieren, für die er zugleich Buddha, Papst und König ist? Eines ist gewiss, die chinesischen Kommunisten können mit diesem Gott nicht fertigwerden. Sie können nichts ohne ihn und nichts gegen ihn unternehmen. Sie werden mit allen Mitteln versuchen, ihn zur Rückkehr auf seinen Thron im obersten Stockwerk des Potala-Palastes zu bewegen, dort ist sein Platz für alle Ewigkeit.

Wenn man zu einem Mönch oder zu einem tibetischen Bauern sagte, dass der vierzehnte Dalai Lama am 6. Juli 1935 in einem kleinen Dorf im östlichen Tibet geboren wurde, würden sie das nicht verstehen. Er wurde nicht geboren, weil sein Vorgänger, statt zu sterben, nur den Leib gewechselt hat; genau genommen haben nicht vierzehn Dalai-Lamas Tibet regiert, sondern allein Buddha Chenrezig, das unumschränkte Wesen, das «verkörperte Erbarmen und Wohlwollen», eben in verschiedenen Hüllen, in vierzehn aufeinanderfolgenden Erscheinungen. Der Körper ist nichts als ein Kleidungsstück, übergestreift, und abgelegt und fortgeworfen, wenn man es nicht mehr braucht.

Der dreizehnte Dalai-Lama ist also an irgendeinem Tag des Jahres 1933 verstorben (die tibetische Formulierung dafür lautet: «Er ist ehrwürdig mit seinem Körper ins Paradies aufgestiegen», und dort oben, im klaren Himmel des Daches der Welt, körperlos, aber gleichwohl lebendig, hat er den Körper eines jungen Kindes gesucht, in den er schlüpfen konnte, ohne irgendwem davon zu erzählen, ohne die Mönche und die Orakel zu informieren. Er gönnte sich eine Bedenkzeit von zwei Jahren, prüfte die Familien, die Haushalte der Städter und Bauern, der Armen und Reichen, der Adligen und Bürger, verglich ihre Verdienste: Als unumschränkter Meister kann er eine Person wählen, in der er erneut zur Welt kommt, und in diesem Sinn trägt der elendste aller Tibeter den Stab des Dalai-Lama in seiner Patronentasche aus Grunzochsenfell. Für die Reinkarnation gewöhnlicher Menschen ist eine Zeitspanne von höchstens neunundvierzig Tagen vorgesehen. Wie man sieht, kann diese Frist im Fall des Dalai-Lama, weil es um eine Sache von höchster Bedeutung geht, weitaus länger währen. Auf Erden entschieden die Vorsteher der großen Klöster, die die Wartezeit gemäß ihrem Willen und dem Stand ihrer Rivalitäten verlängern können, nach zwei Jahren, dass es nun lang genug gedauert habe. Es war an der Zeit, das Kind zu entdecken, in dem der Bodhisattwa – «Er, dessen Wesen die Erleuchtung ist» – neu geboren werden wollte.

Und jetzt betritt das Orakel die Bühne. In Tibet gibt es nicht nur das Orakel von Gadong, den «Wettermacher», es gibt, sechs Kilometer von Lhasa entfernt im Nechung-Kloster auch ein Staatsorakel, dessen Aussagen besonders bedeutend sind. Das nach dem Tod des Dalai einberufene Mönchskonzil befragt das Orakel. Doch auch wenn es gesprochen hat, steckt die Suche noch in den Anfängen; der Vorgang ist langwierig, und er läuft jedes Mal anders ab, weil alle Wunderzeichen einbezogen werden.

Zwei Jahre nach dem «Tod» des dreizehnten Ozeans der Weisheit, 1935 also, waren die Nachforschungen an einem toten Punkt angelangt. Das Staatsorakel sprach immer rätselhafter. Der Regent – der die Zwischenherrschaft ausübt und regiert, solange der Dalai-Lama minderjährig ist – begab sich darum an den See beim Kloster Chokorgye, hoffend auf eine Vision, die ihn erleuchten würde. Man sagt, das unendlich blaue Wasser dieses riesigen Sees im Süden Tibets ermögliche es, künftige Ereignisse vorherzusehen, und so betrachtete der Regent das Wasser am Berghang, Wind kam auf, veränderte die Farbe des Wassers, ließ es weiß wie Milch werden. Darauf zeichneten sich, deutlich erkennbar, in tiefem Schwarz drei Silben ab: A-Ka-Ma. Dann sah der Regent ein dreistöckiges Kloster mit türkisfarbenen Schindeln und einem goldenen Dach; er sah eine Straße, die an der Ostseite des Klosters vorbei zu einem kahlen Hügel in Form einer Pagode führte; dem Hügel gegenüber bemerkte er ein kleines Haus mit Dachrinnen, wie er sie nie zuvor gesehen hatte. Lange sprachen die wichtigsten Theologen Tibets über die Bedeutung dieser Vision, sie kamen zu der Erkenntnis, dass die neue Reinkarnation eingetreten sei, und zwar im Osten von Lhasa.

Noch ein anderes Wunder ereignete sich, dem die Tibeter große Bedeutung beimaßen: Der einbalsamierte Körper des dreizehnten Dalai-Lama bewegte sich. Für gewöhnlich werden die Leichen der verstorbenen Tibeter auf Grabhügeln an den Toren der Dörfer und Städte in Stücke gerissen unter den wachsamen Augen Tausender von Vögeln, Aas fressenden Lämmergeiern, die am Ende der Zeremonie den Hügel sogleich sauber fressen, nur die Leichname des Dalai-Lama und einiger anderer hochrangiger Würdenträger werden einbalsamiert. Und bis zur Fertigstellung seines Mausoleums hatte man den Dalai-Lama neben zwei seiner zwölf Vorgänger unter den Dächern des Potala auf einen Thron gesetzt: Tausende Pilgerer, von denen es in Lhasa wimmelt, konnten auf diese Weise dem, der für siebenundfünfzig Jahre die irdische Hülle Buddhas verkörpert hatte, die letzte Ehre erweisen. Nun geschah es, dass die Dob-dobs, riesige, furchterregende, mit Peitschen und Schlagstöcken bewaffnete Polizistenmönche, die die Mumie bewachten, am Morgen den Körper und den Kopf des Dalai nach Osten gerichtet fanden, nicht

Richtung Süden, wie es normal gewesen wäre. Ein Wunder, das der Vermutung, der neue Dalai würde im Osten von Lhasa erscheinen, mehr Glaubwürdigkeit verlieh.

Im Frühjahr 1937, nachdem der Thron bereits vier Jahre leer geblieben war, machten sich mehrere Gruppen von Mönchen auf den Weg in die östlichen Gegenden Tibets. Jede Gruppe führte Gegenstände mit sich, die dem letzten Dalai gehört hatten, und von den Originalen nicht unterscheidbare Kopien, um die Kandidaten strengsten Prüfungen zu unterziehen.

Zunächst wurden zwanzig Jungen ausgewählt, zuletzt beschränkte sich die Auswahl noch auf drei. Bevor man sie prüfen konnte, starb einer von ihnen bedauerlicherweise; das zweite Kind ergriff weinend die Flucht, so sehr entsetzte es der Anblick der Mönche (ein schlechtes Zeichen). Das dritte Kind, erst zwei Jahre alt, spielte unschuldig an der Türschwelle der Hütte seiner Eltern. Sie waren arme Bauern. In diesem Moment wusste der Vorsteher der Delegation, Kyi-tsang, bereits, dass er am Ziel war: Er hatte das dreistöckige Kloster aus der Vision des Regenten erkannt, die sich dahinschlängelnde Straße, das Haus mit dem schmalen Dach. Man erklärte ihm, dass das Kloster dem Weisen Karmapa geweiht war: Der Regent hatte wahrhaftig mit unfehlbarer Genauigkeit «gesehen».

Bevor er in das Haus des mutmaßlichen Dalai einzutreten wagte, verkleidete sich Kyi-tsang mit wild klopfendem Herzen als Bauernknecht. Und sobald der Junge ihn bemerkte, eilte er ihm entgegen und rief voller Freude «Lama, lama» (ein sehr gutes Zeichen). Dann bemächtigte er sich mit wilder Begeisterung eines Halsbandes, das dem dreizehnten Dalai-Lama gehört hatte. Man zeigte ihm daraufhin verschiedene Gegenstände und die makellosen Kopien: einen Rosenkranz, eine liturgische Trommel, ein Glöckchen, einen Blitz aus Bronze, ein Taschentuch, eine Teetasse. Der Kleine traf immer die richtige Wahl. Blieben nur noch ein Gehstock und seine Nachbildung: In der Aufregung ergriff das Kind die Nachbildung, schüttelte dann aber mit vielsagender Miene den Kopf, ließ sie zu Boden fallen und griff nach dem Original. Er gab den Stock nicht wieder aus den Händen.

Unter den verwirrten Blicken der Mutter des kleinen Lhamo Dhondup, einer schönen Bäuerin mit hohen Wangenknochen, machten sich die Mönche daran, das Kind zu entkleiden. Der Buddha Chenrezig wird immer mit vier Armen dargestellt. Um eine Wiederverkörperung der Gottheit zu sein, musste das Kind Höcker an den Schlüsselbeinen oder an den Schulterblättern aufweisen. Seine Ohren mussten um vieles länger als gewöhnliche Ohren sein (Zeichen der Weisheit); seine Handflächen müssten geprägt sein wie eine Muschel. Der zarte Körper des Lhamo Dhondup erfüllte alle Bedingungen. Der vierzehnte Dalai-Lama war entdeckt.

Von einem Tag auf den anderen gehörte ihm sein Leben nicht mehr. Er war Gott. In seinen kleinen Händen vereinigte er die außergewöhnlichste Macht. Zugleich erhielt er die denkbar strengste, unmenschlichste, zerstörerischste Erziehung. In Wahrheit war er vorläufig nichts anderes als ein Symbol der Macht: Die Nomaden der unfruchtbaren Hochebenen von Changthang mit ihrer fiebrigen Phantasie, die leibeigenen Bauern der Feudalgüter, die Bettler, die tausendjährigen Zerlumpten der Höhlen von Gyangzê können seine Göttlichkeit noch so uneingeschränkt anerkennen und Hunderte von Kilometern zu Fuß zurücklegen, um sich dem Gottkind zu Füßen zu werfen, die eigentliche Macht gehört dem Regenten, den Mönchen der großen Klöster, den 175 adeligen Familien, den jeweils vier Prioren des Kirchenrates (Yiktsang) und den vier Mitgliedern des Ministerrates (Kashag).

Aber auch als Erwachsener wird er kämpfen müssen, wenn er allein herrschen, wenn er sein Gesetz durchsetzen will, er wird gegen die Macht der Mönche und der Klöster kämpfen – jeder vierte Bewohner dieses Landes aus Schnee, Eis und Steppen ist ein Mönch –, er wird sich über verfeindete Parteien erheben und in die blutigen Schlachten zwischen den athletischen Mönchen des Klosters von Sera und den Mönchen von Drepung eingreifen müssen, in die grauenvollen religiösen Metzeleien in diesem Mittelalter am Ende der Welt.

Wenn Gott ihn am Leben erhält. In den tausend Räumen und Labyrinthen des Potala-Palastes, rutschig und schwarz von den Überresten der unentwegt brennenden Lampen aus Grunzochsenfett, werden nämlich, kaum hörbar, Intrigen ausgeheckt und blitzschnell wirkende Gifte gebraut; zwischen 1805 und 1874 starben vier Dalai Lamas auf geheimnisvolle Weise, kaum dass sie die Volljährigkeit erreicht hatten und Regierungsgewalt übernehmen sollten. In großer Höhe, unter den Golddächern des Palastes, befinden sich die herrlichsten Grabmäler.

Der sechste Dalai, schön, hervorragend und hochintelligent, erwies sich allzu bald als von Askese, Studien und Kasteiungen nur wenig durchdrungen, er liebte das Leben, die Blumen, vorübergehende, vergängliche, trügerische Dinge, den Wein, den Gesang und – Verbrechen aller Verbrechen – junge Mädchen. In herrlich gedichteten Versen besang er die Liebe. Die Mönche konnten die Verse nicht aus der Welt schaffen: Nach Jahrhunderten kennt das tibetische Volk sie noch immer. Unglückseliger Sechster: Die Mönche behaupteten, dass man die Zeichen falsch gedeutet und sich in der Wahl des Dalai-Lama geirrt hatte. Um ihn ohne übertriebenen Skandal ermorden zu lassen, holten sie aus dem Norden mongolische Banden ins Land.

Lhamo Dhondup dagegen, dem Vierzehnten, droht fürs Erste keine Gefahr. Er ist zwei Jahre alt, er schläft tief in einer Sänfte mit gelben Vorhängen, die von sechsunddreißig Trägern gehalten wird.

Gelb ist seine Farbe, denn als geistlicher und weltlicher Herrscher von Tibet ist er zugleich Oberhaupt des wichtigen Gelugpa-Ordens, der Staatskirche.

20. September 1937, Tagesanbruch im Norden von Nagchuka auf dem Weg nach Lhasa. Die glückliche Nachricht der erneuten Reinkarnation ist in ganz Tibet verbreitet worden, und die Regierung hat der Karawane, die den Gott in seine Heilige Stadt bringen soll, Boten entgegengeschickt. Vor Müdigkeit fallen dem Kind immer wieder die Augen zu, doch der Lama Kyi-tsang nimmt es auf den Arm und schwingt es auf einen unter einem Zelt aufgestellten Thron. Minister Bhondong legt eine weiße Zeremonien-Schärpe in die Hände von Kyi-tsang, der sie wiederum dem kleinen Dalai darbietet: Selbst ein tibetischer Minister dürfte dem Pontifex die Schärpe nicht eigenhändig übergeben. Bhondong macht einen dreifachen Kniefall vor dem Kind, zeigt ihm einen Brief des Regenten, der ihn als den Dalai-Lama anerkennt, überreicht ihm die üblichen symbolischen Gaben.

Der Vater, die Mutter, die Brüder und Schwestern des Ozeans der Weisheit, erheitert von ihrem seltsamen Glück, sind Teil der Karawane. Im Herzen der Mutter regen sich widersprüchliche Gefühle: Sie weiß, dass sie ihren Sohn kaum noch sehen wird und dass er, wie alle Mönche, für das irdische Leben sterben muss, aber da ist auch dieses Glück, der plötzliche Glanz, der ihr zuteilgeworden ist. In Lhasa werden sie in einer luxuriösen Wohnung leben, kostbare Güter besitzen, Tausende von Yaks und Hunderte von Leibeigenen. Der Vater des Kleinen, ein armer Bauer, wird den ehrenvollen und vererbbaren Titel eines Herzogs tragen. Dem guten Mann ist die Auszeichnung übrigens zu Kopf gestiegen: Ausländer, die ihn in Lhasa aufgesucht haben – er ist vor einigen Jahren gestorben –, berichten, dass er unerträglich eitel geworden war. Die Mutter dagegen sei natürlich und einfach geblieben.

Nun befindet sich Kundun (der Gegenwärtige) in seinem Winterpalast, dem Potala. Kaum drei Kilometer weiter steht Norbulingka, der Sommerpalast, wohin er sich einmal im Jahr, sobald das Wetter beständig schön ist, unter großem Zeremoniell begibt. Wenn Norbulingka von Vögeln, Blumen, Gärten, Springbrunnen strotzt, wird der Potala-Palast ein Grab oder ein Gefängnis. Kundun bewohnt das oberste Stockwerk, unweit der Grabstätten seiner dreizehn früheren irdischen Hüllen; man trägt ihn hinauf, er ist noch zu klein, um allein dorthin zu steigen, er würde Gefahr laufen, sich beim Klettern auf den Sprossen der unzähligen Leitern, die von Saal zu Saal, von Gang zu Gang seiner hundertzwanzig Meter über dem Erdgeschoss gelegenen Wohnräume führen, den Schädel zu zertrümmern. Die Sprossen sind rutschig von dem Tierfett, das, Tag für Tag in den Lampen verbrannt, sich darauf angesammelt hat.

Nichts kann einem Kind, kann einem Heranwachsenden beim Absterben für das Leben behilflicher sein als der Potala-Palast. Jeden Abend, stets zur gleichen Zeit, verriegeln die Wächter unter der Aufsicht des Großschatzmeisters die Tore. Die Nacht hindurch gehen die Wachhabenden ihre Runden, ihre Rufe hallen durch die Säle und Gänge, zwei Meter große Dob-dobs stehen mit der Peitsche in der Hand am Fuß der Leitern: Der kleine Ozean der Weisheit schläft dort oben auf einer harten Matratze, Festlichkeiten und Gelächter kennt man im Potala nicht.

In seinen Mythos eingeschlossen, in der Haut Gottes, ein Gefangener seiner Rolle, hat der vierzehnte Dalai-Lama bis zum Alter von dreizehn Jahren in einer starren Welt gelebt, nicht anders als seine Vorgänger in den letzten Jahrhunderten: besinnungslos übertriebenes Lernen, Lesen, Schreiben und Meditieren. Er hat die Grundbegriffe der Arithmetik gelernt, Auslegungen und Kommentare zu religiösen Schriften verfasst, theologische Gespräche mit den Mönchen geführt, wahrhaftige Wortgefechte entweder im Potala-Palast oder in den großen Klöstern in Gegenwart aller Mönche. Auch Audienzen haben stattgefunden, Segnungen, die irre Ekstase der Gläubigen. Er wundert sich über nichts mehr, er hat die Gewohnheit angenommen, sich als Geheiligten zu betrachten. Er weiß, dass manche Pilger, von dem Wunsch besessen, sich einer guten Wiedergeburt als würdig zu erweisen, mit ihren Körpern buchstäblich die Hunderte – und manchmal Tausende – von Kilometern vermessen, die sie vom lebenden Gott trennen. Hingestreckt, erhoben, hingestreckt, erhoben! Manchmal dauert dieses fanatische Kriechen mehrere Jahre, dabei tragen sie an den Händen seltsam geformte Holzhandschuhe, um sich nicht wund zu scheuern, und auf dem Bauch eine Schürze aus Grunzochsenfell. Und sie leben allein von wohl verdienter Barmherzigkeit. Von den Terrassen des Potala überblickt Kundun nicht nur die wunderbare Landschaft Lhasas, sondern auch die drei heiligen, die Stadt umschließenden Ringmauern: den Inneren Ring, den Parkhor und den Lingkhor, einen acht Kilometer langen Weg, der die äußere Stadtmauer bildet und von Bettelpilgern wimmelt, die über seine achttausend Meter dahinkriechen und den Dalai-Lama anflehen. Fünftausend Kriechbewegungen sind für eine Runde nötig, die Reichen bezahlen dafür Berufskriecher, die diese an ihrer statt absolvieren; sie selbst begnügen sich mit dem Drehen der Gebetsmühlen.

Der Dalai-Lama wundert sich über diesen Fanatismus nicht mehr. Tatsächlich hat in ihm längst eine innere Trennung zwischen dem Menschen und dem Gott stattgefunden. Mit Ausnahme seltener Spiele mit seinem Bruder Lobsang Samten oder mit sorgfältig ausgewählten und nicht allzu lebhaften Mönchlein hat er nahezu alles seiner göttlichen Hälfte opfern müssen: Die Askese, all die Übungen und Bewegungen haben seine Gesten außerordentlich vergeistigt werden lassen, sie scheinen nun weder Anfang noch

Ende zu haben, nie weisen seine Hände in eine bestimmte Richtung, und doch vollzieht er jede Bewegung vollkommen beherrscht. Wenn er eine Tasse Tee an die Lippen führt, geschieht es mit der Anmut eines Zauberkünstlers, als hätte die Tasse kein Gewicht. Der Dalai-Lama, erzählt der englische Journalist Alan Winnington, der ihm 1957 begegnet ist, «trug ein Gewand aus feinem bordeaux-rotem Kaschmir, das einen Arm unbedeckt ließ, wie es die Klosterregel erfordert. Unter dem Saum ließ sich ein prächtiges, mit Goldfäden besticktes Seidenhemd erkennen. Seine Stulpenstiefel waren mit einer sechs Zentimeter dicken Sohle versehen und offenbar nie zuvor getragen worden; wenn er sich nach vorne beugte und seinen Tee umrührte, er bewegte dabei nur die Finger, ließ er seinen Oberkörper zugleich nach hinten gleiten und hielt genau in dem Moment inne, da er sich vollkommen zu entspannen schien; die Hände berührten sich an den Fingerspitzen, ein seltsames Lächeln lag auf seinen Lippen, die von erstaunlicher Geistesreife und Intelligenz zeugten. Aber noch außergewöhnlicher war der Augenblick, in dem er sich erhob: Als wechselte er übergangslos von der sitzenden in die aufrechte Haltung. Er lächelte unentwegt: Ich konnte nicht fassen, dass er nur zweiundzwanzig Jahre alt war.»

Ewiges Lächeln, ein Rätsel, das Lächeln Buddhas. Und dennoch lässt sich Buddha begierig die Neuigkeiten aus Lhasa berichten, sobald Lobsang Samten im Potala-Palast eintrifft. Er will alles erfahren, die Liebesgeschichten, die Todesfälle, die Streitigkeiten, welche Fremden sich in der Stadt aufhalten. Die Zurechtweisungen seiner Hauslehrer ängstigen ihn nicht mehr, und er hat ein faszinierendes Spiel entdeckt: In den Koffern des Dreizehnten, seines Vorgängers, hat er ein Fernglas gefunden, ein Geschenk der Engländer, und sooft er Gelegenheit dazu findet, steigt er auf eine der Terrassen und beobachtet die Stadt, die Straßen, die Leute und sogar das Innere der Häuser. Außer zu den großen öffentlichen Zeremonien verlässt er den Potala-Palast fast nie; das wahrhaft göttliche Vergnügen, zu sehen, ohne gesehen zu werden, begeistert ihn.

Seit Monaten beobachtet er mit dem Fernglas das Kommen und Gehen eines Europäers, des Österreichers Heinrich Harrer, der nach unglaublichen Abenteuern Lhasa erreicht und von 1946 bis 1951 dort gelebt hat. Dank der Vermittlung seines Bruders und trotz des Widerstandes der Mönche verlangte der damals vierzehn Jahre alte Kundun, mit dem Österreicher zu sprechen. Als der vor dem lebenden Gott steht, verhält er sich ganz und gar natürlich. Der Heranwachsende ist begeistert. Er kann das Dach der Welt bewohnen und weiterhin im Mittelalter leben, er weiß sehr wohl, dass es anderswo ein zwanzigstes Jahrhundert und die Atomwissenschaft gibt, er überhäuft den Europäer mit präzisen Fragen, die hauptsächlich mit modernen technischen Errungenschaften und Geographie zu tun haben. Dann beschließt er, dass die Unterhaltungen mit Harrer täglich stattfinden sollen, und macht ihn zum Entsetzen seiner Erzieher zu einem Privatlehrer.

«Die Ferngläser, die Fotografie begeisterten ihn», erzählt Harrer, «und bald verlangte er von mir, ihm einen Kinosaal einzurichten. Er besaß tatsächlich auch einen Filmprojektor, ein Geschenk der Inder, den aufzustellen und abzubauen er sich ohne irgendwelche Hilfe beigebracht hatte. Im Potala-Palast gab es auch einige Filme, vor allem Dokumentationen, und wir haben mit Hilfe einer indischen Handelsgesellschaft noch andere nach Lhasa bringen lassen. Einer der ersten wirklichen Filme, die ich ihm vorführte, war eine Kinofassung von Shakespeares Drama *Henry V*. Bei dieser Gelegenheit waren auch die Hauslehrer eingeladen worden, sobald das Licht ausging, schlichen sich die Köche und Gärtner von Norbulingka in den Saal. Kundun und ich hatten uns, wie jedes Mal, auf die Stufen zur Vorführkabine gesetzt. Ich übersetzte im Lauf der Handlung den englischen Text in aller Kürze und versuchte die Fragen zu beantworten, die mein Schüler mir im Flüsterton stellte. Über die Liebesszenen in *Henry V* wurde ungeheuer gelacht.» Harrer fügt hinzu, dass Kundun zu jenem Zeitpunkt mit einer Pubertätskrise zu kämpfen hatte und mehrmals ungewöhnlich nervös war. «Als er eines Tages ungeschickt einen Belichtungsmesser fallen ließ, dessen Gebrauch ich ihm gerade erklärt hatte, brach er in Tränen aus.» Buddha, ein Kino-Narr. Solche Widersprüche machen den Dalai-Lama aus. Aber sie stehen zugleich für ganz Tibet, dieses wundersame und schreckliche mittelalterliche Land im Zeitalter der Sputniks. Als die chinesische Rote Armee 1950 in Tibet einrückte, musste Buddha zum ersten Mal ins Exil. Einige Monate später kehrte er in den Palast zurück, nachdem seine Bevollmächtigten mit Mao Zedong ein Abkommen unterzeichnet hatten. Darin versprachen die chinesischen Kommunisten, die Religion und die Person des Dalai-Lama sowie das theokratische System von Tibet voll und ganz zu respektieren. Auch die Privilegien der Mönche wollten sie unberührt lassen. Sie hatten jedoch nicht versprochen, keine Straßen und Flugplätze zu bauen. Und diese allein, die Straßen, auf denen Lastwagen und Jeeps unterwegs waren, bedrohten das Gleichgewicht der tibetischen Gesellschaft, vergriffen sich an den tausendjährigen Überlieferungen – ihr Leben lang hatten die Tibeter von Gyangzê kein Rad gesehen –, die aufrechtzuerhalten die Isolation des von seinen Himalaja-Ketten umzingelten Landes ermöglicht hatte. Der Konflikt musste unvermeidbar ausbrechen. Aber in Indien bleibt der Ozean der Weisheit, auf niemanden als auf sich selbst gestellt, stark wie eine Armee und die ganze Wissenschaft des zwanzigsten Jahrhunderts.

Elle, Nummer 696, 27. Mai 1959

DIE ERSTE ISRAEL-REISE EINES PAPSTES SEIT DER STAATSGRÜNDUNG

Jerusalem, per Telegramm

Schwester Apollonie, an den Ufern der Saône geboren, lebt seit vierzehn Jahren im Nahen Osten und seit fünf Jahren in Jerusalem. Mit ihrem Schuhabsatz hämmert sie gegen eine große Steinplatte. «Wir stehen auf dem echten, ursprünglichen Boden, dem Lithostrotos des Evangeliums. Hier – allein hier und nirgendwo sonst – ist Unser Herr gegeißelt, erniedrigt, mit einem Dornenkranz gekrönt und zum Tode verurteilt worden.» Mit einem Stock deutet Schwester Apollonie, Klostervorsteherin von Notre Dame de Sion, noch immer Kloster Ecce Homo genannt, präzise auf eine Stelle jenseits der Mauer, draußen auf der Straße. «Sehen Sie», sagt sie, «dort stand Pilatus. Er sprach zu den Hohen Priestern und zu den Wächtern, plötzlich ließ er seine Maske fallen und führte ihnen Jesus vor, den man hinter ihm hertrieb. *Ecce homo.*» Schwester Apollonie ahmt die Szenen nach, wie sie es schon tausendmal für die Pilger aus aller Welt getan hat. Und sie seufzt: «Die Via Dolorosa beginnt genau an dieser Stelle, hier ist die erste Station des Kreuzweges.»

Tatsächlich ist die Frage bedeutsam, wo genau sich die Szenen einst abspielten. Die Ankündigung des Papstbesuches hat Jerusalem und die heiligen Stätten in Aufregung versetzt, aber auch Wunden aufgerissen und den Streit zwischen den Hunderten von Glockentürmen, Kuppeln, Zwiebeltürmen und Minaretten neu entfacht, die sich über ihr Daseinsrecht unter der Sonne Judäas in der Stadt des einzigen Gottes zanken. Von einem «phantasierten Streit» spricht Pater Joaquim Frances, der zur franziskanischen

Kustodie gehört. Die Franziskaner wissen, wovon sie reden: Seit Jahrhunderten betreuen sie für die katholische Welt die heiligen Stätten – kein Stein, kein in den Heiligen Schriften erwähnter Ort, der nicht seinen Franziskaner als einen von der Kirche bestimmten Hüter hätte – und so sind sie damit betraut worden, die Pilgerreise von Papst Paul VI. zu organisieren.

Mit ihren langen Gängen, ihren geheimen Korridoren, ihren verborgenen Türen, ihren Büros, Wartehallen und Bibliotheken gleicht Terra Sancta, der Sitz der Kustodie im Herzen des alten Jerusalem, zurzeit einem leise murmelnden Vatikan, wo einander widersprechende Gerüchte entstehen und verworfen werden, wo Hoffnungen aufkommen und zerstäuben, wo die subtilsten Intrigen gesponnen werden.

«Wenn der Heilige Vater nicht zu uns kommt, wenn er nicht von hier aus den Golgatha besteigt, dann wird alles verpfuscht sein», sagt Schwester Apollonie. «Aber wir kämpfen dafür, wir werden uns durchzusetzen wissen.» Und sie fügt flüsternd hinzu: «Immerhin haben wir einen Kontaktmann in Terra Sancta, der unsere Interessen vertritt.»

Pater Benedikt setzt sich für die Belange der Schwestern von Sion ein. Ein französischer Dominikaner an der Bibelschule in Jerusalem, Fachmann für die Leidensgeschichte Jesu, sehr sanft und intelligent, aber auch ruhig und hartnäckig wie ein Archäologe, ist Pater Benedikt davon überzeugt, dass es Betrug oder zumindest ein Irrtum ist, den Lithostrotos in der Ecce-Homo-Basilika anzusiedeln. Weil er sich nicht scheut, gegen althergebrachte Überzeugungen anzurennen, hält er eine einige hundert Meter vom Kloster der Schwestern entfernte Stelle für den Ort der Geißelung Jesu und der Verurteilung zum Tode. Aber kann man den Nonnen von Sion die Schuld daran geben, dass sie vor einem Jahrhundert, als ihre Kirche gebaut wurde, der Überlieferung mehr trauten als einer in den Anfängen steckenden Archäologie? Und wenn diese sich seither auch als exakte Wissenschaft erwiesen hat, ist das Grund genug, Gebäude niederzureißen, die für Jahrhunderte errichtet wurden? In Jerusalem mangelt es an Platz. Wo die Via Dolorosa nichts anderes ist als eine Abfolge wimmelnder Gässchen, gesäumt von arabischen Marktständen, wo sich das Heilige Grab im Herzen der Stadt in der Grabeskirche befindet, schafft Eigentum zugleich einen Anspruch auf Rechthaben. Wenn also die Archäologie jemandem unrecht gibt, dann kann die Archäologie nur unrecht haben. Außerdem kennen die Nonnen noch einen anderen Dominikaner, Pater Vincent. Er widerspricht Pater Benedikt; und ganz abgesehen davon: Sie haben Beweise gegen Pater Vincents Argumente.

Doch dieser «heilige Krieg» schont die Franziskaner genauso wenig: Wohin der Heilige Vater sich auch begeben wird, Franziskaner werden ihn empfangen. Freilich wird er nicht an alle Orte kommen können, die von ihnen gehütet werden. Mit anderen Worten, er wird nicht jede heilige Stätte besuchen. Ich habe viele solcher Priester oder Mönche gesehen, vergessene Hüter, die seit Jahren auf einer Hügelkuppe, einem Berggipfel oder in einem galiläischen Gärtchen auf ihrem Posten verharren, die das Heilige Land am Horizont geringer achten als ihren Ölberg und die aus rasender Liebe und Hochmut sündigten, wenn sie auf meine Frage «Wird er kommen?» mit einem Achselzucken erwiderten: «Wohin sonst, wenn nicht hierher?»

Jeder will an diesem unglaublichen Ereignis teilhaben, jeder den Nachfolger des Apostels Paulus willkommen heißen, jeder bringt gute Gründe vor, ihn zu empfangen, und sie alle haben recht, weil kein heiliger Ort heiliger ist als ein anderer. Jerusalem besteht an diesen fieberhaften Tagen aus Wetteifer, Intrige und Inbrunst.

Aber ich gebe zu, dass ich mit den Schwestern von Sion auf der Höhe der siebenten Kreuzwegstation der Via Dolorosa gezittert habe. Mein katholischer Fremdenführer, Yacoub Quassis – wie viele der Bekehrten hier hat er ein so tief von der Religion geprägtes Gesicht, dass man ihm nicht ansieht, aus welchem Land er kommt – und ich stapfe zur Kreuzung der beiden Straßen. Yacoub ist von einer geradezu Kierkegaard'schen Angst erfüllt. «Der Heilige Vater wird durch das Damaskustor festlich nach Jerusalem einziehen, so viel ist gewiss. Von dort aus bieten sich zwei Routen an: Die eine führt zur dritten Kreuzwegstation, die andre zur siebten.» Yacoub spricht laut; hinter mir unterbricht ihn eine französische Stimme: «Er wird zweifellos hier beginnen, und dann wird er durch das christliche Viertel direkt zum Heiligen Grab gehen.» Feuriger Blick, hohle Wangen, Rollkragenpullover, feste Schuhe, eine alte geflickte Jacke: ein Zivilist, ein Asket.

«Sie sind Journalist?»

«Ja.»

«Ich bin Pater Gauthier.»

Dieser Arme also ist Pater Gauthier, Gründer der Bruderschaft der Gefährten des Zimmermanns Jesus, die seit acht Jahren ihren Sitz in Nazareth hat: ein Aposteltyp, man spricht von ihm in Paris, er ist sogar im Fernsehen aufgetreten.

«Kommen Sie morgen», sagt er zu mir, «kommen Sie nach Bait Sahur, wir errichten da eine neue Bruderschaft, ich erzähle Ihnen mehr darüber.»

Und ich werde hinfahren. Was die Wegstrecke des Papstes anbelangt, war Pater Gauthier allerdings schlecht informiert: In der franziskanischen Kustodie sollte ich wenig später erfahren, dass sich die Schwestern von Sion erfolgreich für ihr Anliegen eingesetzt hatten. Pater Ignazio-Mancini, Vorsteher der Kustodie, mit allen Vollmachten ausgestattet, beruhigt mich mit einem staatsmännischen Lächeln. «Der Heilige Vater hat Mut, er wird ungefähr dreihundert Meter zurückgehen, das spielt keine Rolle, aber er wird mit der ersten Kreuzwegstation beginnen, wie es üblich ist.» –

So sind die Franziskaner nun einmal, weder Archäologen noch Apostel, vielmehr Wächter und Hüter.

Seit meiner Ankunft hatte ich nichts als den «phantasierten Streit» im Sinn. Vom katholischen Patriarchat in der Kustodie abgewiesen, streifte ich verstört um das Heilige Grab, ich stellte mir den kahlen Hügel vor, Golgatha, wie Tintoretto ihn gemalt hat, unter einem Himmel der Angst, aber es war überhaupt nicht so: Zur Mittagszeit, unter dem schweren Blau, stieß ich auf ein Gewimmel von Händlern (eine Dornenkrone für einen Franc, fünf für drei Francs) und ranghohen Geistlichen, Priester Gottes, Brüder und doch voneinander getrennt: orthodoxe Griechen, katholische Griechen, orthodoxe Syrier (nicht aus Syrien, aber dem alten syrischen Ritual folgend), Turban tragende Kopten, Abessinier, Armenier in ihren schwarzen Büßerkutten, Christen sämtlicher Orden der römisch-katholischen Kirche und jedwede Art von Pastoren, die Anglikaner, die Presbyterianer, die Baptisten, die Lutheraner. Natürlich sage ich kein Wort über die Muezzins, die von ihren Minaretten herab zum Gebet rufen, und nichts über die Synagogen, die man dreihundert Meter weiter im jüdischen Viertel, jenseits des «no man's land», erahnen darf.[5]

Man muss die Heilige Stadt verlassen und wieder in sie zurückkehren, sie mit ökumenischen Augen überblicken, genau so, wie Papst Paul VI. sie von einer Talsenke des Gebirges aus vor sich haben wird, wenn er anreist aus Amman oder Jericho. So zeigt die Stadt sich auch dem, der aus Bethlehem kommt: Eingeschlos-

---

5   Im Jahr des Besuches von Papst Paul VI., 1964, war Jerusalem eine geteilte Stadt. Der arabische Teil befand sich unter der Kontrolle Jordaniens. Man konnte den jüdischen Teil Jerusalems nur mit schwer erhältlichen Genehmigungen erreichen. Das Gepäck musste man zu Fuß, etwa dreihundert Meter weit tragen, um zum Mandelbaumtor zu gelangen, dem einzigen Übergang zwischen beiden Stadtteilen. Jerusalem sollte erst drei Jahre später, nach dem Sechstagekrieg, wiedervereinigt werden.

sen, gedrängt zwischen den zinnenbesetzten Mauern Süleymans des Prächtigen, die wie eine chinesische Mauer den Berg Moriah erklimmen, erscheint die Stadt als Blendwerk, als Luftspiegelung, eine mit Türmen gespickte, mit dem Felsen verschmolzene Steinfestung, weshalb sie sich aus der Ferne wie Unordnung ausnimmt, ein Unfall der Natur, ein Shangri-La, eine Einbildung. In der Dämmerung werden die Berge Judäas weiß. Auch Jerusalem liegt da unten wie gespenstisch, bar allen Fleisches. Noch einige Minuten, und die ganze Landschaft glüht, Jerusalem erstirbt in einem wunderbar violetten und malvenfarbenen letzten Licht. Mitten am Tag ist die Stadt dann fuchsrot und golden; die große Goldkuppel der Umar-Moschee, des Felsendoms, genau an der Stelle des einstigen Tempels Salomons erbaut, ist ein Fixstern in diesem Wahnwitz aus Heiligtümern, wo sich seit dreitausend Jahren, seit David den Ort heiligte, indem er dort die Bundeslade hinterlegte, das Bündnis-Symbol zwischen Jahve und seinem Volk, Jahrhundert auf Jahrhundert in das religiöse Gedächtnis der Menschheit eingeschrieben hat. «Vergesse ich dein, Jerusalem, so werde ich meiner Rechten vergessen. Meine Zunge soll an meinem Gaumen kleben, wo ich nicht dein gedenke, wo ich nicht lasse Jerusalem meine höchste Freude sein.» (Psalm 137, 5–6)

Auf der Seite des der Stadt gegenüberliegenden Ölbergs bezeugen Tausende jüdische Gräber, die sich wie Kiesel aus einfachen weißen Steinen zusammendrängen, dass nichts vergessen worden ist. Geht man weiter den Berg hinab und durchquert das Kidrontal, das immer noch «Tal Joschafat» genannt wird, was so viel wie «Gottesurteil» bedeutet, dann kann man auf der anderen Seite die Hänge des Berges Moriah besteigen. Dort erhebt sich die Stadt, und man findet andere Gräber: muslimische, an die Fundamente von Süleymans Mauer gedrängt. Gräber gegen Gräber; hier bezeugen die Friedhöfe, dass den Gläubigen die Ewigkeit erwartet.

Es ist wahr: Jerusalem ist ein Mont-Saint-Michel. Die Frömmigkeit verwandelt sich hier in äußeren Schmuck, ein Babylon der Religion, ich könnte von unerhörten Fehden erzählen. Aber es ist zweifellos die exemplarische Heilige Stadt: Wie viele wohl für diese Steine gelitten haben und gestorben sind? Auch das Licht ist nirgends so klar, nirgendwo der Übergang vom Tag in die Nacht so überwältigend. Die Nächte in Judäa sind wunderbar dunkel und unergründlich: Der Blick verliert sich in der Ferne, hinter den Sternen, in der Unendlichkeit: In jedem Kloster erzählt man von plötzlichen Bekehrungen Ungläubiger, die als Touristen nach Jerusalem gekommen und von der Gegenwart des Göttlichen überwältigt worden sind.

Dieser heilige Ort ist eine Herausforderung, also wandern wir los. Entdecken wir ihn wie zufällig in seinen Nachbarstädten, in Bethlehem, Bethanien, Jericho ... und wenn unser Herz inmitten der Sakristeien ins Wanken geraten sollte, dann vergessen wir nie, dass es genügt, die Stadt durch eines der sieben Tore zu verlassen und auf den Ölberg zu steigen, um sie vor sich liegen zu sehen: Auf der Stelle wird, unberührt und siegreich, der Glaube in unser Herz zurückkehren.

Im Getümmel von Gassenjungen und jordanischen Lastenträgern gehe ich die Via Dolorosa entlang. Wie der mit seinem Kreuz beladene Gottessohn straucheln sie unter gewaltigen Lasten, die sie mit Hilfe von zwei um ihre Stirn gewundenen Stricken im Gleichgewicht halten. Sie trotten gekrümmt, rufen wie venezianische Gondolieri, dass die Menge ihnen Platz machen soll. Diesen Weg also wird der Heilige Vater gehen: Wenn man die Leute in den zwei Meter breiten Gässchen oder auch nur auf der Schwelle ihrer Verkaufsbuden verbleiben lässt, wird Papst Paul VI. Jahre brauchen, um den Kalvarienberg zu erreichen. Aber wäre es richtig, wenn der Papst zwischen einem doppelten Spalier jordanischer Soldaten mit ihren roten Kufijas den Kalvarienberg erklimmt? Das habe ich gerade den Gouverneur von Jerusalem, Daoud Abou Gazel, gefragt. Er hat mir erwidert: «Überall werden Sicherheitskräfte gegenwärtig, jedoch nicht erkennbar sein.» Für mich ist das die Quadratur des Kreises: Es ist unmöglich, hier einen Soldaten zu verstecken, es sei denn, man sperrt ihn ein. Aber Daoud Abou Gazel wirkt ganz ruhig: «Es gibt nichts zu befürchten, wir sind die Brüder des Papstes.»

Hier ist das Heilige Grab, oder genauer die Grabeskirche, die den Kalvarienberg und das Grabmal umfasst, beide vielleicht dreißig Meter voneinander entfernt. Eine Baustelle: Die Fassade der Basilika ist hinter unzähligen eisernen Strebebögen, Stützen und Balken verborgen, ohne die sie, wie es scheint, einstürzen würde. Auch der Innenraum wird durch einen Wald von Holzgerüsten stabilisiert. England, Mandatsmacht bis 1947, trägt die Verantwortung für das Schlamassel. Nach einem Erdbeben hatte das Gebäude Risse, es drohte einzustürzen. Die Metallgestelle und die Gerüste stehen nun schon seit fünfzehn Jahren hier. Gegenwärtig ist man nicht etwa damit beschäftigt, das Gebäude zu restaurieren, sondern es abzusichern: Es wird zehn oder zwanzig Jahre dauern, bis man das Heilige Grab vom Eisenkorsett wird befreien können. Warum so lang? Genau das ist der wunde Punkt aller heiligen Stätten, das Drama des Status quo: Ich werde darauf noch zu sprechen kommen.

Sobald man das Tor durchschritten hat, trifft man am Eingang der Basilika auf eine lange, grüne Sitzbank, von Wächtern und schmierigen Popen mit unreiner Haut überfüllt. Zur Rechten der Golgatha-Felsen des Kalvarienberges: Eine Mauer verbirgt ihn, über eine steile Treppe erklimmt man die ihn überragende Plattform. Man stelle sich also eine Terrasse von etwa zehn mal sieben Metern vor, auf der die zehnte, elfte, zwölfte (Kreuzigung) und dreizehnte (Mater Dolorosa) Station des Kreuzweges liegen. Die Halle wird von Säulen in zwei Teile und zwei Kapellen unterteilt;

die eine gehört den Katholiken, die andere der griechisch-orthodoxen Kirche. Die katholische Kapelle ist einfach und leer, nur mit
schlichten Mosaiken geschmückt; am Sockel einer Säule kniet ein
Franziskaner und betet. Bei den Griechen sind wir in der Höhle Ali
Babas: Schätze, Kerzenleuchter, Lampen, Ikonen und Weihrauch.
Ein Pope poliert eifrig ein heiliges Kreuz aus Silber. Ich trete näher,
er nimmt meine Hand mit eisernem Griff und stößt sie durch das
Sperrholz der Plattform in ein kaum sichtbares Loch im Felsen,
genau an die Stelle, an der das Kreuz aufgerichtet wurde: Das ist die
Schädelstätte, der Golgatha, ich fühle das kalte und von Millionen
anderer Hände, die vor mir hierher gepilgert sind, glatt geschlif-
fene Gestein. Der Pope streckt mir eine Holzschale entgegen, und
ich bitte Yacoub, ihm eine Frage zu stellen: «Wird der Heilige Vater
Ihre Kapelle betreten dürfen?» Der Pope gibt sich entrüstet. «Er
darf zum Gebet kommen, wenn er das will, aber keinesfalls wird
er an unserem Altar eine Messe feiern dürfen.» Wir steigen wieder herab, gehen am Salbungsstein vorüber, wo Jesus eingesalbt
und einbalsamiert worden ist – eine Nachahmung, der richtige
Stein befindet sich acht Meter unterhalb der Basilika –, und begeben uns zur Grabstätte. Um dorthin zu gelangen, müssen wir die
Helenakapelle der Armenier durchqueren. Vielleicht ein Dutzend
Mönche sind anwesend, mit dunklen Augen, streng, breitschultrig, in abwehrender Haltung. Elwing bittet um die Erlaubnis, sie
fotografieren zu dürfen: Sie verweigern es ihm; man spürt, dass sie
bereit sind zum «heiligen Krieg». Das Grabmal des Herrn besteht
aus zwei Teilen, der Grabeskapelle – der Kapelle des Engels – und
der eigentlichen Beisetzungskammer, in die jeweils nur zwei Personen, eng aneinandergedrängt, hineinkönnen.

Sonderbares Heiliges Grab: Die Franziskaner singen im latei-
nischen Chor, ein Bruder segnet die Rosenkränze, die die Pilger
ihm hinhalten, von Schwestern geführte arabische Waisenmäd-

chen gehen andächtig vorüber, und zwei Meter von der Kapelle entfernt, gleich neben dem Grabmal des Herrn, steigt ein kleiner Mann im Monteuranzug und mit Baskenmütze aus einem Graben. Er schwenkt eine Scherbe hin und her: «Seht euch das an», sagt er, «römisch, bestens erhalten.» Der kleine Mann ist Pater Coisnon, ein Dominikaner der Bibelschule, auch er ein Archäologe, seit zehn Jahren leitet er die Ausgrabungen und die Restaurierung der Basilika. Es bedarf weiterer zehn Jahre, vielleicht auch zwanzig, er weiß es nicht. «Alles hängt davon ab», sagt er. Wovon? Unmissverständlich bezieht sich Pater Coisnon auf die Frage aller Fragen, nämlich die des Status quo.

Denn diese voneinander getrennten Christen, die das Zweite Vatikanische Konzil mit seiner ökumenischen Perspektive wieder zu vereinen sucht (eben das ist der Anlass für die Pilgerreise von Paul VI. ins Heilige Land), sind einander alle in der Anbetung Christi verbunden. In Bethlehem, wo er geboren wurde, im Heiligen Grab, wo er starb, in Galiläa, wo er gelebt und gepredigt hat, hat im Verlauf der Jahrhunderte jede Kirchengemeinschaft sich zu behaupten versucht und sich, soweit es nur möglich war, in den Vordergrund gestellt: Diplomatie, Hinterlist, beschlossene und verratene Abkommen; die Historie der geheiligten Stätten ist dunkel und verschlungen, voll entmutigender Kniffe. Um uns nicht in schwer begreiflichen Einzelheiten zu verlieren, lassen wir es dabei bewenden, dass sich sechs Glaubensgemeinschaften den Besitz der heiligen Stätten auf sehr ungleiche Weise teilen. Die Armenier, die Griechen und die Katholiken sind die bedeutendsten, die dort ihren ständigen Aufenthalt haben und das ganze Jahr hindurch ihre Messen lesen. Die anderen sind die Kopten, die nicht jeden Tag Gottesdienst halten, die Syrier noch seltener, und die Abessinier, die nur gelegentlich zu religiösen Festlichkeiten kommen. Am Heiligen Grab sowie in Bethlehem gibt es Stellen, die allen gleichermaßen gehören, und andere, die eine der Glaubensgemeinschaften für sich beansprucht, die aber dennoch allen Riten und Pilgerbesuchen zugänglich bleiben müssen. Die Gemeinschaften teilen sich das Grabmal, die Grabeskapelle und den Salbungsstein; den Griechisch-Orthodoxen zum Beispiel gehört ein Kreuzigungsaltar und die Adamskapelle, den Katholiken dagegen stehen die Kreuzauffindungskapelle und der Stabat-Mater-Altar zu. In Bethlehem teilen sich Armenier und Griechen die Basilika. In der Geburtsgrotte gehört der Hauptaltar den Griechen, den Katholiken der Stern unter dem Geburtsaltar. Alles in allem verfügt die griechisch-orthodoxe Kirche über viel mehr Besitz als die Franziskaner, die die katholische Religion vertreten: Man begegnet ihnen überall, an den wichtigsten Stätten des Lebens und der Passion des Herrn sind sie in der Mehrheit. Trotzdem weist die griechisch-orthodoxe Kirche heute im Vergleich zur römisch-katholischen nur eine lächerlich geringe Zahl von Gläubigen auf, und seitdem Russland, von dort bezogen sie früher den größten Teil ihrer Einkünfte, sich zur Sowjetunion gewandelt hat, sind sie arm. Aber eben weil sie arm sind, verteidigen sie verbissen ihren Besitz und verweigern, obschon vom Untergang bedroht, den reichen Katholiken, sie bei Instandsetzungsarbeiten zu unterstützen, weil sie fürchten, dass diese dann eines Tages Ansprüche anmelden könnten. So sieht der Status quo aus: Machtlos wohnen die Katholiken dem langsamen Zerfall der griechischen Besitztümer bei. Und wenn erst, wie in Bethlehem oder am Heiligen Grab, drei Kirchen die gemeinsamen Eigentümer sind, bedeutet das Krieg. Vor allem zwischen den Armeniern und Griechen, heißblütige Mönche die einen wie die anderen.

Wir fahren in das Jordantal, dreihundert Meter unter dem Meeresspiegel gelegen. Eine unfruchtbare Ebene, weil es dort kein Wasser gibt und weil das Land vom Salz des Toten Meeres zerfressen worden ist. Nur in Jericho, der Palmenoase, ist alles grün.

Der Jordan: Genau hier, an dieser Flussbiegung, hat Johannes der Täufer, der spindeldürre Prophet mit zerzaustem Haar, den Gottessohn auf dessen inständige Bitte hin getauft. Gegenwärtig steht das Wasser des Jordan gelb und schlammig. Vor zwei Wochen ist der Fluss über seine Ufer getreten, und seit der Überschwemmung kann sich ihm niemand nähern, weil seine Ufer aus Treibsand bestehen. Auf der anderen Seite erstrecken sich Transjordanien, die Moab-Hochebene, der Berg Nebo, auf dem Moses starb, und dahinter die unermessliche arabische Wüste. Aus der ganzen Welt kommen Leute her, um sich taufen oder, je nach Ritus, wiedertaufen zu lassen: Griechen knien dreimal im Wasser nieder, Protestanten lassen sich auf den Rücken fallen, die Katholiken vollziehen die Zeremonie wie in der Kirche. Heute ist niemand hier bis auf ein Original, ein Kanadier aus der Provinz Québec namens Albert Leblanc, der die Welt mit dem Fahrrad umrundet. Leblanc ist Barkeeper von Beruf.

Über Bethlehem habe ich nichts zu sagen. Dort gibt es dieselben Probleme wie am Heiligen Grab. Am Dreikönigstag um sechs Uhr morgens wird der Heilige Vater dort eintreffen: In der Geburtsgrotte wird er eine stille Messe feiern und der Welt eine Botschaft verkünden. Er wird im Franziskanerkloster Casa Nova mittagessen und dann nach Rom zurückkehren.

Fahren wir also nach Bait Sahur, drei Kilometer weiter unten, wo uns Pater Gauthier erwartet. Bethlehem ist die Stadt des Brotes, Bait Sahur das Feld der Hirten: Die Engel brachten den Hirten die Kunde, dass der Retter geboren wurde.

Neben dem achtundvierzig Jahre alten Pater Gauthier halten sich in Bait Sahur zwei weitere Mitglieder der Bruderschaft der Gefährten des Zimmermanns Jesus auf: Gérard, auch Barnabé genannt, achtundzwanzig Jahre alt, und Adrien, einunddreißig Jahre, außerdem sind zwei Gefährtinnen hier, Marie-Thérèse und Bernadette. Pater Gauthier hat aus privater Initiative vor acht Jahren eine erste Bruderschaft in Nazareth gegründet, jetzt schwärmt er aus. Marie-Thérèse und Bernadette sind vor einem Jahr in Bait Sahur eingetroffen, haben aber fünf beziehungsweise vier Jahre in Nazareth gelebt. Sie sind bei der Plastics Jordan Company als Arbeiterinnen beschäftigt. Nach zwei Jahren Nazareth ist Barnabé jetzt seit drei Monaten in Bait Sahur. Adrien hat vor einem Monat eine Arbeiter-Pfarrgemeinde in der Gegend von Marseille verlassen, um zu seinem Pater zu stoßen. Sie hoffen, auch in Jerusalem und an den Ufern des Sees Genezareth Niederlassungen zu gründen.

Sind sie Arbeiter-Priester? Nein. Sie mögen weder das Wort noch wofür es steht und wollen nicht, dass man die beiden Bereiche vermengt. Ihre Sache gründet auf anderen geistigen Grundlagen, tiefgreifenderen, theologischen, ihrer Meinung nach ernsthafteren. Zuerst einmal beten sie. Und sie beten viel: drei Stunden am Tag. Aber was bezwecken sie? Ihr Handeln baut sich, wie es scheint, auf drei parallelen Ebenen auf: persönliches Heil, Kampf gegen das Elend und Verbreitung des Christentums. Deshalb leben und wohnen sie in arabischen, griechischen, katholischen, aber nicht in arabisch-katholischen Familien: Die katholischen Griechen haben mehr Muslime bekehrt als die römischen Katholiken. Natürlich unterscheidet die Bruderschaft der Gefährten des Zimmermanns Jesus nicht zwischen muslimischen, griechisch-katholischen und römisch-katholischen Arabern: Es gibt immer Seelen zu retten. Pater Gauthier sagt: «Hier lebt eine kleine Volksgruppe das Leben Christi, beispielhaft und symbolisch. Noch immer werden Säuglinge in Höhlen geboren und sterben auch dort.» Zweihundert Meter von der offiziellen und allzu vergoldeten Geburtsgrotte Jesu entfernt haben sie im vergangenen Jahr in einem Felsloch einen Säugling gefunden, fast verhungert. «Um das Wesentliche von Bethlehem wiederzufinden, muss man sich zu dieser Grotte begeben.» Also bin ich mit Marie-Thérèse und Pater Gauthier hingegangen: eine Felsgrotte, eine junge Mutter, ein Kleinkind, eine in den Felsen gehauene Krippe. Alles ist vorhanden. Sie sagt: «Das ist etwas anderes als das Weihnachtsfest unserer Kindheit mit Schokolade und Krippenfiguren, nicht wahr? Elend ist grauenhaft, man hat es so wunderbar ausgeschmückt in den Kirchenliedern. Auf diese Art ist Jesus geboren worden, und er lebt in allen diesen armen Kindern mit ihren vom Hunger geschwollenen Bäuchen!»

Was will Pater Gauthier nun ganz konkret? Er möchte den Wohnungsbau massiv fördern, wie er es in Nazareth getan hat. Jeden Monat erhält das von ihm errichtete Hilfswerk 3000 bis 4000 Dollar. Mit Unterstützung der Banken gewährt die Bruderschaft den betroffenen Familien langfristige, nicht an Sicherheiten gebundene Darlehen. Private Unternehmen erbauen die Häuser: Pater Gauthier und seine Armen sind keine Biber.

Gestern habe ich in Galiläa andere heilige Stätten, andere Apostel und wieder Franziskaner gesehen. Ein einziger Rat: Besteigen Sie den Berg Tabor, den Berg der Verklärung, der Heilige Vater wird vor Ihnen dort gewesen sein. Wie er, so werden auch Sie von zwei Patern ganz nach meinem Geschmack empfangen, zwei geistreichen und geschwätzigen Franziskanern, Pater Lino und Pater Giuseppe. Binnen dreißig Minuten wird Ihnen Pater Lino zwölfmal die Hand auf die Stirn legen, um Sie zu segnen. Und Pater Giuseppe, der aus der Provinz Ancona am Adriatischen Meer stammt, wird Sie begleiten und unentwegt sagen: «In einem Jahr werde ich Kardinal sein oder im Gefängnis sitzen.» Wenn Sie das Glück haben, dass im selben Augenblick eine Nonne aus einem Foucauld-Orden mit einem kleinen Jungen an der Hand das Kloster betritt, werden Sie hören, wie Pater Giuseppe in ein gewaltiges Gelächter ausbricht: «Wie lieb der Kleine doch ist, teure Schwester, und wie ähnlich er Ihnen sieht!»

Elle, Nummer 941, 7. Januar 1964

PORTRÄTS

EDWIGE FEUILLÈRE IN
DIE IRRE VON CHAILLOT

Sie kommt in märchenhaften Lumpen vom Garten her auf Sie zu, ihr schönes Gesicht ist mit Kohle beschmiert, sie durchzieht es mit Spuren tiefer Verbitterung und verleiht ihren Augen etwas Wölfisches. Sie tritt maskiert auf, ist nicht zu erkennen, ihre gekrümmten, störrischen Wirbel lassen gerade noch die einstige Haltung einer Königin erahnen. Im Vordergrund der Bühne erregen andere Gestalten Ihre Aufmerksamkeit. Vielleicht ist sie Ihnen noch gar nicht aufgefallen. Es ist kein großer Auftritt, aber sobald Sie sie entdecken, den Schatten zu Ihrer Linken, wissen Sie, dass sich der gesamte Raum der großen Bühne allein auf sie bezieht und allem eine neue Ordnung verleiht. Irgendwer, ein Vorlauter, der sich durchschaut und tief getroffen fühlt, ruft: «Bei Gott, was ist das nur!» Man antwortet ihm: «Das ist die Irre von Chaillot, Monsieur.» Es ist fürwahr die Irre. Es ist Edwige Feuillère. Und auf einmal spricht sie. Wer sonst könnte diese Stimme haben? Theaterleute sagten, was Feuillère angeht, oft: «Wenn sie Angst hat und sich ihrer Sache nicht sicher ist, packt sie ihre Stimme aus.» Soll heißen, dass diese herrliche Stimme, diese kultivierte und warme, leicht nasale Altstimme, die sie stets in unendlichen Variationen einzusetzen wusste, Rettung und Zuflucht der in Bedrängnis geratenen Schauspielerin an einem nicht idealen Abend ist. «Sie packte ihre Stimme aus», sie «wurde die Feuillère»; denn kein Schauspieler, gerade wenn er berühmt, wenn er eine Institution geworden ist, kann seinen Eigenheiten entkommen. Aber vergessen Sie jetzt die ernste, die Fleisch gewordene Musikantinnenstimme, die fast zu schön, ihrem Klang allzu treu verbunden ist, lauschen Sie der heldenhaften Narrheit, die auf der Bühne des Pariser Théâtre National de Chaillot das Wort ergreift. Es ist eine andere Feuillère, mit einer Stimme, noch geschminkter als ihr Gesicht: eine Kehl- und Bauchstimme, gebrochen, rau. Schon in den ersten Minuten versetzt diese verwundete, gemarterte Stimme jeden in Angst. Sie weiß um die Länge der Rolle. 1227 Textzeilen, nahezu drei Stunden muss sie durchhalten, man spürt am eigenen Leib, wie die Schauspielerin mit sich selbst kämpfen muss, man fühlt die Qualen ihrer Stimmbänder und denkt, dass sie es nicht schaffen wird. Aber sie hält durch. Auf großartige Weise! Und wenn Aurélie, die Irre von Chaillot, am Ende des Stückes, nachdem sie Paris von seinen Beutetieren gesäubert hat, aus den Verliesen der Erde eine sonderbare Schar von sanften, schwachen Menschen emporsteigen sieht, die um Vergebung bitten, weil sie ihr Leben lang immer wieder die Gelegenheit zur Liebe verpasst haben, und die ihr nun ihre alten Herzen anbieten, falls sie sie noch haben möchte, hält eine unüberbietbare Rührung das Publikum in Bann. Aurélie entgegnet «zu spät!», und Edwige Feuillère spricht dieses «zu spät» so wild und heftig aus, dass die Zuschauer sie plötzlich unter ihrer Maske und den Lumpen der Irren von Chaillot, mit ihrer aus freien Stücken verwüsteten Stimme, wahrhaftiger erahnen als in allen ihren früheren, königlichen Auftritten. Vielleicht wagt Feuillère es zum ersten Mal, ans Äußerste zu gehen und ihr eigenes Leben in ihr Spiel einzubringen. Alles geschieht, als ob diese wilde poetische Greisin, die ihr doch in nichts ähnlich ist, sie plötzlich aus einer früheren Besorgnis entlassen hätte, nur ja nichts zu tun, was ihre äußere «Erscheinung» trüben könnte. Noch in den herzzerreißendsten Klagen der *Kameliendame* hielt etwas sie davon ab, sich ganz preiszugeben, schien etwas sie zu zwingen, unterhalb ihrer Möglichkeiten zu spielen, gewissermaßen in der dritten Person. Gerade der Ausruf «zu spät!» hat die Zuschauer tief ergriffen – und doch hat niemand ihn als eine Anspielung der Schauspielerin auf ihr Alter verstanden. Es ist, im Gegenteil, der Schrei einer Frau, die seit langem, und aus Gründen, die sie selber am besten kennt, darauf verzichtet hat, die Wirklichkeit an sich heranzulassen. Von sich selbst, ihrem Gesicht, ihrer Stimme, ihren bekannten Königinnen- oder Göttinnenrollen befreit, findet Edwige Feuillère hier auf der Bühne eine wundersame Freiheit und nutzt sie – ganz wie die Irre –, um alte Rechnungen zu begleichen. Denn in einem anderen Sinne ist sie niemand anderes als Edwige Feuillère, die Irre. «Es gibt so viele Dinge», sagte sie mir, «die ich in dieser Rolle verstehen kann. Was sie fühlt, habe ich selbst empfunden, es ist, als ob ich mich in einem Kaleidoskop sehe, ein ganzes Leben zieht vorüber. Und außerdem tut es gut, seine eigenen Empörungen hinausbrüllen zu dürfen, einmal zu sagen, welchen Preis man für das Leben bezahlen muss.»

Ich hatte sie am Abend zuvor spielen sehen: Sie empfing mich in ihrer Wohnung in der Avenue de La Bourdonnais, in einem riesigen Zimmer mit Ausblick auf die Gärten des Champ-de-Mars, und es war die andere Feuillère mit der musikalischen Stimme, der vornehmen Art, charmant, zugleich königlich und sich ihres Ranges bewusst, also eigentlich auch wieder getarnt, aber diesmal nicht mit der Maske der Irren, sondern mit ihrer Bedeutung als «große Dame des französischen Theaters». Als ich ihr im Abstand von drei Metern gegenübersaß, war ich mir der Nichtigkeit unseres Fragenspieles wohl bewusst. Sie hatte mich gewarnt: «Bekenntnisse liegen mir nicht.» Stimmt: Über ihr Privatleben und ihre persönliche Geschichte hat sie immer geschwiegen, und niemand hat an ihr je eine andere Seite entdecken können als eben jene, die sie zu zeigen bereit war. Edwige Feuillère lässt sich immer nur gewappnet und gepanzert blicken, und an manchen Abenden schloss sie sich nach der Aufführung in ihre Garderobe ein: Zu Tode erschöpft, sie wollte rasch nach Hause und zu Bett gehen, nahm sie sich aber dennoch die Zeit, ihre Kleidung und ihr Haar in Ordnung zu bringen. Wenn irgendwelche Bewunderer sie beim Verlassen des Theaters einen Augenblick zu sehen bekommen sollten, würde sie eine Dame sein. «Ich kann mir doch nicht erlauben, nackt herumzulaufen», sagt sie. Wenn andere Schauspielerinnen ihren Auftritt hinter sich haben, schlüpfen sie in eine Hose, binden irgendein Tuch wie eine russische «Baba» um den Kopf und lassen sich vor dem Künstlereingang ungeschminkt und mit trauriger, blasser Haut blicken, als wären sie Putzfrauen. «Fans», die dort auf sie warten, erkennen sie oft nicht, und sie genießen ihr Inkognito wie einen dummen Streich, der ihnen ihr eigentliches Naturell plötzlich wiedergibt. Das sind unkomplizierte Frauen, sie erinnern sich an ihre Herkunft und bewahren hinter ihrem Pseudonym das Bewusstsein ihres Mädchennamens. Das Theater hat sie noch nicht mit Haut und Haar gefressen, und wenn man sie fragt, erzählen sie gern ihre Geschichte. Edwige Feuillère hingegen lässt sich nichts durchgehen, auch nicht die kleinste Indiskretion, sie ist und bleibt «la Feuillère» in alle Ewigkeit.

Edwige Feuillère hat sich selber erschaffen. Durch einen starrköpfigen, systematischen Siegeszug und verbissene Arbeit wollte sie zu Edwige Feuillère werden, indem sie alle Spuren von Natürlichkeit und Unvollkommenheit beseitigte, ihre Schönheit, ihre Gangart, ihre Haltung konstruierte, bis sie mit ihrer öffentlichen Erscheinung endlich identisch war. Damit erst ist sie zur Welt gekommen, und man begreift, dass sie mit bewundernswerter Strenge und Härte einzig und allein die Geschichte ihrer Karriere für berichtenswert hält, dass sie kraft ihrer Präsenz jeden Verführungsversuch abwimmelt, ihr das Bild einer privaten Edwige abzuringen, ohne dass man freilich davon ablassen könnte, sich das auszumalen.

Edwige Feuillère hat als Sklavin ihres Publikums ihre Karriere über alles gestellt und den Preis für diese Haltung bezahlt. Man kann sagen, das Lösegeld ist eine gewisse Einsamkeit gewesen: Die

Männer, denen sie begegnet ist, haben ihre siegreiche Erscheinung mehr als ihre Zerbrechlichkeit geschätzt, und wie es scheint, hat keiner mit ihr wirklich ihre Königinnenwürde geteilt; sie spricht daher auch mit viel mehr Begeisterung über ihre Theaterleidenschaft als über ihre irdischen Liebschaften. Sie sagt: «Ich liebe die Ehemänner und die Liebhaber in den Stücken, in denen ich gespielt habe. Sie hinterlassen eine tiefere Spur als manche Bindungen im Leben. Wenn ich einmal nicht mehr auf der Bühne stehen werde, würde ich sie eines Abends gern alle um mich versammeln: Das wäre dann die wahre Bilanz meines Lebens.» Und sie fügt hinzu: «Wenn eine Frau eine starke Persönlichkeit hat, muss sie auf viel verzichten; sie ist dazu bestimmt, in einem gewissen Ausmaß unglücklich zu sein. So ist es nun einmal, man muss sich fügen.»

Sie hat ihre Wahl getroffen, aber ihr «Gesicht» als große Dame des Theaters wird der anderen Edwige Feuillère nicht gerecht. Sie zeigt nur die Fassade, sie will, dass man nur diese Fassade sieht: Wenn sie sich gehenließe, wenn sie zufällig einmal ihre Vorsicht beiseitelassen sollte, würde man auf eine Frau von bewundernswerter Einfachheit stoßen, unendlich feminin und von äußerster Empfindsamkeit, ohne Gefühlsausbrüche, immer beherrscht, vermutlich aber auch schrecklichen Depressionen ausgeliefert. In solchen Phasen verhält sich Edwige Feuillère gegen sich selbst mit unvergleichlicher Grausamkeit: Sie sagt sich, dass sie den Beruf wechseln muss, dass sie zu nichts befähigt und ungeheuer hässlich sei. Sie wirft sich vor einen Spiegel, prüft unbestechlich ihr Aussehen: «Nichts an mir ist anziehend», verfällt sie mit lauter Stimme in einen Monolog. «Wie konnte ich nur die Laufbahn einer hübschen Frau einschlagen!» Sie vereint schrillen Humor mit völliger Aufrichtigkeit. Aber man sollte ihre Kollegen am Theater fragen: Während der zwei oder drei ersten Proben ist sie die «große Dame Edwige Feuillère» und will als solche gelten. Sobald dann die eigentliche Arbeit beginnt, fällt die Verpuppung von ihr ab, und man entdeckt eine verbissene Anfängerin, erfüllt von allerbesten Absichten, von demütiger Bescheidenheit. Sie ist Ensemble-Mitglied des Théâtre National Populaire geworden, wie man einer Religion beitritt, und sie hat sich wie eine brave Handwerkerin in die Disziplin des Ensembles gefügt. Wenn man sie beglückwünscht, eine so meisterhafte *Irre von Chaillot* zu sein, erwidert sie: «Das ist nicht meine Leistung. Ich zähle dabei kaum, ich bin nur ein Instrument in den Händen von Georges Wilson, einem ganz wunderbaren Regisseur und großartigen Lehrmeister. Ihm allein verdanken wir alles.» So sieht die andere Edwige Feuillère aus, die sich jedes Jahr zwei Monate auf einer Insel in Norwegen versteckt, wo sie sich um ihr Gesicht nicht länger sorgen muss und wo sie stundenlang ihre Blechinstrumente poliert, um ihre Nerven zu beruhigen. Hinter der öffentlichen Maske steckt eine unvorstellbar verletzliche Frau; man begreift, dass sie sich schützen und Distanz halten muss. Diese herausragende Schauspielerin ist das Gegenteil von einer Dame von Welt. Sie fürchtet sich vor Empfängen: «Das ist ganz schrecklich für mich, ich werde sofort blind und stumm, ich suche verstört in einer Ecke Zuflucht, und viele Leute halten mich wohl für die schlimmste Idiotin. Dabei fühle ich mich auf einer Bühne imstande, Menschenmengen zu bändigen – und diese Zähmung verlangt sehr männliche Eigenschaften –, bei einem Gala-Empfang hingegen habe ich das Gefühl, dass man mich zerfleischen wird.»

Auf einer Bühne ist sie außer Reichweite, und vielleicht muss man darin die Quelle von Edwige Feuillères Majestät sehen, ihre Vorliebe für das stumme, sich ihr zu Füßen werfende Publikum, das fortwährend auf Distanz gehalten, an ihr nur Krone, Zepter und Thron erblicken kann, die Insignien des Königtums.

Elle, Nummer 1043, 16. Dezember 1965

SAMI FREY

Aus einem aufsässigen Kind ist ein junger, vollkommen schöner Mann geworden. Zurzeit schleudert er im Studio des Champs-Élysées jeden Abend dem Publikum seinen Text wie Faustschläge entgegen. Präzise, blitzschnell kommen die Worte daher, ein Sturm von Hieben, eine tödliche Folge von Boxmanövern, die am Einspruch eines unsichtbaren Ringrichters scheitern. Mit geschlossenen Beinen und aneinandergepressten Füßen, wie der Banderillero bei einem Stierkampf, mit gebogenen Hüften, hocherhobenem Kopf, elegant und zart, aber mit erstaunlicher Gewalt, so ist er uns in der Rolle des George Garga in Bertolt Brechts *Im Dickicht der Städte* als die lebendige Verkörperung der Freiheit begegnet. Es handelt sich um ein in jedem Fall bewundernswertes Theaterstück, Sie werden jedoch darüber hinaus auch einen ganz großen Schauspieler darin entdecken. Die Kritiker feiern den fünfundzwanzigjährigen Sami Frey einstimmig.

Er ist aber viel mehr als nur ein Bühnendarsteller, und das Publikum ahnt dunkel, dass man sich ein oder zwei grundsätzliche Fragen zu seiner Person stellen muss. Ihn zeichnet die Gewalt aus, die er freisetzt, die Kraft, die düstere Entschlossenheit, seine Art, jede Herausforderung anzunehmen und anzukündigen, er werde bis zum Ende durchhalten. Man weiß, dass er sich selber spielt. Außerdem hat er unglaubliches Glück gehabt: *Im Dickicht der Städte*, das Stück lässt sich eigentlich nicht zusammenfassen, ist die Geschichte einer Revolte und einer Befreiung. Ein junger Mann löst alle Bindungen – Liebe, Familie, Beruf, Gewohnheiten –, er befreit sich von den allgemeinen alltäglichen Lebensbedingungen, um völlig frei, also allein zu sein. Und zugleich wird das Abenteuer der Freiheit, der aller Hoffnung beraubte Einspruch gegen das uns auferlegte Menschsein hier zu einer Himmelfahrt: Am Ende seines Weges, nachdem er gelernt hat, «dem Leben ins Weiße im Auge zu sehen», fasst George Garga neuen Mut und tritt mit vollem Einsatz für eine große Unternehmung ein.

Zwischen dem Dramatiker Brecht und Sami Frey hat eine wunderbare Begegnung stattgefunden: Sami hatte nämlich die Entwicklungsgeschichte der Brecht-Figur bereits Schritt für Schritt durchlebt. Um verstanden zu werden, hatte ihm nur die Sprache gefehlt. Brecht hat sie ihm verliehen. Alle, die wissen möchten, wer dieser junge Mann, über den so viel geredet wird, wirklich ist, sollten sich im Studio des Champs-Élysées *Im Dickicht der Städte* anschauen, statt verfälschende Berichte zu lesen. Sami Frey wird dort, auf der Bühne, seine Wahrheit offenbaren. Mit seiner Hilfe werde ich versuchen, einige Zugänge zu vermitteln, die es erleichtern sollen, ihn zu enträtseln.

Ich habe bereits erwähnt, dass er schön ist, und ich darf zu Recht unsagbar gerührt von seinem Blick sein, der mich an andere Gesichter erinnert, an Kafkas, Chaplins, Schwarz-Barts und die Gesichter Millionen anderer, mit übergroßen Augen, bedrückte ernsthafte Kindergesichter, die an den Ghettomauern ihren Tod erwartet haben. Und dann seine Stimme: Im Theater kann sie in uns aufsteigen, sich entfalten, sie ist warm, vibrierend, doch immer beherrscht, frei, betörend. Hier im Café, in dem er mit mir spricht, muss ich, umgekehrt, sehr genau hinhören, um ihn zu verstehen. Mit Schwarz-Bart war es ähnlich. Es bleibt dieselbe Stimme, die Stimme eines Mannes, der allein ist: dumpf, wie angekettet, mit rauen Tonlagen. Dieselbe Stimme, dasselbe Leben.

Sami ist ein polnischer Jude, bis zu seinem sechsten Lebensjahr hat er nur Jiddisch gesprochen, die Sprache seiner Ahnen. Dann hat man ihm unter Androhung der Todesstrafe zwei Jahre lang befohlen, zu schweigen. Seine Stimme hätte ihn verraten und als ein abzuschlachtendes Tier gebrandmarkt. Also hat er geschwiegen, und «seither» empfindet er Kommunikation als schmerzvoll.

Vor fünfundzwanzig Jahren kommt in Paris am Boulevard de Belleville Nummer 17 ein jüdisches Kind zur Welt. Sein Vater, ein einfacher Arbeiter, der in einem Betrieb Gummistoffe zurichtet, stirbt mit neunundzwanzig an einer Vergiftung durch Dämpfe. Der dreijährige Sami wird sich an seinen Vater nicht erinnern können. 1942: Er ist fünf Jahre alt, aber noch heute hat er jede Einzelheit dieses Vormittags im Gedächtnis. Er isst an einer Ecke des Tisches seinen Brei; auf seinem Kinderhemd befindet sich an der Stelle des Herzens ein großer gelber Stern, und seine Mutter, die neben ihm bügelt, schimpft mit ihm, weil er beim Essen den Stern befleckt hat. Es klopft an die Tür. Die Mutter blickt hoch, ist unschlüssig, ob sie aufmachen soll, öffnet schließlich die Tür. «Polizei!» Sie sagt kein Wort, sie zieht ihren Mantel an und holt von einem Wandregal einen Koffer herunter, der schon seit langem für die Abreise gepackt worden ist. Fragt bloß: «Darf ich meinen Sohn zurücklassen?» Die zwei Männer mustern das Kind, das sie anblickt. Sie beraten sich und erwidern dann – niemand wird je erfahren, warum: «Ja, lassen Sie ihn hier.» Sami wird seine Mutter nicht wiedersehen. Sie ist in der Gaskammer eines Vernichtungslagers umgekommen. Sie war fünfundzwanzig Jahre alt.

Die Großmutter nimmt den Waisenjungen bei sich auf. Aber zwei Monate später wird auch sie deportiert. Wer von der Familie noch übrig ist – der Großvater, zwei Schwestern der Mutter, deren Ehemänner –, flüchtet in die Provinz, zuerst nach Saint-Denis-les-Ponts, unweit von Châteaudun, dann nach Rodez im Département Aveyron. In Saint-Denis wird Sami als Kind der Bäuerin ausgegeben, die ihn aufgenommen hat. Eine Zwangsanordnung: «Niemals sprechen!» Deutsche haben ein Schloss in der Nachbarschaft besetzt. Von Zeit zu Zeit gehen sie auf Judenjagd, um sich zu zerstreuen.

Sami hat seinen Großvater – das Familienoberhaupt und *Der Letzte der Gerechten*, er lebt nur für die Güte, die Religion – außer Atem durch die lehmige Erde der Felder fliehen sehen.

In Rodez ändert Sami seinen Namen, ursprünglich lautete er Frei. Man nennt ihn Camille, er bekommt falsche Papiere, damit er zur Schule gehen kann. Er hat keine Freunde, er wagt ja nicht zu sprechen, er schaut den anderen Jungen beim Spielen zu. Der Großvater führt ein qualvolles Leben. Sein jiddischer Akzent ist so stark, dass seine Töchter beschlossen haben, ihn für taubstumm auszugeben. Keiner der Nachbarn richtet auch nur ein Wort an den schönen Alten. Doch manchmal öffnet der Großvater das Fenster und ruft seinem auf der Straße spielenden Enkel zu: «Sami, geh mir mein Brot holen!» Und dieses Bild bleibt in Samis Erinnerung eingeprägt: Vier kräftige Arme packen das Familienoberhaupt und zerren es gewaltsam vom Fenster weg.

1946: Tod des Großvaters, Rückkehr der Familie nach Paris. Weil der Patriarch nicht länger am Leben ist, um sie zusammenzuhalten, bricht die Familie auseinander, jeder geht seiner Wege. Der Kleine wohnt bei einer der Tanten und einem Onkel. Noch kann er nicht ahnen, dass dieser Onkel in seinem Leben eine überaus wichtige Rolle spielen wird. 1946 ist Sami neun Jahre alt. Der Onkel ist einundzwanzig; zwischen dem Kind und dem jungen Verwandten wird sich eine seltsame, innige Beziehung entwickeln. Der Onkel und die Tante arbeiten als Schneider. Sie kaufen bei Großhändlern Stoffreste, die sie dann in ihrer Wohnung zusammennähen und weiterveräußern. Immer das Gleiche, fürwahr nicht aufregend, sie können kaum davon leben. Aber der Onkel hat in den Augen des Kindes ganz andere bewundernswerte Stärken: seine

Jugend und seine große Leidenschaft, den Sport. Er nimmt an Wettläufen und Ringkämpfen teil, macht Gewichtheben, gewinnt so manche Meisterschaft. Jede Woche lässt er dreimal sein Nähzeug und seine Stoffreste liegen, um mit Sami zum Sportplatz zu gehen, auf dem sie viele Stunden verbringen. Zu Hause wird darüber nicht gesprochen, es fällt kein lautes Wort, es gibt nie Streit. Ekstatisch bewundert der Waisenjunge seinen Onkel, sieht Gott auf Erden in ihm und hört ihm abends zu, wenn er unermüdlich redet. Tatsächlich, dieser Schneider ist ein merkwürdiger Schneider. Er hat Zukunftspläne, Träume, Lust auf viele andere Dinge, und er spricht darüber. Abends, wenn er an Samis Bett sitzt – das Kind, nicht seine Frau ist sein liebster Gesprächspartner –, leuchten seine Augen, und eine Selbstgewissheit geht von ihm aus, dass der Junge glaubt, all die großen, angekündigten Veränderungen und versprochenen Wunder würden sich bereits morgen einstellen. Aber Sami wächst heran, ein Morgen kommt nach dem anderen, der Onkel redet und redet, nichts geschieht. In der Frühe setzen sich Onkel und Tante im grauen Licht an ihre Nähsachen: Immer das gleiche eintönige Leben, die gleiche Arbeit, die es den Menschen verwehrt, die Dinge zu tun, die sie glücklich machen könnten. Der Onkel ist, kurz gesagt, kein richtiger Schneider, der an seinen Beruf und seine Ziele glaubt, der seine Arbeit verrichtet, ohne sie in Frage zu stellen, im Gegenteil, er zweifelt an sich, er fühlt sich leer, nennen wir ihn einen gescheiterten Schneider, anders gesagt: einen Intellektuellen. Ohne Bildung, ohne Möglichkeit, sich zu verwirklichen, und doch ein Intellektueller im gleichen Sinne wie ein schlechter Bäcker oder ein zerstreuter Metalldreher, weil er, wie Chaplin in *Moderne Zeiten*, ins Innerste seines Berufes die Empörung setzt. Es sei ihm gedankt: Hätte er sich wohl in seiner Haut gefühlt, wäre er zufrieden durch die Welt gegangen, hätten wir wahrscheinlich nie einen Schauspieler mit dem Namen Sami Frey kennengelernt.

Allmählich bröckelt die schöne Liebe, die Sami seinem Onkel entgegenbringt. Das Kind begreift, dass das Leben endlos so weitergehen kann: Die Träume und die fieberhaften Zukunftspläne des Abends bleiben leere Worte, sie werden nie Wirklichkeit werden. Das Provinzielle wiederholt sich bis zum Überdruss und zugleich ist da die ewige Tschechow'sche Sehnsucht: «Wir müssen anders leben, alles ändern, eine andere Arbeit tun.» Man sollte dem Onkel nicht böse sein; er ist ein anständiger Mann, ein armer Mann, ein Gefangener seines Lebens, der sich daran erschöpft, durchzukommen. Dass er seine Arbeit verachtet, ist, immerhin, ein Zeichen seiner Scharfsinnigkeit.

Aber Sami hat diese Abscheu, diese Träume ernstgenommen. Als Jugendlicher bleibt er den Lektionen des Onkels treu, indem er sich schwört, dass deren an Ketten gelegtes Leben nie seines werden wird. Er wird den am Morgen bereits vergessenen Hirngespinsten des Abends Substanz geben. Aber gleichzeitig, da er wie alle ernsthaften Kinder mitleidlos und ins Unbedingte verliebt ist, beginnt er den Onkel, der es nicht verdient, im Stillen zu verachten. Statt in ihm den Gefangenen einer Situation zu sehen, die er weder gewollt noch gewählt hat, zieht er ihn zur Verantwortung, hält ihn für willensschwach, feige, macht ihm den Prozess. Noch etwas anderes spielt da mit: Der Onkel ersetzt ihm den Vater, aber er ist nicht sein Vater. Der Vater, den er nicht gekannt hat, und die tote Mutter schweben wie ein Familiengeheimnis über seinem Leben, das ihn unentwegt ins Staunen versetzt. Es zwingt ihn dazu, sich über die anderen, über die Welt und seinen Platz in ihr Fragen zu stellen. Trotz der Liebe und Herzlichkeit seiner Erzieher hat er im Grunde nie die Geborgenheit der Kindheit erfahren. Man hat ihm Gewalt angetan, er ist allein geblieben. Diese Gewalt wird er nun aufgreifen und in Gegengewalt verwandeln. In der ihm aufgebürdeten Einsamkeit wird er untergehen, indem er sie vertieft und bis zum Ende auf sich nimmt. Unglücklicher Onkel: Für den unechten Schneider und unechten Vater gab es kein Entkommen vor der scharfen Kritik eines Heranwachsenden, der das Unmögliche wagen will. Er hat von der Lebensweise dieser Familie genug. Gerade hat er die Schule abgeschlossen, jetzt hilft er dem Paar, bei dem er aufgewachsen ist, so gut es geht, erledigt die Einkäufe, liefert fertige Ware an den Auftraggeber. Er überlegt und stellt sich die angsterfüllte Menschheitsfrage: «Was tun? Wie komme ich von hier weg?» Er hat keine Zeit zu verlieren, er möchte sein Leben auf Anhieb verändern. «Aber dafür musst du erst einmal Geld verdienen», sagt ihm der Onkel, der genau spürt, dass der Zauber zwischen ihm und dem Neffen verflogen ist. «Bestreite deinen Lebensunterhalt selbst, wir haben für dich unser Letztes gegeben, wir haben immer nur gearbeitet.» Es ist das alte Lied all jener, die sich gegen die Zukunft eines Kindes sperren, in der sie sich nicht mehr wiederfinden. Auch der Onkel reagiert heftig auf die Beschwerden Samis, seinen Trotz, seine unverhohlene Verachtung, sein beharrliches Schweigen. Eines Tages, Sami kehrt gerade aus den Ferien zurück, brüllt er, als er die alte verschimmelte Treppe sieht: «So viel Dreck!», und der Onkel wird furchtbar wütend: «Du ekelst dich also vor uns, gib es nur zu, du willst uns beleidigen!»

Ja, in ihrer Arglosigkeit haben sie ein schwarzes Schaf aufgezogen! Immerhin gehorcht er dem Geheiß der Familie und besucht die Modellschneider-Schule der Pariser Handelskammer. «Modellschneider», sagt er mir, «ist das Adelsdekret, das Ehrendiplom unter den Schneidern.» Man nennt sich Modellschneider, wie sich etwa eine Striptease-Tänzerin als «Künstlerin» ausgibt, oder wie sich ein Referent zum «Kabinettsreferenten» macht. Eineinhalb Jahre bleibt er auf der Schneiderschule, anfangs gelehrig, später stuft man ihn als willensschwachen Dilettanten, Spaßvogel, Hetzer und Unruhestifter ein, den man besser hinauswirft und der schändlich enden wird. Seine Revolte nimmt nunmehr Gestalt an, immer fester ist er zum Bruch entschlossen: Er hat verstanden, dass er sich weder Zugeständnisse noch Kompromisse erlauben darf, wenn er nicht in den alten Trott zurückfallen will. Man muss sich klarmachen, dass Sami unfassbaren Mut brauchte, um den Bruch zu vollziehen. Was ist er denn, bloß ein Schneiderlehrling mit leeren Händen und leeren Taschen. Der Onkel ist trotz seiner Träumereien weise und vernünftig, er weiß, dass er dem, was Sami und ihn umklammert, nicht entkommen kann. Sie stecken in der gleichen Falle. Auch der Jüngling vermag sie nicht zu lockern: Er bricht aus, das ist etwas anderes, er geht zum Theater.

In der Rue Taitbout in Paris gibt es ein Komparsenbüro, ein Arbeitslosenamt, einen Wunderhof, an dem sich die Pechvögel des Theaters einfinden. Der Junge schreibt sich dort ein, während er weiter zur Schneiderschule geht. Das ist so gekommen: Er lässt auf einem der Boulevards, auf dem Boulevard de Strasbourg oder dem Boulevard Saint-Denis, von einem Straßenfotografen ein Bild von sich machen und gibt es in der Rue Taitbout bei einer Angestellten ab. Die sagt: «Gehen Sie nach Hause, wir melden uns, falls sich etwas ergibt.» Ein entscheidender Schritt. Es vergehen sechs Monate. Schließlich erinnert man sich in der Rue Taitbout an ihn, und er wird eingeladen, um in dem Film *Napoléon* von Sacha Guitry als Statist einen der tausend alten Kämpfer abzugeben. Er ist so aufgeregt, dass er vier Nächte lang nicht schläft. Die Welt überschlägt sich für ihn, und als Sami Frey zum Parc de Sceaux fährt, dessen Wasserflächen im Film die Sümpfe von Austerlitz ersetzen, spricht er berauscht vor sich hin: «Schauspieler, ich bin ein Schauspieler.» Als er dann nachlässig und hochmütig dem Wächter am Parkeingang sein Einlasspapier vorzeigt, sagt er noch einmal: «Ich bin ein Schauspieler.» Er ist geblendet, erstarrt vor dem leibhaftigen

Guitry und vor Daniel Gélin, sogar den Dolman von Serge Reggiani darf er berühren. Am Abend schminkt er sich nicht ab, auf der hinteren Plattform des Busses spielt er seine Rolle weiter. Was für ein Narzissmus! Er ist der große, routinierte Schauspieler, müde, herausgeputzt, und hütet in seinem Kopf ein wundersames Geheimnis. Dieses Spiel nimmt der ihn umgebenden Welt alles Wirkliche – nur das Trugbild ist wahr. Der Onkel vergisst für einen Augenblick seine Einwände und begrüßt ihn wie eine Primadonna. «Was sagst du da, du hast Guitry, Gélin und Reggiani gesehen?» Die Tante, die nichts anderes liest als Kinozeitschriften, steht mit weit aufgerissenen Augen da. Sami ist enttäuscht: Sie bemerken gar nicht, dass er noch geschminkt ist. Der Fahrtwind auf der Plattform des Busses hat die Schminke fortgeblasen.

Die Entscheidung ist gefallen. Sami wagt es, zu behaupten, dass er Schauspieler werden wird, und er bezahlt auf der Stelle den Preis dafür: Er muss ausziehen. Ein anderer Onkel, reicher und gleichgültiger, lässt ihn für ein paar Monate bei sich wohnen. Er empfiehlt ihn einem entfernten Verwandten, einem Filmregisseur, der ihn als Assistenten zu sich holt. Und Sami meldet sich bei der Schauspielschule Cours Simon an. Dort kommt er stumm und verwirrt an, inmitten schöner Abitur-Versagerinnen und arroganter Bürgersöhne, die ihre Juraprüfungen nicht bestanden und nun das Theater gewählt haben, um ihrer Faulheit einen würdigen Rahmen zu geben. Wenn der Regisseur gerade nichts für ihn zu tun hat, liefert er mit dem Fahrrad für eine Wäscherin den ganzen Tag Wäsche aus, um sich seinen Lebensunterhalt zu verdienen, und besucht Abendkurse. In Wahrheit arbeitet er unermüdlich. Er liest das gesamte Repertoire, die Klassiker und die anderen Stücke, und schaut sich vom Olymp, vom obersten Rang, jedes Stück an, das in Paris gespielt wird. Nach drei Jahren trägt er bei einem Vorsprechen eine Seite aus *Zadig* vor, und René Simon hält ihn für den

Besten. Weil er weiß, wie arm er ist, erlaubt er ihm, die Schauspiel-kurse gratis zu besuchen. «Man soll die Reichen zahlen lassen», lautet die Devise des Lehrmeisters. Jahresprüfung: Die geladenen Gäste feiern Sami begeistert – Pierre Mondy, Marcel Achard und François Périer.

Was nun folgt, weiß jeder: Er wird in etwa zehn Stücken spielen sowie in fünf oder in sechs Filmen, darunter *Die Wahrheit*. Er vertieft seine Kenntnis des Metiers, arbeitet an seiner Stimme und an seiner Technik. Er spielt Erfolgsrollen in Boulevard-Stücken und in mittelmäßigen Filmen. Diese Zeit liegt nun hinter ihm. Er wartete auf eine passende Rolle, die auf ihn zugeschnitten ist, und auf ein großes Stück: *Im Dickicht der Städte* brachte ihm alles, was er sich gewünscht hatte. «Es ist der richtige Moment», sagte er mir, «genau jetzt war ich bereit dafür. Nichts hätte mich als Schauspieler und als Mensch mehr befriedigen können.» Künftig hat er für seine Laufbahn den schwierigsten Weg, die engste Pforte ausersehen. Er will Brecht spielen, Beckett, Sartre. Natürlich Shakespeare. Er kann es, er hat alles, was man zum großen Tragödiendarsteller braucht. Niemand zweifelt daran: Dieser makellos elegante junge Mann ist aus Stahl gemacht. Wie wir gesehen haben, hat er sich aus dem Nichts mit einem wahrhaftigen inneren Sieg selbst erfunden. Er hat sich sein Leben allein aufgebaut, ohne Zugeständnisse und ohne Nachlässigkeit. Es ist gut, sich dieser Wahrheit voll und ganz bewusst zu sein, wenn es zur Frage kommt – und sie muss gestellt werden, auch auf die Gefahr hin, als grauenvoller Snob dazuste-hen –, zur Frage der Fragen, der Brigitte-Bardot-Frage.

Er liebt sie also. Sie liebt ihn zweifellos auch, und es liegt auf der Hand, dass sein Ja zu Brigitte die beste Wahl ist, die er je getroffen hat. Er ist ein Mann, den sie liebt, weder Mann-Kind noch Mann-Frau, und das ist bei Schauspielern selten der Fall. Er hat mir von ihrer beider Liebe erzählt, ohne Pathos, natürlich und ernsthaft.

«Was man eine Liebesgeschichte nennt», sagt er, «das dauert drei Monate, nicht länger. Wenn man danach zusammenbleiben will, muss man damit beginnen, etwas zu bauen, etwas zu errichten. Brigitte und ich haben nun, wir zwei allein gegen die ganze Welt, bereits ein Jahr und ein halbes an unserer Beziehung gearbeitet.»

Er hat recht, für sie beide, für Sami, ist das äußerst schwierig gewesen: Jede Woche haben zwei oder drei Zeitungen ihre Liebe gefährdet, sind sie der Niedertracht und der Mittelmäßigkeit zum Opfer gefallen. Da hieß es durchhalten, ohne mit der Wimper zu zucken, ohne etwas zu erwidern. Das war umso schwerer, als Sami keine Vogel-Strauß-Politik betreibt. Er stellte sich der Lage, er las alles, Zeile für Zeile, und wartete auf den Tag, an dem er zum Gegenangriff übergehen könnte. Dieser Tag ist nun gekommen: Kürzlich hat eine Zeitschrift alle Grenzen des Erlaubten überschritten und Sami bezichtigt, Brigitte zu zerstören. Sami weiß sich mittlerweile in jeder Hinsicht stark genug, um einen Gerichtsprozess anzustrengen. Er hat beschlossen, bis zum Äußersten zu gehen: Brigitte wird persönlich vor den Richtern auftreten, vor ihnen und vor der Welt ihre Liebe und deren Dauerhaftigkeit bezeugen.

Heute gibt es zwischen den beiden keine Probleme mehr. «Wir beginnen tatsächlich zu leben. Was im Grunde am schwersten fällt, ist, einen Menschen anzunehmen, sich ganz und gar für ihn einzusetzen. Wenn man sich erst einmal wirklich für diesen Menschen entscheidet und für keinen anderen, dann muss man es aussprechen, sich erklären und nichts verbergen. Auch die Eitelkeit muss man sich versagen, man darf sein Leben nicht von den Schwankungen des Begehrens abhängig machen. Kurz, man muss treu sein.»

Er spricht aus voller Überzeugung, er weiß genau, was er sagt: Ihre gegenseitige Treue bedeutet einen Sieg, der nicht im Voraus schon selbstverständlich errungen war. Er hat sie zur Bedingung gemacht. Sie können davon ausgehen, dass alle Frauen verrückt nach ihm sind. Er müsste es nur wollen. Aber Sami Frey ist mehr Abélard als Don Juan. Er hat sich für Brigitte Bardot entschieden, eine Frau, die alle anderen aufwiegt. «Sie bringt mir ihr Leben, ihre Kraft, ihre durchdachte Intuition», vertraut er mir an. «Ja, sie ist wundervoll lebhaft und gegenwärtig. Doch man muss sehr vorsichtig sein: In der intimen Vertrautheit geht sie die Probleme mit so viel Klarheit an, dass alles einfach erscheint. Man kann die Hindernisse vergessen und meinen, die Welt befinde sich nur da, wo sie sich gerade aufhält, in diesem Raum, in diesem Zimmer und nirgendwo sonst. Man schaut sie an, man lässt sich hinreißen, man lebt im Traum. So ist es auch anderen ergangen: Sie ließen sich von Tagträumen treiben. Brigitte wirkt wie eine Droge. Nein, man muss sich selber wachrütteln, sich festhalten mit weit geöffneten Augen; denn man kann ihre Problem nicht für sie lösen. Wenn man sich nicht festklammert, ist man verloren und verliert sie.»

Er klammert sich fest, so viel steht fest, er hat sich sein Leben lang festgeklammert, Sich-gehen-Lassen verabscheut er. Und man kann sich ein gutes Bild davon machen, was er Bardot bedeuten muss. Das müsste sie selber erzählen. Ich habe sie nicht getroffen.

Im kommenden Jahr haben sie Großes vor: Sie wollen auf Reisen gehen. Weder er noch sie haben bisher viele unternommen. Sie sind zwei junge Leute und kennen nur Saint-Tropez und Italien, die Schweiz, San Sebastián. Sie haben Orte auf der Landkarte markiert, Bilder von Hongkong, Bangkok und San Francisco gesammelt. Sami hat noch einen anderen Wunsch: Er möchte ein Kind. Dieser entrechtete Waisenjunge spürt zum ersten Mal ein Bedürfnis nach Eigentum, er will etwas großziehen. «Da ich nicht weiß, wie mein Vater gewesen ist, werde ich es vielleicht auf diese Art herausfinden.»

Jede echte Begegnung ist notwendig und wundersam zugleich: Vom Boulevard de Belleville und der entferntesten Ecke Polens zur Avenue Paul Doumer – wo Sami mit Brigitte wohnt – war der Weg unfassbar weit. Aber es ist nicht weniger unglaublich, dass Brigitte Bardot, das bürgerliche Mädchen aus dem XVI. Arrondissement, den Weg gefunden hat, der sie zu Sami führen sollte. Jeder der beiden hat die Hälfte der Wegstrecke bewältigt. So viel als erste Schlussfolgerung.

Und das ist die zweite: Sami hat seinen Onkel nie wiedergesehen. Er arbeitet nicht mehr als Schneider. Auch er hat sich eines Tages im Büro der Rue Taitbout registrieren lassen. Mittlerweile ist er Filmstatist. Komparse als Hauptberuf.

Elle, Nummer 886, 14. Dezember 1962

DER PANTOMIME MARCEAU

Ein junger Mann, zwanzig Jahre alt und verrückt nach dem Theater, stellt entsetzt fest, dass er eine Bruststimme hat und nie auf der Bühne wird stehen können. Aber er ist irrsinnig stolz, er will auf der Stelle Erfolg haben und sich nicht dem zweifelhaften Ringen der Sprecherziehung überlassen. Außerdem misstraut er dem Sprechen aus persönlichen Gründen. Seine dumpfe, an Ketten gelegte Stimme weist möglicherweise darauf hin, dass seine Beziehungen zu den Mitmenschen schwierig sind, dass er sich, wenn er sich mitteilen will, ganz vom Stellenwert der Sprache, der Falle des Egalitären, lossagen muss. Er fasst einen Entschluss: Das Reden ist nicht meine Sprache. Er wählt das Schweigen. Jeden Abend wird er mit seinem Körper von der Bühne Besitz ergreifen und sie sich zu eigen machen, er wird rundum eine Welt von Bedeutungen schmieden, aber dabei schweigen. Er trifft diese heroische Entscheidung in einer Zeit, in der das Reden ein König ist, in der allein das verbreitete, verstärkte, unendlich vervielfältigte Wort die Sprache bedingt und das Schweigen im Unrecht ist, doch der junge Mann wird nie an seiner Entscheidung zweifeln, und so wird das einsamste aller Schicksale besiegelt. Der Pantomime Marceau war geboren. Seit 1946 hat er auf der Bühne kein Wort mehr gesprochen. Dennoch steht er seit fünfzehn Jahren praktisch ununterbrochen, mehr als jeder andere Schauspieler, im Licht der Öffentlichkeit. Aufgrund einer selbstbestimmten Entscheidung mit der Aufgabe betraut, die Pantomime in der Mitte des zwanzigsten Jahrhunderts wieder zum Leben zu erwecken, er ist sein eigener Autor, sein eigener Regisseur.

Nie muss er nach Rollen suchen. Marcel Marceau verkörpert im saisonbedingten Theaterberuf das Wunder der Vollzeitbeschäftigung: Wenn Sie seinen Namen nicht in den Pariser Theatern finden, können Sie ihn mit Sicherheit auf dem Plakat eines Schauspielhauses in der Provinz oder, ferner noch, in Jerusalem, Bombay, New York, Tokio oder Montreal entdecken. Am Kartenschalter der weltweiten Gastspielreisen nimmt dieser Schweigsame den ersten Rang ein, mit einem bequemen Vorsprung gegenüber Jean Vilar und dem Beifallsdonner des Théâtre National Populaire. Bevor das Weltall-Getöse des ersten Sputniks Amerika verblüffte, füllte der Clown Bip, Marceaus beliebteste Schöpfung, 1955 einen ganzen Monat lang den dreitausend Zuschauer fassenden Saal des New York City Center. Das Gleiche geschah vor wenigen Wochen in Moskau, wo er anlässlich der französischen Ausstellung zu einem wahren Segen des Kulturenparks wurde. Seit zwei Jahren spricht sein Programm für sich selbst: 1959 verlässt er Frankreich für eine Tournee, im Alleingang reist er in vierundzwanzig Monaten durch achtunddreißig Länder, durch nahezu ganz Europa, den Mittleren Osten, Indien, Nord- und Südamerika. Er kehrt zurück und fährt sofort für dreißig Tage in die Sowjetunion: Moskau, Leningrad, Minsk. Kaum ist er wieder in Paris, bricht er zu einer rasanten Frankreich-Tournee auf, die ihn innerhalb von vier Monaten in achtzig Städte führt.

Er ist eklektisch, dieser Marceau, er ist nicht hochmütig: Auf die Copacabana und ihre Traumbilder folgt Metz an einem traurigen Oktoberabend; nach dem Palladium in Los Angeles kommen das Grand Théâtre de Reims und die Opéra de Lille an die Reihe; nach einem festlichen Abendbankett mit Pandit Nehru oder Ben Gurion, einer Fiesta mit Luis Buñuel in einer Taverne in Mexiko, nach einer Hollywood-Party bei Charles Laughton und wortlosen Liebesbezeugungen seiner «Brüder» Stan Laurel und Harpo Marx folgt umstandslos die Nüchternheit der französischen Provinz, stellt sich nach beendetem Auftritt das Zwiegespräch mit sich selbst in einer Bahnhofsgaststätte ein.

Agenten und Tourneemanager sind keine Menschenfreunde: Sie engagieren sich voll und ganz, das schon, aber die berühmte Karsenty-Agentur organisiert die Reisen und Gala-Auftritte Marceaus nur, wenn sie Kapital daraus schlagen kann, wie etwa mit dem Stück *Ein Schloß in Schweden* von Françoise Sagan, dem Höhepunkt der Saison 1961/62. Ich habe Marceau in drei Städte begleitet, nach Metz, Reims und Lille, und überall bereiteten ihm die Zuschauer der überfüllten Theater, ohne Ausnahme bis ins Herz gerührt durch die doppelte Herausforderung von Schweigen und Einsamkeit, großartige Beifallsstürme, riefen ihn ungezählte Male auf die Bühne zurück. Ein überragender Erfolg.

Es ist nicht Bedürftigkeit, die Marceau dazu drängt, die ganze Erde zu bereisen; Hunger und Geldsorgen hat er lange hinter sich gelassen. Die Gier nach Ortswechseln, das keine Unterschiede machende Durchkämmen der Theater der Welt, die Weigerung, Pausen einzulegen, maskieren vielmehr eine gewisse Tragik.

Gleich bei unserer ersten Begegnung in einem Hotelzimmer in Metz an einem späten, grauen Nachmittag habe ich es geahnt. Und überhaupt, was machte diese Gestalt aus einem anderen Jahrhundert mit seinem seltsamen, wie unter Strom stehenden Haarschopf, seinen Schmachtlocken des Boulevard du Crime[6], mit seinem sauberen weißen Hemd, weit geöffnetem Kragen, mit einer ihn auf halber Brust einzwängenden Torero-Hose hier in diesem Provinzhotel? Ohne darauf zu warten, dass ich ihm Fragen stellte, begann er sofort zu reden, oder genauer: zu schwadronieren, so

---

6   Im neunzehnten Jahrhundert wurde die Straße wegen ihrer vielen Theater und der dort aufgeführten Gaunerstücke so bezeichnet, heute Boulevard du Temple genannt (A. d. Ü.).

PORTRÄTS

sehr von sich selbst erfüllt, dass ich schon daran zweifelte, ob ich auch selber noch ein Wort an ihn richten können würde. Ich dachte mir: Fünfzehn Jahre Schweigen haben ihm die Freude am Dialog geraubt. Marceau überschüttete mich mit seinem Curriculum Vitae, seinem Cursus honorum, er tat es mit wahrhaft packender Präzision, erinnerte sich an alle Orte, Daten, Zahlen. Als ein penibler Buchhalter des eigenen Lebens ließ er nichts aus, keine Tournee, keine seiner Schöpfungen, und unterstrich mit einem Anschwellen seiner Stimme jene Episoden, die ihm entscheidend erschienen. Er misstraute meinem Urteil, meiner Einschätzung, meinem Wissen; als Journalist war ich ungeformtes Wachs für ihn, und mit einem geradezu im Tiefflug rasenden Stift, die rechte Hand vom Tempo der ihr abverlangten Leistung wie gelähmt, notierte ich seinen Ausruf: «In Neu-Delhi habe ich mit Nehru zu Abend gegessen!» Dann hielt er inne, korrigierte sich und ergänzte: «Mit Pandit Nehru», wobei er die zwei Silben des Wortes Pandit hämmernd voneinander trennte: «Pan–dit», wie man es für Schüler macht, die gerade das Abc erlernen. Hatte ich überhaupt je von Nehru gehört? Dasselbe bei der Erwähnung Buñuels; er bestand darauf: «Bu–ñuel». Rascher als er, ohne den Kopf zu heben oder meinen Stift wegzulegen, warf ich ein: *«Ein andalusischer Hund, Robinson Crusoe, Die Vergessenen, Viridiana.»* Er sagte, ganz aus der Fassung gebracht: «Ach, Sie wissen Bescheid.» Ich nutzte diesen Durchbruch, baute ihn aus und schlug eine Brücke; so kam es schließlich zu einem Dialog.

Marcel Marceau in Metz, das ist Jean-Jacques Rousseau in Ermenonville, zurückgezogen von der Welt, argwöhnisch, ins Schweigen eingemauert, das er nur verlässt, um mit sich selbst zu sprechen. Marceau misstraut seinen Mitmenschen, den Sprechenden. Sie haben so viel geredet, über belanglose Dinge. Die Meinungsmacher des Ruhmes heißen jedes noch so winzige Filmsternchen und jede Äußerung des Wort-Theaters – wie Marceau es im Gegensatz zum Gebärdentheater nennt – mit tausend Trompetenstößen willkommen; von der Pantomime dagegen, seiner grundlegenden Kunst, dem Ursprung des wahren Theaters, wird nicht gesprochen oder wenig oder schlecht. «Ja, es ist die Kunst des Schweigens», ruft Marceau mir zu, «aber ist das ein Grund, auch über sie zu schweigen?» Seine grauen, wunderschönen Augen lodern auf, und er macht sich den barschen Ausruf zu eigen, den Frédérick Lemaître einst an einen zweitklassigen Agenten richtete: «Monsieur, noch in zweihundert Jahren wird von mir die Rede sein.» «Ich weiß», fügt Marceau hinzu, «dass ich in die Theatergeschichte eingehen werde. Ich trage Verantwortung für eine Form der Ausdruckskunst, ich muss durchhalten und gegen alle Moden bestehen. Nur um diesen Preis sind übrigens die edelsten Siege der Menschheit errungen worden!»

Marceau, unzufrieden mit seinem Jahrhundert, beruft sich auf die Nachwelt: Seine Zeitgenossen lassen ihm nicht Gerechtigkeit widerfahren. Aber gibt es denn wirklich so viele Gründe für ihn, unzufrieden zu sein? Gibt es nicht die endlosen Tourneen, die ausverkauften Theater, die ihm jeden Abend große Erfolge bescheren; ist er nicht in seinem Feld ein absoluter Herrscher?

Erstaunlicher Widerspruch: Marceau, triumphierend und unverstanden, Marceau, weltweit berühmt und zugleich Opfer einer Verschwörung des Schweigens, Marceau, überall in der Welt gegenwärtig, und darum der einsame Marceau an jenem Nachmittag in einem Hotelzimmer. Das macht seine Geschichte tragisch: Er ist allein, er ist der ganz auf sich gestellte Pantomime, der abstirbt, sobald er von der Bühne geht. Vergessen wir Charles Dullin, vergessen wir Louis Jouvet und Jean-Louis Barrault: Das Theater bleibt bestehen. Es ist lebendige Kunst. Schauspieler, Interpreten lösen einander ab, das Theater lebt weiter durch die ihm innewohnende Kraft, die sich in jedem Augenblick in den Werken Shake-

speares oder Molières neu vergegenwärtigen kann: Dieses Gut ist
unzerstörbar. Aber der Pantomime mit seiner Kunst ohne Text ist
gezwungen, sich immer wieder neu zu verkörpern; er ist nichts,
wenn er nicht auf der Bühne steht. Und schlimmer noch: Als Marceau sich mit zwanzig Jahren in diese äußerst verrückte und sehr
einsame Unternehmung stürzt, ist die Pantomime, zumindest in
Frankreich, seit mehr als einem halben Jahrhundert ausgestorben;
sie ist vom oberflächlichsten, frivolsten, geschwätzigsten Wort,
vom Boulevardtheater, getötet worden.

Mit Pylades und Orestes in Rom, mit den Mimodramen des
Theokritos in Griechenland hatte der Pantomime seine Blütezeit
erlebt. Diese fernen Ahnen haben später die Tanis, die Pierrots, die
Harlekine, die Kolumbinen und Pantaloni der italienischen Komödie, der berühmten Commedia dell'Arte, entstehen lassen. Aber
erst im Paris des neunzehnten Jahrhunderts, mitten in der Epoche
der Romantik, erlebte das Pantomimetheater zwischen Temple
und Bastille sein goldenes Zeitalter. Deburau, der größte Pantomime seiner Zeit, legte die Figur des Pierrot ein für allemal fest und
machte daraus einen wahren Volkshelden. Vor der Zeit Deburaus
war der Pierrot in seinen gelegentlichen Auftritten auf den Jahr-
marktsbühnen ein unbeständiger Hampelmann gewesen, feige,
durchtrieben, hinterhältig, dazu ein Dieb, ein Lügner, ein Säufer,
ein Faulpelz. Alle Untugenden vereinigte er in sich. Genauso sah
die grausam-wilde Bourgeoisie des neunzehnten Jahrhunderts das
gewöhnliche Volk, und das Volk stand diesem Bild beleidigt gegenüber. Deburau veränderte alles, sein Pierrot, den er auf der Bühne
des Théâtre des Funambules spielte, stellte, im Gegenteil, den Mut
und die Erhabenheit des Volkes in den Vordergrund, außerdem sein
Elend. Schalkhaft, anständig, zutiefst menschlich kämpft er gegen
andere Masken, welche die Obrigkeit, die bestehende Ordnung, die
Mächtigen und die Gendarmen verkörperten, und wenn er Schläge

hinnehmen musste, so teilte er auch welche aus und hatte dabei jedes Mal die Lacher auf seiner Seite. Er ist der Gavroche des Victor Hugo, das von der Revolution gezeugte Kind, und ganz Paris drängt sich jeden Abend auf dem Boulevard du Crime, um ihm zuzujubeln. Pierrot und sein Publikum waren Komplizen, ein stillschweigendes Einverständnis verband sie, tief und vollkommen.

Die Volkskunst war eine lebendige Kunst, das Pantomimetheater bot dem Sprechtheater glorreich die Stirn, und wenn Deburau mit seiner Truppe *Die Kinder des Olymp* der Berühmteste von allen war, so gab es daneben doch noch zahlreiche andere Truppen.

Dann, nach einem Wiederbelebungsversuch am Mittelmeer, verschwand der Pantomime zusammen mit dem neunzehnten Jahrhundert. Die Pantomimen aus Marseille hießen Louis Rouffe, Farina, Séverin, es gab die Onoffri, eine berühmte, aus achtzehn Pantomimen bestehende Familie. Aber selbst die Bewohner von Marseille wurden vom neuen König, dem Vaudeville-Theater, überrollt; die Pantomime als eine populäre Kunst verschwand, bis der Stummfilm aufkam. Und wenn er mit Buster Keaton, Stan Laurel und Charlie Chaplin, den viele für den größten Pantomimen aller Zeiten halten, als Apotheose und höchste Weihe der Kunst des Schweigens erscheinen mochte, wurde er in Wahrheit zu ihrem Grab. Denn das Kino, ob nun Stumm- oder Tonfilm, sollte zur wahren Volkskunst werden. Über den Pantomimen als Verkörperung wahrhaftiger Theatralität war das Urteil gefällt. Während eines halben Jahrhunderts gab es in Frankreich keine einzige Pantomime-Truppe mehr.

Dann aber kam Marceau als verrückter junger Mann, entschlossen, gegen den Zeitgeist zu leben. Zu Beginn ist er noch nicht allein: In der Theaterwerkstatt von Charles Dullin, die er 1946 als Schauspielschüler besucht, versucht man die Kunst der Gestik zu erneuern, will man ihr eine neue Grammatik schaffen. Aber Dullin sah in diesen Experimenten vor allem ein Mittel, die Quellen des Theaters zu vertiefen und zu vermehren, um so zu jenem vollkommenen Theater vorzustoßen, von dem, gemeinsam mit ihm, auch Jouvet, Baty und Pitoëff träumten. Étienne Decroux, damals Schauspieler bei Dullin, heute Professor im Actors Studio in New York, gab all diesen Versuchen eine andere Wendung. Der Pantomime wird vom Medium zum Endzweck: Für Decroux handelt es sich bei der Pantomime um eine unabhängige Kunst, eine reine Kunst, die ohne Musik und ohne Bühnenbilder auskommt, die sich selbst genügt. Aber Decroux ist in erster Linie Theoretiker, ein Professor, und er betraut seine Schüler – besonders Jean-Louis Barrault und Marcel Marceau – mit der Aufgabe, diese Ideen praktisch umzusetzen. Barrault inszeniert Mimodramen, und er spielt erfolgreich eine bemerkenswerte Pantomimenrolle im Film *Kinder des Olymp*, in dem die Geschichte des großen Deburau und des Théâtre des Funambules erzählt wird. Marceau hält Barrault für einen ausgezeichneten Pantomimen. Aber Barrault verlässt rasch den Bereich der pantomimischen Darstellung, um sich der Inszenierung von Theaterstücken, seinen Rollen in Komödien zu widmen. Das Jahrhundert greift ihn sich und gibt ihn nicht wieder frei. Nur Marceau wird übrig bleiben.

Jean-Louis Barrault, Direktor des Théâtre de France, ist heute Teil des öffentlichen Lebens. Marcel Marceau wartet jeden Tag in einem Hotelzimmer der Provinz auf die Stunde seines Auftrittes. Sein Ruhm und sein Schmerz sind ganz in diesem Gegensatz enthalten; er hat die schmale Tür gewählt, er erschöpft sich mit unaufhörlichen Gastspielreisen, weil er das Überleben des Pantomimen sichern muss. Es gibt nicht mehr zehn oder zwanzig Truppen wie zur Zeit Deburaus, es gibt nur noch Marceau und eine Kunst, die ihren Rückhalt in der Gesellschaft verloren hat. Wie der Gott eines Descartes, der jeden Augenblick eingreifen muss, um die Schöpfung zu bewahren, muss auch Marceau sich vervielfachen und überall zugleich sein, um den Pantomimen am Leben zu erhalten. Wenn er präsent ist, ist alles gut; wenn er verschwinden sollte, bleibt nichts. Wird er je einen Nachfolger haben? Er steht vor uns als einziger Zeuge (im Sinne der «Zeugen Christi») einer Kunstform, als ein leidenschaftlicher Pilger, ein Proselyt auf der Suche nach Gläubigen und Jüngern. So lässt sich verstehen, dass er nicht unbescheiden handelt, wenn er sich streng an den Terminkalender seiner Gastspielreisen, seiner Schöpfungen, seiner Erfolge hält. Im Gegenteil: Seine Geschichte verschmilzt mit der Geschichte der Pantomimen, und seine Triumphe sind nicht einfach die eigenen, sondern zuallererst die seiner Kunst. Wo er gewesen ist, hat es den Pantomimekünstler gegeben, wo man ihm applaudiert, erwacht der Pantomime zu seinem alten Ruhm.

Trotz seiner Erfolge darf er mit gutem Recht beklagen, dass er nicht verstanden wird, und meinen, dass man ihm keine Gerechtigkeit widerfahren lässt: Er hält an seiner Kunst mit missionarischem Eifer fest, fast zwanzig Jahre arbeitet er nun daran, und wenn sich das Publikum auch in seine Vorstellungen drängt, entstehen um ihn doch nie die widerstreitenden Auffassungen und Wirbelstürme der Meinungen, auch nicht der schiere Lärm, den üblicherweise das Erscheinen eines Films oder die Premiere eines großen Theaterstücks begleiten.

Marceau hat mir diese Frage auf eine sehr pathetische Weise gestellt: «Liebt man bei uns wirklich so sehr das Wort?» Bei uns, damit ist Frankreich gemeint. Denn Marceau hat paradoxerweise Jünger im Ausland gefunden; in Polen, in der Tschechoslowakei, in Israel entstehen Pantomime-Truppen, die sich auf ihn berufen. Und es gibt nicht nur die Truppen; es werden Bücher geschrieben, Diskussionen kommen zustande, eine lebendige Bewegung zeichnet sich ab. «Bei uns» läuft es anders. Gewiss, Marceau hat seine eigene Kompanie gehabt, mit der er weltweite Gastspielreisen unternommen hat und monatelang in Paris aufgetreten ist. Aber sie existiert nicht mehr; Gilles Ségal, der nach Marceau die zweite wichtige Figur darin war, wollte eine eigene Truppe gründen. Marceau hat die Trennung unterstützt: Für die Kunst der Pantomime konnte die Verdoppelung nur förderlich sein. Aber heute arbeitet Gilles Ségal im Théâtre de l'Odéon, Barrault hat ihn berufen, und Marceau ist nur noch sein treuer Pierre Véry geblieben, der vor jeder seiner Nummern auf der Bühne die Schilder mit den Szenenankündigungen hält. Also keine Truppe mehr, nur noch Marceau. Vielleicht, so hofft er, wird er in einigen Monaten eine neue Truppe gründen können.

Dafür allerdings müsste Paris ihm zu Hilfe kommen, müsste ihn unterstützen. Es liegt auf der Hand: Paris greift dem Pantomimen Marceau an die Gurgel. In Paris werden die Schlachten gewonnen oder verloren, nur Paris verleiht die Weihe, und wenn auch jeden Abend – immer dieser Widerspruch – die Zuschauer des Théâtre de l'Ambigu seine Darbietungen zu einem wahren Triumph machen, findet man in der Presse, im Radio, in den Salons doch nur ein schwaches, sehr fernes Echo davon. In Paris fühlt sich Marceau wie Sisyphos mit seinem Stein. Er tritt auf, man applaudiert, man feiert ihn, es sieht aus, als wäre das Spiel gewonnen. Aber nein, jedes Mal muss er von vorn beginnen: In seiner Abwesenheit gibt es kein Buch, keinen Artikel über ihn. Als ob man ihn vergessen hätte, als ob die Pantomime jede Saison mit ihm stürbe.

Darunter leidet er, darüber wundert er sich. Und man muss sich darüber wundern, denn die Zuschauer sind auf seiner Seite, sind von seiner Kunst begeistert; man muss auf ihren Gesichtern nur die leidenschaftliche Wachsamkeit gesehen haben, die zwei Stunden lang keinen Augenblick nachlässt, das tiefe Verstehen jeder seiner Gesten, die aktive Teilnahme und auch das Schweigen im Saal. Kein Husten, kein Flüstern, kein Stühlerücken: Das aller-leiseste Geräusch wäre ein Verbrechen, es würde die wunderbare innere Verbindung zerstören, die zwischen Marceau und seinem Publikum erwächst.

Mit weiß bemaltem Gesicht, mit roten, blutroten Lippen, mit bogenförmigen Augenbrauen inmitten des Gesichtes und zwei schwarzen Tränen unter den Augen, so tritt Marceau im Lichtkegel eines Scheinwerfers auf die Bühne. In *Der Drahtseilkünstler* mimt er einen Seiltänzer, und natürlich gibt es weder Kabel noch Seil oder Abgrund, und auch keinen Waagebalken in seinen Händen. Es gibt nur einen Mann, der allein auf dem festen Boden der Bühne steht. Mit seinem Körper und seinen Armen erschafft er buchstäb-lich den Raum, definiert ihn, zieht Grenzen, lässt zur Rechten und zur Linken den Abgrund des Akrobaten entstehen, und bald wis-sen wir – fühlen wir es im Innersten –, dass der Absturz in jedem Augenblick möglich ist. Wenn er ihn nur leicht andeutet, hören tau-send Herzen auf zu schlagen, erschaudert jeder im Saal physisch.

Aber was wissen wir in Wahrheit von einer Geste, wir, die Schrei-ber, wir, die Sprecher? Es sind die Handwerker, die Arbeiter, all jene, die mit Werkstoffen arbeiten und den Widerstand der Welt mit ihren Händen empfinden, die Marceau am besten verstehen. Die Sprache der Pantomimen ist unmittelbar ihre Sprache, die abstraktesten Stilisierungen, die Verkürzungen, die gewagtesten Auslassungen entgehen ihnen nicht. Wo unsereiner sich über den Sinn einer Pose Gedanken macht, müssen sie nicht rätseln, sie haben bereits alles verstanden. Marceaus eigentliches Publikum sind diese Leute. In Moskau hat er seine Vorstellung mehrmals in Fabriken präsentiert: Es waren, wie uns Augenzeugen jener Gegenüberstellung berichten, einzigartige Ereignisse. Die Moskauer Arbeiter drängten sich zu den Auftritten, um dem französischen Pantomimen ihre Bewun-derung auszudrücken. Ja, mehr noch: ihre Dankbarkeit.

Als ich am Tag nach der Aufführung, die er in Metz gegeben hatte, mit Marceau durch eine Straße ging, wurde auch ich zum Zeugen solchen Geschehens. Zwei Männer in blauen Monturen, zwei Maurer, überholten uns. Einer der beiden drehte sich um und erstarrte buchstäblich, er hatte Marceau erkannt. Er trat auf ihn zu, und sagte mit einfachen Worten: «Danke, ich habe Sie gestern Abend gesehen, danke.» Und zu seinem Kollegen: «Schau ihn dir an, das ist der Pantomime Marceau, er sagt alles und schwätzt nicht dabei.» Ich glaube, dass einem großen Star nie ein so reines Gefühl entgegengebracht wurde. Es war pure Dankbarkeit, als hätte dieser Mann Marceau für den Beweis gedankt, dass alle, die nicht oder nur wenig reden, wie alle anderen ein Anrecht darauf haben, sich zu äußern, als hätte er ihm seine Würde zurückgegeben.

Jeder redet, aber das Wort ist nicht jedermanns Sache. Es gibt die Schweigsamen, die Stillen, jene, die ihr Leben mit Grübeleien verbringen, die ihre Schwierigkeiten und Probleme in den Vaudeville-Stücken der Boulevardtheater nicht im Geringsten angesprochen finden. Diese Art von Theater entspricht ihnen nicht, und sie bemerken nach und nach, dass die herkömmlichen Formen künstlerischen Ausdrucks nicht zu ihnen passen, ja sie nichts angehen. Marceau weiß, dass er sich an diese Menschen und nicht an die tonangebende Pariser Elite wenden muss, wenn er die Pantomime wieder zum Leben erwecken will, wenn er sie aufs Neue in eine Volkskunst verwandeln will: Sein eigentliches Publikum, seine zukünftigen Jünger findet er unter ihnen.

Marceau wartet ab. Er setzt seinen langen Weg fort. Dieser leidenschaftliche Pilger hat alles geopfert, auch sein Privatleben. Er hat keines. Er war einmal verheiratet. Von dieser Ehe blieben ihm zwei Söhne, Baptiste und Michel, die er innig liebt, aber viel zu selten sieht. Wenn er sich zwischen zwei Gastspielreisen zu einem kurzen Bleiben entschließen kann, kommen sie in sein Haus in Berchères-sur-Vesgres im Département Eure-et-Loir, das verloren und einsam in der Mitte eines Weizenfeldes steht, und er bringt ihnen Fechten und Judo bei, beides beherrscht er perfekt. Aber bald reist er wieder ab, die Pantomime ruft ihn: «In mir steckt ein Zigeuner», sagt er, «ich brauche das Reisen, ich will in der Unruhe leben.»

Elle, Nummer 830, 10. November 1961

SORAYA, EIN WINTER AUF CAPRI

*Soraya Esfandiary, Kaiserin des Iran, wurde vom Schah verstoßen,
weil sie ihm keinen Erben gebären konnte. Lange Zeit ließ sie ihre
grünen Augen und ihre Schönheit auf der Suche nach einem neuen
Ehemann, der ebenso vermögend wie der erste sein sollte, von
Luxushotel zu Luxushotel wandern.*

Capri, April 1959

Das Zimmermädchen auf der vierten Etage des Grand Hotel Quisisana, Immaculata Mancini, enthüllt mir das Geheimnis dieser seltsamen Zurückgezogenheit: «Signore, bald wird etwas geschehen;
eine Frau, die schon einmal verheiratet gewesen ist, muss sehr
verliebt sein, wenn sie es hinnimmt, sich Tag und Nacht von ihrer
Mutter als Anstandsdame begleiten zu lassen.» Eine ganze Woche
langweilt sich Soraya nun schon auf Capri mit unbegreiflicher
Geduld zu Tode. Ein endloser Regenschauer, der die Insel seit ihrer
Ankunft überflutet, zu dem sich Kälte gesellt, verstärkt die Langeweile und macht das Warten noch jämmerlicher. Capri ohne Sonne
hat kein Existenzrecht. Aber Soraya ist ebenso hartnäckig wie das
schlechte Wetter, sie besteht darauf, hierzubleiben.

Ich auch. Mein starrer, freudloser Tagesablauf entspricht genau
dem der Ex-Kaiserin. Es ist zehn Uhr morgens, wir zählen den achten Tag, Nieselregen fällt auf Capri. Geräuschvoll öffnen sich die
Aufzugstüren in der Empfangshalle des Quisisana, wo Soraya und
Frau Eva Esfandiary, ihre Mutter, auf der vierten Etage die Apparte-

ments 427 und 428 bewohnen. Soraya verlässt den Aufzug in stahlblauer Hose, schwarzen Ballerinas und Regenmantel als Erste, zu ihrer Rechten Frau Esfandiary, die Mutter, zu ihrer Linken Frau Kassner, eine dreiundsechzigjährige Deutsche mit nahezu rosafarbenem Haar, Frau Hilfrich, die honigblonde Schwester von Frau Kassner, und Herr Doktor Helmut Kassner, der ehemalige deutsche Konsul auf Haiti. Alle fünf sind gemeinsam aus Rom eingetroffen und haben sich seither so gut wie nie getrennt.

Soraya trägt, wie immer, einen sehr blassen Teint und ihren Schmollmund zur Schau; sie wirkt leicht angewidert, was die Neugierde der Bewohner Capris nicht gerade befeuert. Die massive schwarze Brille, die ihre schönen grünen Augen bedeckt, hindert die deutschen Touristen, denen die Insel Ende April widerstandslos ausgeliefert ist, jedoch keineswegs daran, sie zu erkennen und ununterbrochen zu fotografieren.

Frau Esfandiary, die Mutter, trägt ebenfalls eine dunkle Brille. Sie ist eine rüstige Münchnerin mit hartem Gesicht, dünnen Lippen; ihre blonden Haare fallen locker über ihre Schultern, als wäre sie ein sorgloses junges Mädchen. Der Konsul ist dick, hat kurz rasiertes Haar und das Gesicht einer Dogge, über seinen Bauch hängt eine Leica-Kamera, er ist noch deutscher als alles Deutsche. Im Übrigen befinden wir uns in diesem Regen und unter all diesen Germanen nicht auf Capri, sondern irgendwo in Preußen oder Sachsen. Viele, die zum ersten Mal die Insel besuchen, strengen sich an, ein wenig Sonne zu schaffen. Jemand ruft: «Dort gibt es etwas Schönes zu sehen!», und augenblicklich, sie sind ja alle gleichermaßen gewappnet, knipsen ein gutes Dutzend Fotoapparate Bilder von irgendeiner Straßenecke oder vom Meer.

10 Uhr 05. Soraya, ihre Mutter und die sie begleitenden Freunde betreten wie jeden Morgen das kaum fünfzig Meter vom Hotel entfernt gelegene Capannina. Wie es in Deauville Van Cleef & Arpels gibt, gibt es auf Capri La Capannina: Es handelt sich um einen Juwelier. Wie jeden Morgen, seit einer Woche, wird man der Kaiserin Ringe, Halsketten, Armbänder und Diamanten präsentieren. Von Zeit zu Zeit erhebt sich die schöne, vom Schah verstoßene Frau, geht auf die Straße hinaus und prüft mit immer verdrossenerer Miene die Auslage des Geschäftes. Dann geht sie wieder hinein, und der Juwelier legt ihr unermüdlich neue Schatullen vor. Aber auch die schönsten Perlen der Insel sind nicht imstande, dieses unerfindlich traurige Gesicht aufzuheitern.

11 Uhr 10. Der Regen hat endlich aufgehört. Es ist sehr frisch und windig. Zwei Runden Schaufensterbummel um den Hauptplatz von Capri. Ohne Sonne wirken die Pyramiden aus vielfarbigen Strohhüten, die Bündel blumiger und weicher Strandhosen entmutigender als eine Maschine, die ihren Zweck nicht mehr erfüllt. Warum nur lächelt Soraya nie? Seit Tagen sind ihre Lippen zu dem berühmten Schmollmund erstarrt; und selbst in der Bar des Quisisana ist sie abends, vor dem Dinner, kaum bereit, über die schwerfälligen, um Heiterkeit bemühten Geschichten, die Doktor Kassner den Damen erzählt, die Mundwinkel zu verziehen. Freilich ist niemand in der Gruppe gut gelaunt. Frau Esfandiary mit ihrer dunklen Brille trieft nur so vor Wichtigtuerei: Auf den Spaziergängen geht sie immer voran, eine blonde Walküre, die zwischen die jungen, liebenswert und unverblümt neugierigen Capresen stürmt, die sich doch bloß drängen, um ihre Tochter vorbeigehen zu sehen. Soraya folgt ihrer Mutter, ohne auch nur irgendwen wahrzunehmen. Der Konsul, seine Gattin und die Schwester seiner Gattin tragen die

unerträgliche Miene von Leuten zur Schau, die am Geheimnis der Götter teilhaben.

11 Uhr 45. Der Spaziergang ist zu Ende. Wie gut organisierte Touristen, die darauf warten, wieder in ihren Reisebus zu steigen, sitzen sie in der riesigen verlassenen Empfangshalle des Hotels. Das Quisisana, das einzige Luxushotel auf Capri, ist hässlich und ohne Wärme, wie üblich bei einem Luxushotel, warum aber warten sie unten in der Halle? Bis zum Mittagessen verbleiben noch endlose sechzig Minuten: Soraya tut den Mund nicht auf, der Konsul blättert verdrossen in einer italienischen Zeitung. Frau Esfandiary wispert dem Concierge des Hotels, der sich ergeben zu ihr hinunterbeugt, Aufträge ins Ohr. Frau Hilfrich und Frau Kassner sind so gut wie nicht vorhanden. Und niemand trinkt, niemand raucht.

12 Uhr 45. Frau Esfandiary wirft einen Blick auf ihre Armbanduhr. Sie erhebt sich. Alle tun es ihr nach. Sie gehen nach unten in den Speisesaal. Es gibt auf Capri zwanzig entzückende Restaurants mit Gitarre spielenden Musikanten, aber seit ihrer Ankunft verzehrt die Ex-Kaiserin mit ihren Begleitern immer nur das Tagesmenü im Hotel. Frau Esfandiary misstraut übrigens den Nebenkosten, die in Luxushotels beträchtlich ausfallen können; in der Bar hat sie gestern, wie auch an allen anderen Abenden, die Getränke erst bezahlt, nachdem sie ihre schwarze Brille gegen eine Lesebrille ausgetauscht hatte, um die Rechnung zu prüfen. Immerhin, so wird ihr die Hotelrechnung im Moment der Abreise keine schlimmen Überraschungen bereiten.

13 Uhr 45. Das Mittagessen ist beendet, alle kehren in ihre Zimmer zurück. Soraya und ihre Mama fahren in den vierten Stock, der Konsul mit seiner Frau und die Schwester seiner Frau bewohnen die dritte Etage.

15 Uhr 15. Ich werde unruhig. Sie hätten schon vor einer Vier-

telstunde für ihren Nachmittagsspaziergang herunterkommen sollen. Bisher sind sie immer pünktlich gewesen.

15 Uhr 30. Noch immer nichts. Ich beschließe, nach oben zu fahren, um im vierten Stockwerk durch die Gänge zu streifen. Immaculata Mancini, die vor den Türen der Apartments 427 und 428 Wache hält, empfängt mich mit dem Finger auf dem Mund. «Pst! Er hat angerufen, er kommt heute Abend an.» – «Wer?» – «Natürlich der Fürst, Il Principe Orsini. Er wird hier nebenan, im Appartement 429, wohnen.» Dieses große Ereignis habe ich nicht vorausgeahnt. Aber jetzt ergibt alles plötzlich einen Sinn, Sorayas Zurückgezogenheit, die tödliche Langeweile, die Wachsamkeit ihrer Mutter, die deutschen Anstandsdamen und diese Sturheit, auf Capri zu verweilen, während in den Palästen Roms tausend Aristokraten-Feste ohne sie stattfinden. Das Exil, der Überdruss, die Traurigkeit, die Geduld, die Gesellschaft von Leuten, die alles andere als unterhaltsam sind: Es handelte sich also um nichts anderes als eine Liebes-Wache. Immaculata hat recht gehabt; am Vorabend eines so maßgeblichen Ereignisses in einer nichtssagenden und gleichwohl nicht zu leugnenden Existenz hat Soraya sich in ein achtungsvolles, wohlwollendes junges Mädchen verwandelt, das sich, wie eine wahre italienische Verlobte, der Autorität ihrer *madre* beugt. Und die Liebes-Begegnung auf Capri war bestimmt nirgendwo als in Rom in sämtlichen Einzelheiten geplant worden. In Rom, wo sie gerade einen ganzen Monat verbracht hat, wo sie mit einer Meute von Fotografen Verstecken gespielt und unglaubliche Listen erfunden hat, um Orsini zu treffen, während Frau Esfandiary und die Patrizierin Donna Luisa Rignon, die Mutter des Fürsten, im alten Palazzo der Orsini an der Via Emilia Tee tranken; es ging dabei, und zwar in allen Dimensionen der Liebe, der Diplomatie, der Finanzwelt und des Vatikans, um eine unendlich komplizierte Angelegenheit, welche die beiden an der Spitze ihrer

Familien stehenden Frauen während ihrer streng geheimen Begegnungen aushandelten.

Und zunächst einmal gibt es da eine nackte Tatsache: Soraya und Raimondo – seine engsten Freunde nennen ihn Raimondello – lieben einander. Darüber wird in Rom getuschelt, seit sie sich im vergangenen Winter in St. Moritz kennengelernt haben. Nach dem Ende seiner Ferien hatte Raimondo sofort den Zug nach Deutschland genommen, wo er Ihrer Kaiserlichen Hoheit praktisch nicht mehr von der Seite gewichen ist. Und als er endlich nach Rom zurückkehrte, hat er ihr jeden Tag geschrieben – man weiß davon –, bis sie endlich selbst, in Begleitung ihrer Mutter, in der italienischen Hauptstadt eingetroffen ist.

So viel zur Vorgeschichte. Aber der Aufenthalt in Rom war die Hölle. Man beobachtete sie, man lauerte ihnen auf, wo doch beide Familien aus jeweils guten Gründen eine voreilige Verlobungsanzeige vermeiden wollten. Auf Seiten der Esfandiary musste zuallererst darauf geachtet werden, nur ja nicht den Zorn des Schahs und des Hofes von Iran auf sich zu ziehen: Soraya blieb immerhin eine Kaiserliche Hoheit und erhielt pünktlich ihre Abfindung von monatlich zwei Millionen. Solange der Schah nicht seine Zustimmung erteilt hatte, würde nichts Offizielles geschehen können. Auch die Umstände von Khalil Esfandiary, Sorayas Papa und Botschafter des Iran in Bonn, mussten sorgsam einbezogen werden. Alles war schwerwiegend, und umso gewichtiger, dass Soraya nun zum ersten Mal, seitdem sie Teheran verlassen hatte, wirklich verliebt war.

Es reichte ihr, sie wollte nicht länger warten, sie bedrängte ihre Eltern, sich für sie einzusetzen. Ihr enttäuschter Kinderwunsch und ihr seltsames Schicksal einer mit feudaler Grausamkeit öffentlich verstoßenen Kaiserlichen Hoheit hatten sie gezeichnet. Sogar ihre berühmte Schönheit wurde ihr unerträglich. Jeden Monat brachten junge Menschen in den über die ganze Welt verstreuten königlichen Palästen und Fürstenschlössern glühende Leidenschaften ans Licht: Die Töchter der Krone Frankreichs heirateten und bekamen Kinder; Albert de Liège verlobte sich in Rom mit der hinreißenden Paola Ruffo di Calabria; andere taten dasselbe. Nur sie, Soraya, blieb allein, schöner und berühmter als jeder Hollywoodstar, aber eine Königin ohne Thron, von den Monarchien verbannt; sie war es müde, ihre unnütze Schönheit von Luxushotel zu Luxushotel, von Wintersportorten zu Sommerdomizilen, von Milliardär zu Milliardär zu schleppen. In St. Moritz waren es der Franzose Georges Fixon und der Peruaner Alfonso Giraldo Tolón gewesen, in Madrid der spanische Bankier Don Antonio Muñoz, in Biarritz der Graf Guy d'Arcangues und José Luis de Vilallonga, auf Bermuda Francesco Pignatelli, ein siebenundzwanzig Lenze junger Krösus; in Bonn der Industrielle Dieter von Malsen-Ponickau, in Köln der steinreiche Waffenfabrikant Harald Krupp von Bohlen und Halbach.

Schöne Namen, schöne Titel, große Vermögen, aber sie waren nicht die Richtigen gewesen. Der Auserwählte war Raimondo Orsini: Fürst des Heiligen Römischen Reiches, Herzog von Gravina, Fürst von Roccagorga, Fürst von Solofra, Fürst von Vallata, Graf von Muro. Er stellte für sich ein ganzes Adelsverzeichnis dar. Doch auch die Orsinis hatten gute Gründe, abzuwarten: Raimondello war ein Fürst des Schwarzen Adels (des Adels der ehemaligen Kirchenstaaten), er hatte seinen Platz innerhalb von Sankt Peter in Rom, er musste sich vorab vergewissern, dass der Vatikan seiner Verheiratung mit einer Muslimin keine Hindernisse in den Weg stellen würde. Aber diese Schwierigkeiten waren nun, wie es schien, von den beiden an der Spitze ihrer Familien tätigen Damen, eben von Frau Eva und Donna Luisa, behoben worden, denn Raimondello würde noch am heutigen Abend eintreffen. Die Kirche ist einverstanden, wenn Soraya sich bekehrt – oder wenn sie auch nur verspricht, ihre Kinder innerhalb der katholischen Religion zu erziehen. Und in Teheran hat der Schah in einer offiziellen Bekanntmachung erklärt, dass Soraya sich wieder verheiraten dürfe, mit wem auch immer sie das wünsche. Die Periode des Unheils wird für sie ein Ende nehmen. Alles ist klar: Heute Abend soll das Wiedersehen stattfinden, und es wird einer öffentlichen Verlobung gleichkommen, ob man es nun so nennt oder nicht.

16 Uhr. Da sind sie! Soraya hat etwas Rouge aufgetragen. Diesmal geht sie ihrer Mutter voraus und führt die Gruppe in gemessenem Schritt auf den kleinen Platz. Drei Runden um die Piazzetta. Rückkehr ins Hotel. Der Spaziergang hat eine Viertelstunde gedauert.

18 Uhr 30. Der Fürst Orsini und sein Vertrauter, Ignazio Guzmán, sind mit dem Sechs-Uhr-Boot auf der Insel eingetroffen. Ich erfahre es aus Capris Gerüchteküche, doch weder auf der Überfahrt noch beim Verlassen des Bootes hat jemand die beiden erblickt. Auch im Hotel sind sie nicht. Hat Immaculata sich geirrt? Oder hält Raimondo, was wahrscheinlicher ist, sich in Ignazios Villa an der Südspitze der Insel auf?

19 Uhr. Alle fünf sitzen, wie jeden Abend, schweigend in der Bar des Hotel Quisisana. Es gibt etwas Neues, so viel ist offenbar: Frau Esfandiary, die Mutter, Frau Hilfrich und Frau Kassner haben alle eine silberfarbige Nerzstola umgelegt. Herr Kassner ist geschniegelt und gebügelt in seinem Anzug aus zartem Beige. Soraya trägt zwei Pullover in verschiedenen Rottönen, ein einfaches Unterhemd und eine Strickjacke, ihre stahlblaue Hose und ihre Ballerinas, aber keine Brille. Und – welch Wunder! – sie lacht, sie lacht freiheraus über die Witze des Konsuls. Frau Esfandiary, die Mutter, beäugt mich mit verärgerter, böser Miene: Ich bin zur Stelle, ich bin anwesend, ich werde allem beiwohnen, ich werde als einziger Zeuge einer historischen Begegnung beiwohnen. Das gefällt ihr nicht.

20 Uhr. Ein blonder junger Mann betritt die Bar. Am kaiserlichen Tisch freut man sich überschwänglich und gibt sich überrascht: «Das ist nicht zu glauben! Das ist nicht möglich! Seit wann seid Ihr hier? Was für ein Glück!»

Ich höre alles. Ich richte meinen Blick auf Soraya, die, wie ein Kind, errötet; zum ersten Mal finde ich sie bewunderungswürdig. Gut, aber dieser junge Mann ist zu klein und zu blond, um Orsini zu sein, es muss sich um Ignazio, seinen Vertrauten, handeln, also um den Vorboten. Tatsächlich trägt ein Hotelpage einen Hocker herbei, der junge Mann sitzt nun neben Soraya. Sie betrachtet ihn voller Liebe: Er ist der Engel der Verkündigung. Das Gespräch ist mondän und nichtssagend, es geht seltsame Wege, es findet zum Teil auf Deutsch, zum Teil auf Italienisch und Englisch statt. Das Weltbürgertum, da habe ich es vor mir.

20 Uhr 20. Er tritt ein. Nun geht alles sehr schnell. Er beugt seinen langen Oberkörper über Sorayas Hand, um sie zu küssen, man schiebt ihm einen Armsessel zu, schon sitzt er neben der Mutter und flüstert ihr Schmeicheleien zu. Ich störe bei diesem Fest. Soraya wagt es nicht, ihn mit Blicken zu verzehren, was sie gern tun würde: Sie schaut ihn nun an, sie schlägt ihre grünen Augen nieder, endlich setzt sie sich über meine Anwesenheit hinweg, sie verzehrt ihn. Sie spricht mit ihm. Sie betet ihn an, das ist unübersehbar, und es entspringt einem so starken und aufrichtigen Gefühl, dass ich alles Schlechte, was ich mir seit acht Tagen über sie gedacht habe, vergesse. Ich finde sie schön: zum ersten Mal. Sie muss lachen, sie muss jung aussehen, nur das passt zu ihr. Und wenn man sieht, wie Raimondo sich ihrer Mutter zuneigt, denkt man komischerweise an eine verheißene Mutterschaft und spürt, dass die berühmte gynäkologische Weltreise von jetzt an eine vergangene Geschichte ist, eben Sorayas Vorgeschichte.

Raimondo ist groß, er hat ein wahres Römergesicht, doch sein

Teint ist rosafarben, und man kann nicht leugnen, dass er mit Müttern zu sprechen weiß.

21 Uhr. Abendessen im Hotel, an einem Ecktisch unweit des Fensters: Soraya und Raimondo sitzen nebeneinander.

22 Uhr 30. Sie sind alle sieben im Gatto Bianco, dem Nachtclub, der auf Capri gerade in Mode ist. Leise Musik. Es ist dunkel. Alles ist in grüne Watte getaucht, in die Farbe der Alchemie. Sämtliche Hindernisse, sämtliche Verbote sind überwunden. Es macht nichts mehr aus, dass ich kaum drei Meter von Soraya entfernt sitze, der es gleichgültig ist, was andere denken mögen; sie hat ihre Hände auf den linken Schenkel Raimondellos gelegt, der seine Hände auf den Schenkeln seiner Geliebten ruhen lässt. Das ist sanft und zärtlich, unglaublich heftig und leidenschaftlich. Ignazio Guzmán, die Deutschen, die Mutter zählen nicht mehr. Soraya und Raimondo tanzen nicht einmal. Sie lieben einander.

Tags darauf, acht Uhr. Ich verlasse Capri. Wunderbares Wetter.

Elle, Nummer 698, 11. Mai 1959

RICHARD BURTON

Ich habe großes Glück: Er ist bestens gelaunt. Das sagt mir die Pressedame, die zusammen mit einigen Leibwächtern Mr. Burton vor unserer Neugierde schützen soll. Ich glaube ihr. In Billancourt, wo Mr. Burton und Mrs. Taylor für 750 Millionen Francs eine phantastische Albernheit drehen, stößt man an jeder Ecke auf einen Boxer, dessen Glanzzeit vorüber ist; sie lauern mit eingedrückten Nasen und ramponierten Ohren, bereit, auf einen Lidschlag hin einzugreifen. Die Pressedame ist freilich keine Leibwächterin. Sie ist vielmehr eine in Angst und Schrecken versetzte junge Frau: Hin und her gerissen zwischen den inständigen Bitten der Journalisten und der verständlichen Abscheu, die wir bei Mr. Burton hervorrufen, hat sie beschlossen, zum Feind überzulaufen. Sie lässt uns auf der Stelle treten und beobachtet in den stahlblauen Augen des Stars das Changieren des Wohlwollens, das ihr den Mut verleihen wird, ihm unsere Gesuche vorzutragen. Ein Tag des Wartens in den Studios von Billancourt ist nicht eintönig: Die Pressedame verlässt alle fünfzehn Minuten das Büro, wo wir warten, und kehrt mit zahlreichen Gaben – guten oder unheilvollen Neuigkeiten – zurück, die sie, ohne zu geizen, zum Besten gibt:

«Er hat gelächelt. Er hat einem Bühnenarbeiter auf die Schulter geklopft. Ich bin voller Hoffnung.»

«Liz hat ihm einen kleinen Hund geschenkt. Reinrassig. Absolut liebenswert. Richard spielt wie ein Kind mit ihm.»

«Er hat sich den Roman *Der Augenzeuge* von Alain Robbe-Grillet gekauft. Er ist intellektuell. Er mag keine dummen Fragen.»

«Er hat sich mit Liz in seiner Garderobe eingeschlossen. Sie trinken Champagner, das schärft seinen Geist.»

«Richard ist Mitglied der Labour Party. Er hat Wilson gewählt. Sein Vater und seine Brüder waren Mitglieder der Kommunistischen Partei. Er ist sehr stolz darauf.»

Plötzlich wird es still, ein Glückstag in der Tat, der dem Proletariat entstammende Star sieht das Leben auf einmal durch eine rosarote Brille. Er gibt seine Zustimmung! Ich folge der Pressedame, trete auf die Bühne. Es ist heiß wie in einem Ofen, man glaubt zu ersticken, hundert hier beschäftigte Gestalten verrichten aufs genaueste die Arbeit, für die sie zuständig sind. Minelli, der Regisseur, flüstert Anweisungen, die sodann sechs als Assistenten bezeichnete Adjutanten in absteigender Rangordnung immer lauter nachbellen, wobei der letzte Assistent am ärgsten schreit. Der Star ist nicht anwesend. «Er hatte Durst», sagt die Pressedame, «er wird wiederkommen.» Das Bühnenbild zeigt ein nüchternes Büro mit Bibliothek, das an Geistesarbeit und inneren Frieden denken lassen soll. Es ist Richards Büro. Er spielt einen Pastor der anglikanischen Kirche, der mit puritanischer Strenge eine Schule für schwer erziehbare Kinder leitet. Das von Metro Goldwyn Mayer bereitgestellte Pressematerial verkündet stolz, dass ... *die alles begehren*, der Film, der hier gedreht wird, auf einer Idee des Produzenten Martin Ransohoff beruhe; eine «Idee», tatsächlich, deren Schönheiten die Pressedame noch einmal darlegt, um mir die Wartezeit zu verkürzen. «Frei in Geist und Leib wie ein Strandvogel führt die leidenschaftliche Malerin Laura Reynolds (Elizabeth Taylor) mit ihrem kleinen neunjährigen Jungen Danny in Monterey, Kalifornien, ein Leben, das nur den Gesetzen der Natur Rechenschaft abzulegen hat.» – «Ganz wie bei Simone de Beauvoir», verdeutlicht die Pressedame, die sich meiner Aufmerksamkeit nicht sicher ist. Kurz gesagt, der Sohn von Liz entwickelt sich nicht so, wie man es erwarten sollte. Um ihn auf den rechten Weg zu bringen, gibt ihn die Mutter in die Obhut von Pastor Burton. Liebe auf den ersten Blick zwischen Liz und Burton, Sünde, Höllenfeuer. Aber der Pastor findet, Gott sei es gedankt, die Kraft, die Beziehung zu beenden, und kehrt, um eine unvergessliche Erfahrung reicher, gestärkt und gleichsam innerlich gereinigt, zu seiner Ehefrau, Eva Marie-Saint, zurück. Der Produzent Ransohoff hat sich das *Cleopatra*-Ehepaar geleistet: Alle Spesen im Hotel Lancaster werden bezahlt, dazu 750 Millionen Francs, 500 für Liz, 250 für Richard.

Unruhe im Hintergrund der Bühne. Ockergelb von den Fingerspitzen bis zu den Haarwurzeln, mit blauen Augen, breitschultrig, taucht Burton in einer schwarzen Soutane auf. Ein junger Mann geht mit Rückwärtsschritten vor ihm her und hält einen Ventilator vor sein Gesicht. Ein anderer überpudert mit einem Wattebausch seine gelben Finger, kämmt eilig ein paar widerspenstige Haare an seinen Schläfen und im Nacken. Der Moment ist günstig. Nein. Er stützt sich mit mürrischem Blick und verwirrt auf die Pressedame und mich, wir sind für ihn unsichtbar, er nimmt uns nicht wahr. Sie sagt: «Etwas ist geschehen. Seine Laune hat sich verändert.» Es heißt sich erneut gedulden. Um sechs Uhr abends, nach einem langen Tag ohne Ventilator, als ich längst meine Geistesgegenwart verloren hatte, gewährte mir Burton endlich – an eine Einzelkulisse gelehnt und in Gegenwart der Pressedame – mit auf die Uhr gehefteten Augen genau fünf Minuten. Der Vertrag des *Cleopatra*-Paares enthält tatsächlich eine Klausel, der zufolge die Pressedame allen Interviews beiwohnen muss, um die daraus entstehenden Berichte überprüfen zu können. Als Burton uns verlässt, führt mir die Pressedame den Wert dieser kostbaren Sekunden vor Augen: «Sie werden verstehen, dass er Liz nicht länger warten lassen konnte. Aber er hat Sie gemocht. Kommen Sie morgen früh wieder.»

Morgen, das war ein anderer Tag: Die Pressedame verlangte,

ich solle ihr meine Fragen schriftlich vorlegen – was nicht einmal im Kreml oder im Weißen Haus gefordert wird. Ich weigerte mich. Unser Kontakt war beendet. Vierundzwanzig Stunden später siegte die berufliche Gewissenhaftigkeit in mir; ich rang widerwillig meinen Hochmut nieder und forderte Frieden. Ich suchte mir eine Unterkunft in Billancourt, wo ich von der Pressedame und zwei ihrer Assistentinnen zur stetigen Bereitschaft angehalten wurde, weil mir die Zustimmung des Stars jeden Augenblick in Aussicht gestellt wurde. Folter durch Hoffnung. Zwei weitere Tage des Wartens, die von einem Auftritt Elizabeth Taylors in einem rosafarbenen langhaarigen Nerzmantel gekrönt wurden. Das war zu viel. Das war genug. Bereichert um ein Wissen, das ich bei der Pressedame, einem gesprächigen Leibwächter und diversen Theater- und Filmleuten gesammelt hatte, bin ich endlich wieder zu den Menschen hinabgestiegen. Ich habe auf meine Quellen verwiesen. Ungeschönt zeige ich nun ein paar Grundzüge auf, die vielleicht für ein Porträt Richard Burtons herhalten können.

Der Leibwächter: «Er hatte einen unheimlich starken ‹Abgang›. Er muss halb betrunken sein, um auf die Höhe seiner Fähigkeiten zu gelangen. Ich habe ihn aber nie stürzen sehen. In den Bars provoziert er Krawall. Er hat eine herausfordernde Art, die die Leute dazu bringt, ihm eine reinhauen zu wollen. In London hat er sich vor nicht allzu langer Zeit von sechs Typen gleichzeitig verprügeln lassen.»

Die Pressedame: «Er ist ein Intellektueller. Er ist nur zufällig Schauspieler geworden. Filme dreht er einzig und allein, um Geld zu verdienen. Er steht gern auf der Bühne, misst aber auch dem Theater keine Bedeutung bei. Was für ihn zählt, ist allein die Literatur. Er hat soeben eine Weihnachtsgeschichte geschrieben. Er trägt sich mit dem Gedanken, eine Autobiographie zu verfassen, falls Liz bereit ist, in dieser Zeit das Geld für das tägliche Leben zu verdienen. Aber er ist sich nicht sicher, ob er dafür diszipliniert genug ist.

Politisch steht Richard eindeutig links: Er kommt aus einer armen Familie walisischer Bergarbeiter, er hat zwölf Brüder und Schwestern, denen er innig verbunden ist, nach der Hochzeit hat er Liz nach Wales gebracht, um sie ihnen vorzustellen. Die Jenkins (das ist Burtons richtiger Name) kannten sie nur aus den Zeitungen: Cleopatra, die Männerfresserin, die Familienzerstörerin. Als sie dann leibhaftig vor ihnen stand, sagten sie: ‹Aha, das ist also deine scharlachrote Frau› – womit sie auf das Bild von einer Ehebrecherin in der Bibel anspielten –, ‹sie sieht gar nicht so böse aus. Sie ist ganz klein, ganz natürlich, ganz blass!› Man hat sie gern in die Familie aufgenommen. Burton meint, dass die Waliser und die Juden die einzigen anständigen Leute sind, zwei unterdrückte, matriarchalische Minderheiten, die es verstehen, sich über sich selber lustig zu machen. Er hat von Elizabeth nicht verlangt, die jüdische Religion aufzugeben, zu der Mike Todd sie bekehrt hatte, im Gegenteil: Er ist begeistert, dass Liz Amerikanisch mit einem starken jiddischen Akzent spricht.

Er sagt von seiner Frau, sie sei nicht schön; sie habe ein Doppelkinn, breite Hüften und übergroße Brüste. Diese Rüpelei ist der Gipfel seiner Zärtlichkeit und Leidenschaft. Er tut distanziert und ironisch. Denn es ist ein Spiel: Er will nicht den Anschein erwecken, sie anzubeten. Aber er betet sie an, er hat jeden Widerstand aufgegeben. Dennoch ist er streng und gebieterisch. Sie will gebändigt werden, lehnt sich dagegen auf, will erneut gebändigt werden. Er weiß darum. Und sie weiß, dass er es weiß. Sie belauern einander – klassischer Sadomasochismus.»

Er ist ein Profi: «In Frankreich kennt man Burton seiner Filme wegen: Cleopatra, Hotel International und Becket. Er wirkt darin schwach und glanzlos. In England aber, wo er als Bühnendarsteller berühmt geworden ist – er hat viel Shakespeare gespielt, im Old Vic

Theatre und in Stratford-upon-Avon –, bedauert man, dass seine Karriere heute mehr und mehr vom Kommerz bestimmt wird. Er hat einen Irrweg eingeschlagen, sagen seine Freunde: Seine verrückte Liebe zum Geld und seine sprichwörtliche Raffgier haben ihn die schlimmste Wahl treffen lassen. Er hat ein schlechtes Gewissen: Ebendeshalb besteht er so heftig darauf, dass das Theaterspielen bedeutungslos sei. Die Literatur, als ein absoluter Wert betrachtet, dient ihm als Alibi, er erhebt sie über alles, um sich für seine offenkundig zweifelhaften Hollywood-Verträge zu rechtfertigen. Burtons Karriere hat nach Meinung der Briten ihre ‹ägyptische Phase› erreicht. Wird er sich jemals daraus befreien können? Er liebt das Geld und die Berühmtheit mit dem Überschwang eines Neureichen: ‹Man muss sich nirgendwo anstellen›, sagt er, ‹man bekommt überall die besten Plätze. Das ist ein sehr aufregendes und perverses Leben.› Burton rächt sich für die Armut, er wird mit seiner Rache nie an ein Ende kommen. Einmal wurde er gefragt, was er sich wünschen würde, wenn er die Möglichkeit für ein zweites Leben erhielte, und er gab zur Antwort: ‹Ich wäre gern der Sohn eines Herzogs gewesen, mit einem Jahreseinkommen von 135 Millionen und riesigen Ländereien, die der Öffentlichkeit unzugänglich sind. Ich stelle mir gern vor, dass meine Vorfahren Raubritter waren, gewalttätig, primitiv und einzigartig, aber dass ich selber aufgrund von Privilegien und meiner Klasse von Vulgarität und Gewalt ausgenommen bliebe. Ja, und ich möchte in meinem Schloss eine ungeheuer große Bibliothek haben usw.›»

Wie man sieht, ist die Synthese schwer zu finden: Unterdrückter, Unterdrücker, Verfolgter, Verfolger, eine Minderheit und ein Rasender, ein Emporkömmling, brutal und dabei ästhetisch; Richard Burton erweitert dank Filmproduzenten wie Zanuck (*Cleopatra*) und Ransohoff (... *die alles begehren*) auf kluge Art sein Großherzogtum. Laurence Olivier hat vor einigen Jahren zu ihm gesagt: «Richard, Sie müssen sich entscheiden, entweder werden Sie ein großer Bühnenschauspieler oder nur irgendeine Berühmtheit.» Er hat seine Wahl getroffen. Das Auto, mit dem Liz und er ins Studio gebracht werden, ist bereits ein Fahrzeug für Herzöge: ein Rolls-Royce.

Elle, Nummer 998, 26. November 1964

JACQUES TATI

Vogelschreie, Kreischen und Quaken zerreißen einem fast das Trommelfell: Mitten in der Nacht, wenn Paris schläft, geht es im ersten Stock des LTC Laboratoriums zu wie in einem Hühnerstall. Tati betrachtet gerührt seine Cutter mit ihren müden, geröteten Augen, die mit Karacho die Tonbänder von *Tatis herrliche Zeiten* spulen lassen und die Stimme von Monsieur Hulot rückwärts abspielen. Der Kram begeistert ihn. Er sagt: «Hier ist das Hilton des Films.» Statt zu schlafen, hat man dort seit Tagen bis zum Morgengrauen geschuftet, damit *Tatis herrliche Zeiten* nach vier Jahren voll dramatischer Verzögerungen diese Woche endlich in die Kinos kommen kann. Zwei Stunden und zwanzig Minuten, Farbe, 70 mm Breitfilm, fünf Tonspuren, Produktionskosten von über 1,2 Milliarden Francs. Die Produktion musste wegen Geldmangels dreimal unterbrochen werden. Über diesen Film, das Denkmal seines Lebenswerkes, kann nur Tati etwas sagen: Kein Mensch hat ihn vor der Premiere im Théâtre de l'Empire zu sehen bekommen. Es gab keine Privatvorstellungen, nicht die üblichen Pariser Gerüchte, auch keinen Pressesprecher, keine Werbeleute, es gab nichts als die eine einsame, irrwitzige Unternehmung, der ein unheilbar junger Mann von zweiundsechzig Jahren alles geopfert hat: «Vier Jahre, ohne zu wissen, ob irgendjemand überhaupt Spaß daran haben wird, das ist hart!» Heute ist Tati am Ziel seines Weges angelangt, aber seine Schöpfereinsamkeit war so groß, dass er anfing, Selbstgespräche zu führen, um sich aufzumuntern und davon zu überzeugen, dass er das Richtige tat und durchhalten musste. Um drei Uhr morgens wird Tati bis zur Träumerei poetisch und weich wie ein von Faustschlägen zermürbter Boxer; es gefällt mir, dass in diesem Moment seine wesentliche Sorge – um die sich sein Nachdenken dreht – seiner Familie gilt, vor allem seiner Frau, die er Madame Tati nennt. Er sagt: «Um die nötige künstlerische Freiheit zu haben, bin ich oft gezwungen, Dinge zu unterschreiben, die man in meinem Alter nicht mehr unterschreiben müssen sollte. So ist beispielsweise mein Haus mit einer Hypothek belastet. Das würde mich nicht kümmern, wenn ich allein wäre. Aber wenn man eine Familie hat, sieht die Sache anders aus. Die Hauptdarstellerin meines Films ist im Grunde Madame Tati. Ohne mit der Wimper zu zucken, nimmt sie vier Jahre lang Entbehrungen auf sich. Und bei dem Film *Tatis Schützenfest* ist es uns genauso ergangen.» Und weiter: «Madame Tati hätte irgendeinen Geschäftsführer oder Vorstandsvorsitzenden heiraten können, hätte Nerzmäntel tragen und Sicherheit haben können. Aber das ist ihr egal. Man muss sie im Gespräch mit den Gerichtsvollziehern erleben, wie sie mit den Pfändungspapieren umgeht! Die Schulden sind bei uns chronisch. Neulich hat sie zu mir gesagt: ‹Weil du immer mit überzogenem Konto leben musst, wirst du dich noch erkälten.› Sie ist großartig, nicht wahr?» Jacques Tatis Gesicht, sein kindliches Aussehen, drückt eine so reine Liebe aus, dass ich den Eindruck habe, er sei der blutjunge Ehemann von einst. Und warum auch nicht? Seine hochgewachsene Gestalt ist so jugendlich geblieben, seine Züge haben sich seit *Tatis Schützenfest* so wenig verändert, dass nichts dagegenspricht, in ihm die Leidenschaften ganz junger Menschen am Werk zu sehen. Aber er lässt mich wissen, Madame Tati und er seien bereits seit dreiundzwanzig Jahren verheiratet. Sie haben eine einundzwanzigjährige Tochter, Sophie, einen Sohn, Bernard, der neunzehn ist, mit Madame Tatis Mutter – also Madame Tatischeff, die mit ihren vierundachtzig Jahren noch rüstig ist – leben sie gemeinsam in einem Haus in Saint-Germain.

Tatis herrliche Zeiten zeigt eine Gruppe von Amerikanerinnen, die für vierundzwanzig Stunden in Paris sind und an Bord eines Flugzeuges der Economic Airlines eine Europa-Rundreise unternehmen: jeden Tag eine andere Hauptstadt. Aber das Paris, das Tati ihnen vorführt, hat nichts mit der Place du Tertre oder mit Saint-Germain-des-Prés zu tun; was sie sehen, ist genau dieselbe Szenerie, die sie am Vorabend in New York oder Los Angeles verlassen haben und in der sie ihren Alltag verbringen: ein amerikanisches Paris; starre Architektur, geradlinig, einheitlich, keimfrei gemachte Höhlen aus Glas und Beton, die den Menschen in einen Käfig stecken und ihn gefügig machen, Trabantenstädte, «Mobiliar für ein strammes Leben; es gibt nicht allzu viele Sofas in Orly», kommentiert Tati. Um dem Albtraum Realität zu verleihen – und ihn echter als echt zu machen –, hat Tati in Joinville hinter der Pferderennbahn ein die Sinne verwirrendes Bühnenbild aus scheinbar vom Mars stammenden Nischen und endlosen Korridoren errichten lassen, in denen das Hämmern der Pfennigabsätze, das durch die fünf Stereo-Tonspuren verstärkt wird, ein metaphysisches Urteil gegen den Menschen zu fällen scheint. Eine luxuriöse, kostspielige Ausstattung – sie hat vierhundert Millionen Francs gekostet –, die am Anfang aller Ärgernisse Tatis steht: Er wollte sie der Filmakademie von Paris schenken, musste aber stattdessen mit Tränen in den Augen erleben, wie sie abgerissen wurde. Dennoch werden die Amerikanerinnen in dieser öden, farblosen Künstlichkeit Monsieur Hulot und seine Mitmenschen entdecken, die kleinen Leute, die sich nicht anpassen, die sich dem Einerlei, der Zwangseinreihung und jeder Organisation widersetzen und durch ihre bloße Präsenz «die Bude in die Luft sprengen». Die gesamte Maschinerie gerät in Unordnung, weil es eines Installateurs mit Mütze bedarf, um die

Leitungen zu reparieren, und weil ein Arbeiter, der am Morgen auf dem Weg zum Dienst vor sich hin pfeift, alle Radiogeräte widerlegt, die im selben Moment den Nummer-eins-Hit der Woche spielen. Tiefsinnig sagt Tati: «Die Menschen langweilen sich, weil sie sich so vieler Dinge bedienen, von denen sie nicht wissen, wie sie funktionieren.» Ein Stromausfall in New York, eine Aufzugpanne in einem fünfzig Stockwerke hohen Wolkenkratzer verursachen Panik und Furcht: Ein großer Philosoph hat geschrieben, dass die Welt sich am Horizont kaputter Gerätschaften enthülle – ein Satz, den Tati dem Film als Motto voranstellen könnte. Und so rächen sich die Männer mit ihren Arbeitermützen und die Frauen mit ihren Halstüchern: Bei der schlecht vorbereiteten Eröffnung eines Nachtclubs zeigt das Getriebe seine Kehrseite, Tativille wird verrückt, eine heitere Unordnung lässt das Narrenschiff zusammenbrechen, und die begeisterten, verdutzten Amerikanerinnen lassen sich anstecken und entdecken das wahre Paris, nämlich die Menschen, Männer und Frauen, die «kleinen Leute». Tati: «Man schaut am Ende nicht mehr auf die Szenerie, man sieht nur noch Arbeitermützen und pfeifende Typen. Ich wollte zeigen, dass man mit Menschen lateinischer Herkunft nicht alles machen kann. Es ist gut, dass Franzosen *Tatis herrliche Zeiten* produziert haben. Wenn Sie sich auf die Komödie einlassen, werden Sie sich krummlachen.»

Aber *Tatis herrliche Zeiten* – mit den englischen Titel *Playtime* will Tati die Zigaretten des staatlichen Tabakmonopols mit dem Namen «Flash» oder Worte wie «Parking» und «Snack» anprangern – ist ein Film, der in sich selbst, ein Witz folgt dem nächsten, wie eine sorgfältig konstruierte Maschinerie aufgebaut ist. Ein Jahr lang hat sich Tati auf dem Dachboden eingeschlossen und das Drehbuch geschrieben, spitzfindig und streng hat er an den Schnitten gearbeitet, mit Präzision jede Einzelheit genau berechnet, sodass er sich bei den Dreharbeiten ganz auf die Schauspieler und die eigene

Rolle konzentrieren konnte. «Aber», sagt er, «wenn ich mein Drehbuch einem amerikanischen Produzenten zeigen wollte und der auf der ersten Seite liest: Himmel mit Wolken, soundso viele Sekunden lang, dann denkt der sofort an die Kalkulation und sagt: ‹It's too long between the pictures.› Als ob das Komische nicht auch eine Frage von Rhythmus und Timing wäre.»

Deshalb hat der Film Tati so viel Mühe bereitet. Große Produktionsfirmen können ein Werk dieses Genres schwerlich finanzieren, weil sie stets auf Nummer sicher gehen; ein Film von Tati, mit seiner subtilen und vernichtenden Komik, der nicht den Namen eines einzigen Stars aufweist (die Reisegruppe der Amerikanerinnen besteht aus fünfundzwanzig Beamtinnen des SHAPE[7] und einer jungen Deutschen, die bei Tatis Nachbarn in Saint-Germain als Au-pair-Mädchen arbeitete), bedeutet demgegenüber nichts als ein Risiko. Tati musste sich um eine private Finanzierung bei Leuten bemühen, die ihn schätzten, er musste bei Unbekannten nachfragen, die ihm aufgrund seiner früheren Filme vertrauten. Aber *Tatis herrliche Zeiten* war ein Fass ohne Boden. Er sagt: «Es war entsetzlich, als wir das zweite Mal mitten in den Dreharbeiten aufhören mussten. Man kann sich schwer vorstellen, wie ich darunter gelitten habe, zwei Wochen konnte ich nicht mal mehr meine Techniker bezahlen. Am meisten hat mich geschmerzt, als unehrlich zu gelten, das war das Ärgste. Dabei beziehe ich nur einen lächerlich geringen Lohn. Auf diese Weise leben wir jetzt schon vier Jahre, und ich weiß nicht, wie Madame Tati damit zurechtkommt. Als kein Geld mehr vorhanden war, um die Techniker zu entlohnen, wollte ich nicht mal mein eigenes Geld anrühren. Eine harte Zeit, wissen Sie.»

---

7   Supreme Headquarters Allied Powers in Europe, Oberstes Hauptquartier der Alliierten Streitkräfte in Europa (A. d. Ü.).

Wenn ich dergestalt knapp und trocken über Tati spreche, fehlt die poetische, zärtliche Blauäugigkeit und Heiterkeit in seinem Blick, das Sanfte in seiner Stimme, die Abwesenheit jeder Bitterkeit. Den Tatischeffs geht es vielleicht wirklich elend, dennoch habe ich nie zuvor eine so fröhliche und harmonische Familie kennengelernt, eine Familie, in der die Heiterkeit des Herzens immer Vorrang hat. Da ist zuerst Madame Tatischeff, die alte Mutter: Als ich mit Elwing, meinem Fotografen, im Haus in Saint-Germain-en-Laye eintreffe, ruft ihr Sohn nach oben: «Mama, komm bitte runter für ein Familienfoto!» Aus dem ersten Stock ertönt eine resolute Stimme: «Geht nicht, ich sehe gerade *All Blacks* im Fernsehen.» Tati, hingerissen und verträumt: «Ist sie nicht großartig? Mit vierundachtzig Jahren!»

Dann die junge Madame Tati: eine entzückende Frau, Körper und Gesicht wirken äußerst jung, voller Charme und Humor. Sie meint: «Was die Risiken angeht, so gibt es Gründe dafür, sie einzugehen. Die Situation überrascht mich deshalb gar nicht, ich kann Ihnen sagen, dass wir dasselbe schon bei *Tatis Schützenfest* durchgemacht haben, aber damals hatten wir keine Kinder, und wir waren jünger, da überlegt man weniger. Wie dem auch sei, ich vertraue Tati, wenn es auch manchmal unangenehme Momente gibt. Schließlich gefällt mir diese Art Leben viel besser als eine Greisenexistenz mit einem Beamten; es ist nur schade, dass es ihm nicht vergönnt ist, einmal auf ruhigere Weise einen Film zu machen. Er rackert sich ab, und weil er nachts nie schläft, ruiniert er seine Gesundheit, ich glaube, die Ärzte werden ihm bald verordnen, damit aufzuhören. Seit vier Jahren hat er keinen Tag Urlaub gemacht, stellen Sie sich das einmal vor! Ich übrigens auch nicht. Und dabei macht er dauernd Filme über Feste und Ferien! Er kann sich nicht durchsetzen, er würde jemanden brauchen, der sich für ihn um das Geschäftliche kümmert.» Zehn Millionen Zuschauer hat *Tatis Schützenfest* gehabt: «Der Film hat uns 97 000 Francs eingebracht!» Tati meldet sich zu Wort: «Ich kann die Filme, wie ich sie drehe, nicht machen, wenn ich im Wohlstand lebe und erster Klasse reise. Man kann nicht alles haben. Es gibt da ein Entweder-oder. Immerhin habe ich meinen Rang behauptet, und das ist nicht wenig! Ich bin noch immer der, der ich gewesen bin, als ich im Revuetheater arbeitete, ich bin noch immer mit denselben Leuten zusammen.» Und mit einem Schlag wird er wieder träumerisch: «Finden Sie nicht, dass wir ein nettes Haus haben? Genau das hab ich mir immer gewünscht. Nichts hier ist zerbrechlich. Kein Teppich. Man kann die Gläser umstoßen, die Mauern mit den Händen berühren. Die Bilder haben wir verkauft. Wir haben sie durch Kinoplakate von *Tatis herrliche Zeiten* ersetzt. Die Plakate sind hübsch, oder?»

In einem Glasschrank behütet er seinen kostbarsten Besitz, den er mit gezückter Waffe zu verteidigen bereit ist: eine ganz wunderbare Sammlung von Clowns.

Elle, Nummer 1148, 21. Dezember 1967

ANTOINE, MEIN FREUND COLBERT

Mit meinem Freund Colbert, dem Generalkontrolleur der Finanzen König Ludwigs XIV., spaziere ich durch die Rue de Ponthieu. In seinem violetten Blumenhemd, mit seinen endlos langen Beinen und seinen schwarzen Hosen wirkt er jugendlicher, als ich ihn von dem berühmten Porträt, das in unseren Geschichtsbüchern so oft zu sehen ist, in Erinnerung hatte. Ja wirklich, das ist Colbert, mit seiner normannischen Nase, rund, dick, mit dunklen, verschmitzten, traurigen Augen und der Warze mit den zwei Haaren auf der Oberlippe. Warum muss Antoine, das letzte Kind des Jahrhunderts – und alle Huld sei ihm dafür erwiesen! –, mich im Herzen von Paris zum Fremden machen und die Straßen mit Perücken tragenden Edelleuten bevölkern? Nur Antoine ist authentisch, unzeitgemäß sind hingegen die Männer mit geschorenen Köpfen, die auf dem Bürgersteig an uns vorbeigehen, während ich mir vorstelle, wie das Tragen einer Perücke jede Bewegung, besonders aber das Laufen beeinflusst haben muss: Ein Raufbold des Sonnenkönigs kann sich nicht auf dieselbe Weise vorwärtsbewegt haben wie ein General Bigeard. Wenn Antoine auf der Bühne im Olympia oder draußen auf der Straße mit mir spricht, beugt er den Oberkörper zur Seite, er droht zu zerbrechen, er scheint jedes Mal zu bersten, wenn er sich die Haare aus dem Gesicht schüttelt, um mit dem Blick die Welt zu entdecken. Seine Damen-Lackjacke flattert wie der Umhang eines Duellanten. Aber ich habe keineswegs den Eindruck, eine Frau ginge neben mir. Antoine ist ein Mann, ein junger Mann, der uns einzusehen zwingt, dass Fallschirmspringer-

Männlichkeit und das kurz geschnittene Haar der Kadetten von West Point, Gott sei Dank, nur leere Konventionen sind, ein letztes Zucken im Todeskampf des männlichen Geschlechts, in einer Epoche, die den Frauen gehört. Ich liebe Antoine. Mir gefällt, wie er ohne falsche Bescheidenheit von seinem blitzschnellen Aufstieg, von seinem Ruhm spricht – wie ein Arzt, der seine Prognose bestätigt findet und bloß sagt: «Ich hab alles vorausgesehen» – und dabei aufrichtig bleibt. Mir gefällt, dass er sich dazu entschlossen hat, aus seinem Körper, seinem Gesicht, seiner ganzen Gestalt ein Ärgernis zu machen, eine Herausforderung, und dass er schon durch sein Auftreten so provozieren will wie Salvador Dalí mit seinen Schnurrbärten. Beide haben bewusst die Entscheidung getroffen, der Welt etwas abzuverlangen – und betrachten sich selbst dabei als Gegenstände, als Instrumente, als Werkzeuge. Da gibt es nicht etwa auf der einen Seite den privaten Antoine, den braven Schüler, den anständigen Sohn und guten Verlobten, und auf der anderen Seite einen Sänger, der auf der Stelle durchdreht, sobald er die Bühne betritt. Antoine ist vielleicht noch kein Sänger, aber er ist zugleich mehr als das, er ist ein Ereignis; er will die Schranken zwischen Kunst und Leben durchbrechen, aus seinem Dasein eine Inszenierung machen, will in seiner Person Kunst, Leben und Theater in eines mengen. Und eben deshalb heißen seine bewunderten Lehrmeister André Breton, Boris Vian, Salvador Dalí («Wenn ich noch andere solche Namen kennen würde, würde ich die auch bewundern»). Antoine ist ein Enkelkind des Surrealismus, ein Zeitgenosse der Pop-Art und der Maler, die den Abstand zwischen Kunst und Leben zu verringern suchen, indem sie echte Objekte auf ihre Leinwand kleben. Das Ereignis Antoine hat sich rücksichtslos und plötzlich durchgesetzt. Man darf vermuten, dass die allmählich in den Schablonen und Plattheiten des französischen Sechziger-Jahre-Pops versandeten jungen Leute von den hervorgebrachten Idolen der Ferrari-Generation genug hatten. Sie wollten etwas anderes.

Ich wartete auf Antoine bei seinem Agenten und habe mit eigenen Augen gesehen, wie eine Sekretärin im wahrsten Sinne des Wortes verrückt nach ihm wurde. Städte in ganz Frankreich riefen nach ihm. Vittel und Toul, Angers, La Ciotat, Avallon, Quimper und Grenoble engagierten Antoine für den Sommer, sie richteten sich nach seinem Terminkalender, seinem Preis, und keine war kleinlich.

Antoine ist Ingenieur wie Boris Vian (der die École Centrale absolvierte), und man kann seinen eisigen Humor und seine Unverfrorenheit nicht verstehen, wenn man nicht seine wissenschaftliche Ausbildung kennt. Antoine geht es um Objektivität, er meint, dass eine gewisse Anzahl von Kräften, deren Verzeichnis sich erstellen und deren Stärke sich präzise messen ließe, in der Schöpfung am Werk ist: Und so gesehen ist es möglich, ja einfach, die Welt zu beeinflussen, sie ist belangbar. Auf der Straße gehen die Leute an ihm vorüber und rufen: «Antoine, lass dir die Haare schneiden», «Antoine, was ist mit deinen Zöpfen los?». Er wird immer geduzt. Ich sage zu ihm: «Sie benehmen sich alle wie alte Bekannte, das liegt wohl daran, dass Sie nur unter Ihrem Vornamen bekannt sind.» Und Antoine erwidert: «Der Vorname hat unermessliche Vorteile. Er ist hervorragend geeignet, schnell bekannt zu werden, und auch für die kommerzielle Verwertung. Name oder Vorname? Mein Vorname ist ein Name.» Mit der Nüchternheit eines Mechanikers analysiert er die Gründe für seinen Aufstieg. Er sagt: «Die Zeit für eine zweite Revolution war einfach reif. Ich habe mir die enormen Verbreitungsmöglichkeiten der französischen Popmusik zu Nutze gemacht.»

Antoine kann die großen Stars nicht ausstehen: «Ich will ihrer Riesenfamilie nicht angehören. Sie verachten und beneiden einander, erscheinen aber gemeinsam auf sämtlichen Empfängen, die man zu ihren Ehren gibt, und anschließend umarmen und schmeicheln sie sich.» Er macht den Stars nicht den «Rock» zum Vorwurf, der, wie er sagt, ebenso respektabel ist wie jedes andere Genre, sondern die absolute Leere, das Fehlen jeglichen Inhalts und «die intellektuelle Hohlheit», den vollständigen Mangel an Aufrichtigkeit. Es stimmt, dass die Superstars – wenn man von ihrem wilden Brüllen, den verrückten Toneffekten und ihren Verrenkungen absieht, die die jungen Leute in Ekstase versetzen – erstaunlich spießig sind. «Sei stolz, sei aufrichtig, sei gerecht», singt Claude François mehr oder weniger, eine Verherrlichung braver Liebe, kleiner Revolten ohne jede Bösartigkeit. Lieder wie «Papa, du verstehst nichts mehr» usw. Und wenn sie nicht gerade auf der Bühne stehen, scheuen sie keine Anstrengung, um ihr Ausscheren vergessen zu machen, indem sie sich an die etablierten Werte halten, ja diese sogar noch überbieten: Militärdienst, Ehe, Autoritätshörigkeit, ein Ferrari oder ein Rolls-Royce.

Weder Claude François noch Johnny Hallyday wollen ihr Leben zur Schau stellen, wie Antoine es vorhat. Sie sind mehr oder weniger begabte Sänger, aber keiner ist ein Ereignis. Wo ist ihr Dalí-Schnurrbart, ihr Haar, ihre unglaubliche, mit Elefantenpfoten bedruckte Seidenhose, wo das große, herausfordernde Knochengerüst eines Antoine, wo dessen Dreistigkeit? «Die jungen Leute hatten genug von diesem schmalzigen Anstand, deshalb haben sie sich in die *Élucubrations*[8] geflüchtet. Ich wollte mit meinen Chansons nichts aussagen, hatte keine Botschaft, weil ich einfach nur das gesungen habe, was mir gefiel. Aber einer Sache bin ich mir

---

8 Auf Deutsch «Hirngespinste»; ein Chanson des Sängers und Komponisten Antoine, mit dem er 1966 in Frankreich berühmt wurde (A. d. Ü.).

sicher, ich versuche, in meine Chansons so viel Klarheit wie möglich hineinzubringen.» Klarheit, das ist das Schlüsselwort bei Antoine – und Klarheit bedeutet nicht Logik. Die *Élucubrations* sind nicht logisch. *Pourquoi des canons?* ebenso wenig; allzu oft verschleppt uns Antoine ins völlig Verrückte. Aber er zieht in den Kampf gegen Unwahrheiten, althergebrachte Ideen und intellektuelle Verirrungen, und wenngleich sein Publikum aus Teenagern besteht, wendet er sich ebenso sehr an Erwachsene. Ich fordere einen Mann oder eine vierzigjährige Frau auf, in den Chansons der klassischen französischen Popmusik etwas zu finden, das für einen nützlich sein könnte – in Antoines Liedern ist das leicht: Er singt von der Pille und vom Krieg, Themen, die jeden Erwachsenen etwas angehen, so wie mich persönlich die Überlegungen dieses jungen Mannes zur Arbeit oder zu den Konventionen unserer Zeit betreffen. Er sagt: «Die Gesellschaft kann mir Arbeit auferlegen, aber sie kann mich nicht zwingen, die Arbeit zu verehren. Es ist nichts weniger als ein Skandal, Lebensnotwendigkeiten in heilige Werte zu verwandeln.» Genauso klarsichtig ist Antoine, wenn er über die Beatniks spricht: «Letzten Endes», sagt er, «ist das ein unmögliches Leben. Heute oder morgen muss auch ein Beatnik seine Arbeit tun, diesem Gesetz entkommt keiner. Ich verstehe völlig, dass ein junger Mann sich auf den Weg macht – ich hab es auch getan –, um sich selbst zu finden, um zu prüfen, was er von den Dingen, die man ihm beigebracht hat, behalten und was er loswerden will, und in diesem Sinn verkörpert der Beatnik ein Begehren nach Klarheit, das ein Leben lang andauern kann. Aber ich begreife die Leute nicht, die aus der Beatnik-Existenz eine Philosophie, eine Ideologie machen wollen. Das ist doch reine Touristenfolklore!» Wir sind von den Konventionen und der Angst so eingeschnürt, dass allein schon zu sagen, was man denkt, ein Akt der Befreiung ist. Und so scheut er sich nicht, auf der Bühne der Music Hall Olympia vor zweitausend Menschen zu verkünden: «Ich verdiene sehr viel Geld.» Das ist die Wahrheit. Doch im Unterschied zu anderen Sängern hat er den Mut, es auszusprechen. Und er fügt hinzu: «Das ist mein Problem und nicht eures.»

Eine Provokation? Ja. Oder, anders gesagt, ein Mittel, eine Wahrheit deutlich zu machen? Dieser Wissenschaftler fordert, dass wir mit frischem Blick in die Welt schauen, dass man uns das Zellophan herunterreißt, in das heutzutage alles eingepackt ist, und wenn man von seiner Beatnik-Phase redet, erwidert er nur: «Etiketten, Etiketten»; wenn man ihn nach seinen Anfängen, seinem Aufstieg fragt: «Was soll das, wollen Sie eine schöne Geschichte wie die von Sheila[9] hören?»

Antoine ist auch insofern nüchtern und realistisch, als er sich nicht im Geringsten einbildet, mit seinen Chansons unser Leben verändern zu können. Weil er die Welt mit großer Ernsthaftigkeit betrachtet, nimmt er sich selbst nicht ernst: «Ich glaube nicht, dass meine Stimme, eingeritzt in die Rillen von 500 000 Schallplatten, im Leben der Menschen etwas bewirken kann. Um so was zu glauben, muss man über die politische Naivität einer Joan Baez verfügen. Die junge Frau ist ja eine Pfadfinderin.»

Hat er eine Zukunft? «Ich glaube nicht», meint er, «dass meine Karriere länger als zwei bis fünf Jahre dauern wird. Aber selbst wenn das ganze Spektakel sich nach einem wild lodernden Feuer binnen einer Woche verzehren sollte, hätte es sich für mein Empfinden gelohnt. Ich bemühe mich nicht um dauerhaften Ruhm.»

Ich mache den Fehler, diesem Schelm tatsächliche Bedeutung

---

9 Bekannte französische Chanson-Sängerin, geboren 1945, entstammte bescheidenen Verhältnissen (A. d. Ü.).

beizumessen. Und halte daran fest, weil Antoine bemerkenswert intelligent, offen und sich seiner Rolle, seiner Stellung und seiner Widersprüche bewusst ist, weil man ihn bei keinem Fehler ertappt.

Hier noch einige Fragen und seine Antworten:

FRAGE: «Antoine, Sie sagen in einem Ihrer Chansons, dass man bei Ihnen nicht mit Treue rechnen soll. Sie haben jedoch, nach meinem Eindruck, das Gesicht eines treuen Mannes, für den die Sexualität kein großes Thema ist. Sie scheinen mir kein Don Juan zu sein.»

ANTOINE: «Sie haben recht, es ist ein aufwieglerisches Lied. Ich lebe zurzeit mit einem Mädchen – und nicht mit Karine, wie die Zeitungen behaupten. Das genügt mir. Aber falls ich enorme sexuelle Bedürfnisse haben sollte – übrigens auch wieder nichts als eine Erfindung, die sexuelle Lust, die nicht gestillt werden kann –, dann stünden mir viele Frauen zur Verfügung.»

FRAGE: «Wie ist es mit dem Geld?»

ANTOINE: «Ich könnte Ihnen jetzt antworten: Im Moment hab ich keinen Sou. Ich habe mir gestern fünfzig Francs leihen müssen, um meine Taxifahrten zu bezahlen. Aber wenn ich will, kann ich morgen so viel Geld haben, wie ich brauche, und es ist mein Geld. Ich bin also reich. Falls ich morgen den verrückten Wunsch verspüren sollte, einen Rolls-Royce zu kaufen, kann ich es tun.»

FRAGE: «Sichern Sie Ihre Zukunft? Legen Sie Geld an?»

ANTOINE: «Nein. Ich hätte etwa am Abend der Premiere im Olympia – man soll mit seinen Habseligkeiten gut haushalten – sehr wohl verkünden können: Schluss jetzt, mir reicht es, ich hör auf. Ich habe es nicht getan, aber das beweist nichts. Im September werde ich vielleicht hundert Millionen besitzen; ich werde meine Steuern zahlen (auf die Steuern will ich besonders achten), und dann sehen wir weiter.»

FRAGE: «Bedeuten Ihnen äußere Zeichen des Reichtums etwas? Verblüffen Sie andere gern damit?»

ANTOINE: «Nur indem ich Witze mache. Und irgendwann möchte ich mal vor der École Centrale mit dem großen weißen Buick meines Agenten vorfahren. Übrigens gehört der Wagen mir.»

FRAGE: «Sie sind im letzten Studienjahr an der École Centrale, sie machen gerade Ihren Abschluss. Was bedeutet Ihnen dieses Studium?»

ANTOINE: «Ich antworte Ihnen mit dem ersten Newton'schen Gesetz: Jede sich bewegende Masse setzt ihre Bewegung fort, solange keine andere Kraft auf sie einwirkt. Es war nicht Antoine, der beschlossen hat, an der École Centrale zu studieren, es war ein Junge mit dem Namen Pierre Muraccioli, der es seinem Vater gleichtun wollte und der darüber hinaus mathematisch begabt war. Ich beende noch in diesem Jahr, was ich begonnen habe. Es würde mir Spaß machen, die Schule mit dem bestmöglichen Abschluss zu verlassen. Aber ich kann versprechen, dass ich mich nie mit meinem kleinen Ingenieursdiplom in der Hand auf eine Stelle bewerben werde.»

Und zum Schluss noch dies: Ich habe, wie ein trunkenes Schiff, die Laufbahn vieler Stars verfolgt, und Antoine ist der erste Sänger, den ich intelligent über sein Metier habe sprechen hören. Die anderen erklären, ihre Existenz sei «fieberhaft» oder «verzehrend», sie rasten mit zweitausend Stundenkilometern dahin. Antoine zufolge dagegen kennzeichnet den Beruf hauptsächlich Mattigkeit. Er sagt: «Man ist immer zu viert oder zu fünft, ein Agent, ein künstlerischer Leiter, ein Fahrer, Musiker usw. Man betritt um dreiviertel acht ein Bistro. Man hat im Bistro gegenüber eine Verabredung um halb neun, was macht man? Man wartet. Oder man fährt im Auto zu einer dringenden Verabredung und hat noch dreihundert Kilometer vor sich. Man hält an, man sagt sich: Wir wollen nur rasch einen Kaffee trinken, spätestens in einer Viertelstunde fahren wir weiter! Aber man bleibt und lümmelt herum und ist zwei Stunden in dem Lokal. Man kommt verspätet zur Verabredung, und man weiß schon während der Fahrt, dass man zu spät sein wird. Man teilt sich die Schuld. Ich bin in diesem Beruf immer pünktlich, wenn ich allein sein kann, und nie, wenn mich die *cuadrilla* umgibt. Die Stars möchten glauben machen, sie seien Übermenschen des Beschäftigtseins. Das Gegenteil ist wahr: Sie sind untätig. Dieses Leben ist ein unbestimmtes Erwarten.»

Elle, Nummer 1064, 12. Mai 1966

CHARLES AZNAVOUR

Eine Stunde galt es totzuschlagen. Wir vertrieben uns die Zeit im Taxi, ließen uns um das Kolosseum herum, nach Sankt Peter hinüber und zum Quirinal fahren. Er war zum ersten Mal in Rom. Nur aus Höflichkeit warf er einige flüchtige Blicke aus dem Fenster. Diese Bilder gingen ihn nichts an. Plötzlich sagte er: «Ich freue mich, hier zu sein und heute Abend für die Italiener zu singen, das gefällt mir. Sie sind ja angeblich ein schwieriges Publikum, stimmt das? Es kommt mir so vor, als ob ich mit meinen Armeen einen weiteren Vorstoß wagte.» Seinen Armeen! Hinter seinem konzentrierten, schmerzlichen, sich selbst ausgelieferten Fischgesicht mit den geschlossenen Lidern glaubte ich den siegreichen Bonaparte nach der Schlacht von Lodi zu sehen, als er alles umwarf und Richtung Mailand stürmte; in diesem kleinen schmalen Mann mit den breiten Schultern loderte derselbe Eroberungswille.

Die Römer wussten kaum etwas über Aznavour. Für sie war er in erster Linie ein Schauspieler, ein neuer noch dazu, der Held des Films *Jenseits des Rheins*, der kürzlich in den Kinos gewesen war. In der Alhambra in Paris wurden die Leute verrückt, sobald er nur die Bühne betrat, er musste nicht erst zu singen beginnen, da kannten sie ihn schon, erwarteten etwas Bestimmtes, feierten in ihrem Jubel im Voraus überglücklich die eigene Erwartung. Die Römer hingegen erwarteten nichts: Diese Ödnis, diese teilnahmslose und unbestimmte Neugierde war das Schlimmste. So musste man gleichzeitig für die Erwartung und ihre Erfüllung sorgen, es galt, beides auf einmal zu erzeugen, das Begehren und seine Befriedigung, sodass nach dem Auftritt bei den Zuhörern der Name Aznavour auf alle Zeit mit dem einzigartigen Anspruch eines Stils, einer Stimme und Gestalt verbunden bliebe. Alles andere wäre eine Niederlage gewesen.

Drei Stunden lang habe ich dann gesehen, wie er mit einem Chanson nach dem anderen an seinem Sieg arbeitete, und die vor Eleganz glänzende Zuschauerhalle des in einem der schönsten Teile Roms gelegenen Teatro Parioli in eine frenetische Sonntagsmatinee in der Alhambra verwandelte. An diesem Abend habe ich besser als in Paris, wo sein Erfolg inzwischen gesichert scheint, erkennen können, von welcher Siegeswut er besessen ist. In Frankreich hätte ein Misserfolg, ein halber Erfolg seinem Ruhm nichts anhaben können; bei uns kann ihm auf Jahre nichts mehr geschehen; andere – eine Spur von Mittelmäßigkeit reicht aus – hätten diese beiden außerplanmäßigen Auftritte im Ausland als Vorwand für Ferien genutzt, hätten schlendernd Touristen gespielt und «sich gehenlassen». *Du lässt dich gehen, du lässt dich gehen* ist der Titel eines seiner Chansons, ihm aber graut es vor jedem Sichgehenlassen, er ist mit der Absicht hierhergekommen, zu triumphieren, die schönen Römerinnen in die Knie zu zwingen, sein Reich auszuweiten.

In Paris hatte er siebzehn Chansons vorgetragen. Man bewunderte allein schon, dass er imstande war, ohne jede Unterbrechung zu singen, dass er länger als eine Stunde die gewaltige Anspannung und den drängenden Rhythmus, den er sich auferlegt hatte, durchhielt. Den Römerinnen nun bot er dreißig Chansons dar, die nur von einer zehnminütigen Pause unterbrochen wurden. Das war nicht zu viel: Er wusste, dass eine Höchstleistung nötig sein würde, um in Rom einen Sieg zu erringen.

Er legte los mit dem ersten Chanson, dem zweiten, dem dritten, dem vierten, sie alle ausgezeichnete, gut einstudierte Erfolgstitel: zögerlicher Applaus. Aznavour verblüffte, alles an ihm war außergewöhnlich: seine Größe, seine Stimme, seine Zerbrechlichkeit, seine Schnelligkeit und sogar seine Texte. Auf den ersten Blick verfügt er über keine jener einschlägigen und routinierten Eigenschaften, die es dem Sänger, wie man sagt, erlauben, einen vollen Saal zu bändigen oder zu verführen, weshalb die Damen von Parioli in ihren Zobelpelzen vor allem wissen wollten: «Warum gerade er?» Die Natur hat ihm nichts Besonderes mit auf den Weg gegeben, keine Anmut, keine für jedermann erkennbare Himmelsgabe, stattdessen lauter Schönheitsfehler: Die Gegenstände, die Autos, die Mikrophone, die Klaviere, alles scheint zu groß für ihn zu sein, er treibt dazwischen dahin. Viele Jahre zuckten die Theaterdirektoren, diese Mächtigen, bloß mit den Schultern, wenn man Aznavour erwähnte: Die schwindelerregende Weite der Bühnen, Jagden auf heilige Ungeheuer, sie würden nach ihm schnappen und ihn für immer verschlingen, falls er sich wünschen sollte, sich wie ein Verrückter zur Schau zu stellen. Ein noch größeres Hindernis war seine wie mit einem Trauerschleier belegte Stimme, ein wahres Leichentuch. War das nicht das genaue Gegenteil eines schönen, eingängigen Sängerorgans?

Ich strengte mich an, ihm inmitten der Römer so zuzuhören, als wäre es das erste Mal, und ich verstand, weshalb sie zurückhaltend waren, weshalb sie ihm Widerstand leisteten: Aznavour ist trotz seines großen Publikums ein schwieriger Sänger; ihn zu akzeptieren, ihn gar zu lieben, in sein Universum einzutreten erfordert Anstrengung, verlangt Lehrzeit und den Übergang auf ein hohes Empfindungsregister. Er ist der Sänger der Raffinesse, ein Wort, das hier in seinem strengsten Sinn verstanden werden muss: Alles Künstliche und äußere Einflüsse sind bei ihm auf ein Minimum beschränkt. Aznavour hat alles getan, um seine Unzulänglichkeiten zu nutzen und gerade die ihm fehlenden Mittel sind das Mittel seines Erfolges geworden.

Am Ende des fünften Chansons beginnt er aufs Ganze zu gehen, streckt seine Arme hoch über den Kopf, sein Körper vibriert in einem unerträglichen Rhythmus bei gleichzeitig starren Gliedmaßen, die er stoßweise rüttelt, als steckte er aus nächster Nähe, aus allen Richtungen die Kugeln von zwanzig Erschießungskommandos ein. Das sechste Chanson mit dem Titel *Poker* war im Grunde eines der weniger guten, dennoch gaben die nun ihrerseits vom Aznavour-Fieber gepackten Italiener gerade hier ihren Widerstand auf. Nichts als Gesten: Er mischt die Karten, bündelt sie, teilt sie aus, zieht sie siebenmal hintereinander im Crescendo zurück, bis sich schließlich, traurig wie der Ausgang einer Tragödie, Bedrängnis und Hohn in den Augen des Spielers abzeichnen. Er ist ein wunderbarer Schauspieler, gleichzeitig zu Raserei und seltener Verhaltenheit fähig, eine rätselhafte Kraft treibt ihn an: Jeden Augenblick scheint er bis ans Äußerste zu gehen und überbietet sich sodann. Sein kleiner, gebändigter Körper, von einem eisernen Willen gequält, ergreift Besitz von der ganzen Bühne, vom Raum, und weit davon entfernt, etwa «zu weit» zu gehen, wie man es befürchtet hatte, erstarrt er und richtet sich wie im Anziehungsbereich eines Magneten nach Kraftlinien aus.

Ich schwöre: Auch die Römerinnen sind magnetisiert worden. Außer Rand und Band geraten, standen sie jetzt ganz im Bann seiner Stimme, dieser verschleierten Stimme. Von den Oktaven wollen wir nicht reden. Er behauptet, dass seine Stimme drei Oktaven umfasst und die von Yma Sumac, ein Phänomen, sogar vier. Aber das Wesentliche liegt anderswo. Ein ernstzunehmender Arzt hatte Aznavour verordnet, nicht mehr zu singen, ein lebenslanger Stimmverlust drohe. Diese Gefahr ist bei ihm immer spürbar. Er besitzt eine zerbrechliche, eine sterbliche Stimme, die er sich abgetrotzt und in einem langen Kampf errungen hat. In den höheren Noten spürt man geradezu körperlich die bis an die Grenzen des Zerreißens angespannten Stimmbänder. Und eben das macht die Stimme so durchdringend, sinnlich und erotisch; es liegt etwas Dräuendes in ihr, als könnte jeden Moment etwas geschehen.

In der Pause nach dem fünfzehnten Chanson war der römische Triumph ebenso vollkommen wie in Paris. Giulietta Masina kam mit nacktem Oberkörper und saß wie ein Leichtgewicht-Boxer auf einen Sessel hingestreckt in seiner Garderobe. Er zweifelte anscheinend noch an seinem Erfolg. Sie sagte: «Was für ein Erfolg, nicht wahr?» Er entgegnete nichts. Sie gab nicht auf: «Was für ein Riesenerfolg, ein ganz großer Durchbruch, ich weiß, was ich sage, ich kenne dieses Publikum.» Er war noch nicht zufrieden, er ging auf die Bühne zurück und sang eine weitere Stunde. Am Ende war das Publikum erschöpfter als er selbst. So mag er es.

Jetzt wollen wir sein Leben unter die Lupe nehmen. Mit seinen sechsunddreißig Jahren ist Charles Aznavour zurzeit ein ganz unvergleichlicher Sänger, als Chanson-Komponist und Autor einer der begabtesten, produktivsten und bekanntesten: Bevor er selber zu singen begann, hatte er schon entscheidend zum Ruhm von Édith Piaf, der Compagnons de la Chanson, von Philippe Clay, Gilbert Bécaud, Marcel Amont, Jacqueline François, Patachou, Eddie Constantine, Maurice Chevalier, Henri Salvador, Juliette Gréco, Georges Ulmer usw. beigetragen. Die Hälfte der seit 1945 in Frankreich verfassten Chansons über die Liebe sind von ihm. Und vor zwei Jahren haben die Franzosen in ihm endlich einen umwerfenden Schauspieler kennengelernt. Drei Jahre reichten aus, um Aznavour in Frankreich und in der Welt zu einem der Größten zu machen. Doch das ist nur der Anfang: Der kleine Mann hat gerade erst begonnen, seine Armeen auszusenden.

Er ist unersättlich, er will alles haben, und ich behaupte, dass man in zehn Jahren, je nach bevorzugter Wortwahl, vom Reich, vom Trust oder vom Monopol Aznavour sprechen wird. Bereits jetzt steht er einem Verlagshaus für Chanson-Musik vor, das mit jedem Tag größer wird; natürlich werden dort die Chansons von Aznavour vertrieben, aber auch die von anderen, und ganz besonders die Chansons der Nachwuchssänger. Er empfängt sie in seinem Büro in der Rue La Boétie, erteilt ihnen Ratschläge, gibt ihnen Auskünfte, stellt großzügig sein Wissen zur Verfügung: Dieser Kapitalist ist fürwahr weder ein Malthusianer noch protektionistisch eingestellt. Als Verfechter des freien Wettbewerbes denkt er, dass dem Verlagshaus Bernard Dimey daran gelegen sein sollte, die größtmögliche Zahl junger Talente auf den Markt zu bringen. Dann gibt es da auch noch die Firma Paca, ein Tochterunternehmen von Aznavour Incorporated; sie organisiert Konzertreisen durch ganz Frankreich. Als Verfechter der sowohl vertikal als auch horizontal aufgebauten Industriekonzerne des Ruhrgebietes will dieser «Herr Krupp» der Konzertauftritte und Chanson-Abende seinen Unternehmungen noch ein großes Pariser Revuetheater, Kinosäle sowie eine Produktionsfirma für Fernsehshows hinzufügen: und zwar alles auf einmal und mit rasantem Wachstum. Eines Tages wird man angesichts der fabelhaften Macht des Aznavour-Imperiums ins Träumen geraten, und man wird, wie es in solchen Fällen üblich ist, an die Anfänge dieses Reichtums zurückdenken, die sich in der Nacht der Zeiten und der Generationen verlieren. Aber eine einzige Generation wird ausgereicht haben. Ein einziges Leben: das von Charles Aznavour, dem Sohn armer armenischer Künstler, die die Türkei verlassen mussten, um dem Völkermord an den Armeniern zu entfliehen.

Aznavourian, sein Vater, war Operettensänger, die Mutter Komödiantin. In Frankreich waren sie nur auf der Durchreise, die Fahrt sollte in New York enden. Aber während des Aufenthaltes in Paris brachte Frau Aznavour eine Ratte mit schwarzen Haaren zur Welt, und so gab man die Amerika-Pläne auf. Und weil armenisches Theaterspielen am Ufer der Seine nur wenig eintrug, wurden der

Operettensänger und die Komödiantin Köche, und die Ratte wuchs in der Rue de la Huchette und der Rue Champollion vor Schaschlik-Spießen auf. Der neue Brotverdienst hinderte die Aznavourians allerdings keineswegs daran, dem Boheme- und Künstlerleben treu zu bleiben; man traf sich mit anderen Emigranten, man sang, man tanzte, die Festigkeit der Traditionen und der Familienbande ließ rund um Charles und seine Schwester Aïda ein Universum der Freiheit, Poesie und Güte entstehen. Heute ist Aznavour unendlich gerührt, wenn er auf seine Eltern zu sprechen kommt. Sie leben beide noch, und er weiß, dass er eine glückliche Kindheit hatte.

Dennoch kann man nur aus seiner Ausgangslage als Sohn einer ewig in der Minderheit befindlichen und verfolgten Volksgruppe jene wilde, nie gestillte Besessenheit verstehen, zu siegen, die Oberhand zu gewinnen und zu herrschen, die ihn bis heute verzehrt.

Enge Familienbande sind ein Schutz gegen das Unglück, und jede neue Geburt – besonders die eines Jungen – wird von der Sippschaft als Segen empfunden; sie ist wie ein Blankoscheck auf die Zukunft. Verfluchte und verfolgte Völker setzen Kinder in die Welt, wie etwa Schiffbrüchige eine Flaschenpost ins Meer werfen. «Man weiß ja nie»: In diesem Sinn muss die unausgesprochene Freude verstanden werden, mit der die Neugeborenen willkommen geheißen werden; «man weiß ja nie»: Dieser Neugeborene könnte vielleicht ein großer Mann werden und für die gesamte Sippe Zeugnis ablegen. Die Toten, die grausam Ermordeten, die vielen Gedemütigten, die Heimatlosen, die Davongekommenen, sie alle könnten durch die Gnade eines Einzigen gerächt und in ihr Recht gesetzt werden. So lässt sich verstehen, dass ein Junge, den die Familiengeschichten von Folklore und die Geschichte seines Volkes sehr früh durchdringen und ernähren, eine Mission und einen Auftrag in sich fühlen mag. Aznavour hat als Kind einen solchen Auftrag bekommen, und es ist die Freude, die er seinem Vater und seiner ganzen

Familie bereitet, die ihn noch heute angesichts des eigenen Erfolgs am tiefsten bewegt. Freilich, die Phase der Selbstbezogenheit hat er längst hinter sich, und wenn er nunmehr, mit sechsunddreißig Jahren, vom Thema Rassismus als seinem Thema besessen bleibt, wenn er die immer gleichen Motive – Unglück, Herzensangst, Schikane, Einsamkeit – in seinen Chansons und Filmen unaufhörlich wiederkehren lässt, so geschieht das im Zeichen seiner Suche, seiner Forderung einer unendlich viel weiter gefassten Brüderlichkeit. In dieser Hinsicht gibt es eine wirkliche Verwandtschaft zwischen den Charakteren von Aznavour und Chaplin.

Der kleine Junge Aznavour verbringt seine Zeit zwischen Theaterkulissen, mittelmäßigen Schauspielschulen, dem Untergang geweihten Wanderbühnen, geplagten Varietétheatern. Er möchte singen, immer nur singen, er besteht mit erstaunlichem Selbstvertrauen und Hartnäckigkeit trotz tausend Entmutigungen auf seinem Plan. Seit 1942 bereist er zusammen mit Pierre Roche die Welt. Er schreibt die Texte, Pierre Roche komponiert die Musik, sie singen gemeinsam. Gleichzeitig hat er seine Chansons zu Hause den Größen der Zunft vorgestellt. Ein Chanson nahm man an, dann zwei, dann zehn: 1945 begann sein Ruhm als Verfasser von Chansontexten. Und nun etwas Erstaunliches. Noch immer hatte er nur einen Wunsch: endlich allein auf der Bühne zu singen. Aber niemand traut ihm das zu; zugleich überhäufen ihn die Stars mit Aufträgen. Nur in Kanada, in der fernen Provinz, wird man nicht müde, ihm zu applaudieren, aber dieser Applaus gilt nicht Aznavour, er gilt Aznavour und Roche, den Duettsängern. Zwei Jahre lang, von 1948 bis 1950, lebt er in Kanada, in dieser Zeit nimmt er, feist und voll, bequem und traurig, nur noch Auftragsarbeiten an.

1950 heiratete Roche und lässt sich in Kanada nieder. Aznavour kehrt allein nach Paris zurück, entschlossen, endlich seinem eigentlichen Ehrgeiz auf den Leib zu rücken. Anfangs ist er unfähig, solo zu singen: Dass sein Partner Roche fehlt, bringt sein Sehen und Hören, überhaupt seine Selbstbehauptung auf der Bühne ins Ungleichgewicht. Das währt zwei Jahre, dann holt ihn Édith Piaf, für die er viele Chansons geschrieben hat, in ihre Musiker- und Helfertruppe, und er wird Texter, Chauffeur, Regisseur, Mädchen für alles, wobei er es manchmal auf den für sie organisierten Reisen sogar schafft, für einen amerikanischen Star gehalten zu werden. In Paris schläft er auf einem Sofa in dem Haus, das Piaf mit ihrem Mann Jacques Pills am Boulevard Lannes bewohnte. Der Pianist, der für Pills tätig ist, heißt Gilbert Bécaud; auch er wohnt am Boulevard Lannes. Und diese Begegnung sollte entscheidend werden: Aznavour und Bécaud, zwei manisch Besessene, zwei Rasende arbeiten von jetzt an Seite an Seite. Sie schreiben und komponieren gemeinsam Lieder, die allesamt berühmt geworden sind: *Viens, Méquéméqué, Donne-moi* ...

Dann nimmt Aznavour ein Engagement in Portugal an. Als er zurückkehrt, ist Bécaud gerade im Begriff, berühmt zu werden. Er singt allein und mit dem größten Erfolg jene Chansons, die sie zusammen komponiert haben. Also fängt alles wieder von vorn an, und Aznavour stellt sich die Frage, ob sein Schicksal denn wirklich besiegelt ist, ob er sich ewig damit begnügen muss, zum Ruhm anderer beizutragen. Man will ihn nicht persönlich, man will ihn nicht einmal vorsingen lassen: Er ist zu klein, sein Rattengesicht ist ohne Sehnsucht, seine Stimme klingt gehetzt. Er gilt als Texter, weiter nichts.

Er reist, «enttäuscht», wie er sagt, «aber nicht verbittert», nach Casablanca und singt einige Wochen in Nordafrika. Sein Erfolg dort ist groß, sodass man die Konzertreise verlängert. Davon hört man auch in Paris, und zufällig ist der Leiter der Konzerthalle in Marrakesch auch Chef des Pariser Moulin Rouge; zum ersten Mal in seinem Leben erhält Aznavour die Gelegenheit, allein auf einer großen Bühne aufzutreten. Er kommt so gut an, dass man ihm schon nach zwei Wochen vorschlägt, im berühmten Olympia weiterzumachen.

Was dann geschah, ist bekannt: Der Auftritt in der Alhambra vor etwa einem Monat wurde zur endgültigen Krönung seiner Laufbahn. Und doch mag es paradoxerweise erst der Erfolg auf der Kinoleinwand gewesen sein, der Aznavour in den Revuetheatern zum Publikumsliebling werden ließ. Es war, als ob die Pariser die ersten Gesangsdarbietungen eines wunderbaren Schauspielers begrüßten – triumphal. Dabei wollte dieser Mann seit seinem achten Lebensjahr nichts als singen.

Freilich, über die zähen Mühen und die Anstrengungen jener Jahre redet man nicht: Die Arbeit an der eigenen Stimme, die Stunden am Klavier, die von Hysterie bedrohten Sitzungen vor dem Spiegel, bei denen er sich beibringt, in die Haut der Personen seiner Chansons zu schlüpfen: «Alle, die etwas von mir wissen, halten mich für einen Verrückten», sagt er. Doch er bleibt unzähmbar: Keine der beiden Frauen, die ihn geheiratet haben, hat ihn bändigen können, und es scheint, als ob das Leben mit ihm nicht gerade ein Vergnügen wäre. Er ist stumm, schweigsam, manisch, ganz seinen Problemen unterworfen, vom unmittelbaren Leben und seiner Ungezwungenheit weit entfernt. Sein in der Nähe von Montfort-l'Amaury gelegenes Haus in Galluis hat er sich so eingerichtet, dass er nie ausgehen muss, damit er im Abseits leben und ohne andere auskommen kann, er hat sein Klavier, seine Hunde, seine Pferde, seine Reitbahn, seinen eigenen Kinosaal und die wichtigsten Mitwirkenden seiner Betriebsamkeit stets um sich: Sekretär, Musiker, Regisseur, Sicherheitsleute. Und in Paris, am Sitz seines Verlagshauses, befindet sich seine Adjutantur: Verwalter, Geschäftsführer, noch mehr Sekretäre.

Königlich und einsam lebt er an der Spitze seines Reiches. Er gesteht offen: «Die Frauen, die mich zu lieben bereit sind, warne ich ernsthaft: Ich bin unmöglich. Das Leben mit mir ist kein Leben. Sie hören mir zu, sie lächeln, sie denken sich: Lass ihn reden, ist schon gut!, und jede für sich meint: ‹Mit mir wird alles anders sein.› Aber sie irren sich, sie irren sich gewaltig.»

Elle, Nummer 793, 3. März 1961

JEAN-PAUL BELMONDO

Belmondo sitzt auf der Motorhaube eines Lkw inmitten von dreihundert mit gelbbraunen Uniformen bekleideten Bauern aus der Picardie. Er lässt die Beine baumeln, trägt Uniform, Schnürschuhe und Ledergamaschen wie ein Soldat und die schwarze Matrosenmütze der Fischer von Seebrügge; er liest die Sportzeitung *L'Équipe*. Die Bauern, von der Kaserne in Lille abgestellte Wehrdienstleistende, dösen am Strand, der Erzfrachter Daphné ist im Hintergrund zu sehen. Man hat ihnen die Haare kurz geschoren, wie in der britischen Armee üblich, doch sie lieben weder England noch das unruhige Meer oder den Film, der hier gedreht wird. Die Daphné hat eine Meile vor der Küste, vor dem alten Sanatorium von Zuydcoote, Anker geworfen; Minensuchboote der französischen Marine, Schlepper und Fischdampfer brummen um uns herum, dort oben, auf der kleinen Düne, brüllt der große Admiral Verneuil seine Befehle in Megaphon und Funkgerät, er versucht, seinen Flottenverband zusammenzuhalten, den die Strömungen unermüdlich auseinandertreiben.

Ob nun Soldat, Gangster oder Seminarist, es spielt kaum eine Rolle, welches Kostüm Belmondo überstreift. In diesem Moment wird mir klar, dass man sich ihm nicht besser annähern kann: Er würde *L'Équipe* mit derselben Leichtigkeit und ungekünstelten Ausstrahlung auch auf dem elektrischen Stuhl lesen oder in einem Beichtstuhl kniend oder in einer Soutane inmitten von anderen Priesterröcken. Diese unglaubliche Natürlichkeit muss man einzuschätzen lernen: Die Wehrdienstleistenden um ihn herum haben vergessen, dass er ein verkleideter Schauspieler ist, ein Filmstar; sie gähnen und schauen mit düsterer Miene aufs Meer, ohne diese widerliche Unterlippe, diese von der Sonne gerötete z-förmige Nase zu beachten, der man hundert Millionen Francs pro Film zahlt. Der militärische Gehorsam, der keine Fragen stellt, kommt zwar mit allem zurecht, aber es ist einzig Belmondo, der es unabsichtlich und ohne jegliche Willensanstrengung, einfach durch seine Präsenz unter den Soldaten fertigbringt, sie ihm gegenüber vollkommen gleichgültig werden zu lassen. Man stecke ihn in ein Seminar mit ausgelassenen jungen Mönchen, in welche Gruppe oder Institution auch immer, eine Fabrik, ein Irrenhaus, eine Strafkolonie in Cayenne («nur ja nicht zur Polizei», sagt er), und binnen zwei Stunden wird er nicht länger den Schauspieler geben, sondern den jungen Mönch wie alle anderen Mönche, einen Schwerarbeiter, einen Krankenpfleger, einen Irren, einen Häftling – seine Rolle wird ihn verzehrt haben.

Stendhal schreibt über seine Helden Julien Sorel, Lucien Leuwen, Fabrice del Dongo tausendmal, dass sie ganz und gar sie selber gewesen seien, ohne es zu wissen, auf eine natürliche Weise. Belmondo ist so ein Held: Er ist wie alle und bleibt dabei völlig er selbst. Er will um keinen Preis gefallen, er will nicht verführen, er bedient keine Erwartungen; kein einziges Mal habe ich ihn einem Soldaten auf die Schulter klopfen sehen, nie hat er sich bei ihnen angebiedert, wie andere es tun. Und doch scheinen dieses Schiff und dieses Regiment sein wahres Element: Er fühlt sich zugehörig, und wie! Er fühlt sich um vieles wohler als die jungen Bauernsöhne, die um ihn herum an Steifheit und allgemeiner Muskelanspannung zu leiden scheinen. Sein Freund Auzel, einst französischer Boxmeister, der ihn immer begleitet, beschreibt ihn so: «Stilkünstler, schnurgerade, klarer Blick, völlig entspannt, beispielhafte Kontrolle der Beine, außerordentliche Geschmeidigkeit.»

Hier bietet sich der Boxjargon an: Man muss sehen, wie Belmondo sich bewegt, oder ihn unbewegt erleben, wie er drei Stunden lang – ich kann es bezeugen – in einer treibenden Schaluppe sitzt. Gelassen und wachsam zugleich verrät sein Körper in jeder Geste eine bewundernswerte Gegenwärtigkeit, ohne jedes Bewusstwerden seiner selbst, sodass die Bewegungen der anderen im Vergleich ein wenig künstlich und pompös wirken. Deshalb passt er überallhin, deshalb kann er alles anpacken, wird er sich überall wie ein Fisch im Wasser bewegen: Er entspricht keinem «Rollenfach», wie es im Theater oder im Film heißt, keinem maßgeschneiderten Typus, für den etwa sein Körperumfang, seine Stimme oder irgendwelche Eigenheiten seiner Physiognomie entscheidend wären. Im Gegenteil, seine Natürlichkeit erlaubt ihm alles: Belmondo ist der ideale Maßstab für jede Rolle, ob Soldat, Priester, Gangster, und das ohne Schminke, ohne Anstrengung, ohne Karikatur, weil es für ihn genügt, einfach vorhanden zu sein, Belmondo zu sein, um Perfektion zu erreichen. Die Zuschauer sind ihm für diese erstaunliche Fähigkeit dankbar, sie haben alle dieselbe widersprüchliche Annahme: «Wie gut er spielt! Er spielt ja gar nicht!»

Zur Lösung des Rätsels, das Belmondo allen aufgab, erfand man nach seinem Film *Außer Atem* den Begriff «Belmondismus». So machte man aus dem genialen Anti-Schauspieler einen Verwandten der Menschenaffen, zur artikulierten Sprache nahezu unfähig, ein gieriger Leser von *Tintin et Milou* und *L'Équipe*. «Verstehst du», sagt er, «ich war *Bestie Mensch*[10], das wilde Tier. Man fragte mich: ‹Was lesen Sie?›, und ich gab zur Antwort: ‹Tintin›, weil diese Typen mich anekelten, und sie schmückten meine Antwort genüsslich aus.» Er lächelt, seine Augenlider beginnen zu zucken.

---

10   Spielfilm von Jean Renoir aus dem Jahr 1938 (A. d. Ü.).

Außer Atem war ein Meisterwerk, ein Ereignis in unser aller Leben, besonders aber in seinem, weil seine phantastische Laufbahn damit ihren Anfang nahm. Es war eine Schicksalsbegegnung, fürwahr eine staunenswerte Fügung, Liebe auf den ersten Blick zwischen Epoche, Regisseur und Schauspieler. Warum erkannte sich diese Zeit in dem jämmerlichen, nicht mehr zu rettenden Gangster wieder, in diesem Polizistenmörder, der mit seinem Charme und seinem Pathos jeden rührte und seinem Tod entgegenrannte? Erinnern wir uns: der Hut, der Humphrey-Bogart-Hut, die Zigarre im Mundwinkel, sein Tick, den Finger am Mund zu halten, sein hingerissenes Gemurmel – «Bogey, Bogey» – vor einem riesigen Bild von Bogart auf einem Kinoplakat auf den Champs-Élysées. Und dazu der harte Ton, wie im Vorüberfahren der Name der Sportwagenmarke «Talbot-Lago 36!» genannt wird. Plötzlich erfassten wir unsere Epoche auf neue Weise; diesen kleinen Mörder empfanden wir seltsamerweise als verwandt und geradezu brüderlich nah: gehetzt, in die Enge getrieben, immer schneller laufend. Belmondo bewahrte sich die Leichtigkeit eines Fisches im Wasser, wendete sich auf einer schönen roten Maschine immerzu um, ein Kinoplakat, hilflos ausgeliefert wollte er bis zum Ende so glücklich wie möglich sein. *Außer Atem* ist die Jagd eines Unschuldigen nach dem Glück, mit zweihundert Stundenkilometern, eines Mannes, den jeden Augenblick die Welt überholt, und der an die Bilder des Menschen glaubt, die man ihm zeigt: Er stößt wie eine wild gewordene Lerche gegen diese Spiegel, stürzt in alle ihm gestellten Fallen. Und weil er uns unsere eigene Zerbrechlichkeit offenbart, verzeihen wir ihm, dass er ein Polizistenmörder ist.

Zwei Schulen haben ihn geformt: das Pariser Konservatorium, die hochstaatliche Schauspielschule also, und das Leben. Lachen Sie nicht: «Es klingt immer ein wenig wie im Roman», sagt er, «wenn jemand behauptet, er habe das Theaterspielen im Leben erlernt. Aber in meinem Fall ist es die Wahrheit.» Wir werden darauf noch zu sprechen kommen.

Das Konservatorium zuerst. Eine Zeitung veröffentlicht die Ergebnisse der Abschlussprüfung. «Michel Duchaussoy, der als gefeierter Sieger daraus hervorgeht, sammelt sämtliche Preise ein.» Belmondos Augen blitzen, er zischt: «Ich hätte das alles nie bekommen!» Er liest die Preisträgerliste und sagt: «Ich suche die Belobigungen, ich habe eine Schwäche für Belobigungen.» Es ist eine alte Geschichte, die alle Schauspieler seiner Generation kennen, die sie rasend macht. In *Scapins Streiche* war Belmondo hinreißend gewesen, er war Ruhm und Ehre des alten Konservatoriums, und das Publikum hatte ihm für seine Darstellung einstimmig den ersten Rang in der Gattung klassische Komödie zugesprochen. Doch die Jury kam mit einer skandalösen Entscheidung zurück: Die ersten Preise wurden an schale akademische Nichtskönner vergeben, für Jean-Paul gab es bloß eine ehrenvolle Erwähnung. Doch auf der Stelle griffen tausend Hände nach ihm, hoben ihn hoch und trugen ihn triumphierend durch den Saal.

Niemand hat den Skandal um Belmondo vergessen, am wenigsten er selbst. «Ich war zutiefst betrübt. Es war etwa so, als gewönne ein Boxer einen Kampf, und man erklärt ihn dennoch zum Verlierer. Vor meinem Auftritt hat irgendein Mistkerl am Spiegel meiner Garderobe eine sehr schlechte Kritik aufgehängt, um mich zu entmutigen. Das hat mich unerhört wütend gemacht und besonders motiviert. Ich werde eines Tages für diese Typen einen Klassiker spielen. Zum Glück lasse ich mich nicht unterkriegen, meine düstere Stimmung hielt nur ein paar Stunden. Ich hätte aufgeben, in Tränen ausbrechen, alles hinwerfen können, wie diese Idioten es mir geraten haben.» Aber andere, unter ihnen einige der Größten, teilten seine Empörung. Aimé Clariond sagte nüchtern: «Sie sind allesamt nichts als Arschl...» Und Henri Rolland: «Hab keine Angst, du wirst deine

Karriere machen, die Kerle haben nichts kapiert.» Sein Schauspiellehrer am Konservatorium, Georges Le Roy, fügt jedes Jahr am 1. Januar in seinem Neujahrsbrief, den er ihm schreibt, als Postskriptum hinzu: «Hör mir zu, Scapin, beeil dich, ich warte.» Manche also haben seine Bestimmung geahnt; demgegenüber hatten ihm die maßgeblichen Lehrer am Konservatorium eine Zukunft als Portier oder Hellebardenträger prophezeit, falls er sich aufs Theaterspielen versteifen sollte: «Nein, mein Kleiner, mit Ihrem Kopf können Sie auf einer Bühne keine Frau in die Arme nehmen.» Man machte ihm seine Gangart, seine Stimme, sein Gesicht zum Vorwurf, all das, was Teil seines Ruhmes werden sollte. Und er sagte sich: «Was Frauen angeht, so umarme ich sie nachts sehr wohl, und sie scheinen sich keineswegs vor mir zu ekeln.»

Heute, als ein alter Haudegen, der längst das Elend der Schützengräben vergessen hat, empfindet Belmondo jene Jahre im Konservatorium als die besten seines Lebens. Dort hat er nicht zuletzt seine Freunde getroffen, Marielle und Rochefort, beide ebenfalls große Schauspieler, und er hat bei seinem Lehrer Le Roy viel gelernt.

Vor allem eine Sache hat die Gegner Belmondos empört: Dieser Boxerschädel, der vorgab, «die schönsten Verse der französischen Sprache» zu rezitieren, sprach einen ganz erstaunlichen, reichen und poetischen Slang, der den Experten seiner Zeit jedoch unzugänglich blieb. Der Slang war seine Sprache. Die einzige, wie es schien, die er beherrschte. Traurig sein, das hieß bei ihm «unterminiert» sein, er war nicht trübsinnig, er wurde «von einem Baum erschlagen», er fuhr nicht Auto, er «nahm alles unter Feuer» usw. Das andere Leben von Belmondo, seine Schatten- oder Lichtseite, wie immer man es bezeichnen will, ohne das er auf keinen Fall zu dem geworden wäre, der er ist, verlieh ihm das Konservatorium auf dem Umweg des Slangs.

Zwei Jahre lang verließ der Sohn des Bildhauers Belmondo,

der ein Mitglied der Akademie der Schönen Künste war, Nacht für Nacht die vornehmen Viertel und Überraschungspartys von Saint-Germain-des-Prés, wo er vor Langeweile zu sterben meinte, um durch die Straßen von Paris zu treiben. Dort ging es wild zu. Und als Erzengel der untersten Schichten fand er dort, wie einst Henri de Toulouse-Lautrec, sein Glück. Er gab sich ihm hin und entdeckte eine wahrhaftigere, reinere Form von Brüderlichkeit, als sie ihm anderswo geboten wurde. Schließlich verfügte dieser Künstlersohn, den man in Freiheit erzogen hatte, den seine Eltern anbeteten und der ihnen ihre Liebe zurückgab, über ein angeborenes Entsetzen vor allen Einschränkungen, allen gesellschaftlichen Konventionen. In den verkommenen Vierteln erwartete man nichts von ihm, forderte man ihn nicht auf, mit den Orden der Ehrenlegion seine Existenzberechtigung zu erlangen: Es genügte, vorhanden zu sein, wer und wie er auch war. Belmondo fand Menschen ohne Masken und ohne zeremonielle Verkleidungen. Wenn ihm heute sein «Gesicht» gleichgültig ist, wenn er sich nicht andauernd für einen «großen Schauspieler» hält, wenn er sich vor den Verführungen der elitären Gesellschaft bewahren konnte, dann verdankt er das dieser Erfahrung. Seine Wesensart zeichnet aus, dass er eine egalitäre Beziehung zu anderen unterhält; sie wäre undenkbar, wenn Belmondo sich nicht als allen Menschen ebenbürtig empfände. Die Unabhängigkeit und Offenheit, seine größten Stärken, hat er beim Schuleschwänzen in jenem Milieu gelernt.

«Ich hab mich wohl gefühlt, ich war glücklich.»

«Und hat man dich gemocht?»

«Ja.»

«Warum?»

«Na, weil ich alle zum Lachen gebracht hab.»

Man muss sich ihn vorstellen, wie er anderen allein durch seine Gegenwart Sünden erlässt, wie er allen, Männern wie Frauen, ihre verlorene Unschuld wiedergibt, weil er die Lauterkeit selbst ist. «Mir war alles egal: Das war mein Umfeld und meine Welt geworden. Aber ich trieb es zu weit, ich ging erst um sechs Uhr morgens schlafen und verbrachte halbe Tage im Bett, wobei ich, wie in *Außer Atem*, immer den Hut auf dem Kopf behielt. Das wurde eine schlechte Gewohnheit.»

Élodie, seine Frau, entriss ihn diesen Wonnen. Er beschreibt die Begegnung mit ihr als wichtigstes Ereignis seines Lebens: «Ich habe sie gesehen und war auf der Stelle in sie verliebt. Sie war Tänzerin. Ich wollte sie auf eine andere Art beeindrucken, nämlich mit meinem Talent als Schauspieler. Wenn ich verliebt bin, will ich stets etwas beweisen. Nur ihretwegen habe ich mich in die Arbeit gestürzt.»

Élodie. Er betet sie an. «Wenn Élodie mich verließe ... wenn ich meine Karriere verpfuschen sollte ...» – als ob die zuerst genannte Katastrophe alle anderen nach sich ziehen, als ob sie den völligen Zusammenbruch bedeuten müsste. Denn es kommt vor, dass er sich in tiefe Depressionen «unterminiert», dass er nicht an sich glaubt, sich das Allerschlimmste ausmalt. «Élodie zu verlieren würde bedeuten, dass ich nicht mehr auftrete, es wäre schrecklich, alles andere, der Ruhm, das Geld, zählt nicht.» Er stellt sich dann vor, als Penner zu enden, der, wie damals als Zwanzigjähriger, Zuflucht am Rand der Gesellschaft findet. «Es ist immer gut, sich da auszukennen, es hilft, wenn einem elend zumute ist.»

Der Rest der Geschichte ist bekannt: drei Kinder, deren großer Bruder er ist. «Es ist nicht leicht, auf Autorität zu setzen, denn oft bin ich einfach nicht da»; Freunde, die für ihn zugleich Brüder und, in einem klassischen Sinn Familie sind (von seiner Schwester, die ebenfalls Tänzerin ist, sagt er: «Sie ist eine richtige Belmondo, sie wird noch alles in die Luft jagen!»); fünf Filme pro Jahr; Vorsitzender der Schauspielergewerkschaft, «weil es leider unter den

Schauspielern zu wenig Solidarität gibt. Ich möchte, dass uns Aufmerksamkeit zuteilwird, und weil ich einen Namen habe, ist es wohl gut, ihn für etwas einzusetzen». Er ist einer, dem alles egal ist, der aber gleichzeitig immer ans Ziel gelangen will; «für alles oder für nichts sein», wie er sagt. «Wenn ich eine Entscheidung treffe, dann führe ich sie auch aus; als ich geheiratet habe und wir unsere Kinder bekamen, habe ich mir vorgenommen: ‹Ich muss das sehr ernst nehmen›, und so habe ich es gehalten.»

Er liest die Zeitung *L'Équipe*: weil er Sport mag. Als er noch zur Schule ging, wollten die Schulen ihn halten, weil er ein unersetzlicher Torwart war. Auzel, sein Boxerfreund, spricht mit Hochachtung von seiner «Schlagkraft»: «Er hat diese Schlagkraft, alle großen und dürren Typen sind Schläger. Er weiß zu kämpfen: mit seinem Kopf, nicht irgendwie. Scharfer Blick und überragende technische Fähigkeiten, das ist die ideale Mischung.»

Man sollte auch erwähnen, dass ihn in dem Film *Abenteuer in Rio* kein Stuntman vertreten hat. Es war Belmondo selbst, den wir auf einer Rinne vierzig Meter über dem Strand von Copacabana gesehen haben, ohne Sicherung, ohne Seil, ohne Trickserei. Er hatte es so gewollt.

Da also haben Sie *Die Bestie Mensch*: Ich hoffe, jeder hat verstanden, dass es sich um ein brüderliches Tier handelt.

Elle, 1964

FRANÇOIS PÉRIER

Erste Grundregel für den Umgang mit François Périer: Seien Sie vorsichtig! Der Mann ist gefährlich. Er hat seine Grenzen gesprengt, seither ist er unberechenbar. Wenn Sie ihn festlegen wollen, ihm einseitig dieses oder jenes Talent, Melancholie oder eine Tugend zuschreiben, schränken Sie seine Freiheit ein, und er kann Ihnen augenblicklich das Gegenteil beweisen. Also ist Misstrauen angebracht: Einst – noch gestern – ein braver Familienvater mit ruhigem Alltag, hat François Périer, ganz wie der Sartre-Held Götz, den er gerade auf der kahlen Bühne des Théâtre National Populaire in Paris zum Leben erweckt hat, am Ende eines langen Weges jemanden ermordet, der ihm teuer und lieb gewesen war, und das Verbrechen hat ihn in ein wildes Tier verwandelt.

Wenn sich eine dreißig Jahre lang eingeübte Sicht der Welt plötzlich auflöst, ist nichts mehr gewiss, nicht einmal das eigene Gesicht. Ich warte gern in seiner Garderobe auf ihn, wenn er von der Bühne kommt: In mächtigen Wellen brandet Applaus durch den Lautsprecher, Jubelrufe, Freudenschreie; ich weiß, dass Périer auch diesen Abend aus dem vierstündigen Kampf, den er zwischen dem Teufel und dem lieben Gott vor dreitausend Zuschauern ausficht, als Sieger hervorgehen wird. Er wird jetzt gefeiert wie nie zuvor in seiner Laufbahn, und das Urteil des Publikums deckt sich mit dem der Kritiker, die in ihm heute einstimmig einen ganz großen Schauspieler sehen. Das wusste man zwar: Natürlich ist Périer kein Unbekannter. Aber die Kritik, und nicht nur sie, betrachtet Vielseitigkeit mit Argwohn und misstraut der umfassenden Leistung: *Bobosse*[11] gespielt zu haben und nun die Rolle des Götz verkörpern zu wollen war eine Anmaßung; von den leichten Komödien des Boulevardtheaters, für die er wunderbar geeignet war, umstandslos zur längsten und schwierigsten Rolle im gegenwärtigen französischen Theater-Repertoire überzugehen, das erschien vielen als waghalsig, als wahrscheinlich zum Scheitern verurteilt, ein Risiko, das Périer mit sich selbst ausmachen musste, seine Sache, nicht unsere: Götz bedurfte einer anderen Stimme, einer anderen Körpergröße, einer anderen Schulterbreite, eines anderen Atems, einer Visage. Der Tote packt den Lebendigen: Man dachte an Pierre Brasseur, den Premierendarsteller der Rolle vor zwanzig Jahren, der diese Figur für immer geprägt hatte. Das Grübchen, der Schönheitsfleck, die «freundliche» Miene von Bobosse, sein Allerweltsgesicht würden hier nicht ausreichen. Im ersten Teil des Stückes *Der Teufel und der liebe Gott* muss Götz Furcht einflößen, er muss die Männer das Entsetzen lehren und die Frauen unterwerfen, muss sie in Angst und Schrecken versetzen. Wie sollte Périer mit seiner Vergangenheit als «Unterhaltungskünstler» – eben das war ja, in der Terminologie von 1938, im Theater und Kino der «Job» gewesen, den er zwei Jahrzehnte lang brav erfüllt hatte – es nun schaffen, sich vor dem Publikum als metaphysischer Haudegen zu behaupten, imstande, überall Hass und Liebe zu erwecken? Extreme Leidenschaften hatte man ihm nie abgenommen. Wann immer er von der Heldin gleich im ersten Akt geliebt wurde, blieb das Stück chancenlos, und das Publikum machte nicht mit. Bestenfalls im dritten Akt konnte er zur Liebe vordringen, auch dann freilich nur unter der Voraussetzung, dass er zuvor gewissermaßen durch ein Nadelöhr geschlüpft war, dass er die

---

11   Theaterstück von André Roussin von 1950 (A. d. Ü.).

Heldentaten eines Herkules vollbracht hatte. Ob nun ein Freund des Liebhabers oder der Geliebten, ob Vertrauter, Vermittler, Friedensrichter, abseits der Hexereien des wahren Verführers gewann er das Herz der Schönen immer ohne viel Aufhebens. Man verfiel ihm, kurz gesagt, seiner moralischen Eigenschaften wegen; ihn zu lieben ermöglichte den Damen, anständig zu sein und trotzdem in einem Winkel ihrer Seele die Sehnsucht nach dem großen Verführer lebendig zu erhalten: eine beim Stammpublikum der Boulevardtheater hochgeschätzte Haltung, die Raum für sich anschließende Intrigen lässt. In zwanzig Filmen war Périer ein Betrogener. Genau so funktioniert ja der königliche Käfig einer «Rolle», in der ein treues Theaterpublikum – aber oft auch die Experten – den Schauspieler einkerkern: Es wird nicht gern gesehen, wenn einer daraus ausbrechen will.

Das letzte Bravo erstirbt mit einem Lautsprecherknistern, und sofort stürmt in den unterirdischen Gängen des Théâtre National Populaire, einem wahren Bunker der Maginot-Linie, die Kavalkade der Schauspieler befreit zu ihren Garderoben. Périer trägt das zerlumpte Wollgewand des asketischen Götz der letzten Szenen, der Schweiß klebt ihm Haarsträhnen auf die Stirn, rinnt ihm die Schläfen und den unbedeckten Hals herunter; er ist dürr, er sieht fürchterlich aus. Keine Spur vom sogenannten feinen Kerl, als den man ihn gern gesehen hätte: dafür zwei schwarze, vor Klugheit und Leidenschaft strahlende Augen, niedergeschlagen, von dunklen Ringen umgeben, die den Blick vermenschlichen und seinem Gesicht eine düstere Schönheit verleihen. Es stimmt, nach einer erschöpfenden Reise zwischen Hölle und Himmel, bis ans Ende der Nacht, hat er heute auf der Bühne wahrhaftig den Menschen neu erfunden: ein wunderbares Abenteuer, eine Zangengeburt aus Plazenta und Blut, aus der ein wahrer Schauspieler nicht unversehrt hervorgehen kann. Die Vergnügtheit Périers ist in diesem

Moment in der Garderobe die gute Laune des Götz, ebenso seine Ausstrahlung, seine Wildheit, seine Entschlossenheit. Er ist Götz, was nicht bedeuten soll, dass er sich auf der Bühne für Götz gehalten hätte: im Gegenteil. Denn genau hier steckt die Paradoxie dieses Schauspielers, und alle Kritiker, auch jene, die anfangs an Périers Eignung für diese Rolle gezweifelt haben, preisen nun seine «wunderbare Natürlichkeit», seine Einfachheit, in der sie «einen Höhepunkt der Kunst» sehen, seine Aufrichtigkeit, seine gänzliche Verweigerung theatralischer Effekte und das Geheimnis, das er allein besitzt, nämlich seine Unverstelltheit. Götz ist wie alle Bühnenhelden Sartres eine nachdenkliche Person, immer zweideutig, Darsteller und Zuschauer in einem, gepeinigt und höhnisch, ängstlich und spöttisch, in guter Absicht aufrichtig und verfälschend zugleich, und nie hört er auf, bewundernswert intelligent zu sein. François Périer hat diese gelebten Widersprüche und Doppelsinnigkeiten sichtbar und fühlbar gemacht. Sie verkörpern sich in seiner Stimme, in seinen Gesichtszügen, in jeder Bewegung. Man erreicht eine solche höchste Vollendung nicht bloß mit Talent oder körperlichen Fähigkeiten oder einer angeborenen «Theaternatur», man muss zuallererst verstehen, was man tut und sagt – und das ist die einzige Möglichkeit. Der Schauspieler muss selbst intelligent sein, so intelligent wie die von ihm gespielte Figur, was voraussetzt, dass er dem Bühnenautor bis in den letzten Winkel seines Denkens zu folgen imstande ist.

«Périer», hat mir Sartre anvertraut, «ist ein Schauspieler, dem man die Wahrheit sagen muss. Wenn man sie ihm nicht sagt, macht er sich allein auf die Suche und findet sie.» Anstatt sich vor seiner Figur passiv zu verhalten, hat Périer sie Stück für Stück mit Intelligenz durchdrungen, hat nachgedacht, hat gelesen; er versteht seinen Beruf als eine Geduldsprobe, und ich weiß, dass er die 700 Seiten von *Saint Genet, Komödiant und Märtyrer*, einem unerhört schwierigen philosophischen Werk Sartres, das etwa zur gleichen Zeit wie *Der Teufel und der liebe Gott* entstanden ist, durchforscht hat, bevor er mit der Rollengestaltung des Götz begann: Erst auf der Grundlage dieser Vorbereitung, von einer Gesamtidee der Figur ausgehend, hat er sich darangemacht, sie zu erschaffen. Denn um eine «Schöpfung» handelt es sich durchaus: Weil er sich alle Einzelheiten aus einer Gesamtschau erarbeitet hat, verliert er in keiner Szene das Gefühl für die Figur als Ganzes, und genau das bewahrt ihn vor Effekthascherei, vor Gefälligkeiten und Selbstbespiegelung.

Deshalb muss François Périer mit seinen neunundvierzig Jahren zu den großen Darstellern gezählt werden: Morgen wird er sich erfolgreich Shakespeares Macbeth oder Richard III. aneignen. Von jetzt an kann er sich alles zutrauen.

Der Teufel und der liebe Gott eröffnet ihm diesen Königsweg. Und darin liegt etwas wie Gerechtigkeit: Périer wollte den Götz von ganzem Herzen spielen. Er hat sein Leben – sein Leben als Schauspieler und als Mensch – auf diesen einen Wurf gesetzt und wusste nur zu gut, dass er alles oder nahezu alles verlieren würde, falls ihm der Wurf misslingen sollte. So kam es zu einer unerhörten Begegnung zwischen Périer, dem Schauspieler, Périer, dem Menschen, der Rolle des Götz und Sartre. Ich habe, was Götz angeht, bereits geschrieben, dass Périer diese Rolle nicht unverändert hinter sich bringen konnte – es genügt, ihn nach der Aufführung in seiner Garderobe zu sehen, wobei ich nicht den triefenden Schweiß, überhaupt die körperliche Anstrengung meine –, um zu begreifen, dass Götz ihn verwandelt hat. Und das nicht, weil er ihm Gelegenheit geboten hat, ein weiteres Mal in einer großen Rolle zu brillieren, sondern weil an diesem Punkt seines Lebens und seiner Karriere alles nach dieser Rolle rief. Nicht so sehr das damit verbundene Ansehen, nicht die Vielseitigkeit der Figur haben ihm dann den Mut verliehen, diese gegen alle und alles zu gestalten, sondern ihr Gehalt, das Verhalten des Götz selbst, das auf gewisse Weise seinem eigenen verwandt ist. Götz ist ein Mann auf der Suche nach sich selbst, und *Der Teufel und der liebe Gott* ist Suche und Eroberung, ein radikales Befragtwerden und ein Bruch: Es ist die Geschichte einer Befreiung, die eine menschliche Moral sichtbar werden lässt.

Was François Périer heute zuteilwird – was er geworden ist –, ist auch das Ergebnis einer Arbeitsleistung, einer Ernte von beispielhafter Durchsetzungskraft. Weder durch Zufall noch durch Glück ist er, was er ist, sondern weil er Risiken auf sich genommen hat. Er sagt: «Wenn man mit etwas bricht, muss man mit allem brechen. Man kann nichts Großes leisten, wenn man von Zugeständnis zu Zugeständnis hinkt, wenn man sich selbst nur halb riskiert. Gewiss, man muss von etwas leben, und ich habe lange gebraucht, bis ich zum Eigentlichen gekommen bin, ich hatte Angst. Aber ich habe mir schon lange Zeit das gewünscht, was ich jetzt mache.»

Schon früher hat man ihm geschmeichelt, ihn gefeiert: Er war unvergleichlich, doch in sein Repertoire wie eingesperrt. Ein treues, am ewig Gleichen hängendes Publikum flehte ihn an, derselbe zu bleiben, sich nicht zu verändern. Bloß das nicht! Achtzig Filme, sechstausend Theaterabende (darunter drei Stücke, die mehr als tausendmal, und zehn, die mehr als fünfhundertmal gespielt wurden), so beständig war sein Bühnenerfolg im Unterhaltungsfach; unzählige Radiosendungen kamen hinzu. 1963 war Périer noch gemeinsam mit Pierre Fresnay zweiter Direktor im Théâtre de la Michodière gewesen; er spielte, sooft er wollte, ohne je die endemische Unterbeschäftigung zu erleben, die das trostlose Gesetz des Schauspielerberufes ist; er teilte sich die wichtigsten Rollen selbst zu und wurde zu einem reichen Mann. Aber die Annehmlichkeiten machten ihm Angst: Er empfand leichtes Entsetzen, er hielt es immer weniger mit sich aus. Schon damals hatte es in seinem Schauspielerleben einige denkwürdige Abschweifungen gegeben, Seitensprünge, die gezeigt hatten, wozu er imstande sein würde, wenn er es nur wagte: 1948 spielte er, nach immerhin zehn Jahren Boulevardtheater, die Rolle des Hugo in Sartres *Die schmutzigen Hände*, dazu fünf oder sechs Rollen in Filmen, in denen er sich selbst überbot (von den fünfundsiebzig anderen spricht er nicht; «gefällige Lustspiele», sagt er). Wer ihn in Fellinis *Die Nächte der Cabiria* in der Rolle des Mörders gesehen hat, der sich vor dem Morden fürchtet, wird ihn nie vergessen; auch diese Rolle war ein wunderbarer Erfolg.

Und doch kehrte er immer wieder, wie aus Trägheit, wie einer, der den Weg des geringsten Widerstandes wählt, an die Boulevardtheater zurück. Eine widersprüchliche Angst hinderte ihn, die Brücken zu sprengen: Privat lebt er in einer überzogenen, manischen, peinlich genauen Strenge, empfindet er eine Verantwortung gegenüber anderen, die ihn geradezu lähmt. Die Sorge um die Familie, um seine drei Kinder hat ihn in allem geleitet; mindestens zweimal – bis er Colette, seiner dritten Frau, begegnete, mit der er seit elf Jahren zusammenlebt – hat er in der Liebe kein Glück gehabt. Und er hatte eine eigene Art, sich an seinen emotionalen Misserfolgen zu rächen: nämlich indem er sich noch mehr anstrengte, die Liebe zu seinen Kindern verdoppelte, sich allein für alles verantwortlich fühlte. Gleichzeitig verabscheut er jede Form von Abhängigkeit: Von irgendwelchen Leuten zum Abendessen eingeladen zu werden verursacht ihm tiefes Unbehagen, und kein Mensch bezahlt seine Rechnungen rascher als er. Das ist seine Art Hochmut. Mit anderen Worten, dieser Mann, der die alltäglichen Sorgen aller Menschen teilt, wollte sich auf ein Abenteuer einlassen, das ihm den Kopf kosten konnte, und er wollte diejenigen, die ihm nahestehen, nicht mit hineinziehen.

«Die Entscheidung, das endgültig sein zu lassen, verdanke ich Colette, vor allem ihr», sagt er. «Sie sah mich arbeiten wie ein Irrer und wusste, dass ich nicht glücklich war. ‹Hör auf!›, sagte sie, ‹Ist doch egal, wenn wir Geldsorgen haben, du musst etwas anderes tun! Und dann sind die Kinder ja jetzt auch schon größer.›»

1963 kam der Bruch mit dem Théâtre de la Michodière, das Ende der Behaglichkeit, der Absicherungen. Daneben gab es auch andere Besorgnisse, weil François Périer wahnsinnig ist. Wie alle Männer. Nur schlimmer: in einem tiefen heimlichen Wahnsinn befangen! Er möge mir verzeihen, wenn ich hier eine Anekdote preisgebe, die ich nicht von ihm selbst erfahren habe; sie ist allerdings schön und zeigt sehr deutlich die Beklommenheit und den Druck, die sich hinter seiner gut gespielten Heiterkeit verbergen. 1960, also noch vor dem endgültigen Bruch, erhielt er das Angebot, Molières *Tartuffe* an der Comédie des Champs-Élysées zu spielen. Es war das erste Mal, dass man ihm einen der großen Klassiker anvertraute, und er kam vor Angst fast um. Als er sich am Tag der Generalprobe auf den Weg ins Theater machte, sah ihn Colette, die mit den Kindern beim Essen saß, sein Zimmer verlassen. Unter Tränen. Sie fragte ihn: «Was ist denn los?» Er brüllte: «Lass mich in Ruhe, lasst mich alle in Ruhe, ich werde krepieren!», und rannte die Treppe hinunter. Sie wartete ein paar Minuten und machte sich dann auf die Suche, sie befürchtete das Schlimmste. Auf der Straße sah sie ihn nicht. Weil sie wusste, dass er zu Fuß ins Theater gehen würde, hielt sie ein Taxi an. Nach einigen hundert Metern holte sie ihn ein: Weinend stiefelte er die Straße entlang, näherte sich aber unverwandt mit tränenüberströmtem Gesicht dem Theater, der Hinrichtungsstätte. Sie ließ das Taxi anhalten, öffnete die Tür, rief: «Nun komm schon!» Er entgegnete – auf offener Straße – mit einem Aufheulen, einem erneuten Schluchzen: «Ich werd krepieren! Lass mich in Ruhe!»

Ich liebe diese Verrücktheit – natürlich muss gar nicht erst erwähnt werden, dass er einen hinreißenden Tartuffe verkörperte –, diese Anspannung: eine Arbeit, gemacht aus nichts als Angst. Natürlich wusste Périer, dass man hier keine Gnade kennen würde, dass ein Misserfolg seine Hoffnungen beenden und ihn in die finstere Nacht des Unterhaltungstheaters zurückgeworfen hätte.

Sartre vertraute ihm ohne jedes Zögern, als er ihm vor drei Jahren das Angebot machte, in *Der Teufel und der liebe Gott* zu spielen: Er kannte Périer und schätzte ihn sehr, darüber hinaus aber spürte er instinktiv – ohne dass irgendwelche Erklärungen notwendig gewesen waren –, um wie viel es hier ging und was diese Rolle für den Schauspieler bedeuten würde.

Bilden wir uns also nicht ein, dass die oft gepriesene Natürlichkeit, die Einfachheit, zu der er in der Rolle des Götz vorgedrungen ist, ihm nichts abverlangt hätten. Ein ganzes Jahr hat Périers Familie einen Besessenen ertragen müssen, der zwischen Niedergeschlagenheit und Momenten der Euphorie hin- und hergerissen war. Jean-Marie Périer, der Vater, hat mir erzählt, wie er jäh aus dem Schlaf gerissen wurde, als er einmal mit seinem Sohn das Schlafzimmer teilen musste: François rezitierte im Traum seinen Text. «Ich überlegte», sagte Jean-Marie, «ob ich ihm nicht die Entgegnungen liefern sollte.» Und Colette: «Ich hatte das Pech, krank zu sein, als er sich gerade mit der Rolle beschäftigte. Es war unmöglich, mit ihm über meine Krankheit zu sprechen: Zwei Minuten hörte er mir zu, dann war er schon wieder beim Teufel. Nichts anderes interessierte ihn.»

Georges Wilson, der bei *Der Teufel und der liebe Gott* meisterhaft Regie geführt hat, war ein unnachgiebiger Geburtshelfer für François Périer. «Manche Sachen habe ich ihn hundertmal wiederholen lassen», sagt er, «nichts hab ich ihm durchgehen lassen. Aber ich habe nie zuvor einen berühmten Schauspieler erlebt, der sich so diszipliniert und demütig seiner Arbeit unterordnete, der sich von den Kollegen jede kritische Bemerkung gefallen ließ und imstande war, immer wieder neu anzusetzen.»

Ist Périer heute denn nun glücklich? Darauf gibt es keine eindeutige Antwort. Vor kurzem habe ich ihn auf der Straße gesehen: Sein Gesicht war düster und verschlossen. Er wirkte wie das genaue Gegenteil eines glücklichen Schauspielers und ich dachte, dass ihn wohl nichts je von seinen Ängsten befreien wird.

Elle, Nummer 1206, 27. Januar 1969

SERGE GAINSBOURG, DIE ANFÄNGE

Falls Sie ihn suchen sollten, werden Sie ihm an einem stürmischen Tag in Le Touquet begegnen – so ging es zumindest mir. Andere halten sich in Saint-Tropez auf oder erschöpfen sich auf Marathon-Tourneen durch alle bekannten Küstenorte. Schließlich müssen sie den Anforderungen ihres noch jungen Ruhms genügen: Sie unterwerfen sich, ohne groß nachzudenken und Fragen zu stellen. Es ist eine Flucht nach vorn, auf Lebenszeit. Auch über Serge Gainsbourg sind der Ruhm und mit ihm die Zwangsarbeit hereingebrochen: Manager haben sein Zimmer gestürmt, ihn am Ärmel gepackt und auf den Olymp gestellt, wo sich die Idole abmühen. Also hat Serge Gainsbourg seinen Aufstieg begonnen. Nur sind die Goldschürfer bei ihm auf einen harten Knochen gestoßen, auf einen Mann.

Nachdem er zwei Drittel des Anstiegs hinter sich hatte und der Gipfel in Reichweite lag, hielt er inne, um Abstand zu gewinnen und seine Lage zu überblicken. Als ich in der Bar in Le Touquet eintreffe, wo er vor acht Jahren noch als Pianist und Varietésänger gearbeitet hat, führt er mit seiner Frau gerade ein an Hamlet erinnerndes Gespräch, wie es wohl nur wenige Ruhmesanwärter kennen: Berühmtheit oder keine Berühmtheit, aufsteigen oder aufhören. Darin liegt sein größter Widerspruch. Aber es gibt noch andere. Als er mit dem Mikrophon an den Lippen und einer balladenhaften, nach Sinatra klingenden Stimme in Le Touquet sang, haben Frauen ihre Begleiter stehen lassen und ihm heimlich ihren Namen und ihre Telefonnummer zugesteckt. «Trotz seiner abstehenden Ohren war er ein berühmter Verführer», wirft der anwesende Wirt ein. Abstehende Ohren, nun gut, mag sein, aber er ist geschmeidig, sein Körper schlank und sein Gesicht aufgeweckt, der Blick wirkt ruhelos trotz der schweren Lider und der Augenringe: unwiderstehlicher Charme und alles andere als dumm. So sang er, damit die Paare tanzen konnten: *Viens pleurer au creux de mon épaule, Parce que t'as les yeux bleus* usw. Widerlichen Blues, der ihn, was die Frauen anging, im Oktober, am Ende der Saison, in tiefe Depressionen stürzte. Er sagt: «Ich war ein Barpianist, und Béatrice (seine Frau) hätte mich keines Blickes gewürdigt, wenn sie mir damals begegnet wäre.» Aber gleichzeitig schrieb und komponierte derselbe Gainsbourg komplizierte, poetische und raue Chansons ohne jedes Zugeständnis an die Moden der Zeit: Das genaue Gegenteil von dem, was er in Le Touquet säuseln musste. Kraftvolle, schmucklose Chansons mit Texten, die er völlig frei auf einem Rhythmus schwingen ließ und in denen er seinen Ekel vor den Abgeschmacktheiten und den ihn haltlos bewundernden Damen in Le Touquet-Paris-Plage ausdrückte, was ihm einen Ruf als Frauenhasser eintrug: *La femme des uns sous le corps des autres, La ramier roucoule, Sois belle et tais-toi.* Er erfand einen eigenen Stil, seine Texte erzeugten schrille Assoziationen und waren voller Widersprüche; indem er bis ans Ende seiner verzweifelten Klarheit ging, war ihm der Erfolg auf ganzer Linie sicher, Intelligenz und Empfindsamkeit waren bei ihm stets einander zugeordnet. Und so geschah das Unvermeidliche: Man stürzte sich auf den Autor und Komponisten Gainsbourg; er schuf einige der allerbesten Chansons für Juliette Gréco, Philippe Clay, Yves Montand und Édith Piaf. Boris Vian erkannte in ihm einen Mann seines Schlages, er schrieb in mehreren Zeitungen darüber, die Regisseure fielen über Gainsbourg her, um Film- oder Begleitmusik bei ihm zu bestellen. Denken wir bloß an den herrlichen Film *Die Katze lässt das Mausen nicht* von Jacques Doniol-Valcroze:

Je t'en prie, ne sois pas farouche
Quand me vient l'eau à la bouche ...

Oder an *Strip-tease*, einen Film von Jacques Poitrenaud:

Si c'est pour toi que je strip-tease
Il faut pourtant que je te dise
Que tu es, soit dit entre nous,
Un peu voyeur, un peu voyou.

Mais ce ne sont que des chimères
De ma bouche à ma jarretière
Car personne, pas meme toi,
Ne portera la main sur moi ...

Gainsbourg erinnerte sich nur zu gut an Le Touquet und trug die eigenen Chansons besser als irgendein anderer vor. Die Schallplattenfirma Philips bemächtigte sich seiner, und er wurde in die Hitparade und in die Sägezähne des Box Office gestoßen: Er ist heute beim breiten Publikum eher als Sänger denn als Autor und Komponist bekannt und wird nicht an den Kriterien gemessen, die er selbst hatte etablieren wollen. Gleichzeitig verlangt die Filmindustrie nach ihm, weil sein Gesicht wunderbar auf die Leinwand passt, wo es zu einem völlig anderen wird. Gainsbourgs schönes, ruheloses Gesicht wirkt im Kino beängstigend, beunruhigend, verdächtig; man ordnet ihn sogleich ein und schreibt ihm eine Rolle zu: Er wird den Verräter spielen. Er liebt es, Filme zu drehen. So hat er in Historienfilmen, in italienischen, in Jugoslawien aufgenommenen Großproduktionen über das antike Griechenland oder Rom gespielt: *Samson, der Befreier der Versklavten, Herkules im Netz der Cleopatra,* wo man ihn als finsteren Prätorianer, Armeechef und Putsch-Anführer erlebt. Es gab *Die Sklaven Roms, Wollen Sie mit mir tanzen?* usw.

Damals gilt die Berühmtheit Serge Gainsbourgs für neu und vielseitig; er unternimmt Vorstöße in alle Richtungen, jeder Aufgabe, die man ihm anbietet, entspricht er ganz und gar. Diese Geschmeidigkeit, sein, so sagt er selbst, «Talent, wie ein Schwamm alles aufzusaugen», ist die Kehrseite seines Zynismus und seiner Verzweiflung, die etwas Skeptisches und Verbittertes hat. Nach fünf Monaten in Jugoslawien, wo es ihm trotz allem gelungen ist, anspruchsvolle Chansons für sich zu schreiben, hört er von einem künstlerischen Leiter des Unternehmens Philips erstaunliche Worte: «Du kannst dich nicht länger treiben lassen. Du musst jetzt Folgendes tun!» Der Mann wirft eine Schallplatte von Johnny Hallyday auf den Tisch, *Viens, voici le twist*, ein Hit, oder besser ein unfassbarer Erfolg. «Ich hatte sechs Monate lang eine Nervenkrise, ohne auch nur eine einzige Zeile schreiben zu können», erzählt Gainsbourg, «und habe mir eingeredet: Es ist für alles zu spät.»

Die neuen «Fans» mochten den Jazz nicht, fanden ihn erotisch, kompliziert und affektiert. Sie verlangten nach unschuldigen Engeln und ungezügelten Plattitüden. Gainsbourg hingegen liebt den Jazz, und er liebt den Sprachwitz, an dem sich die Intelligenz schärft. Er sagt: «Ich habe also mehr recht als schlecht weitergemacht, aber mir wurden dabei die Flügel gestutzt. Der Job begann mich anzuwidern.»

Was hat er getan? Er lebte gleichzeitig zwei Seiten seines Lebens und seiner Begabung: gute Chansons, wie früher, und andere, um der Mode zu entsprechen. «Was mir gefiel, blieb erfolglos. Ich mochte *Quand mon 6.35 me fait les yeux doux. Couleur café* dagegen fand ich widerwärtig, und es wurde ein Erfolg.» Sein eisiger Skeptizismus half ihm, die Widersprüche zu ertragen. Er erzählt: «Ich sehe das sehr gelassen. Ich schrieb innerlich unbeteiligt für die jungen Leute und gab ihnen, was sie verlangten. Ein Chanson für France Gall, *N'écoute pas les idoles*, wurde zum Beispiel erfolgreich. Dennoch ist es ohne jeglichen musikalischen oder literarischen Wert.»

Aber der Triumphzug dieser Chansons überstieg seine Erwartungen und, wenn man so sagen darf, auch seine Hoffnungen. Im vergangenen Frühjahr erhielt er den Auftrag, wieder ein Chanson für France Gall zu schreiben, das im April 1965 beim Grand Prix Eurovision de la Chanson in Neapel vorgestellt werden sollte. Er plagt sich damit ab, im letzten Moment komponiert er in nur einer Nacht *Poupée de cire, poupée de son*. Das Chanson gewinnt den ersten Preis, wird Nummer-eins-Hit in Schweden, Norwegen, Dänemark, Spanien und Deutschland. In der Philips-Schallplattenfabrik in Louviers läuft die Produktion auf Hochtouren, nach drei Monaten hat er bereits fünfunddreißig Millionen Francs Tantiemen verdient. Und das war noch nicht alles.

Aber Jean-Louis Barrault meldet sich nun beim anderen Gainsbourg und verlangt von ihm: «Schreiben Sie mir eine musikalische Komödie, was immer Sie wollen, wann immer Sie wollen: Mein Theater steht Ihnen offen.» Und Brigitte Bardot nimmt zwei wunderbare Chansons auf, die er eigens für sie geschrieben hat, *Bubble Gum* und *Les Omnibus*:

Quant à moi, ce que j'aime le plus
C'est de loin tous les omnibus.

So ist Gainsbourg mit seinen siebenunddreißig Jahren zwischen seinem großen und billigen Ruhm und dem schmalen Pfad seiner Anfänge hin- und hergerissen. Seine Frau besteht entschieden auf Sparpolitik. Sie hat willkürlich 5000 Francs als monatliches Haushaltsbudget festgelegt. Das ist viel mehr Geld, als ein Bergmann verdient, und viel weniger, als ein Superstar ausgeben könnte. Sie sagt: «Ich will nichts von den Versuchungen hören, die ein Leben im Ruhm bereithält.» Sie hat Angst, dass er noch mehr Filme dreht, auf mehr Gastspielreisen geht, einen Hit nach dem anderen produziert, dass er von tausend äußerlichen Dingen aufgefressen werden könnte und sich dabei verliert.

Gainsbourg bewegt sich hin und her und lächelt: «Meine Frau nagt an ihrem Kummer», sagt er, «denn ihre Fingernägel hat sie längst abgeknabbert.» Er fragt sie: «Ich als Bergmann, nur mit meiner Klappe und meiner Treue, würde dir das reichen?» Sie erwidert: «Nicht ganz.» Er sagt: «Aber du siehst doch ein, dass ich Geld verdienen muss?» Und zugleich gesteht er mir: «Ich würde nie grässliche Konzessionen machen, nur um den Gipfel zu erreichen.» Er bewegt sich stromaufwärts. Aber ebenso stromabwärts: «Ich habe Angst vor dem Fall. Ich könnte mich natürlich immer mit Schreiben und Komponieren durchschlagen, weil die Leute ja Chansons haben wollen. Doch ich will nicht, dass man von mir sagt: ‹Als Komponist ist er tüchtig, aber als Sänger ist es vorbei mit ihm.› Ich will zwischen zwei Gewässern segeln und meine Winkelzüge machen, wie Boris Vian es getan hat.»

So also steht es um Serge Gainsbourg in Touquet-Paris-Plage am Sommerende des Jahres 1965: ein gewiefter Matrose, der zwischen den Klippen des Ruhmes, zwischen Bejahung und Verweigerung, zwischen dem Einfachen und dem Schwierigen laviert.

Elle, Nummer 1029, 9. September 1965

MARCEL CERDAN JUNIOR

Ein dreizehnjähriger Junge, zart wie ein Mädchen, noch nie hat er einen Faustschlag ausgeteilt, träumt jede Nacht dasselbe: Inmitten von Betreuern steht er am Rand des Boxrings im riesigen Roosevelt Stadium in Jersey City und feuert wie verrückt einen der beiden Boxer an: seinen Vater. An seinem Platz ahmt er den Kampf nach. Er steckt die Schläge ein, er teilt sie aus, er sieht sie kommen und ruft seinem Vater zu, er möge in Deckung gehen. Das Kind kennt die berühmte elfte Runde auswendig, in der Marcel Cerdan am 21. September 1948 dem Amerikaner Tony Zale den Weltmeistertitel entriss. Hundertmal hat er die Aufnahme des Boxkampfes gesehen. Aber die nächtlichen Bilder überschlagen sich vor den Augen des Schlafenden: Der Rasende, der den quer durch den Boxring taumelnden Zale verfolgt, ihn schließlich mit einem teuflischen linken Haken gegen das Kinn niederstreckt, ist nicht länger der Vater: Es ist der Sohn.

Dieser einfache Traum steht am Anfang einer großen Herausforderung. Heute höre ich, ohne zu lächeln, einem einundzwanzigjährigen jungen Mann zu, der mir mit selbstbewusster Stimme erklärt, für ihn gebe es nur Alles oder Nichts, er müsse den Auftrag erfüllen, seinen Vater zu rächen, indem er Weltmeister werde: «Mein Vater lebt in mir», sagt er, «er leitet mich, er beschützt mich. Ich sage das, weil ich davon überzeugt bin.» Keine Großsprecherei, ganz im Gegenteil überwältigende Demut, als ob das starrköpfige Vorhaben, das ihn verzehrt, ohne ihn entstanden wäre, als ob er Kräften gehorchte, die unendlich stärker sind als er. Das Wunder ist, dass er es geschafft hat, nahezu alle Menschen, die mit ihm zu tun haben, von dieser Bestimmung zu überzeugen, bei der er sich für einen anderen hält: Er behauptete, Stimmen zu hören, man blickte ihn an, man beobachtete ihn, und sowohl die größten Zweifler als auch die bedachtsamsten Leute hatten Verständnis für die Verrücktheit des Jungen, sie vertrauten ihm über die Grenzen der Vernunft hinaus und begannen, ihn für eine Reinkarnation zu halten. Die Zeit, in der nur Pioniere an ihn glaubten, ist längst vorbei: Seit dem 26. April 1965 blickt ganz Frankreich mit Hochachtung auf diesen jungen, abergläubischen Mann, der den Himmel betrachtet, um dessen Zeichen zu deuten, und die heiligen Hühner nach der Zukunft befragt. Immerhin gibt es ein erstes Zeichen: Er trägt, wie alle Söhne, den Namen seines Vaters, aber auch dessen Vornamen. Nach fünf Jahren asketischer Zurückgezogenheit, auf die wir noch zu sprechen kommen werden, steigt Marcel Cerdan mit seinen einundzwanzig Jahren am 26. April 1965 in den Boxring des Palais des Sports in Paris, um gegen Di Martino anzutreten, der neun Jahre älter und ein Star ist. Marcel tritt auf, und plötzlich erstirbt das Gebrüll und der übliche Lärm, der in allen Stadien der Welt Boxkämpfen vorausgeht. Von den besten Logensitzen, wo die großen Tiere des Geschäfts und die eingebildeten ehemaligen Größen des Boxsports sitzen, bis zu den letzten Reihen ganz oben herrscht Schweigen.

Fünftausend Menschen verstummen, sitzen versteinert wie Horatio vor dem Geist des verstorbenen Königs von Dänemark: Die bleiche Maske da unten zwischen den Seilen des Ringes gehört in dem Augenblick, als man ihm die Boxhandschuhe reicht, dem Weltmeister vor dem Wettkampf, dieselbe absolut bezwingende Konzentrationsfähigkeit, die kurze und höchst dramatische Runden vorausahnen ließ, steht dem jungen Kämpfer ins Gesicht geschrieben. Er hat die schwarzen Brusthaare, die finsteren, kohlefarbenen

Augenbrauen, die hohen und weit zurückgezogenen Schultern seines Vaters, die an den *morillo* eines Stieres erinnern, er trägt den Kopf auf dieselbe Weise, seine Lippen sind fest zusammengepresst und die Deckungshaltung ist allzu verkrampft. Er sieht ihm so täuschend ähnlich, dass seine Mutter, von lebhaften Erinnerungen überkommen, in Tränen ausbricht, wenn sie ihn nach längerer Abwesenheit wiedersieht. Aber die Fachleute im Palais des Sports erwarteten, dass der Gong zur ersten Runde den metaphysischen, an Hamlets Helsingör gemahnenden Nebel, der sie umhüllte, zwischen Vergangenheit und Gegenwart auflösen würde. Sie würden Marcel Cerdan Junior nur nach seinen Faustschlägen, seinen Ausweichmanövern und seinen Haken beurteilen.

Nach der dritten Runde warf Di Martinos Manager das Handtuch: Von der Geschwindigkeit des jungen Cerdan überwältigt, von der Salve von Hieben auf Gesicht und Körper benommen, konnte sein Schützling den Kampf nicht fortsetzen. Mehr noch als der Sieg zählte, wie er errungen worden war. Mit sechzehn Jahren war der ungeschickte und unfähige Junge, der nichts als eine fixe Idee hatte, am 4. April 1960 erstmals unter mitleidigem Schulterzucken der Experten in einem Pariser Boxring aufgetreten; nun hatte er sich in nur fünf Jahren in einen großartigen, präzisen und kraftvollen Techniker des Boxkampfes verwandelt. Der triumphale Applaus, der seinen Erfolg belohnte, bedeutete genau das: Ein richtiger Boxer, vielleicht ein großer Boxer, mit dem Namen Marcel Cerdan, war geboren. Dieses Ereignis war unglaublicher als der Boxkampf selbst. Die alten Wettkämpfer des Central und der Salle Wagram, die Nostalgiker einer großen Epoche, holten ihre weißen Einstecktücher hervor, die ihnen nun als Taschentücher dienen mussten. Sie weinten in den Kabinen, sie hielten ihre Tränen nicht zurück: Weil sich «der Kleine» mit der rätselhaften Ähnlichkeit zwischen Marcel, dem Sohn, und Marcel, dem Vater, behauptet hatte, waren sie gern bereit, ihn auf dem Gipfel seiner Laufbahn auch für einen geeigneten Weltmeister zu halten. Jedes Melodram braucht schließlich eine unerwartete Wendung, und die süßen Tränen, die am Ende vergossen werden, bedeuten nur eins: Das Schicksal löst die Fäden, die es geknüpft hatte, das Fatum erscheint persönlich, um das Übel wieder gutzumachen, das es angerichtet hat. Cerdan, der Sohn, der uns den Ruhm und das Aussehen seines Vaters wiedergibt, steht für das Melodram in seiner höchsten Form: Die Anhänger des Boxkampfes wie des Vaterlandes, die im Palais des Sports – wie Margot im Werk von Musset – weinten, erblickten in weiter Ferne, am Ende des Tunnels, in den der Tod von Cerdan sie gestoßen hatte, ein Licht. Die Tragödie, die sie, wie alle Tragödien, für endgültig gehalten hatten, war vielleicht nicht unabänderlich; eine letzte Gnade, eine hehre Wendung der Vorsehung musste nicht ausgeschlossen werden.

Am Tag nach dem Kampf, und in den darauf folgenden Tagen, erhielt Marcel Cerdan Hunderte von Briefen, alle im Ton höchster Verehrung von Bewunderern verfasst, die dem Wettkampf nicht beigewohnt hatten. Alle besagten im Wesentlichen: «Lauf, flieg, räche uns!», und die Hoffnung auf Vergeltung, die auf den Sohn übertragene Liebe zum Vater, prägten jede Zeile. Der Air-France-Pilot, der den großen Cerdan nach seinem Sieg gegen Zale von New York nach Paris zurück geflogen hatte, schickte ihm das Foto, das der Weltmeister ihm während des Fluges gewidmet hatte. Er schrieb dazu: «Ich habe dieses Foto siebzehn Jahre lang aufbewahrt, es ist für mich eine große Kostbarkeit. Ich vertraue es dir an, weil ich hoffe, dass du mir dieselbe Freude wie dein Vater bereiten wirst.»

Es ist kein Geheimnis: Wäre der Vater am Leben geblieben, hätte dessen Ruhm den Sohn erdrückt, und nie wäre ein zweiter Cerdan Boxer geworden. Weil er jedoch gestorben ist und der dreizehnjährige Junge sich eigenmächtig einer phantastischen Herausforderung gestellt hat, hinterlässt der Vater dem Sohn ein Bild, das ihn antreibt und das in jedermanns Erinnerung geblieben ist. Alle, die den Verlust nicht verwunden haben, beginnen an das Unmögliche zu glauben, denn nichts als Drama steckt im innersten Wesen aller Mitglieder der Familie Cerdan: Das Unglück, *la mala suerte*, hat sie mit unerhörter Härte getroffen. Nach jedem Schicksalsschlag haben sie mit derselben Verbissenheit geantwortet.

Am 3. Juni 1939 besiegt Marcel Cerdan, der Vater, mit dreiundzwanzig Jahren Saverio Turiello in Mailand und wird Europameister. Mit seiner Jugend, auf der Höhe seiner Kraft, stehen die Chancen gut, den damaligen Weltmeister, Henry Armstrong, einen Amerikaner, zu besiegen, falls er gegen ihn antreten darf. Der Kampf wird geplant und vorbereitet. Aber Fristverlängerungen und Ausflüchte einiger Organisatoren, schließlich der Krieg verschieben den Wettkampf auf den Sankt-Nimmerleins-Tag.

1945 muss Cerdan praktisch wieder bei null anfangen und noch einmal alle Etappen durchlaufen. Drei Jahre lang schlägt er fast alle Gegner k. o. und verfolgt seinen Aufstieg, bis er am 21. September 1948 endlich Gelegenheit hat, über Tony Zale zu triumphieren. Aber der Kampf um die Weltmeisterschaft wird nicht nur gegen Zale gewonnen, sondern auch gegen das Unglück: Ab der vierten Runde nämlich kämpft Cerdan nur noch mit der Linken; er leidet Höllenqualen mit seiner gebrochenen rechten Hand.

Am 16. Juni 1949, nur neun Monate nachdem er den Titel errungen hat, verteidigt er ihn im Briggs Stadium in Detroit gegen Jake LaMotta. Dieses Mal ist es eine Sehne in seiner linken Schulter, die er sich bereits in der ersten Runde verletzt, sodass er seines wunderbaren linken Hakens, seiner bevorzugten Waffe, beraubt ist. Neun Runden hindurch erträgt er das Martyrium, beim Gong zur zehnten Runde bleibt er unbewegt in einer Ecke: LaMotta ist Weltmeister. Durch eine Verletzung besiegt, hat Cerdan nur noch die Absicht, so rasch wie möglich seinen Titel zurückzuerobern. Am 27. Oktober 1949 wird die Air France Constellation F-BAZN einen lachenden und siegessicheren Cerdan zur Revanche bringen, die am 2. Dezember stattfinden soll. Am frühen Morgen des Reisetages zerschellt die Maschine bei gutem Wetter an einem Berggipfel der Insel São Miguel auf den Azoren.

Es gab vier Brüder: Marcel, Vincent, Armand und Antoine Cerdan. Alle vier sind tot, drei von ihnen starben eines gewaltsamen Todes. Marcel eröffnete die Unglücksserie, Vincent folgte 1950: Herzinfarkt in Buenos Aires. Armand 1956: Ein Unfall in einem Aufzug zerschmetterte ihm in Casablanca den Schädel; schließlich Antoine: Im Dezember 1964 kam er am Steuer seines Wagens ums Leben.

Wer wollte sich also darüber wundern, dass der kleine Marcel, der älteste der drei Söhne des großen Cerdan, der verwöhnteste und schüchternste, sich für auserkoren hielt und in seinem Kinderhirn die Absicht nährte, an diesen Toten etwas gutmachen zu wollen, dass er heute rund um die Uhr, vierundzwanzig Stunden eines jeden Tages, an den großen Abend der gewaltigen Wiedergutmachung an allen Cerdans denkt, dass er sich, um dieses Ziel zu erreichen, einer asketischen Lebensweise unterwirft, die in der Geschichte des Boxens beispiellos ist?

Nach den schicksalhaften Todesfällen eng zusammengerückt, glaubt die Familie Cerdan-Lopez (die Brüder der Mutter heißen Narcisse, Henri und Émile), die ihrer spanischen Herkunft ihre Überempfindlichkeit, ihren rührenden Aberglauben und eine tiefe Religiosität verdankt, dass die Toten lebendiger sind als die Lebenden. Jene, die nicht mehr unter uns weilen, sind uns begleitende Schutzengel, sie wachen über die Lebenden, führen sie der Aufgabe zu, die sie im Leben zu erfüllen haben.

Für Marcel bestand kein Zweifel daran, dass er gegen Di Martino siegen würde. Während er im Ring stand, sahen die Zuschauer im Palais des Sports vielleicht den Geist seines Vaters. Sie hatten auch recht damit, denn er war in der Tat von der Anwesenheit seines Vaters überzeugt. Am Morgen hatte er einen Brief seines Onkels Narcisse erhalten, der das Lokal Marcel-Cerdan in Casablanca führt. Narcisse, der sonst nie eine Feder in die Hand nimmt, hatte es diesmal für richtig gehalten. Er schrieb: «Marcel, wenn ich Dir heute diesen Brief schicke, dann nur, um Dir zu sagen, dass Dein Vater mir in der Nacht von Sonntag auf Montag im Traum erschienen ist. Er hat mir Folgendes aufgetragen: Narcisse, schreib meinem Sohn und sag ihm, dass er vor dem Abend des 26. keine Angst haben soll, ich werde bei ihm sein. Mein Kleiner, Du kannst an meiner Schrift erkennen, dass ich noch immer zittere.»

«Als ich das gelesen habe», sagte mir Marcel mit dem schönen Akzent der aus Nordafrika stammenden Franzosen, «hab ich geweint wie ein kleiner Junge. Während des ganzen Wettkampfes war ich dann ganz ruhig. Papa war bei mir.»

Er ist unglücklich. Wir sitzen nämlich auf Stühlen aus Eisen an einem Tisch aus Eisen, und er muss nach jedem dritten Satz, den er sagt, auf Holz klopfen. Also steht er auf und läuft schnell zehn Schritte zu einem Baum. Er entschuldigt sich und sagt: «Ja, ich weiß, aber trotzdem», oder er zitiert seinen Manager Filipi, der sein zweiter Vater geworden ist: «Wenn es nichts nützt, so kann es immerhin nicht schaden.» Man muss diese abergläubischen Äußerungen ernst nehmen; am Handgelenk trägt Marcel die schwere goldene Uhr seines Vaters, die es der Rettungsmannschaft auf den Azoren, auf dem Gipfel des Redondo, ermöglicht hatte, dessen Leichnam zu identifizieren; um den Hals trägt er eine Goldkette mit dem Medaillon seines Vaters. Er trainiert nur mit dessen Boxerhandschuhen, und er bringt zu jedem Wettkampf dessen Koffer mit, darin die ungewaschenen Shorts des Weltmeisters, den Kopfschutz, den sein Vater bei jenem Wettkampf trug, und die Flasche, aus der er in den Pausen trank. Aber es gibt noch viele andere Glücksbringer: Es reicht aus, ihm einen Teddybären zu schenken und zu sagen: «Nimm ihn, er wird dir Glück bringen»; er wird sich nicht mehr davon trennen. Wenn ein Boxer, mit dem er die Garderobe teilt, vor ihm zum Kampf antritt und verliert, sammelt Cerdan eilig seine Sachen zusammen und wechselt die Garderobe: «Wenn ich bliebe», sagt er, «würde auch ich verlieren. Der Kerl hat ja eine schlechte Aura.»

Aus einem Plastiketui kramt er vorsichtig ein vergilbtes, altes, vom tausendfachen Vorzeigen bereits eingerissenes Foto hervor: ein Bild seines Vaters, das einzige, das der ihm gegeben hat. «Für meinen Sohn Marcel, erstes Tournoi Interallié», so die handgeschriebene Widmung. Sie stammt aus dem Jahr 1945; der Kleine war zwei Jahre alt. Drei Jahre später war er ein Waisenkind. Mit anderen Worten: Er kannte den großen Cerdan nicht einmal.

«Ich habe Bilder im Kopf», sagt er, «Erinnerungsfetzen». Er erinnert sich an den Tag der Weltmeisterschaft, an die Brasserie Marcel-Cerdan in Casablanca, das Stadtviertel gesperrt, im Belagerungszustand, und an die Lautsprecher an allen Kreuzungen, an die verrückten Menschenmassen. Auch an die Rückkehr des Helden erinnert er sich, an das wunderbarste Spielzeug, das er in den Armen trug. Am lebendigsten freilich ist seine Erinnerung an den schwarzen Pelz auf der Brust des Vaters. Er sagt: «Wir hatten auf unserem Landgut ein Schwimmbecken. Mein Vater packte mich und hob mich in die Luft, um mich ins Wasser fallen zu lassen. Ich hatte Angst und krallte mich deshalb an seinem Brusthaar fest. So lang waren die Haare.»

Heutzutage betrachtet Marcel, der Sohn, das Foto von Marcel, dem Vater, mit den Augen eines Profiboxers. Ich sage zu ihm: «Sie haben die gleichen Schultern wie er!»

«Nein», entgegnet er, «meine sind weniger ausgeprägt. Sehen Sie sich seine beeindruckende Krümmung an! Er brauchte seine Arme nicht einmal, um sich zu schützen. Allein seine Schultern reichten aus!» Er blickt noch eine Weile nachdenklich auf die Körperhaltung des Vaters und kommt dann zu dem Schluss: «Er hat ganz und gar kein bösartiges Gesicht.»

Nein, der «marokkanische Bomber» war außerhalb des Ringes die Güte selbst, er war zärtlich, großzügig und unkompliziert. Diese Tugenden, deren tausendfache Manifestationen nur zu oft erwähnt worden sind, sind auch beim Sohn ausgeprägt.

Er hat sie zweifellos vom Vater geerbt, aber er verdankt sie nicht weniger seiner einzigartigen und paradoxen Position in der Welt des Boxsports. Der Hunger steht am Anfang des Boxens: Die Kinder des Elends wollen sich aus ihrer unerträglichen Lage befreien, sie stürzen sich daher in diesen harten und gewalttätigen Sport, sie fordern das Glück mit den Fäusten heraus, weil sie keinen anderen Ausweg kennen. Marcel dagegen ist der Sprössling eines Reichen. Er weiß, dass sein Vater gehofft hatte, der Sohn werde das Abitur bestehen und studieren, um schließlich hoher Beamter, Arzt oder Professor zu werden: «Ich habe für die ganze Familie geboxt, das reicht», pflegte er zu sagen. «Es wird euch allen nie wieder an etwas fehlen.» Das Lokal in Casablanca, der Bauernhof, die Molkerei garantieren seinen Söhnen einen Platz unter der Sonne. Als Marcel mit fünfzehn Jahren beschloss, Boxer zu werden, widerspricht man ihm mit zwei durchaus gewichtigen Argumenten: «Du gibst ein paradiesisches Leben für ein Höllendasein auf» und «Du wirst immer ein schlechter Boxer bleiben, weil du nie Hunger gelitten hast». Es war Filipi, sein Manager, der diese Bedenken äußerte: Er hat Generationen von Profiboxern ausgebildet, er kennt sein Metier: Um die Qual der Ausbildung ertragen zu können, muss man seit der Geburt in der Hölle zu Hause gewesen sein und davon ein für allemal die Nase voll haben. Was kann Filipi mit einem zur Achtung anderer fähigen, freundlichen, liebevollen Jungen anfangen, der alles zu verlieren und nichts zu gewinnen hat und der sich dem Boxen aus idealistischen Gründen und nicht aus schierer Notwendigkeit verschreibt?

Die Antwort darauf gibt Marcel heute selbst, und Filipi stimmt ihm zu, weil ihm sein künftiger Boxweltmeister Tag für Tag beweist, dass er sich geirrt hat: «Eben weil ich das Boxen nicht zum Überleben brauche, besitze ich mehr Willenskraft als die anderen. Mein Wille ist klar und direkt, ich denke an nichts anderes als an das Boxen, nichts kann mich ablenken, weder Ruhm noch Geld. Viele Boxer vernachlässigen ihre strikte Diät, nehmen das Training nicht länger ernst und ziehen ein Leben im Luxus vor, sobald man von ihnen zu reden beginnt und sie ein wenig Geld auf dem Konto haben. Im Grunde interessiert sie nicht das Boxen, sondern was der Sport ihnen bringen kann.»

Fünf Jahre lang hat er wie ein mystischer Mönch gelebt. Als er in Paris eintraf, hat ihm Édith Piaf, seine Taufpatin, ein wunderbares Zimmer in ihrer Wohnung auf dem Boulevard Lannes angeboten. Aber er hat das Leben bei ihr als zu bequem und verweichlicht empfunden, zog bald wieder aus und mietete ein kleines Zimmer in einem Hotel unweit der Place de la République. Und so sah sein Leben aus: Schnee oder Hitze, Sommer oder Winter, jeden Morgen sehr früh zu Fuß hinaus in den Bois de Vincennes. Er läuft allein, von nichts als seiner fixen Idee besessen. Er kehrt in sein Zimmer zurück, hält Mittagsruhe, denn der Schlaf ist für einen Boxer ebenfalls Arbeit; nachmittags läuft er, dann drei Stunden Training im Saal: Seilspringen, Leibesübungen, Punchingball, drei, vier, fünf, sechs Runden mit einem Sparringspartner. Um neun Uhr abends geht er zu Bett. Er lebt allein, hat kaum Freunde, und es ist umwerfend, wenn man ihn, als trüge er eine Entschuldigung vor, sagen hört: «Ich bin kein sonderlich lustiger Kerl, ich gehe nie aus, ich trinke nicht, ich rauche nicht, es macht ganz bestimmt keinen Spaß, einen Tag mit mir zu verbringen.»

Seine Erfolgsbilanz: einundvierzig Amateurwettkämpfe, davon neununddreißig Siege, zwei Niederlagen; acht Siege in Profiwettkämpfen, fünf davon vorzeitig. Er überlässt Filipi alle Entscheidungen, die Strategie und Taktik seines langen Marsches zur Weltmeisterschaft. Und es ist richtig, sich ihm anzuvertrauen, denn dieser zähe und doch zarte Korse, der abergläubischer ist als alle seine Boxer, aber zugleich intelligent wie sein Landsmann Bonaparte, wollte sich, nachdem er ein Vermögen verdient hatte, gerade von seiner Tätigkeit verabschieden, als er Marcel begegnete. «Ich habe meinen Dienst also wiederaufgenommen, ich habe mich neu verpflichtet. Denn Marcel Cerdan ist meine höchste Instanz.»

Elle, Nummer 1015, 3. Juni 1965

CLAUDE JACCOUX,
BERGFÜHRER VON CHAMONIX

*Ich habe diesen Artikel vor einem wie aus vorsintflutlichen Zeiten
anmutenden Fernseher in einem kleinen Zimmer eines an einem
Fjord in der Bretagne gelegenen Hotels in einer einzigen Nacht
geschrieben. Es war nicht irgendeine Nacht: Neil Armstrong setzte
als erster Mensch seinen Fuß auf den Mond.*

Wenn er gegen achtzehn Uhr auf dem kleinen hübschen Platz vor
dem Bergführer-Büro auftaucht, wird er von den letzten Verbliebenen aus der Zeit der «Cafistes» (das Wort leitet sich von den Initialen
des französischen Alpenclubs Club Alpin Français ab), diesen unerbittlich strengen Wächterinnen über die alpine Orthodoxie, nicht
ohne Wehmut betrachtet. Mit ihren grob gestrickten, nicht ent-
fetteten Wollstrümpfen aus Megève, ihren Kniehosen mit dreifach
verstärktem Hosenboden, ihren wie Kriegsflaggen geschnittenen
Anoraks, den weißen Sonnencremeresten an den Mundwinkeln
bezeugen die Cafistinnen, dass Alpinismus und Körperkult in ihren
Augen einander widersprechende Begriffe sind. Sie haben Glücks-
gefühle empfunden, die den nackten, der Sonne an Stränden dar-
gebotenen Körpern für immer fremd bleiben werden. Nun aber: Die
Ankunft von Claude Jaccoux, des Bergführers von Chamonix, versetzt der militanten Hässlichkeit des reinen Cafismus den Todes-
stoß. Jaccoux ist nämlich ein schöner Mann – so ist es nun einmal –,
für seine Schönheit ist er im ganzen Tal berühmt und die Cafistinnen, die pedantisch über die Bergbesteigungen der besten Kletterer Buch führen, sind durchaus nicht imstande, ihn der Ketzerei

zu bezichtigen: Sie wissen, dass Jaccoux einer der ganz Großen ist, einer der wahren Meister des gegenwärtigen Spitzenalpinismus.

Die Sentinelle Rouge, die Ostwand des Grand Capucin, der Brenva-Gletscher, die Pointe Walker, der höchste Gipfel des Grandes Jorasses, der Bonattipfeiler auf der Aiguille du Dru, die erste Winterbezwingung der Aiguille Verte über den Grands-Montets-Grat, die Nordwand des Huascarán im fernen Peru, verschiedene Gipfel in Nepal – all das sind nur einige der Ruhmestitel von Jaccoux, die ihm im Tal von Chamonix und in der geheimnisvollen internationalen Gesellschaft der Alpinisten Bewunderung zuteilwerden lassen. Der Capucin oder die Sentinelle, ungeheure Felswände oder schwindelerregend hohe Mauern aus Eis, sich plötzlich über der Leere erhebend: Die schönen poetischen Namen lassen die Eingeweihten augenblicklich an Mut und Kühnheit denken, an die Grenzen des Menschenmöglichen, an unerhörte Schwierigkeiten, die jedem, der mit ihnen zurechtkommt, ein für alle Mal seinen Rang zuweisen; kein weiteres Wort nötig.

Der Dru oder die Jorasses bedeuten auch jenen etwas, die sich, ihren Fähigkeiten entsprechend, mit kleineren Aufstiegen begnügen, und sie beeindrucken sogar alle, die vom Klettern nur träumen, ohne sich in die Berge zu wagen, aber jedes Jahr wieder nach Chamonix zurückkehren, um sich von der Herrlichkeit eines «großen» Morgens vollkommener Klarheit über der Aiguille du Midi und der Kuppe des Dôme du Goûter überwältigen zu lassen. «Entfernung steigert die Hochachtung», zitierte schon Jean Racine die Worte des Tacitus, um zu rechtfertigen, dass er die Handlung seiner Tragödien in die Märchenwelt des Orients verpflanzte. Ich habe gesehen, mit welchen Blicken die recht einfachen Gebirgsliebhaber Jaccoux im vergangenen Jahr ansahen, als er nach zwei im Biwak verbrachten Nächten gerade von einer Bergtour zurückkehrte: bärtig, um seinen Oberkörper hingen Nylonseile in grellen

Farben, Kletterhaken und Büchsen klirrten an seiner Hüfte, so ging er mit langsamem Bergsteiger-Schritt durch die Grand Rue von «Cham». Dichtes, blondes Haar behelmte ihn wie einen römischen Wagenlenker, Lachfalten zierten seine Augenwinkel; er war durchaus empfänglich für die Begeisterung, die wir braven Mont-Blanc-Pilger zeigten, indem wir respektlos tuschelten, als er an uns vorbeiging. Kurz, wir alle bewunderten ihn. Natürlich hätten wir Armand Charlet, Terray oder Rébuffat, Paragaux oder Bernardini, seine Lehrer und seinesgleichen genauso bewundert, und dennoch kam bei Jaccoux noch etwas hinzu, eine Anmut, die ihn über alle Ranglisten stellte und die allein sein Königtum erklären konnte. Die Cafistinnen, die ihm alles nachsehen und ihn heimlich lieben, seine Kollegen der Gemeinschaft der Bergführer, die ihn verehren, die Kletterer aus Paris oder Marseille, die im Juli und August anreisen, um sich mit den großen Alpen zu messen, nachdem sie das ganze Jahr über an den Felsen von Cassis, Fontainebleau oder Saussoy im Département Yonne hart trainiert haben, alle unterwerfen sich dem Charme und der Stärke dieses stillen Mannes, und sie ahnen, dass die Kraft, die von ihm ausgeht, noch in etwas anderem gründet als nur in seinen – wie groß auch immer sie sein mögen – außerordentlichen Fähigkeiten als Bergsteiger. Jaccoux ist mit seinem Leben im Einklang, weil er sich eines Tages entschlossen hat, aus seiner Leidenschaft einen Beruf zu machen.

Eigentlich kommt er nicht aus Chamonix, sondern aus Paris. Im Grunde ist dieser Bergmensch, der die Wolken und den Wind deuten kann, ein Intellektueller. Jaccoux, Mitglied der Compagnie des Guides de Chamonix, noch exklusiver als der Jockey Club, weil man in sie nur durch einstimmige Wahl aufgenommen werden kann und zwischen Les Houches und Argentières – oder höchstens zwölf Kilometer talwärts – zur Welt gekommen sein muss, ist von Haus aus Geisteswissenschaftler.

Als ich Jaccoux vor zwölf Jahren im Winter in Chamonix kennengelernt habe, zögerte er, den großen Schritt zu tun. Der Vierundzwanzigjährige erweckte Aufsehen mit seiner Intelligenz, seiner Bildung und Neugierde auf geradezu alles. Sein Literaturstudium hatte er abgeschlossen, aber er wollte sich weiterbilden und hatte gerade eine Stelle als Lehrer an einer Mittelschule in den Vogesen angenommen. Zugleich nährte er in sich eine ruhige, aber ihn verzehrende Leidenschaft für das Gebirge und hatte bereits einige sehr anspruchsvolle Kletterkurse bestanden: Die in den Bergsport Eingeweihten spürten, dass er zu einem ganz großen Bergsteiger heranreifen würde. Jaccoux wollte sich nicht damit begnügen, nur einige Wochen im Jahr nach Chamonix zu kommen und die übrige Zeit bloß davon zu träumen. Er brachte die Entscheidung, vor der er stand, mit klaren Worten zum Ausdruck: Wenn er den Lehrberuf und damit die relative Existenzsicherheit eines Beamten wählte, verstümmelte er sich selbst; wenn er beschließen sollte, sein Leben radikal zu ändern und hauptberuflich Bergführer zu werden, würde er sich vielleicht verwirklichen, ginge aber zugleich große Risiken ein. Doch in Wahrheit gab es für ihn keine andere Lösung, als Bergführer zu werden: zweifellos aufregend zwar, doch, von den objektiven Gefahren und der Verantwortung einmal abgesehen, mit vielen Ungewissheiten behaftet. Die Arbeit kann nur im Sommer, etwa fünfzig Tage lang, ausgeübt werden: Bei Schönwetter ist sie höllisch hart, Regen hingegen verdammt zur Tatenlosigkeit. Die Bergführer von Chamonix haben sich ihr Leben nicht ausgesucht, sie wurden in diese Welt hineingeboren. Und wenn sie ihren Beruf auch lieben, so üben sie ihn doch nicht aus innerer Berufung aus, sondern weil das Gebirge, das ihr unmittelbarer Horizont ist, ihn ihnen in den Schoß gelegt hat. Jaccoux dagegen – eben das zeichnet ihn aus, wie sich an dem ihm entgegengebrachten Respekt ablesen lässt – hat für diesen seltsamen und saisonbedingten Beruf alles aufgegeben: Seine Leidenschaft hat über jegliche Vorsicht gesiegt.

Er wusste sehr wohl, dass ihm nun große Anstrengungen abverlangt würden: Es hieß, die Stationen eines Bergführer-Anwärters zu durchlaufen und sich dann als Führer an der Nationalen Ski- und Alpinismus-Schule (ENSA), einer in der Welt ziemlich einmaligen Institution, ausbilden zu lassen, die man unbedingt absolviert haben muss, wenn man das Recht erwerben will, Leute ins Gebirge zu geleiten. Als Vierter unter den Anwärtern und als Erster unter den Führern hatte Jaccoux mit seiner Medaille an der Brust noch zwei weitere Schwierigkeiten zu meistern: Er musste Mitglied der Compagnie des Guides de Chamonix werden, wo man, wie gesagt, nur vor Ort Geborene aufnimmt, und wo man gerade Parisern das allergrößte Misstrauen entgegenbringt; darüber hinaus galt es, eine Beschäftigung für den Winter zu finden, weil man außerhalb der Klettersaison schließlich von etwas leben muss. Michèle, seine Frau, die Schwester des französischen Skimeisters Pierre Stamos und Mitglied des französischen Ski-Teams, die er an der ENSA kennengelernt, sich Hals über Kopf in sie verliebt und sogleich geheiratet hat, weil er sie mit vollem Recht wunderbar fand, überredete ihn, seine Tätigkeit als Bergführer mit der eines Skilehrers zu verbinden. Aber Jaccoux konnte nicht Ski fahren, oder kaum: Ski fahren war während seiner Kindheit ein Sport für die Reichen gewesen, und er war arm. Er sagt: «Also bin ich zwei Jahre unentwegt Ski gefahren, maßlos, ich habe jede freie Minute dafür genutzt. Ich habe Bücher über den Skisport gelesen und eifrig an meiner Technik gearbeitet.» Am Ende bestand Jaccoux die drei Prüfungen an der staatlichen Skilehrer-Schule mit Auszeichnung. Seither sind Michèle und er jeden Winter als Skilehrer in La Plagne tätig.

Die Bergführervereinigung öffnete ihm ihr Tor zuerst einmal wegen seiner Begabung, die man nicht übersehen konnte, dann

auch weil Jaccoux das Gebirgstal zwar im Alter von drei Jahren verlassen hatte, da seine als Volksschullehrer arbeitenden Eltern mit
ihm nach Paris zogen, dort aber nun einmal zur Welt gekommen
war, nicht innerhalb der zwölf heiligen Kilometer, jedoch nur ein
Stück weiter unten, in Servoz, einem Ort ohne große Berufung
für die Berge, der dem Gebirgsmassiv des Mont-Blanc seit Generationen keinen Bergführer mehr geschenkt hatte. Dennoch muss
Servoz genannt werden, wenn man nach dem Ursprung seiner
Berufung sucht: Als Sohn, Enkel und Urenkel von Volksschul-
lehrern, als Kind und als Jugendlicher war Jaccoux jeden Sommer
ins Elternhaus zurückgekehrt. Mit dreizehn Jahren hat er dort mit
Spielkameraden Kristalle oder Pilze gesucht: «Wir drangen in tiefe
Schluchten vor, manchmal lag ein umgestürzter Baum vor uns, den
wir dann trotzdem überquerten, weil wir nicht mehr zurückkonn-
ten.» Servoz hat ihm die Freude an der Natur und das Bedürfnis
nach Weite geschenkt, aber paradoxerweise hat er seine Liebe für
die Gebirge über den Umweg von Paris entwickelt, er verdankt sie
nämlich Fontainebleau. Ein Mitschüler aus seinem Philosophie-
kurs am Lycée Henri-IV hatte ihn eines Tages nach Fontainebleau
mitgenommen und ihn dort einer Gruppe von Freunden vorgestellt.
«Wir sind dann jeden Samstag rausgefahren, haben gezeltet und
auf den glatten Felsen unser Nickerchen gemacht.» Fontainebleau
ist eine ausgezeichnete Kletterschule. Die Felsen bieten alle denk-
baren Schwierigkeitsgrade, sind aber immer nur wenige Meter
hoch: Man begibt sich in keine große Gefahr und kann einen neuen
Anlauf unternehmen, sooft man will. Im darauf folgenden Sommer kehrte Jaccoux mit seinem neuen Freund nach Servoz zurück.
Überzeugt, alles gelernt zu haben, steigen sie ins Gebirge auf. Er
sagt: «Wenn ich an die Vielzahl folgenschwerer Fehler zurückdenke,
die ich damals begangen habe, kann ich kaum fassen, wie viel Glück
ich gehabt haben muss, um heute noch am Leben zu sein.» Aber so,

nach und nach, von Jahr zu Jahr, lernte Jaccoux seinen künftigen Beruf, wurde zum Alpinisten, mehr zu einem Bergbewohner als nur zu einem Bergsteiger. Weil er kein Geld hatte, um die Seilbahnen oder den Zug von Montenvers zu nehmen, ging er jedes Mal zu Fuß: endlose Aufstiege, Schweiß und Qualen, verstauchte Knöchel in den Moränen, Geröll am Anstieg, nach der Rückkehr von einem Gipfel kaum mehr als eine Nudelpackung und einen Liter Milch; das Gebirge war wie Rauschgift. Es gibt bewundernswerte Kletterer in den Calanques und wahre Menschenaffen, was ihre Behändigkeit betrifft, in Fontainebleau oder in Saussoy, gewandt und biegsam, erklettern sie in Rekordzeit unglaublich steile Felswände und werden dann buchstäblich von Panik gepackt, wenn sie vor einer Alpenwand stehen und einen tausend Meter tiefen Abgrund unter sich haben. In solchen Momenten nutzen ihre Kenntnisse ihnen nichts mehr. Freilich möchten sie klettern, aber sie wollen zugleich alles entfernen, was das Gebirge ausmacht, die Aufstiege, die Landschaft, die spitzen Kiesel, die Spalten, die sich auftun, die Sturm-, Nebel- und Schneefallgefahren, die Steinschläge, die Angst, das Entsetzen.

Letzten Endes haben die Cafistinnen recht. «Denn», sagt Jaccoux, «wenn man immer höher steigt, wird der Körper zum Werkzeug, man nimmt keine Posen mehr ein. Da ist kein Platz für Eigenliebe; man schwitzt, man ächzt, man spuckt und sabbert die ganze Zeit. Es ist nun mal anstrengend, und wie! Man sagt sich: ‹Was hab ich hier bloß verloren? Das darf doch alles nicht wahr sein, nächstes Jahr fahr ich ans Meer.› Nur selten empfindet man einen großen Aufstieg, den man nicht gut kennt, als Vergnügen; er ist lang, man leidet die ganze Zeit, man weiß nicht, ob man rechts oder links gehen soll und was einen auf der Strecke erwartet. Selbst auf dem Gipfel verlässt einen die Angst nicht, es gilt ja, den Abstieg zu meistern.»

Und er fügt hinzu: «Die Freude am Gebirge ist rein geistig, sie besteht im Bewusstsein der Gefahr und im Kampf gegen die eigene Angst. Im Gebirge muss man ständig auf der Hut sein: Aber dessen ist man sich gar nicht bewusst. Man ist wachsam: Ein Fuß könnte abrutschen, ein Stein könnte herabfallen, der Kunde, den man führt, könnte plötzlich abstürzen. Der Bergführer nimmt im Kopf nach einer bestandenen Schwierigkeit bereits die nächste vorweg. Man klettert und bewegt sich mit einer Art wachsamer Angst, ängstlicher Wachsamkeit.»

Manchmal allerdings nützt die äußerste Wachsamkeit nichts. Es geschieht, dass auch die Allerbesten tödlich verunglücken oder dass sie für ein Jahr, vielleicht sogar für immer, den Mut verlieren, wenn sie dem Tod allzu nahe gekommen sind.

«Im Jahr 1960», erzählt mir Jaccoux, «hab ich mit Cabri, einem anderen Bergführer, einem sehr guten Kameraden, beschlossen, den Bonattipfeiler auf der Aiguille du Dru zu besteigen, ein ziemlich anspruchsvolles Vorhaben. Zwischenzeitlich befanden wir uns in Gesellschaft mehrerer Seilschaften, einer von Schweizern, die ebenfalls den Bonatti erkletterten, und einer französisch-schweizerischen mit einem jungen Kerl aus Annemasse und einem aus Genf, beide ausgezeichnet. Sie wollten die Westwand erklettern. Wir standen am Fuß einer Schneise, die La Goulotte genannt wird, Cabri nahm dreißig Meter höher die Rolle des Vordermanns ein, ich sicherte ihn. Ich hatte die beiden Schweizer zu meiner Rechten, und die französisch-schweizerische Seilschaft, die im Begriff war, nach links abzuzweigen und uns zu verlassen, befand sich vier Meter tiefer ebenfalls in der Schneise. Plötzlich hörte ich Cabri laut brüllen. Ich hob den Kopf und sah den Himmel schwarz, verdunkelt von Steinen. Dann keinen Himmel mehr, nur noch Steine. Ein Vorhang aus Steinen prasselte herunter. Der Himmel war buchstäblich nicht mehr zu sehen. Fünfhundert Meter über uns, musst du wissen, noch sehr weit. Da alles zwangsläufig durch die Schneise herunterkam, fiel es auf uns; was dann folgte, war die Hölle. Ich habe die Arme über meinem Kopf verschränkt und gesehen, wie weiter unten ein Schweizer von einem riesigen Steinblock erfasst wurde, der ihn mit voller Wucht traf. Er wurde in hohem Bogen durch die Luft geschleudert; als er am Ende seiner Seillänge anlangte, riss er den Kameraden, an den er angeseilt war, aus dem Halt. Beide stürzten dreihundert Meter die Schneise hinunter, unentwegt links und rechts gegen die Felsen geschmettert. Es war grauenhaft, es war ein Gemetzel, ein Schlachthof, die Schneise war voll von Blut und Körperfetzen, beiden fehlte der Kopf.»

Weder Jaccoux noch Cabri haben danach mit dem Klettern aufgehört. Sie haben ihren Mut behalten. Andere, durchaus unerschrockene und beherzte Typen, haben den ihren verloren. Mit den Kunden der Bergführer ist es dasselbe: Manche geben auf, nachdem sie zum ersten Mal die Angst kennengelernt haben; andere, vom Kletterfieber erfasst und süchtig, machen erst recht weiter. Jaccoux sagt: «Frauen sind bemerkenswert – die Hälfte meiner Kundschaft ist weiblich. Ich habe eine Klientin, die bei der Sozialversicherung arbeitet und seit zehn Jahren jede Saison wiederkommt. Sie bezahlt in Raten, immer hundert Francs. Und wenn sie gesichert sind, halten die Frauen den Schlägen besser stand als die Männer, beweisen größere Widerstandskraft, wollen nichts erzwingen. Ich hab ein Mädchen gekannt, eine wunderbare Kletterin, eine der begabtesten, denen ich je begegnet bin. Sie hatte überhaupt keine Kraft in den Armen, sie war nicht in der Lage, sich auf einem Turnbalken hochzustemmen und abzustützen, aber genau deshalb war sie die ideale Kletterin, denn man klettert nicht mit den Armen, sondern mit den Beinen.»

Was Jaccoux nicht sagt, aber was man sich erzählt, ist, dass manche Frauen auf den Klettertouren, die er mit ihnen – nicht aus Begeisterung für das Gebirge, sondern zu seinem Vergnügen – unternimmt, buchstäblich vor Schmerzen umkommen. Michèle, seine Frau, nennt sie «die einsamen Verlassenen». Einer von ihnen, die vor Wut schäumte, weil sie auf einer anspruchslosen Strecke zu oft gestürzt war, stellte er eines Tages die Frage: «Warum tun Sie sich das an, wenn Sie doch so darunter leiden?» Mit baumelnden Beinen, gesichert an einem Seil, das er mit eigener Kraft fünf und wieder fünf Zentimeter höher zog, meckerte sie ihre Antwort: «Weil ich Sie liebe.»

Elle, Nummer 1234, 11. August 1969

DIE HALBSTARKEN

Hätte ich der Passant sein können, der grün und blau geprügelt wurde? Das habe ich La Souffrance[12] gefragt. Er hat mit einer Frage geantwortet:

«Darf ich offen sprechen?»

«Deshalb sind wir hier.»

La Souffrance überlegt ein paar Sekunden mit gebeugtem Kopf, dann legt er los:

«Also gut, pass auf: Wenn ich dir mit deiner Krawatte und deinem braven Haarschnitt begegne, dann schlag ich dir die Birne ein.»

Das muss ich übersetzen: Eine Krawatte ist eine Krawatte; an diesem Abend war sie schwarz. Meine Frisur nennt er wohl brav, weil ich mein Haar kurz trage. La Souffrance hat sehr langes Haar, zwei Strähnen hängen ihm über die Schläfen. Das Einschlagen der Birne, auch «große Kugel» genannt, bedeutet einen Schlag ins Gesicht zwischen die Augen: lebensgefährlich, wenn man ihn richtig auszuteilen weiß.

La Souffrance ist ein junger Mann, noch keine achtzehn Jahre alt; er hat ein doppeltes Gesicht: Meistens bleibt es verschlossen wie das eines ehemaligen Kämpfers, eines in alten Groll eingemauerten Kriegsversehrten, wenn er aber lacht oder ihn etwas erstaunt, ist es plötzlich wundersam kindlich, offen und frei. Es scheint also,

---

12   Auf Deutsch «der Schmerz» oder «das Leid» (A. d. Ü.).

als ob noch alles möglich sei. Vorgestern sind La Souffrance und seine drei Kumpel – die beiden Popauls und der Große, der als «das Skelett» bekannt ist – auf die Jagd gegangen. Es regnete. Im Café, wo die Bande sich getroffen hatte, war nichts los. Nichts geschah, dieselbe Jukebox, dieselben Kartenspieler, die wie üblich von acht bis elf ihre Karten mischten, ein Luftzug vom Münzautomaten her, Herr Maurice, der Wirt, wie immer übler Laune. Draußen leuchtete der verlassene Platz, menschenleer. So sieht der Alltag aus: La Souffrance, die beiden Popauls und das Skelett langweilten sich.

Sie haben jeder drei Halbe getrunken, um, wie La Souffrance erzählt, «ein wenig Wärme im Kopf zu spüren», und sind losgezogen in Richtung Rue Judas. Wenig überzeugender Vorwand: Vor einigen Tagen war La Souffrance berichtet worden, Kerle aus der Rue Judas hätten ihn «Schlappschwanz» genannt. Und die Beleidigung hatte sich, ob nun zu Recht oder nicht, in ihren Köpfen festgesetzt: Die würden dafür bezahlen müssen.

Die Typen aus der Rue Judas waren jedoch nicht in ihrem Bezirk. Vielleicht waren sie früh zu Bett gegangen, oder sie waren ihrerseits ausgerückt, um eine Beleidigung in Épinettes oder in Saint-Ouen zu rächen. Aber würde man auf eine Rauferei verzichten, wenn man sie doch eigentlich suchte, würde etwa eine Prügelei zwischen Halbstarken aus Mangel an Mitkämpfern abgesagt werden? Nein, der Halbstarke hat einen omnipräsenten Feind erfunden, eine Hydra mit Tausenden von Gesichtern, ein stetes Hassobjekt: den Snob.

«Was ist ein Snob?», habe ich La Souffrance gefragt. Alle haben mir gleichzeitig, wie aus der Pistole geschossen, mit einer ganzen Reihe von Beschreibungen geantwortet:

«Ein Snob ist kein Mann.»

«Er ist ein eingebildeter Kerl.»

«Keiner mag die Typen.»

«Sie sollten ganz einfach so wie wir sein, aber sie sind nicht wie wir.»

«Sie blicken auf uns herab.»

Etc.

Einer der beiden Popauls – abgesehen davon, dass sie beide Paul heißen, haben sie nichts gemeinsam – beginnt den Angriff. Der Passant war in Eile, er trug eine Aktentasche unter dem Arm. Popaul rempelte ihn mit der Schulter an, der andere wich aus und bekundete seinen Unmut.

«Was?», brüllte das Skelett.

Der Passant stürzte: Das Skelett hatte ihn mit einem gezielten Schlag zu Boden befördert.

«Wo hast du denn hingeschlagen?»

Eine große rote Hand ballt sich über meinem linken Auge zur Faust. Er imitiert die Szene, und die Erinnerung daran erregt ihn. Voller Entsetzen ergreift der Snob die Flucht und schreit um Hilfe.

Sie freuen sich, dass sie jemandem Angst eingejagt haben, und sind dann lange zwischen Villiers und Clichy herumgestreift. Diese Nacht würden drei Snobs an die Reihe kommen: Der letzte wagte es, sich zu verteidigen: Man schlug ihn nieder, machte ihn fertig; mit einer herausfordernden Geste, als wollte er im nächtlichen Paris die eigene Existenz beweisen, zerschlug La Souffrance schließlich das Sicherheitsglas einer Notrufsäule. Polizisten verhafteten sie wenig später.

Vierundzwanzig Stunden, verstockt und auf der Hut, mit Flüsterstimmen ihre Unternehmungen und Rachepläne besprechend, haben sie auf einer Bank der Polizeiwache verbracht. Die Liste ihrer Straftaten wurde um eine weitere Gewalthandlung verlängert, dann kamen Mitarbeiter des Jugendgerichts – man nennt sie die Vertreter der überwachten Freiheit – und ließen sie wieder laufen, weil ihr Verbrechen letztlich kein allzu schweres war, weil sie alle vier noch sehr jung sind, weil schließlich alles besser ist, als junge Leute in Gefängnisse oder Besserungsanstalten zu stecken.

Vorgestern hätte ich das Opfer ihres Zornes und ihrer ganz und gar sinnlosen, rein böswilligen Gewalt werden können. Aber diese Gewalt ist ein Problem für sich, sie richtet an uns alle eine Frage, auf die eine Antwort zu finden wir uns bemühen sollten. Es ist tatsächlich eine seltsame Gewalt; der willkürliche Hass gegen den Vorübergehenden, den Unbekannten, einfach gegen den anderen im allgemeinen Sinne ist für sie Unterhaltung und Vergnügen: Sie prügeln und zertrümmern, weil sie sich zu Tode langweilen.

In London scharen sich andere junge Leute zu Mörderbanden zusammen, um von den Antillen stammende Schwarze zu lynchen; in Bristol legen sie sich auf die Bahngleise und warten ab: Wer zuerst flieht, gilt als der Feigste, der Mutigste rettet sich so spät, dass seine Schultern fast unter die Räder der Lokomotive geraten. Ein neues Spiel. Erst in der vergangenen Woche wurde einem Vierzehnjährigen dabei der Kopf abgetrennt. In den USA terrorisieren behelmte Halbwüchsige in Lederjacken, die der «wilden Mannschaft» angehören, die Kleinstädte des Mittleren Westens; und in Stockholm versammeln sich gleich zweitausend dieser Sorte im Stadtzentrum: Die Schaufenster – und zwar alle Schaufenster – der Luxusläden werden binnen Minuten zerschlagen. Man begegnet ihnen überall, in Deutschland, in Warschau und in Moskau: In Paris bezeichnet man diese Halbstarken wortwörtlich als die «Schwarzjackenträger».

Wenn man gleich zu Beginn verallgemeinert, hat man schon verloren: Die «Krankheit der Jugend» ist das große Tintenfass aller Generationen, und wenn man die heutige Jugend nicht verstehen will, erachte man sie am besten als identisch mit den jungen Leuten aller anderen Länder. Die Unterschiede zählen jedoch wenigstens ebenso viel wie die Ähnlichkeiten: Die Jugendlichen in den USA verfügen über Technik, Autos, große Motorräder; unsere Jugendlichen in Paris träumen von einem Moped.

Schweden ist ein sanftes Land, ohne gesellschaftliche Probleme, ohne Klassenkampf, wie es heißt: Man trinkt Milch, die Ernährungsmaßstäbe werden von klugen Fachleuten vorgegeben, man wohnt in zeitgemäßen «großen Gemeinschaften». Eines schönen Tages kommen junge Schweden zu dem Schluss, dass diese trostlose Sanftmut eine der schlimmsten Formen der Gewalt ist, und verwüsten ihre Hauptstadt, um durch Gewalttätigkeit den Geschmack der Freiheit neu zu entdecken. In Saint-Ouen, Épinettes, Montreuil und Ménilmontant hingegen haben sie noch nicht die Zeit dafür gefunden, den Lebensüberdruss der «glänzenden Großstädte» kennenzulernen; sie sind in kleinen Zwei-Zimmer-Sozialwohnungen aufgewachsen, einige auch in noch schlimmeren Armutsquartieren, der Ursprung ihrer verwirrten Aggressivität ist das Elend. Wie müssen also differenzieren: Amerikas Halbstarke können nur anhand von Amerika verstanden werden, die Halbstarken Frankreichs nur, wenn wir auf Frankreich schauen. Erst wenn das klargestellt ist, darf und muss man darüber nachdenken, was sie gemeinsam haben: ihre Langeweile und die anarchistische Gewalt. Mit den Gründen wollen wir uns etwas später befassen.

Vorläufig weiß ich nicht, worin die «Krankheit der Jugend» besteht; ich habe nichts als unterschiedliche, fassungslos machende Übel vor Augen. Um mit diesen jungen Menschen zu sprechen, um den Versuch zu unternehmen, sie zu verstehen, hatte ich La Souffrance und seine Freunde zum Abendessen eingeladen.

Siebzehn von ihnen haben sich eingefunden, die Bande ist fast vollzählig, eine Bande von Halbstarken wie es in Paris vielleicht hundert gibt. Zwischen fünfzehn und zwanzig Jahre sind sie alt, und an diesem Samstagabend erscheinen drei Mädchen mit ihnen, drei

Damen: Dany, sie ist fünfzehn und Lehrling in einem Friseursalon, Sophie, fünfzehneinhalb, angestellt bei La Coupe, und Louisette, sechzehn, ohne Beruf und festen Wohnsitz. Sie ist von zu Hause abgehauen.

Vorhin, als ich sie am vereinbarten Treffpunkt traf, ist La Souffrance etwas steif auf mich zugekommen und hat gefragt:

«Darf die Ente auch mit?»

Auf dem Rücksitz eines alten Citroën 15CV ließ sich ein dunkles, kugelförmiges Etwas ausmachen, drängte sich heraus, sagte kein Wort.

«Wem gehört der Wagen?»

«Uns», entgegnete La Souffrance.

«Wer ist mit ‹uns› gemeint?»

«Ich, Zinzin, das Skelett und Popaul.»

«Ihr habt ihn gemeinsam gekauft?»

«Ja, vor sechs Monaten, für 75 000 Francs.»

«Fährt das Ding überhaupt?»

«Nein, wir haben es wegen der Mädchen; alle zwei Wochen lassen wir zwei Pleuelstangen heiß laufen, schöner Schrott.»

Dany hat einen schmalen, sehr roten Mund, volle Wangen, volle, braune Haare mit weißen Strähnen, um aufzufallen.

«Was sollen die weißen Haare?»

«Das ist 'ne besondere Brillantine, ich trag die jeden Morgen auf.»

«Und das findest du schön?»

«Ja, und La Pastille auch, er hat nichts dagegen gesagt, also mach ich weiter.»

Im Gegensatz zu Dany, die sehr sanft wirkt, wirkt Sophie mit ihrem schmalen, dreieckigen Gesicht wild, nervös, von Unruhe verzehrt, sie hat große schwarze Augen. Bei La Coupe verdient sie 25 000 Francs im Monat. Sie gibt alles ihrer Mutter, die das ganze Jahr hindurch einen Marktstand betreibt und ihrer Tochter wöchentlich 1500 Francs überlässt.

Ich frage Sophie: «Was ist dein größter Wunsch?»

Ohne Zögern, als spräche sie ein Gebet, antwortet sie: «Etwas Geld.»

Man spürt, dass sie nur daran denkt, jede Sekunde, besessen.

«Warum?»

«Um mir Kleider zu kaufen.»

Sie hat das alles gesagt, ohne Luft zu holen. Um in der Rue de Belleville Stöckelschuhe kaufen zu können, spart sie von ihren 1500 Francs, so viel sie kann: «Wird trotzdem noch dauern», sagt sie.

In der Rue de Belleville kostet ein Paar Stöckelschuhe 4000 Francs.

Und jetzt reden sie alle durcheinander: Sie haben nicht oft die Gelegenheit, aus ihrem Leben zu erzählen, gewöhnlich hört ihnen niemand zu. Aber wenn man ihr Zutrauen gewinnt, geben sie ihre Abwehrhaltung auf, vor mir stehen Kinder. Zwei Dinge sind wichtig: jeden zu Wort kommen zu lassen und sie am Trinken zu hindern. Ein Glas Wein oder zwei Gläser Bier reichen aus, um sie herauszufordern, zu reizen und besoffen zu machen; sie können sich dann nicht mehr artikulieren: Sie sind noch jung und chronisch unterernährt.

Hier sind sie also, die bereits mit der Justiz Vertrauten! An meinem Tisch sitzen Zinzin, achtzehn Jahre alt, niedrige Stirn, lispelnd, ein Fachmann im Aufbrechen von Autotüren, schon fünfmal verurteilt, vier Monate Haft; einer der beiden Popauls, siebzehneinhalb, ängstlich und gehetzt, eingefallene Backen, hohe Wangenknochen, intelligent, hübsch, auf Bewährung, er wird polizeilich überwacht; mein Freund La Souffrance, immer von Gummiknüppeln grün und blau geschlagen, weil sein Hass auf die Polizei mindestens ebenso heftig ist wie sein Hass auf die Snobs; Claude, «der Schwamm», weil er lange alles geglaubt hatte, was ihm erzählt wurde, und weil er lieber getötet worden wäre, als einen Kumpel zu verraten, ein wunderbarer Junge mit offenem, hellem Gesicht und dunkelblauen Augen, ein Poet, ein Träumer: schon mehrmals sechs Monate in Untersuchungshaft gewesen, im selben Gefängnis wie Zinzin. Dann noch Jean-François, den sie den «Freiwilligen» nennen, sowie das Skelett, er trägt heute ein Fallschirmjäger-Barett auf dem Kopf, Dédé, Loulou und Lulu. Lulu ist der Jüngste, noch keine sechzehn, hat eine tiefe Stimme und ein zartes Gesicht.

Diese Tischrunde hat zufällig zusammengefunden, dennoch könnte man sagen, dass jeder der hier versammelten Menschen von der gleichen unglücklichen Fügung geleitet worden ist. Wahllos lese ich in meinen Notizen. La Souffrance: Der Vater hat Frau und Familie zehnmal im Stich gelassen, war ein Säufer, vor zwei Jahren ist er endgültig verschwunden. Die Mutter arbeitet von acht Uhr morgens bis sechs Uhr abends als Reinigungsfrau. Da sind drei Schwestern und ein kleiner Bruder. Zu sechst leben sie in zwei Zimmern. Um die Betten aufstellen zu können, muss man den Tisch vom Esszimmer in den Flur tragen. Zinzin: zwei Brüder, zwei Schwestern, zwei Zimmer. Der Vater hat Giftgas-Verletzungen erlitten, er ist Kriegsinvalide und verbringt den ganzen Tag im Bett. Er steht nur auf, um im Straßencafé Karten zu spielen, kommt besoffen zurück, lässt Ordnung allein durch Stockschläge walten. Zinzin träumt davon, ein Zimmer für sich zu haben. Popaul: Der Vater ist 1943, zwei Monate nach der Geburt des Kindes, verschwunden. Die Mutter lebt in zweiter Ehe in Marseille. Er sagt: «Sie hat ihren Ehemann mir vorgezogen, sie hätte mich nicht allein lassen sollen.» Er ist in Paris bei seinen Großeltern aufgewachsen. Seine Mutter sieht er zweimal im Jahr. Er ist hochbegabt. Bis zur dritten Klasse hat er das Lycée Chaptal besucht, aber dann konnte sein Großvater die Kosten nicht mehr tragen, er musste arbeiten. Die Großeltern haben ihn – mit doppeltem Schloss – in sein Zimmer eingesperrt, um ihn daran zu hindern, sich mit seinen Freunden zu treffen. Der Schwamm hat seinen Vater nie gekannt. Bis zum vierzehnten Lebensjahr hat er bei Pflegeeltern auf dem Land gelebt. Bei insgesamt fünf verschiedenen Familien. Seine Mutter kam ihn einmal im Jahr besuchen. Er sagt: «Ich heulte immer acht Tage lang, wie sie wieder weg war.» Aber er ist ihr nicht böse, er liebt sie. «Es war nicht ihre Schuld, sie arbeitete in einer Fabrik, es fiel ihr schwer, jeden Monat meine Pflegeeltern zu bezahlen, und die Überweisungen kamen immer zu spät.»

Lulus Leben ist völlig zerrissen. Er ist noch keine sechzehn, lebt allein auf einem Dachboden. Am Abend, nach der Arbeit – er ist Mechaniker-Lehrling –, trifft er seine Kameraden, die für ihn seine Familie sind. Zwanzigmal hat er unter Aufwand all seiner Zärtlichkeit seiner Mutter zeigen wollen, dass er sie liebt, zwanzigmal hat sie ihn abgewiesen. Ich bin ihm kürzlich einmal abends begegnet: Er stand vor einem Automaten und verzehrte ein unbelegtes Baguette; die Kumpel waren noch nicht eingetroffen. Lulu war zu allein für ein richtiges Abendessen.

Vom ersten bis zum siebten Lebensjahr hat sich eine Taufpatin in der Vorstadt um ihn gekümmert: Seine Eltern wohnen in einem Hotel, sie haben keine eigene Wohnung. Von sieben bis dreizehn geht Lulu auf eine Klosterschule, und weil die Patin sich nicht länger um ihn kümmern kann, stellt seine Mutter für ihn ein Bett im Hotelzimmer auf. Die Mahlzeiten bereiten sie auf einem Gaskocher zu. Sie leben nun zu dritt in dem Zimmer. Es ist winzig, aber für Lulu sind es vier glückliche Jahre: Familienleben. Mit dreizehneinhalb beendet er die Mittelschule als zweitbester Schüler im Arrondissement. Nur einen Monat später stirbt sein Vater an einer Gehirnblutung.

Lulu kommt auf eine Handelsschule, die er zwei Monate lang besucht. Als er eines abends ins Hotel zurückkehrt, sieht er einen fremden Mann bei seiner Mutter. Der hat die Jacke ausgezogen, die Krawatte abgenommen. Die Mutter errötet: «Das ist mein Chef», sagt sie zu ihrem Kind – sie arbeitet als Telefonistin in einer Fabrik. Lulu sieht gleich, dass der «Chef» mit einem Koffer gekommen ist.

Die Mutter sagt: «Heute Abend schläfst du bei deiner Tante. Also geh, hau ab!»

«Sie hatte nicht den Mut, mir die Wahrheit zu sagen», erzählt er. «Der Kerl verbrachte fortan jeden Abend mit meiner Mutter, und die Tante konnte mich nach einer Woche nicht mehr bei sich behalten. Meine Mutter sagte zu mir: ‹Du musst dich entscheiden, entweder arbeitest du, oder du gehst ins Waisenhaus.› Ich wusste schon, was ein Waisenhaus war, und weil ich gern zur Schule ging, hab ich das Waisenhaus gewählt. Meine Mutter brachte mich hin, es war Dezember, der Pfarrer zeigte mir mein Bett im Schlafsaal, und sie begann zu weinen. Aber sie ließ mich doch stehen, sie hatte sich rasch gefangen.»

Die ersten Tage sind grauenvoll, Lulu kann sich nicht eingewöhnen, jede Nacht weint er, seine Mutter fleht er an, ihn wieder zu sich zu nehmen. Sie aber schreibt an den Leiter, dass sie ihren Sohn in den Ferien nicht beherbergen kann. Also bleibt der Kleine bis Ostern in der Anstalt, wie ein richtiges Waisenkind oder ein Gefangener; er zählt die Tage. Endlich Ostern: Außer sich vor Freude, läuft er zu seiner Mutter. Der Herr Chef ist noch immer da, in Hemdsärmeln, ganz zu Hause, königlich.

«Hier kannst du nicht bleiben», sagt die Mutter, «du musst zurück ins Waisenhaus.»

Von nun an begeht Lulu vor jedem Sonntag absichtlich irgendeine verbotene Tat, damit er zur Strafe am Wochenende nicht nach Hause darf, weil man ihn ja von dort verjagen würde. Und eine verrückte Idee, von der er bald ganz besessen sein wird, reift in ihm heran: Er wird die Flucht ergreifen, weit weg, er wird genau zu dem werden, als den man ihn haben will: ein Einsiedler. Seine Mutter wird ihn nie wiedersehen.

Der erste Schritt, überlegt er, soll sein, dass er aus dem Waisenhaus herausgeworfen wird. Deshalb beginnt er, gemeinsam mit ein paar anderen Kindern des Elends, alles zu stehlen, was er stehlen kann.

«Das war schlecht», sagt er, «denn dort gibt es wirklich etwas wie Brüderlichkeit zwischen den Jungs.»

Er stiehlt Bücher, Schuhe, Uhren, sogar Geld. Aber erwischt wird er bei einem kleinen Diebstahl: Es ist ein Bleistift, den er einem Werkmeister der Lehrlings-Werkstätte entwendet. Man durchsucht ihn, seine Taschen, sein Fach, seine Matratze, die Höhle Ali Babas. Erfolg auf ganzer Linie: Lulu muss das Waisenhaus verlassen.

Zu spät wird ihm klar, dass man ihn nach Hause bringen wird, zur Mutter. Das will er nicht, und so beschließt er, abzuhauen. «Lulu wird fortlaufen!» Das Gerücht versetzt das ganze Waisenhaus in Aufregung, an die fünfzig Heiminsassen drehen ihre Taschen um und geben ihm 425 Francs für unterwegs. Außerdem verzichten sie auf einen Teil ihrer Nachspeise, und genau in dem Augenblick, als Lulu über die Mauer klettert, machen sie ungeheuren Lärm, um ihm die Flucht zu erleichtern.

Geduckt und ohne sich umzublicken, läuft er fünfzehn Kilometer durch den Wald von Meudon. In La Croix de Berny schlägt er die Richtung nach Rambouillet ein und zweigt etwas später nach Montlhéry ab, wo er bei Dunkelheit eintrifft. Er zittert vor Angst und bleibt vierundzwanzig Stunden im Wald, ohne einen Schritt zu wagen. Vom Hunger getrieben, bricht er eine Hütte auf und findet dort Eier, die er hinunterschlingt, Sahne und Zucker. Elf Uhr nachts: Er treibt sich in Monthléry herum, stiehlt ein Moped, kann aber den Motor nicht starten. Er wird sich mit einem Fahrrad begnügen müssen. Dann fährt er die ganze Nacht: Étampes, Orléans. Eine fixe Idee: hinunter in den Süden!

«Warum in den Süden?»

«Ich wollte das Meer sehen», sagt Lulu, «ich wollte weg, ich war noch nie am Meer gewesen.»

Er hat das Meer nicht erreicht. Nicht auf dieser Reise. Man stoppte ihn hinter Orléans, in La Ferté-Saint-Aubin. Verhör, Telefonate. Nach vierundzwanzig Stunden kommt die Mutter, um ihn abzuholen.

Acht Tage später – er ist inzwischen vierzehneinhalb Jahre alt – arbeitete er bei einem Weinhändler als Kellerbursche. Innerhalb eines Jahres übte er zehn Berufe aus, vor sechs Monaten hat seine Mutter ihn endgültig vor die Tür gesetzt. Wenn er nicht der «Bande» begegnet wäre, die ihn auf der Stelle aufgenommen hat, wäre Lulu vor Kummer und Einsamkeit gewiss gestorben. Die Bande hat ihm so gut wie alles gegeben, was ihm verweigert worden war: Beistand, Hilfe, Brüderlichkeit, sogar Zärtlichkeit. Heute ist Lulu ein «Blouson noir», ein Halbstarker.

Seit diesem Morgen hängt die öffentliche Bekanntmachung der Hochzeit des Schwammes im Bürgermeisteramt des XVIII. Arrondissement aus. Der Schwamm halluziniert: Den ganzen Abend war er abwesend, irgendwo anders. Ich frage ihn: «Und was ist mit deiner Verlobten, warum bist du nicht bei ihr?» Er antwortet nüchtern: «Ich habe mit ihr Schluss gemacht.» Die Bande, die um die Gründe der Trennung bereits weiß, steht einhellig hinter ihm. «Gut gemacht», brüllt La Souffrance, «man muss es den Weibern zeigen.» Der Schwamm war an diesem Morgen aber bewegt gewesen, so sehr, dass er es sich, nachdem sie die Hochzeit im Rathaus angemeldet hatten, nicht verkneifen konnte, lauthals einen Scherz zum Besten zu geben, den seine Freundin geschmacklos fand: «Siehst du», hatte er in Gegenwart des stellvertretenden Bürgermeisters und dessen Sekretärin gesagt, «das nächste Mal, wenn wir hierherkommen, um was zu unterschreiben, wird das Kerlchen schon geboren sein!» Die Braut, im dritten Monat schwanger, errötete übers ganze Gesicht: «Sei still», sagte sie, «das geht niemanden was an, du beschämst mich.» Und brach in heftiges Schluchzen aus. Der Schwamm wandte sich zur Sekretärin als Zeugin: «Die weiß, wie ich bin, die wird aus mir jetzt keinen anderen Typen mehr machen können»; er riss vier Busfahrkarten aus seinem Zehnerblock und verjagte seine künftige Frau: «Nimm das und fahr nach Hause. Ich werd hier nicht noch mal mit dir auftauchen.»

Nun muss er Wort halten. Er stellt sich den Schmerz der Verlobten vor. Ihre Eltern sprechen kein Wort mehr mit ihr, nachdem ein dreckiger Zufall der Natur sie dazu gezwungen hat, der Heirat zuzustimmen; er stirbt vor Sehnsucht – so viel ist klar –, zu ihr zu laufen und sie zu trösten, aber er wird nichts dergleichen tun. Es ist an ihr, den ersten Schritt zu machen, außerdem sind die Gesetze der Bande sehr streng: Der Schwamm würde seine Ehre verlieren, falls er seinem Wunsch nachgeben sollte; auf alle meine Fragen antwortet er hypothetisch: «Wenn sie zurückkommt, falls die Hochzeit stattfinden sollte, etc.»

An diesem Morgen wollte sich das Mädchen einfach achtbar zeigen. Weil der Schwamm die Situation rechtlich geordnet hatte, weil der Schein gewahrt blieb, wäre die Heirat eine richtige Heirat gewesen, und seit drei Monaten war sie damit beschäftigt gewesen, für sie beide eine Wohnung und Möbel zu suchen, ja eine richtige Hochzeit auf die Beine zu stellen. Dem Schwamm dagegen, einem neunzehnjährigen Abenteurer, Sohn eines ihm unbekannten Vaters, ehemals Häftling im Gefängnis von Saintes, war der äußere Schein gleichgültig. Wesentlich war für ihn nur die Unterschrift, die er hier leistete, die ernsthafte Amtshandlung, die seinem Leben eine Bedeutung verleihen und ihm zum ersten Mal eine gesellschaftliche Rolle zuerkennen würde. Die Verlobte – sie heißt Gilberte – hat nicht verstanden, dass der grobe Witz des Heranwachsenden eben seine Art war, mit der Angst fertigzuwerden: Der Schwamm entledigte sich erstens einer schrecklichen Familie, indem er nun selbst eine gründete, und ließ zweitens die Abwesenheit des Vaters hinter sich, indem er ohne Zögern Verantwortung übernahm! Das wahre und einzige Problem lag darin, dass er sich seiner unsteten Lebensweise bewusst war, die ihn den Preis und die Gefahr der Übernahme einer solchen Verantwortung ermessen ließ: «Ich habe Angst», hat er mir gesagt, «ich fürchte, wir könnten nicht gut miteinander auskommen, und trotzdem möchte ich mit ihr glücklich sein, denn ich bin nie glücklich gewesen.»

Welche Chancen haben die beiden? Er ist neunzehneinhalb, sie ist einundzwanzig. Sie arbeitet als Stenographin bei einem Kohlehändler, er ist Elektriker und hat es Gilberte zu verdanken, dass er erstmals seit sechs Monaten für denselben Arbeitgeber tätig ist. Vorher hat er, wie seine Freunde, alle zwei Wochen den Job gewechselt, war häufig wochenlang ohne Anstellung, lebte von kleinen Diebstählen oder musste hungern. In einem Gebäude in Saint-Denis, das für «unbewohnbar» erklärt worden war, haben sie eine Unterkunft entdeckt; für diese Einzimmerwohnung zahlen sie monatlich 2600 Francs. Der Schwamm hat die Löcher in den Zimmerdecken geschlossen, Gilberte hat Vorhänge angebracht, und ihre Mutter hat ihnen Schlafzimmermöbel geschenkt. In sechs Monaten wird das Kind zur Welt kommen.

Gegenwärtig beschäftigen den Schwamm vor allem seine künftigen Beziehungen zur Bande und die Beziehungen der Bande zu seiner Verlobten. Sie sind schlecht. Gilberte hat die Kumpel ein einziges Mal getroffen und findet, sie haben keine Manieren und einen schlechten Einfluss auf ihren Freund. Und es stimmt, sie waren Schuld daran, dass er im Gefängnis gesessen hat. Sie hat ihm den Schwur abgerungen, nie wieder mit ihnen zu verkehren. Den hat er geleistet, ist aber natürlich nicht imstande, ihn einzuhalten: «Ich verstecke meine Freunde vor ihr», sagt er, «doch ich muss sie sehen, diese Notwendigkeit ist stärker als alles andere. Sie will mich zwingen, mich zwischen ihr und der Bande zu entscheiden. Aber ich kann keine Wahl treffen, ich brauche beide.»

Alle Jugendlichen kennen diesen Widerspruch; die Halbstarken treiben ihn weiter. Die Mädchen sind ein Problem, ein Hauptproblem, der Halbstarke, der sich mit einem Mädchen in einer Metrostation verabredet, wird auf jeden Fall mit einem seiner Kumpel erscheinen. Mit ihm wird er das Mädchen ausführen, ob er mit ihr nun ins Kino oder zum Eislaufen geht, und er wird mit seinem Freund reden, er wird mit ihm entscheiden. Das Mädchen schweigt und lässt sich küssen. Wenn es dann endlich so weit ist, dass er mit ihr allein bleiben muss, fällt ihm die Trennung von seinem Freund schwer. Oft kommt es vor, dass zwei Jungen mit einem Augenzwinkern beschließen, das Mädchen an der nächsten Haltestelle einfach stehen zu lassen. Manchmal steigen sie gar nicht erst aus, wenn sie beim Einfahren der Metro das vom langen Warten erstarrte Mädchen durch die Bahnfenster sehen (zu einer Verabredung mit einem Mädchen kommt ein Halbstarker mindestens eine Stunde zu spät), um sich die Zeit mit der Suche nach anderen Mädchen zu vertreiben.

Eines der Verbrechen, dessen sich die Halbstarken häufig schuldig machen, ist die Vergewaltigung: Sie vergewaltigen ein Mädchen, einer nach dem anderen, und führen sich dabei wie wahre Bestien auf. Vor zwei Wochen haben vier Halbstarke eine Jugendliche attackiert. Sie verlor das Bewusstsein. Weil die vier in Panik gerieten, kamen sie auf die Idee, ihr ein großes Glas Cognac einzuflößen, dann brachten sie das Mädchen ins Krankenhaus, wo sie vorgaben, sie betrunken auf einem Bürgersteig gefunden zu haben.

An meinem Tisch sitzen heute Abend wenigstens fünf, gegen die ein Prozess wegen einer Vergewaltigungsanklage läuft. Zur Klarstellung: Die wirklich schlimmen Fälle sind selten. Häufig – die Sozialpädagogen und Richter sind auch dieser Meinung – hat man es mit weniger ernsthaften Fällen zu tun: Das Mädchen ist mit dem, was geschieht, mehr oder weniger einverstanden und macht eine Affäre daraus, um eine Entschuldigung zu haben, wenn sie erst im Morgengrauen nach Hause kommt. Nichtsdestoweniger ist es eine Tatsache, dass die Halbstarken Mädchen Gewalt antun.

Dieses Phänomen hat zuallererst damit zu tun, dass nur wenige Mädchen bereit sind, Teil einer Bande zu werden oder sich mit einer einzulassen. Das Auftreten der Jungen, ihre schwarzen Jacken, die Bluejeans, die Lust an der Gewalt bieten nur einen geringen Ausgleich für den Mangel an Prestige eines Jugendlichen ohne Geld, ohne Job und feste Anschrift. Ein Halbstarker kann einer jungen Frau nichts bieten, schon gar keine Sicherheiten. Deshalb teilen die Halbstarken sich die Mädchen gleichzeitig oder nacheinander – es sei denn, einem Mädchen gelingt es, das Herz eines der Typen zu erobern, was diesen dann auf der Stelle zum Aussätzigen werden lässt.

Der Umgang mit den Frauen, die Absage an die Monogamie, hat noch einen anderen Grund, der mit dem Erwachsenwerden an sich zu tun hat. Was ist eine Bande, wenn nicht ein gemeinschaftliches Unternehmen? Ob sie nun zusammen trinken oder randalieren, ob sie sich zu einer Rauferei oder zur Jagd auf die Snobs zusammentun, immer haben die Halbstarken das vage Gefühl, sich einem gemeinsamen Zweck verschrieben zu haben und an einer Sache mitzuwirken, die den Einsatz eines jeden von ihnen nötig macht. Ich sage «das vage Gefühl», denn leider geht es ja nicht um ein wirkliches «Handeln»; die Besäufnisse und Schlägereien sind nur Ersatzhandlungen, die Sehnsucht zielt auf etwas anderes. Ihr Unglück besteht darin, dass die Gesellschaft ihnen nichts bietet, was einer Bemühung wert wäre.

Die Banden-Existenz mit ihren Gesetzen, ihren Regeln, ihrer Teilnahmslosigkeit und ihrer Disziplin, rührt von tiefen Bedürfnissen der Jugendlichen her. Sie wollen der Angst, der Einsamkeit, der Langeweile entkommen, und das in einem Alter, in dem sich doch eigentlich alles um Spaß und Konsum drehen sollte. Jugendliche befinden sich naturgemäß in Abhängigkeit, sie produzieren nichts und haben sich noch nicht in die Gesellschaft eingefügt; nur auf ihre eigene Art können sie also etwas «leisten», um Einfluss auf die Welt zu nehmen. Es ist kein Handeln im eigentlichen Sinn, eher eine Imitation, Spiel und Arbeit zugleich, aber auch das zeigt, dass die Halbwüchsigen ein brüderliches und solidarisches Verhältnis zueinander haben. Sie würden sich nicht derart preisgeben, wenn nicht jeder auch an seine ganz persönliche Zukunft, an seinen Platz unter der Sonne dächte: Der Übergang zum Erwachsenwerden beginnt immer mit wenigstens einem Zugeständnis, und wenn die Halbstarken sich die Mädchen teilen, dann auch aus Großzügigkeit.

Weil ihnen eine Gemeinschaft fehlt, weil man ihnen keine Tätigkeiten bietet, die der Mühe wert wären, bilden die Jugendlichen Banden, aber es gibt keinen wirklichen Unterschied, die treibende Kraft ist dieselbe. Die Halbstarken schließen sich zusammen und ziehen gemeinsam, aus dem wesentlich gleichen Bedürfnis heraus, durch die Straßen oder die Bistros. Ob sie nun dem Bürgertum entstammen, ob sie Arbeiter oder Studenten sind, die Halbstarken fürchten jedes Zwiegespräch mit einem Mädchen. Das liegt wohl daran, dass es sich dabei um eine andere Form der Gemeinschaft handelt, die man, im Gegensatz zur Gruppengemeinschaft, als eine Gemeinschaft der Leidenschaft bezeichnen könnte. Im ersten Fall verfolgt man ein Ziel mit der Gruppe; im zweiten geht es um etwas Privates, jeder ist für sich. In einem Kinosaal sehen alle Zuschauer denselben Film, dennoch sind alle Kinobesucher radikal voneinander getrennt, als wären sie Tausende von Kilometern voneinander entfernt: Jeder ist auf sich selbst zurückgeworfen, konfrontiert mit seiner Einsamkeit und seinem Schweigen. In einer Gruppe hingegen erkennt sich jedes Mitglied durch die gemeinsame Bemühung, zu der alle ihr Bestes beisteuern, in allen anderen Mitgliedern wieder und befindet sich gleichsam außerhalb der eigenen Person.

Nur auf diese Weise kann man die Angst verstehen, die den Schwamm – er ist erst neunzehn – überkommt, wenn er an künftige Abende im ehelichen Heim und an die Manie der Halbstarken denkt, sich zu jeder Verabredung mit einem Mädchen von einem oder mehreren Kumpeln begleiten zu lassen: ein heldenhafter und hoffnungsloser Versuch des Jugendlichen, die Gruppengemeinschaft inmitten seiner Gemeinschaft der Leidenschaft zu bewahren. Man kann die Vergewaltigungen nicht verzeihen, sie sind unentschuldbar; aber man sollte bedenken, wie es dazu kommt.

Die Bande ist ein Notbehelf. Aber an wen sollen die Jugendlichen sich denn wenden, welche Angebote hält unsere Gesellschaft für sie bereit? Eine Familiengemeinschaft? Wir haben gesehen, dass in neun von zehn Fällen die Familienbande nicht existierten oder völlig zerstört sind. Eine Arbeitsgemeinschaft? Auch hier läuft alles schief: Die Mehrheit der Sozialpädagogen sieht in der Fließbandarbeit einen maßgebenden Faktor für die Unbeständigkeit, ja sogar für die Kriminalität der Jugendlichen. Der Einzelne hat weder eine Berufsausbildung noch einen Bezug zu seinen Aufgaben, in der endlosen Wiederholung derselben Handgriffe bleibt ihm seine Tätigkeit fremd, und er fühlt sich an die Firma, für die er arbeitet, nicht gebunden. Diese oder eine andere, was für ein Unterschied wäre das? Wegen einer belanglosen Streiterei mit einem Vorarbeiter oder weil er einfach deprimiert ist, kündigt ein Halbstarker und meldet sich arbeitslos. Bleibt untätig, solange er nur kann, lässt sich dann irgendwo anwerben, wie Vieh ins Schlachthaus führen. Da sie unfähig sind, sich zurechtzufinden und ihr Leben in einem Betrieb für sinnvoll zu halten, darf es nicht verwundern, dass sie in Träumen und Mythen Zuflucht suchen. Bis zum Überdruss werden ihnen Filme und Kriminalromane als Opium angeboten, und man könnte ihren aggressiven Männlichkeitskult, ihre Vorliebe für Uniformen (Jacken, Stiefel, Bluejeans) durchaus als einen zum Scheitern verurteilten Versuch verstehen, in ihrer Phantasie einen Einfluss auf die Welt zu nehmen, den ihnen die Wirklichkeit verweigert. Man vergisst es ja allzu oft: Die kindlichen, mit Fahrradketten bewaffneten Krawallmacher sind Arbeiter: Erst nach einem langen Tag in der Werkstatt oder in der Fabrik beginnen sie ihre andere, ihre zweite Existenz.

Die Generation, die den Halbstarken von heute voranging – auch das ist bedeutsam –, hat sich in die Politik gestürzt. Sie fühlte sich ausgenutzt und fasste den Plan, sich davon zu befreien und die Welt zu verändern: Es waren Revolutionäre. Den Halbstarken hingegen bedeutet Politik nichts, man könnte sie sogar, das wäre keine Paradoxie, als konservativ bezeichnen: Sie lieben die Ordnung. Ihr Hass richtete sich nur gegen die Polizei und die Snobs, sie denken keine Sekunde daran, den Ursachen ihres Elends auf den Leib zu rücken. Politik – und gerade die revolutionäre Politik – fordert Zeit, Reflexion und endlosen Verhandlungsspielraum. Den Halbstarken fehlt es dafür an Geduld, ihre Gewalt ist kurzsichtig, sie wollen alles, und sie wollen es auf der Stelle: Die Zukunft ist für sie weniger real als der Augenblick.

Nur haben sie keine Zukunft mehr. Oder genauer: Die Welt hat sich fundamental verändert; Zukunft ist für diese Jugend keine zeitliche Dimension mehr. Als ihre Väter Mitglieder der revolutionären Partei wurden und sich viele Jahre für etwas einsetzten, glaubten sie an die Verwirklichung ihrer Pläne, doch die Revolution hat nicht stattgefunden, man hat sie auf den Sankt-Nimmerleins-Tag verschoben, und heute glauben die Väter kaum noch daran, lediglich äußerlich sind sie sich treu geblieben. Die während des Krieges geborenen zwanzigjährigen Halbstarken haben nicht mehr die Zeit gehabt, zu Überzeugungen zu gelangen; der Wandel der gesellschaftlichen Ordnung ist für sie ein alter Hut, ein anderes Ideal hat sich ihnen nie geboten.

Auch der Kalte Krieg hat stattgefunden, die Drohung allgemeiner Vernichtung. Worin kann die persönliche Zukunft eines jungen Menschen bestehen, wenn die atomare Zerstörung möglich ist? Das Jahrhundert ist unstetig, die Zukunft der Menschheit unsicher geworden. Warum also etwas aufbauen?

Die Halbstarken verweigern sich der Zeit. Und die Zivilisation scheint ihnen recht zu geben, denn sie bietet ihnen Gegenstände und Maschinen an, deren Zweck es ist, Zeit und Raum abzuschaffen. Vespas, Autos, Flugzeuge, Fernsehgeräte, Sputniks; sie werden in eine Konsumwelt hineingeboren, jedes Bedürfnis scheint befriedigt werden zu können. Trotzdem bleibt da ein herzzerreißender Widerspruch: Wenn es vieler Jahre dumpfer Arbeit bedarf, um sich zum Beispiel einen Sportwagen – von dem alle träumen – zu kaufen, wo liegt dann der Nutzen? Ein Jaguar, an einem Straßenrand geparkt – sie können ihn anfassen, und doch bleibt er für immer außerhalb ihrer Reichweite –, verursacht Tantalusqualen. Indem sie eben nicht warten und sich *sofort*, sei es durch Diebstahl oder mit Hilfe eines Kredits, einer Maschine bemächtigen, gebaut, um jeder Laune *augenblicklich* Genüge zu tun, verhalten sich die Halbstarken in dieser Welt auf geradezu tragische Weise konsequent.

Auf den Straßen und Plätzen, in den Cafés gibt es Sozialarbeiter, die sich bemühen, die Konflikte der Jugendlichen mit den Gerichten und der Justiz zu regeln. Sie widmen sich ihrer Aufgabe mit ganzem Einsatz, sie tun, was nur möglich ist: finden Arbeit für ihre Schützlinge, ein Dach über dem Kopf, geben ein wenig Geld, wenn sie dazu imstande sind. Manchmal eröffnen sie ein Zentrum oder einen Club, wo man sich «erzieherischen Tätigkeiten» widmet.

Das ist alles sehr gut. Und es ist nichts: ein Tropfen Wasser auf einen heißen Stein. Aber nur so scheint sich das Drama der Halbstarken lösen zu lassen. Es muss schnell gehandelt werden, denn die Welt steckt in der Krise: Sputniks kreisen mit 28 000 Stundenkilometern um die Erde, und in den Straßen der Metropolen kämpfen verzweifelte Jugendliche gegen Gespenster an.

Elle, Nummer 784, 30. Dezember 1960
Elle, Nummer 785, 6. Januar 1961

JEAN-PAUL SARTRE: ENGAGIERT EUCH UND ENGAGIERT EUCH WIEDER

«[S]eit ungefähr zehn Jahren bin ich ein Mann, der geheilt aus einem langen, bitteren und süßen Wahn erwacht und der sich nicht darüber beruhigen kann und der auch nicht ohne Heiterkeit an seine einstigen Irrtümer zu denken vermag und der nichts mehr mit seinem Leben anzufangen weiß.»

Die Wörter, eine Höllenmaschine. Mit größter Vorsicht zu gebrauchen. Ein Buch als Falle. Man darf es nicht jedem in die Hand drücken. 213 leuchtende Seiten, die insbesondere eine Gemeinsamkeit haben: Sie sind ein pompöses Fest. Nur hat der Autor vergessen zu sagen, was der Anlass für das Fest ist: Die Geladenen, die auf Karussellen durch alle Zimmer dieses Eispalastes getragen werden, bleiben auf der Hut. Am Ende der Nacht, das Buch ist nun zugeklappt, fragen sie sich: Was haben wir da gefeiert? Einen Suizid? Die Pensionierung eines verbeamteten Literaten, der nun die Altersgrenze erreicht hat? Einen Abschied von der Kindheit? Die Geburt eines Kindes? Eine Befreiung? Eine Wiedereinstellung?

Unsere gerahmten Sartre-Bilder, mit der Zeit an den Wänden vergilbt, die nach unserer Vorstellung geformten Reliefs, der in Stein gemeißelte Sartre, geliebt oder gehasst, alles zerfällt zu Staub ... alles wird von einer geduldigen, bilderstürmerischen Termite zerfressen, die niemand anders als Sartre selber ist. Ohne Vorwarnung trampelt Sartre mit seinen achtundfünfzig Jahren im kürzesten Buch, das er bisher geschrieben hat, und im ersten, in dem er von sich selber spricht, auf den Bildern seiner selbst herum, er rüttelt an den Vorstellungen, die man sich von ihm gemacht hat, aber er sorgt sich nicht um sein Aussehen, er macht sich nicht die Mühe, die Ruinen wieder zusammenzubauen und für uns ein neues Standbild zu gestalten, eines nach seinem Geschmack, eben ein Selbstbildnis des Künstlers. Bestürzt über diese Hinrichtung, stöhnen die geplagten Seelen auf und verurteilen ihn aufs Schärfste: «Wer also ist er?» oder «Er hat keine Selbstachtung.» Und dann brummen sie ihre trübsinnige Klage: «Was bleibt von unserem Sartre noch übrig?»

Muss man *Die Wörter* wörtlich nehmen? Das ist die Frage. Er hat die verlässlichsten Spuren verwischt, ist durchgebrannt, hat sich empfohlen; manche Spitzel, Lektüreexperten, begeben sich auf die Jagd, um Sartre wiederzufinden und uns zu beruhigen. Jene unter ihnen, die etwas gegen markerschütternde Überprüfungen haben, lassen die Panik hinter sich, die auch sie für einen Augenblick zu überwältigen drohte, und kommen zu dem Schluss, dass sich nichts verändert hat. «Der alte Komödiant», sagen sie; «sollte ausgerechnet Sartre desillusioniert sein? Sollte ausgerechnet Sartre nicht mehr wissen, was er mit seinem Leben anfangen soll? Schluss damit, er erlaubt sich einen Scherz. Koketterie eines Schriftstellers!» Andere sind, im Gegenteil, eifrig damit beschäftigt, ihm zu glauben, aber nur, damit sie ihn umso heftiger anklagen können: «Verräter!», rufen sie, «Sie sind unser aller Chef, unser aller Führer, unser Polarstern gewesen! In wie viele Schlachten, die Sie gewonnen und wir verloren haben, haben Sie uns geführt? Es war damals nicht schön, sich zu sträuben: Sie haben uns – und oft mit dem Revolver im Nacken – davon überzeugt, dass aus Ihrem Mund die Wahrheit sprach. Und jetzt lassen Sie die Zügel los, Sie gemeiner Ramschhändler! Und doch ist es auch eine Erleichterung: Wir sind von Sartre geheilt! Dieser falsche Götze war also nichts als ein bedauernswerter, von seinen Problemen beherrschter Mann, ein ganz gewöhnlicher Schriftsteller, dem es darum ging, sich mit

Hilfe der Literatur sein ewiges Heil zu sichern. Heute glaubt er nicht mehr an das Heil, behauptet, bloß noch als Blinder, ergrauter Söldner der Feder zu schreiben, aus reiner Gewohnheit, und möchte uns mit in den Untergang reißen! Wir allerdings sagen: ‹Nein!› Das war's, Sartre. Nehmen Sie zur Kenntnis, dass wir Ihnen nicht folgen! Die Literatur ist ein Ritterorden, zu dessen Hütern wir berufen sind, gegen Sie und trotz Ihnen werden wir durchhalten!»

Diese Patrioten sind nicht imstande, Sartre zu lesen, oder, was auf dasselbe hinausläuft, sie haben ihn nie wirklich geliebt. Erstaunliches Missverständnis: Um sich selbst kennenzulernen und zu offenbaren, schreibt er ein vollkommen aufrichtiges Buch, diskret und fragend, transparent und rätselhaft zugleich, er zeigt sich, wie er von jeher gewesen ist: mit offenem Gesicht. Nun scheint es, dass einige, die sich für professionelle Hellseher halten, lediglich einen maskierten Sartre mit geschminkten Augen ertragen können, der aber ausschließlich in ihren Wahnvorstellungen existiert und den sie je nach Laune verehren oder in Stücke reißen können. Auch wenn der Mann in Erscheinung tritt und hinter der Papiermaske die Wahrheit herausbrüllt, stoßen sie Wehklagen aus, setzen an die Stelle des alten ein neues, freilich genauso abgenutztes Trugbild. Dem wahren Sartre, der zwischen den Zeilen sein Existenzrecht einfordert, wird ein weiteres Mal ausgewichen. Was sein Buch *Die Wörter* angeht: Er bleibt verkannt wie zuvor.

Leider haben unsere Detektive dieses Buch mit Nagelschuhen betreten und sich als erstaunlich vergesslich erwiesen. So haben sie eine doppelte Schuld auf sich geladen: zu schwerfällig und zu leichtfertig gewesen zu sein, Sartre zu ernst und nicht ernst genug genommen zu haben. Früher, als er sie mit Kanonen und Orgeln zu Vernichtungskämpfen aufrief, verzogen sie das Gesicht, unzufrieden mit seinem in Spitzenhandschuhen geführten Krieg, mit den Schattierungen, den Zwischentönen. Die Kunst war dazu da, alles zu sagen. Das ist ihm nicht gelungen, wie es scheint. Heute stürzen sich dieselben ehemaligen «Zwangsrekrutierten» seiner Regimenter, Nostalgiker der Befreiung, mit kämpferischem Eifer auf *Die Wörter* und lesen das Werk wie eine Wahlkampfrede, in der sie nach lauten Glaubensbekenntnissen suchen. Sie schneiden in das lebendige Fleisch eines ergreifenden und heiteren Buches, in dem jedes Wort – eine Selbstoffenbarung der Literatur – sich selber anficht, sodass am Ende nichts als ein Skelett übrig bleibt: Sie nehmen *Die Wörter* beim Wort und halten jedes Wort für die Sache an sich; die Äußerungen Sartres sollten für sie so evident, undurchsichtig und robust sein wie ein Stein. Der Philosoph von *Das Sein und das Nichts* hat kein Anrecht auf ein wenig Nichts. Wenn er, in einer Parodie auf Pauline und Polyeucte, zum Beispiel schreibt: «Ich sehe klar, bin ernüchtert, kenne meine wirklichen Aufgaben, verdiene sicherlich einen Preis für Bürgertugend», schreit man auf: «Wie traurig das klingt, was für eine Trostlosigkeit!» Oder aber man stellt ihm die Frage: «Sind Sie ein Komödiant? Die Schwarzen, die Gelben, die Kolonialisierten, alle Benachteiligten, die Sie unterstützt haben, die vielen Bittschriften, die großen Manifeste, die Sie unterschrieben haben und unterschreiben, Sie glauben nicht daran, Sie tun nur so, Sie ziehen einfach schnell, geradezu mechanisch weiter!»

Oh nein: Wenn Sartre schreibt: «Ich sehe klar, bin ernüchtert», ist er in dem Augenblick, in dem diese Worte aus seiner Feder fließen, nicht traurig, dessen können Sie sicher sein, und sein Kopf ist keine öde, vereiste Wildnis. Nur wer nicht die geringste Vorstellung davon hat, was es bedeutet, Schriftsteller zu sein, kann derlei vermuten. Und gehen Sie nicht voreilig davon aus, Sartre sei sich untreu geworden, stellen Sie den Sartre von einst, den Sie wohl kaum geliebt haben können, jetzt keinem neuen Sartre gegenüber, den Sie – unter dem Vorwand, dass er nicht mehr derselbe sei –

nicht mehr lieben: Nichts hat sich geändert; die Menschen, die Sartre brauchen, kommen jeden Tag zu ihm, wie früher, und wenn er ihnen zuhört oder antwortet, haben sie nicht das Gefühl, es mit einem Bürger zu tun haben, der eine Lobotomie hinter sich hat. Heute Abend werde ich wieder zu ihm nach oben fahren, wie ich es seit fünfzehn Jahren dreimal in der Woche tue. Und ich phantasiere: Ich versuche, mir Sartre untätig vorzustellen. Sartres Hände, vor allem seine Rechte, die Schreibhand, womit beschäftigt sie sich wohl? Rollt sie etwa Zigarren, schachert sie mit Diamanten oder gar mit Waffen für einen Duodezfürsten irgendwo in einer fernen Wüste? Geerdet und ausgetrocknet geht Sartre-Rimbaud mit seinen Kamelen unter der stechenden Sonne Harars seinen Weg! Lange habe ich gehofft, ihn einmal beim Nichtstun zu überraschen. Nur ein einziges Mal. Heute misstraue ich mir: Wenn er schreibt, er wisse nicht mehr, was er tun solle, dann bedeutet das, dass er noch mehr schreibt. Ich werde eintreten und ihn mit seinem auffallend gekrümmten Rücken an seinem Tisch erblicken, wie immer, in rasantem Flug, zehntausend Stundenkilometer schnell, seiner normalen Reisegeschwindigkeit. Aber er wird seine Feder auf der Stelle inmitten eines Satzes, eines Wortes sogar, niederlegen und zu mir kommen, wird sich von seinem hitzigen Streit mit dem «Langweiler» Flaubert losreißen. Losreißen ist das richtige Wort: Sartre kennt keine Kurven, keine langen und gleichmäßigen Biegungen, kein langsames Auftauchen. Meine Anwesenheit – oder die irgendeiner anderen Person – erweckt ihn ruckartig, erwischt ihn in den Tiefen, wo er schuftet, bringt ihn vom Weg ab und lässt ihn stillstehen. Jeder Mensch ist für ihn König oder General, dem er auf der Stelle sagen muss: «Anwesend». Die Köpfe anderer Schriftsteller sind vernebelt: Wer sich mit ihnen unterhalten will, muss warten, bis sich der Nebel verzieht, bis sie in einer achtungsvollen, geradezu ländlichen Stille wieder auftauchen. Dabei steht die Vergangenheit der Zukunft im Weg. Sartre hingegen hat nichts hinter sich, nichts hält ihn zurück, immer ist er sich selbst voraus, alles beschäftigt ihn vollends und ganz und gar.

Wie eine Zielsuchrakete geht er mit leichtem und klarem Kopf auf etwas los: direkt aufs Ziel, das ist seine Devise. Aber es kommt vor, dass ein anderes Objekt auf seinem Radar erscheint: Dann zögert die Rakete, scheint einen Augenblick lang am Firmament innezuhalten, schwenkt im rechten oder im stumpfen Winkel (nie aber beschreibt sie Kurven) hin und her, hat schließlich ihre Richtung korrigiert und rast weiter. Und doch gilt unverändert: Stillstehend, ein verrückter alter Kämpfer zweiten Ranges, die Hand an der Feldmütze, so wird er von Flaubert zu Lanzmann, von Angola zum Irak hinüberschwenken. Dabei verwirrt ihn höchstens die verschwindend kurze Zeit zwischen zwei Objekten. Überraschen Sie ihn doch in seiner Zweizimmerwohnung in der zehnten Etage am Boulevard Raspail und schildern Sie ihm Ihr Anliegen; es ist gleichgültig, ob es das Herz oder den Kopf betrifft: Er wird sofort daran teilnehmen, und er wird Ihnen gegenwärtiger sein, als Sie es sich selber sind. Wenn man ihn kennt oder wenn man ihn liebt, wird man es natürlich vermeiden, ihn bei der Arbeit zu stören: Es ist nämlich allzu einfach, sich bei ihm Gehör zu verschaffen.

Er ist derselbe Sartre, ich kenne ihn und kann es bezeugen: ein Reisender ohne Fahrkarte, ohne Existenzrecht, nichts in den Händen, nichts in den Taschen, mit seinen achtundfünfzig Jahren ebenso ungeschützt, wie er es mit acht gewesen ist. Dieser Enttäuschte fällt in die Kindheit zurück, er fängt bei null an, er «verpflichtet sich weiter». Statt des Werbespruches «Eine Kindheit», den man seinem Buch *Die Wörter* verpasst hat, hätte ich lieber den Slogan der Berufsarmee darauf gelesen – man sieht ihn auf dem Land noch oft an den Mauern der Gendarmerie-Posten: «Engagiert euch und engagiert euch wieder!» Nach so vielen Zeilen, so viel

Arbeit, so vielen Büchern blickt er nicht etwa mit Zufriedenheit und Genugtuung auf sein Leben, auf seine Errungenschaften, den Aufstieg zu den Ehrenrängen. *Die Wörter* erzählen die Geschichte eines Soldaten mit halbiertem Sold, der seine Auszeichnungen zurückgegeben hat und mit einem Bettelsack und drei Sous zurück in den Krieg zieht. Ohne Fahrkarte, ohne Gepäck.

Und falls er doch etwas Gepäck mitgebracht haben sollte, ein paar Möbelstücke und Bücher, hat er sie vergessen: Vor zwei Jahren hat man ihn mit einem Tisch, einem Bett, einem Sessel ins oberste Stockwerk eines Wohnhauses gesteckt; jemand, der ihn gernhat und den die nackten Wände traurig stimmten, unternahm den schüchternen Versuch, dort eine Lithographie anzubringen.

Das ist alles: Er hat sich an den Tisch gesetzt und sich ans Schreiben gemacht. Der Raum ist vor lauter Zigarettenrauch ganz blau, der Manuskriptstapel des *Flaubert* wächst wohlweislich von Woche zu Woche, es gibt keine Fotos ihm lieber Menschen, weder Dekoration noch private Gegenstände, die seine außergewöhnliche Persönlichkeit widerspiegeln oder dem Besucher etwas über die Vorlieben und Gewohnheiten des Gastgebers verraten würden. Aber ich kenne nichts Lebendigeres und nichts Belebenderes als dieses kleine nüchterne Zimmer. Asketisch lebt er freilich nicht: Er tut, was ihm gefällt. Seine Personalpolitik ist die der Vollbeschäftigung; er reduziert die ungenutzte Zeit, so weit es nur geht, und er gibt sich ganz hin: an alles. An seine Aufgabe, an Sie, an mich, an wirklich jeden.

Was sich bei ihm verändert hat – und hier muss man *Die Wörter* wörtlich und Sartre sehr ernst nehmen –, ist, dass dieser Demokrat, der aus Stolz und aus Großzügigkeit beschlossen hatte, von sich selbst alles zu fordern, dieses Demokratieverständnis noch weiter vertieft hat. Wenn er arbeitet, wenn er schreibt, dann tut er es mit demselben Ehrgeiz und denselben Ansprüchen wie früher, nie verwechselt er Kunst und Handwerk. Aber er weiß auch, dass die wahnsinnige Unternehmung, in die er sich vor acht Jahren gestürzt hat, nämlich sein Leben durch *Die Wörter* zu retten und zu rechtfertigen, eine Täuschung und ein Misserfolg ist. Er weiß nun, dass die Literatur nicht rechtfertigt und nicht rettet, weder ihn noch irgendwen sonst; aus dem einfachen Grund, dass das Heil unerreichbar ist. Sie werden einwenden, er habe genau das bereits in allen seinen Büchern geschrieben. Das ist richtig, er hat es von jeher gesagt. Jetzt aber weiß er es, und darin liegt der Unterschied. Die Wahrheit, die er immer ausgesprochen hat, ist zu seiner Wahrheit geworden, hat ihn ins Mark getroffen, er hat sie verinnerlicht.

Die Verwandlung ist also radikal und zugleich unsichtbar. Alles ist wie immer. Sartre macht weiter. Genau wie zuvor, vergnügt und energisch. Sagen wir einfach, dass er auf sämtliche Alibis verzichtet hat, dass einem nach diesem Buch manche Floskeln, die im Hinblick auf ihn selbstverständlich schienen, nicht wieder geschrieben werden können: zum Beispiel das hingesagte Lob «großer Schriftsteller». Diese Bezeichnung suggerierte eine Überlegenheit, eine Hierarchie. Er hat sein Bestes gegeben, er ist Sartre. Das ist gut, und es ist dennoch unbedeutend. Warum sollte es uns anfechten: Sartre ist keine «große historische Gestalt», er hält sich weder für ein zu verwaltendes Kapital noch für Victor Hugo, für Napoleon oder Sartre. Was bleibt er dann? «Ein ganzer Mensch, gemacht aus dem Zeug aller Menschen, der so viel wert ist wie sie alle und so viel wert wie jedermann.»

Elle, Nummer 950, 6. März 1964

CLAIRE ETCHERELLI,
ELISE ODER DAS WAHRE LEBEN

Claire Etcherelli kommt aus einer anderen Welt zu uns. Die geradezu heimliche Veröffentlichung von *Elise oder das wahre Leben* in dem klug gewählten gelben Einband des Verlags Éditions Denoël, drei Wochen ist es her – und ich schicke sofort voraus: Es ist ein Meisterwerk! –, hat ihr Leben bislang nicht verändert. Und auch Ihres nicht, verehrtes Lesepublikum. Noch nicht. Warum auch hätten Sie unter hundert Autorennamen Claires auswählen sollen? Es werden so viele Bücher geschrieben, so viele werden mit Pauken und Trompeten angekündigt und sind berühmt, bevor sie auch nur einen einzigen Leser gefunden haben. Der Debütroman einer unbekannten Autorin, ganz auf sich allein gestellt, hat geringe Chancen, sich einen Weg zu uns zu bahnen. Das ist gut so, es ist kein Unglück, weil die jungen Autoren, die nur zu oft in den Vorzimmern des literarischen Serails geboren und gesäugt worden sind, zu rasch die Methoden des Betriebs kennenlernen: Widmungen, Fotos, Interviews, Signierstunden, Briefe und Telefonate; sie setzen sich zeitgleich mit ihrem Produkt durch, wie man sagt. Da sind sie dann, bleiben auf ihrem Platz, um die Flamme zu schüren oder sie neu zu entfachen, wenn sie zu flackern beginnt, und wachen über die Marktlücken des Buchhandels: kaum in der Szene, schon Profis.

Claire Etcherelli kennt die Spielregeln nicht. Eines Tages hat sie an die Tür eines Verlages geklopft, hat dort das einzige Exemplar ihres mit Schreibmaschine getippten Manuskriptes abgegeben und ist wieder gegangen. Sie hat lange gewartet. Wer hätte sich schon dafür eingesetzt, dass die Prüfung ihres Textes Vorrang haben sollte? Wie gesagt, sie kam aus einer anderen Welt, einer völlig anderen Welt, in der es unmöglich ist, jemanden kennenzulernen, der auch nur über die entfernteste oder zufälligste Beziehung zu einem Verlagslektor verfügen würde. Keine Chance also, wirklich keine. Vororte, weite Gelände, Fabriken, vom Elend gezeichnete Körper, Kälte, Hunger: Das ist Elises Welt. Das war und ist das wahre Leben von Claire Etcherelli. Dieser schöne Name, der in keiner Weise anklingen lässt, wo sie arbeitet und wohnt, hat bisher nicht ihr Gesicht verändert: Sie hat ihn erfunden, um sich zu maskieren, es ist ihr nicht in den Sinn gekommen, dass eine Buchveröffentlichung ihr Leben verändern könnte, noch viel weniger hat sie vermutet, die Menschen, die es vielleicht lesen würden, könnten sich nicht mit einem Namen auf dem Buchumschlag begnügen, sondern ihr Fragesteller ins Haus schicken – Biographen, Journalisten –, deren Aufgabe es ist, ihr beim Grenzübergang von ihrer Welt in unsere behilflich zu sein und ihr einen Platz unter ihresgleichen, den Schriftstellern, zu sichern. Nachdem der Roman erschienen war, schickte ihn Claire, wie es üblich ist, an ein Dutzend Literaturkritiker, die sich damit beschäftigen, ein Urteil zu fällen, und ging – zur großen Enttäuschung der Pressedame ihres Verlages – in der Meinung, alles getan zu haben, was getan werden müsste, damit *Elise* auch gelesen würde, wieder nach Hause. Wem hätte sie sonst noch ihre Arbeit widmen und zuschicken sollen, da sie doch keinen von uns kennt, und die Leute, die mit ihr täglich zu tun haben, gar nicht wissen – so ist es ihr recht –, dass sie schreibt?

Mit Hilfe von Tricks und Drohungen ist es immerhin vor zwei Wochen gelungen, sie – vor Scham und Angst halb tot – in Pierre Desgraupes Literatursendung *Lectures pour tous* zu zerren. Dort, auf dem Fernsehbildschirm, habe ich sie zum ersten Mal gesehen, nach Louis Aragon, der leidenschaftlich seine Überlegungen zum Besten gab, einem kanadischen Ethnologen und einer jungen

Erfolgsautorin, geschwätzig und ungezwungen. «Ich habe verlangt, als Letzte auftreten zu dürfen», hat sie mir später erzählt, «ich hoffte, dass die Leute den Fernseher vorher abschalten und zu Bett gehen würden.» Sogleich war ich von diesem blassen, schmerzerfüllten Gesicht und ihren wunderbaren Augen – sie sind grün und werden von langen Wimpern überschattet – ergriffen, von ihrer leisen Stimme, die den Worten nicht recht zu trauen und sie doch mit Kraft aufzuladen scheint. Sie sprach von ihrem Buch, ohne etwas über ihr Leben zu verraten; man hätte meinen können, dass es sich längst verändert hätte, dass es sich im Buch um eine alte Geschichte handle.

Die Sendung *Lectures pour tous* hat nicht ausgereicht, mich zum Kauf von *Elise* zu bewegen. Man liest nie genug, vier Freunde hatten mich gebeten, zu ihren gerade veröffentlichten Romanen Stellung zu nehmen. Unter diesen Umständen hätte ich ohne Zweifel – bestimmt sogar – den Roman von Claire vergessen, wenn mich nicht eines Morgens eine Bekannte angerufen hätte, um mir *Elise oder das wahre Leben* nachdrücklich zu empfehlen, das sie in der Nacht zuvor verschlungen hatte. Wie die Fernsehsendung hätte der Anruf allein vielleicht nicht ausgereicht, erst der doppelte Anstoß führte mich auf den Weg der Erkenntnis.

Also habe ich *Elise oder das wahre Leben* gelesen. Es hat mich tief berührt, und ich weiß, dass dieses Buch mich nie wieder verlassen wird, weil es unsere unmittelbaren Lebens- und Denkweisen und alle Werte, auf die wir, ohne es gewollt zu haben, unser Leben errichtet haben, radikal in Frage stellt. Aber es handelt sich auch um ein schönes und ergreifendes Buch, um die einsame Arbeit einer wirklichen Schriftstellerin, die dem Akt des Schreibens seine eigentliche Würde zurückgibt. Ich kenne zurzeit keine wichtigere Aufgabe für mich, als dieses Buch bekannt zu machen: Es wird sich bei jedem Leser mit derselben Schnelligkeit und derselben

Notwendigkeit durchsetzen wie etwa vor acht Jahren das Buch *Der Letzte der Gerechten* von André Schwarz-Bart; auch er war ein Marsmensch, der auf unseren Planeten fiel. Schwarz-Bart war ein Prophet, der das Spiel beherrschte und die Mittel audiovisueller Kommunikation nicht scheute, um die Massen zu erreichen. Claire Etcherelli ist viel zu lange Elise gewesen, um nicht alle unsere Regeln zu verwerfen.

Während des Algerienkrieges arbeitet sie am Fließband in der Halle Nummer 76 des Citroën-Werkes, wo die 2CVs hergestellt werden. Das Fließband ähnelt einer großen Schlange, es läuft unaufhörlich, wie ein Floß befördert es solide befestigte Fahrzeuge quer durch die riesige Werkhalle, die es souverän beherrscht. Elises Aufgabe besteht darin, in jedes Auto einzusteigen, sich auf dem Band ein Stück mitnehmen zu lassen und so rasch als möglich mit den immer gleichen Bewegungen, dem immer gleichen Blick die Innenausstattung des Fahrzeuges zu kontrollieren. Sie muss etwa notieren: «Scheibenwischer fehlt», «Sonnenschutzblende hat einen Riss», «Falten», «Fensterabdichtungen schlecht montiert» usw., dann wirft sie das Blatt ins Auto und geht weiter zum nächsten, bahnt sich ihren Weg an den gebückten oder knienden Arbeitern vorbei, die mit der Innenausstattung der 2CVs beschäftigt sind: «Emporklettern, einsteigen, hocken, nach rechts schauen, nach links, nach hinten, nach oben, auf den ersten Blick erkennen, was nicht in Ordnung ist, aufmerksam die Ausstattung prüfen, Ecken und Winkel, die Lichter, die Türverkleidung abtasten, die Fehlerliste hinterlegen, hinauszwängen, aussteigen, das Ganze siebenmal pro Stunde.» Das ist der Rhythmus der Fließbandarbeit: sieben Fahrzeuge in jeder Stunde, acht Stunden pro Tag, unerbittlich, im höllischen Takt, weder ein Innehalten noch Ruhe, auch nicht für die natürlichsten Bedürfnisse, Muskelzerren, ohrenbetäubende Geräusche, welche die Schläfen durchbohren und im Gehirn explodieren, Zittern, Aufregung, Benzingeruch. Wenn man einen Mangel auf dem Kontrollzettel anzumerken vergisst, hat man sich die Prämie verwirkt, diese lockende Karotte, die selbst alte Männer kurz vor der Rente zu Kindern werden lässt. Lästige, bis ins Kleinste aufgeteilte Arbeit – man versteht weder das Warum noch das Wie, weil das Fließband keine Zeit zum Nachdenken lässt –, bis man am Abend leer und erschöpft in einen Schlaf voller Albträume stürzt.

Elises Kollegen sind die Parias dieser Welt: Fremdarbeiter, Afrikaner, Schwarze, Algerier, Tunesier, Marokkaner, die modernen Sklaven der Industrie. Dennoch nimmt in dieser Hölle eine überwältigende Liebe ihren Anfang. Sie lässt Elise und Arezki, einen algerischen Hilfsarbeiter, der nachts für die Unabhängigkeit seines Landes kämpft, zusammenkommen. Es herrscht Krieg: überall Rassismus; wenn eine Französin und ein Algerier auf der Straße zusammen gesehen werden, beargwöhnt man sie; dasselbe gilt für die Fabrik, wo Rassismus ebenso unversöhnlich grassiert wie an jedem anderen Ort. Die Polizei kontrolliert und führt Razzien durch, sie überprüft, verhaftet, lässt laufen, verhaftet erneut. Ich kenne in der modernen Literatur keine schöneren Seiten als jene, wo Elise von ihrem langen nächtlichen Marsch mit Arezki durch Paris erzählt, auf dem sie vor Kälte zittert: Die Dunkelheit verbirgt ihre Gesichter vor den Passanten, Viertel für Viertel durchkämmen sie die Hauptstadt in der Hoffnung, endlich ein «gutes» zu finden, eines, wo keine Razzien drohen. Vergebliche Suche. Ebenso vergeblich wie die Suche nach einer Mansarde, wo sie die natürlichste Sache der Welt vollbringen dürften: sich nach Monaten des Wartens ein einziges Mal zu lieben. «Nichts ist uns je geschenkt worden», ruft Elise aus, «man musste immer alles unter größter Mühe erzwingen.» Nichts, das stimmt: es warm haben, nicht hungern, sich eine Tasse Tee leisten oder nur einmal Luft holen; alles, was wir für selbstverständlich halten, wird den Millionen von Versehrten, die sie beschreibt, verwehrt. Arezki wird im Zuge einer der Massenverhaftungen festgenommen. Elise sieht ihn nie wieder. Aber ein solcher Roman widersetzt sich einer Inhaltsangabe. Man muss ihn lesen.

Es ist eine wahre Geschichte: Claire Etcherelli hat zweieinhalb Jahre lang in der Werkhalle Nummer 76 gearbeitet, und Arezki hat wirklich existiert. Er wurde an einem Juniabend des Jahres 1958 vor einem Pariser Metroeingang verhaftet, seitdem ist er verschwunden, niemand hat ihn wiedergesehen. Vier Jahre später erfuhr Claire, dass er nach Algerien zurückgeschickt worden ist; man hatte ihn in das Lager von Beni Messous nahe Algier gebracht, er ist nie entlassen worden.

Elle, Nummer 1143, 16. März 1967

ALBERT COHEN,
DIE SCHÖNE DES HERRN

Albert Cohen lebte, aber ich kannte ihn nur dem Namen nach. Die Leserinnen und Leser seiner früheren Romane hatten von der Geburt eines Genies gesprochen: So war es 1930 und 1938 gewesen, als *Solal* und *Eisenbeißer* erschienen, und auch 1954, als *Das Buch meiner Mutter* veröffentlicht wurde. Acht Jahre Abstand zwischen dem ersten und dem zweiten Roman, danach ein große Lücke von sechzehn Jahren: Mit neunundfünfzig tauchte Albert Cohen dann noch einmal auf, um über seine Mutter zu schreiben. Eine kurze Erzählung, ein Klagelied, das an die äußerste Grenze der menschlichen Liebe führte, ein vollkommenes Werk. Und wieder zog sich der Schriftsteller in sein Schweigen zurück. Wenn seine ehemaligen Leser und Bewunderer an ihn dachten, sagten sie sich, dass er nun alt geworden sein müsse. Andere, zu denen auch ich gehörte, denen *Solal*, *Eisenbeißer* und *Das Buch meiner Mutter* entgangen waren, sahen ihre Bildungslücke mit jedem Tag größer werden. Aber es gibt so viele Bücher, nicht wahr?

Doch jetzt, nach vierzehn Jahren, kehrt Albert Cohen abermals zurück. Mit dreiundsiebzig, in einem Alter, in dem andere sterben oder sich nur noch wiederholen, schenkt er uns ein wahres Monument, ein wunderbares, gewaltiges Meisterwerk, das an die großen Werke der Weltliteratur heranreicht. Aus Zeitmangel habe ich die 845 Seiten des Romans *Die Schöne des Herrn* zunächst in nur drei Tagen und drei Nächten gelesen. Dann habe ich sie ein weiteres Mal gelesen – und tue es immer wieder, und dabei entdecke ich stets neue Wege, neue Wunder. Jetzt aber muss ich schreiben; ich muss erklären, wer Albert Cohen überhaupt ist – gestern war ich noch bei ihm, in Genf, wo er lebt; und ich gestehe, dass ich meinem Thema, wie man sagt, nicht gewachsen bin. Ganz und gar nicht. Das eiserne Gesetz des Journalismus – zehn mit der Schreibmaschine getippte Blätter über den Mann und das Werk – lässt sich hier nicht anwenden. Anfangs hörte ich nicht auf zu staunen; ich wusste ja nichts von ihm; heute drängt sich mir seine Existenz so selbstverständlich auf wie die eines Shakespeare, Proust, Rabelais, Joyce oder der großen Propheten des Altes Testaments. Ein Versagen der sogenannten Massenmedien! Albert Cohen war der Meinung, dass es für einen Schriftsteller ausreichen müsste, zu schreiben, nur das. Von Genf schickte er seine Manuskripte mit der Post an seinen Pariser Verleger und kümmerte sich um nichts mehr. Keine Interviews, keine Fotos, keine Pressetermine, keine Widmungen: «Ein Buch», sagte er zu mir, «verdient immer ein großes B. Mir graut davor, Widmungen auf das Deckblatt zu setzen. Ich achte das Buch, ich bin der Sohn des Buchvolkes. Graffitis auf den Denkmälern kann ich nicht ausstehen.»

Im Gegensatz zu vielen Schriftstellern, die ihr Talent geschickt verwalten, blieb er auf seiner Eisbank sitzen, ohne je auf einem Fest zu erscheinen, ohne sein Gesicht herzugeben oder sich irgendwelcher Anekdoten als Krücken zu bedienen, überzeugt, dass ein Buch sich aus eigener Kraft den Weg zu den Menschen bahnt. Seien wir gerecht: Alle wichtigen Literaturkritiker, deren Aufgabe es ist, Urteile zu fällen, haben Albert Cohen zum Genie erklärt. Aber wer liest schon Rezensionen? Außerdem empfahl sich dieses Genie immer wieder, entfernte sich für unglaublich lange Zeit: Er war ein Amateur, jedes Mal, wenn er wiederkehrte, war es wie eine Neugeburt. Ein junger Autor also, ein Gespenst, eine dreiundsiebzig Jahre alte literarische Hoffnung erscheint im letzten Winter eines Morgens beim Verlagshaus Gallimard, in beiden Händen einen

Koffer. In den Koffern befinden sich 1500 Seiten, sorgfältig getippt, diesmal ist das Manuskript zu umfangreich, um der Post anvertraut zu werden; das ist der einzige Anlass für die Reise des Autors nach Paris. Nachdem er *Die Schöne des Herrn* dort abgeliefert und im Verlag viele neue Gesichter gesehen hat, besteigt Albert Cohen, seinen inneren Gesetzen treu, noch am selben Tag das Flugzeug und macht sich auf den Heimweg.

Bevor das Buch dann einige Monate später in Druck ging, bat Gallimard Albert Cohen, einen knappen Waschzettel zu schreiben, wie das üblich ist. Er lehnte ab: Es überstieg seine Fähigkeiten, in zwanzig Zeilen zu sagen, wovon *Die Schöne des Herrn* handelt; das war sinnlos. Er antwortete nur: «Schreiben Sie, man hätte es auch ‹Das Buch der Liebe› nennen können, das genügt.»

Zwanzig Zeilen oder einige Seiten, es läuft auf dasselbe hinaus: Dieses unendlich große Werk verweigert sich einer Zusammenfassung, wie das etwa auch für *In Swanns Welt* von Marcel Proust gilt. Es speist seinen Wert aus einem unerschöpflichen, bedeutungsvollen Reichtum, aus einer unnachgiebigen Strenge in der Analyse, einer unglaublichen Dichte, aus verschiedenen Tonarten – den Genres, könnte man sagen –, die Albert Cohens außerordentliche Begabungen zum Vorschein bringen. Als wäre er zehn Schriftsteller in einem, und jeder von ihnen ein Meister: das Hohelied Salomons, Betrachtungen und Ideen eines Shakespeare, eine an Luzifer gemahnende Ironie, die die Motive der Menschen ans Licht bringt, ja schlagartig entlarvt. Aber der böse Blick verbindet sich mit der Güte des Herzens zu einer mitleidenden und empfindsamen Kraft, die aus den Figuren wieder dem Tode anheimgegebene Menschenbrüder macht. Tatsächlich geistert und frisst sich der Tod durch dieses Buch der Jugend und der Liebe. Denn kein anderer großer Schriftsteller hat derart erhaben, lyrisch und präzise zugleich über die Fleischeslust geschrieben, über die sinnliche Beziehung zwischen einem Liebhaber und seiner Geliebten, über die Geburt der Liebe, ihren Glanz, ihre Hölle und schließlich über die Jugend an sich. Wir werden sterben, wir sind verurteilt und wissen es nicht: Dieser alte Mann mit seinen müden, zarten Augen, die grün glitzern, dieser übergeschnappte und sanfte Kerl, der sich beeilen muss, weil die Sache drängt, verherrlicht also die Fleischeslust wie keiner vor ihm, weil er bereits den Tod darin sieht.

Verherrlichung und Verhöhnung, unendliche Liebe, mit dem großen, geeichten Metermaß des Todes gemessen, und deshalb umso lebendiger. Ja, *Die Schöne des Herrn* ist Lebensraserei, beschreibt sie nur, ihr jungen Leute, die «schmachtenden Rasereien», die brennenden, ungereimten Küsse, die fünfhundert Zeilen lang andauern, versucht euch daran: Er, Cohen, dieser Alte, der sich zehnmal am Tag im Sarg liegen sieht – er hat dieses Bild tatsächlich vor Augen, er hat mir davon erzählt –, ist verrückt nach Leben. Denn es gibt nur das Leben, sonst nichts, der Himmel ist leer. Er muss verrückt sein, dieser Keusche, dieser Gestrenge, sich in die Haut einer bis zum Wahnsinn Verliebten zu zwängen und sie dann, während sie Creme und Puder aufträgt, über vierzig Seiten vor ihrem Spiegel einen Monolog sprechen zu lassen, präziser als irgendeine Schauspielerin ihn meistern könnte.

Böse und gut und verrückt, außerdem ist er Jude, er ist all das. Jude zuerst: *Die Schöne des Herrn*, wie zuvor *Solal*, wie *Eisenbeißer* und *Ezechiel*, ein Werk für die Bühne, das 1933 mit unerhörtem Erfolg an der Comédie-Française uraufgeführt wurde, ist ein überwältigender Liebespsalm an den jüdischen Menschen. Tausend Wege tun sich auf, denen allen man nachgehen sollte, aber hier ist nicht der Ort dafür.

Solal, der Held in *Die Schöne des Herrn* (*Solal*, *Eisenbeißer* und *Die Schöne des Herrn* bilden eine Trilogie), war Minister in der französischen Regierung und ist nun Untergeneralsekretär des Völkerbundes. Sein Erfolg in der Welt der «Heiden» ist vollkommen, er erklimmt die höchsten Ämter zum einen seiner gesellschaftlichen Erfolge wegen, zum anderen dank der Leidenschaften, die er bei den schönen Christinnen entfacht: Man könnte ihn also geradezu als ein Symbol für die Assimilation betrachten, eine Assimilation, die er von ganzem Herzen ablehnt. Auf der Höhe seines Erfolges empfindet und versteht er sich als einen Fremden, von seinem Volk verbannt, «dem größten aller». Solal bewahrt sich die Sehnsucht nach dem Ghetto, der ernsten, widerspenstigen und zärtlichen, der patriarchalischen jüdischen Gesellschaft, in der er aufgewachsen ist. Das wahre verlorene Paradies, das neben dem Tod der zweite Goldstandard ist, an dem er seine Unternehmungen und seine Liebschaften misst. Aber der hochmütige Stolz, Jude zu sein, ist bei ihm – wie auch bei Albert Cohen – das Gegenteil gemeinschaftlicher Bindung. Solal ist der Sohn des Buchvolkes, des Volkes, das der Welt das mosaische Gesetz gebracht hat, eben die Zehn Gebote, das moralische Gesetz, den ersten und einzigen Versuch, den Menschen zu vermenschlichen und alles Tierische von ihm abzustreifen; des Volkes, das sich gegen die Natur stellte, das den Menschen in einem Netz aus Verboten, in alle von diesem großen Gesetz abgeleiteten Regeln und unerhört detaillierten Auflagen einengt mit dem einen Ziel, das Tier in ihm zu töten und ihn zu höchster Menschlichkeit emporsteigen zu lassen. «Was ist die Thora», fragt Albert Cohen, «wenn nicht der Versuch, den absoluten Menschen zu schaffen und das Sinnliche in ihm zu töten?» Spinoza sprach zu mir in dieser Genfer Wohnung, ein zum genialen Romanschriftsteller verwandelter Spinoza, und um das einzigartige Wissen zur Darstellung zu bringen, hatte er es in der ultralyrischen Sprache eines wilden Heidentums beschrieben. Fromme, orthodoxe, jüdische Frauen, deren Ehemänner nach den Regeln der jüdischen Religion leben, lassen sich am Tag ihrer Hochzeit ihren Kopf kahl scheren:

Sie müssen in den Augen ihrer Gatten hässlich sein, damit die Liebe, die er für sie empfindet, eine reine Liebe, eine Seelenliebe sei. Das verderbte Körperliche und die Schönheit werden abgelehnt. In diesem Sinne warnt der Talmud den Reisenden: Bannfluch für den, der stehen bleibt, um etwa einen schönen Baum zu bewundern. Das ist der verrückte Anspruch, die absolute Herausforderung, die der Mensch an den Menschen richtet, der das Herz der jüdischen Religion ausmacht.

Und so verweigert Solal, der Sinnliche, unverschämt vor Jugend, Schönheit und Erfolg, er, der alle Frauen verführt, wo er nur auftaucht, zugleich mit allen Kräften das Tierische und Kämpferische im Liebesakt: «Schläge, die der Mann der Frau zufügt.» Dieser Lüstling ist keusch. Ganz wie das Fleisch in seiner schönsten Herrlichkeit schon totes Fleisch ist, will Solal selbst das Unmögliche versuchen, er will die Natur in sich auslöschen, den Menschen zähmen, sich hässlich machen wie eine jüdische Frau am Tag ihrer Hochzeit. Dieser wunderbare junge Mann – so beginnt *Die Schöne des Herrn* – setzt sich die Mütze eines alten Ghettojuden auf, hüllt sich in einen abgenutzten, langen Überrock, übertüncht seine Wangen mit einer Firnis, auf die er einen weißen Bart klebt, heftet zwei Streifen schwarzen Heftpflasters über seine Vorderzähne, lässt links und rechts einen Zahn unbedeckt, sodass es scheint, als habe er nur zwei Eckzähne.

Dieses Ungetüm, der alte Jude aller Exile, vertrieben, ausgestoßen, gejagt, erscheint vor der schönen Ariane und hält die herrlichste Liebesrede, die ein Mann je an eine Frau gerichtet hat. «Nur zwei Zähne», sagt er, «und ich biete sie dir mit meiner Liebe, willst du meine Liebe?» Ariane muss nur bejahen, sie muss diese unvergleichliche Opfergabe einer Seele an eine andere bloß annehmen, «denn hier ist diejenige, die alle Frauen freikauft, hier ist die erste menschliche».

Das ist die jüdische Herausforderung, der Anlass für den jüdischen Stolz, der im Innersten des Werkes von Albert Cohen lebt.

Weder Folklore noch Partikularismus, so viel ist sicher, vielmehr die Überzeugung, das jüdische Volk sei der einzige Träger des Universellen und die Gesetze, die es sich selbst gegeben hat, sollten die Gesetze der Menschheit sein, weil die abendländische Liebe – die Liebe aus bloßer Leidenschaft, die unmittelbar aus dem Wohlwollen des Christentums geboren wurde – nur eine Verhöhnung der wahren menschlichen Liebe ist.

Nun aber genug: «Der Mann und sein Werk», zehn Seiten, lautet der Auftrag; ich hatte es ganz vergessen. Jetzt in aller Eile, im Telegrammstil, zur Person des Autors. Zuvor noch ein Wort, ein einziges: *Die Schöne des Herrn* ist das leidenschaftliche Buch der Gegen-Leidenschaft, es ist das sinnliche Meisterwerk des Hasses auf die Sinnlichkeit.

Zur Person also: Albert Cohen wurde 1895 auf Korfu geboren, wo sein Großvater, ein alter, aus Zedernholz geschaffener, schöner Patriarch, der jüdischen Gemeinschaft vorstand. Ein Pogrom verjagte einen Großteil der Juden von der Insel, die Vertriebenen fanden eine neue Bleibe in den USA, in Manchester und in Marseille. «Zufälle, nichts als Zufälle», sagt er. Die Familie Cohen gelangte nach Marseille. Albert war fünf Jahre alt.

Zu Hause spricht man nur eine einzige Sprache, und nicht etwa Griechisch: Man spricht Venetisch. Korfu war in der Tat lange Zeit eine venezianische Kolonie gewesen, und die Juden, die gerade im Hinblick auf Sprachen sehr konservativ sind, hatten sich ihr Venetisch, trotz der Türken und Griechen, bewahrt.

Da haben wir nun das begabte, brave, liebe, reine Kind, das in ein Schwesterninternat geschickt wird, während seine Eltern sich mit ihrem Venetisch und ihren paar Brocken Französisch mühen, einen kleinen Eierladen aufzubauen. Bei den Schwestern verliebt sich der kleine Junge in die französische Sprache. Er ist der begabteste Schüler, und die Oberin ist gerührt, wenn sie ihm in den Gängen begegnet: «Wie schade!», seufzt sie. Ja, wie schade, er ist Jude. Wenn er es vergessen sollte, ruft man es ihm rasch wieder ins Gedächtnis. «An meinem zehnten Geburtstag», erzählt er, «spazierte ich durch eine der Straßen von Marseille. Ein Marktschreier warb für einen Fleckenreiniger. Er hatte ein verflucht tüchtiges Mundwerk, deshalb bin ich stehen geblieben. Nicht um ihn anzusehen, sondern um ihm zuzuhören, er hatte einen großen Wortschatz, und ich fand sein Französisch einfach wunderbar und trat näher, mit offenem Mund, so begeistert war ich schon im Voraus, ihm zuzuhören. Aber der Marktschreier unterbrach plötzlich seinen Redeschwall und deutete vor den vielen Schaulustigen auf mich: ‹Und du, du bist wohl ein Jüdlein, nicht wahr?›, rief er mir zu, ‹ich seh das an deinem Gesicht; du liebst das Geld, nicht wahr?, dein Vater ist im internationalen Finanzwesen, habe ich nicht recht?, und du bist hier, um den Franzosen ihr Brot wegzufressen! Aber wir wollen keine Juden bei uns haben, es ist eine schmutzige Rasse, die Brüderschaft der Ausnützer. Hau ab!›»

«Verzeihen Sie mir, ich aber verzeihe es mir in der Rückschau nicht: Denn der Junge blickte weiterhin lächelnd auf den Marktschreier, als ob alles nur ein Scherz gewesen wäre. Der Mann begann erneut, ohne dass irgendeiner der Schaulustigen ein Wort gesagt hätte: ‹Also, Jüdlein, hau ab!›»

Der kleine Cohen wanderte durch die Straßen, dann hatte er die Idee, wegzufahren. Er lief zum Bahnhof; er wollte einen Zug nehmen. Aber mit welchem Geld? Er steckte seine einzige Zwanzig-Centimes-Münze in den Automaten, der die Toilettentür des Bahnhofs Saint-Charles in Marseille öffnete. Er fügte den obszönen oder politischen Wandschmierereien eine hinzu: «Hoch leben die Franzosen!», kritzelte er mit seinem Bleistift. «Ich bin dann bis

Mitternacht auf der Bahnhofstoilette geblieben. Ich fühlte mich geschützt, müssen Sie verstehen, dort war ich in einem kleinen Ghetto der Unbekümmertheit.» Als er mitten in der Nacht endlich nach Hause kam, fand er seine Eltern verrückt vor Angst. Er erzählte ihnen alles: «Ich habe dieses Bild in mir bewahrt:», sagt Albert Cohen, «mein Vater und meine Mutter, nebeneinander auf dem Bett sitzend. Sie weinten ganz leise. Es war das erste Mal, dass ich sie weinen sah.»

Er fröstelt ein wenig in seinem Morgenrock und windet die Finger der rechten Hand, wie Solal, um die Kugeln eines Bernstein-Rosenkranzes. Dann fährt Albert Cohen sich durch die Haare, schwarze, gewellte Hymnen wie Solals, ein dunkles Durcheinander. Die Frauen haben sich ihm gegenüber immer wohlwollend verhalten, und im Herzen ist er allen, den toten und den lebenden, treu geblieben. *Semel pro semper*, so lautet seine Devise: In seinem Zimmer in Genf, das ein Büro und eine mönchische Klause ist und in dem eine wunderbare Ordnung herrscht («Neurasthenie der Ordnung, die das Glück ersetzt», eine beruhigende Ordnung, um die Angst zu vertreiben), hat der alte Mann einen Reliquienschrein errichtet, nicht für die Herrlichkeiten Frankreichs, sondern für alle Frauen, die er geliebt hat: vergilbte Bilder in runden Rahmen, unscharfe Gesichter. Er ist dreiundsiebzig Jahre alt.

Bella, seine dritte Frau – die erste starb kurz nach der Hochzeit, sie hatte ihm gerade eine Tochter geboren, von der zweiten hat er sich scheiden lassen –, ist vierundvierzig: «Sie ist ein Mädchen unseres Volkes», sagt er stolz. «Sie ist meine Frau, mein Onkel, meine Tante, mein Bruder und mein Sohn. In den zwanzig Jahren des Zusammenlebens kein einziger Fehltritt, kein einziges Ärgernis. Stellen Sie sich das einmal vor! Sie hat nie gelogen, sie ist reines Gold.»

Die Schöne des Herrn wurde in zwei Jahren geschrieben: zwei

Jahre unerbittlicher Arbeit, jeden Tag von acht Uhr früh bis Mitternacht, ohne Unterbrechung, ohne eine Pause. «Ich bin in Genf in den beiden Jahren vielleicht fünfmal aus dem Haus gegangen», erzählt er mir. «Ich hatte es eilig, das werden Sie verstehen, Eile war angebracht: Ich wollte ein Denkmal hinterlassen, ein Grabdenkmal, einen luxuriösen Leichenwagen noch zu Lebzeiten.»

Das Leben von Albert Cohen als hoher Beamter war ein einziges Kommen und Gehen innerhalb internationaler Organisationen und jüdischer Institutionen. Er ist der alleinige Urheber des damals von zwanzig Regierungen unterzeichneten internationalen Abkommens vom 15. Oktober 1946, welches das Vertriebenen-Statut grundlegend verändert hat: Im Text des Abkommens finden sich bereits Themen, die später im Roman *Die Schöne des Herrn* weiterentwickelt werden. Und nicht nur Themen: Da ist vor allem eine Stimme, eine menschliche Stimme. Albert Cohen ist es zu verdanken, dass der schreckliche Nansenpass abgeschafft wurde, das lose Blatt, das automatisch den Verdacht aller Zollbeamten erregte. Er setzte sich dafür ein, dass Vertriebene, weil sie die ärmsten, die schwächsten aller Menschen waren und am meisten zu entbehren hatten, einen offiziell anerkannten Reisepass erhalten sollten. Darf es verwundern, dass gerade der Diplomat Albert Cohen zum Urheber dieses Abkommens geworden ist? Alle Vertriebenen und Heimatlosen sind seine Brüder.

Ich muss zum Ende kommen! Es gab so viel zu sagen, und ich habe nichts gesagt. Lesen Sie *Die Schöne des Herrn*, machen Sie die Lektüre zu Ihrer Priorität! Noch ein letztes Wort: Es hat den Anschein, als hätten manche der Jüngeren in der Jury, die den Prix Goncourt verleiht, Albert Cohen für ein wenig zu alt befunden. Die vierzig Mitglieder der Académie française haben es immerhin geschafft, gerade einen nicht wiedergutzumachenden Fehler zu vermeiden, indem sie Albert Cohen zum Preisträger kürten: Grand

Prix du Roman de l'Académie française. Die Goncourt-Kollegen werden auf sein nächstes Buch warten. Er hat mir, als ich mich von ihm verabschiedete, anvertraut: «Wissen Sie, ich trage einen weiteren Leichenwagen im Kopf.» Albert Cohen wird dann noch älter sein, aber sein Älterwerden ist ein Triumph. Ein langes, sehr langes Leben noch, Albert Cohen!

Elle, Nummer 1196, 18. November 1968

PAPILLON

511 Seiten verschlingen, alles andere stehen und liegen lassen, sobald das Buch zugeklappt ist, ein einziger Wunsch: noch einmal von vorn beginnen. Die Leser von *Papillon*, dem Roman von Henri Charrière,[13] erleben tatsächlich ein einzigartiges Abenteuer: Sie tappen sogleich in eine Falle, werden atemlos auf eine verblüffende und wahrheitsgetreue Reise an das Äußerste des Schreckens mitgerissen, den ganzen Weg über träumen sie vom Unmöglichen, von einer bedächtigen Lektüre: innehalten, sich lang und breit auslassen, Absatz für Absatz die Fragen beantworten, die sich in einem regen; sich einfach Zeit nehmen. Aber wer *Papillon* liest, muss sich den Gesetzen seines Autors unterwerfen. Man fühlt sich wie ein Forscher, der unentwegt den Augenblick, in dem er die wunderbaren Reichtümer, die er entdeckt, inventarisieren kann, aufschieben muss, weil sich ihm ständig neue Schätze darbieten und ihn unwiderstehlich weiterdrängen. So denkt man sich: Ich werde zurückkehren, rast dabei aber, an ein scheuendes Pferd geklammert, immer weiter und behält von Menschen und Ereignissen ein nur ungenaues Bild.

Weder Sie noch ich werden jemals im Zuchthaus sitzen: Wir sind vielleicht ehrliche Bürger, und Cayenne, diese Kehrseite der Welt, gibt es seit 1946 nicht mehr. Mittlerweile verbüßen die zu lebenslanger Haft Verurteilten ihre Strafen in den Gefäng-

---

13   1969 im Verlag Robert Laffont erschienen.

nissen der Hauptstadt. Aber *Papillon*, diese Erinnerung an die Strafkolonie, holt ein grauenhaftes und brüderliches Universum ins Heute zurück, von dem wir keine Vorstellung hatten; das Buch ermöglicht uns, es zum ersten Mal zu sehen und zu erleben. Wussten wir von der Strafkolonie Saint-Joseph, deren Stille in den Wahnsinn trieb, von der Bank des zu Unrecht verurteilten Dreyfus auf der Teufelsinsel, von den auf die Zwangsarbeiter losgelassenen Haien, von dem einsamen Lepra-Kranken mit der abgefallenen Lippe, von den schneeweißen Haaren des noch jungen Kerls, der wie durch ein Wunder der Guillotine entkommen war? Wussten wir von der glühenden, über den Kastanienbäumen aufsteigenden Sonne, von den Kohlenfeuern, in denen die Leichen ermordeter Menschenjäger schmoren, vom Messerkrieg, vom Todeskampf für das Leben? Und doch ziehen wir daran vorbei, werden mitgerissen, über den Moment hinausgetragen, als wären wir aufgerufen, einem Bewusstsein auf der Flucht zu folgen, das es nicht erträgt, sich auch bloß einen Augenblick lang auszuruhen.

Papillon, dieses beispiellose Buch, ist weder ein Dokument über die Strafkolonie noch ein sorgfältig bearbeiteter Erzählungsband über Häftlinge. Ja, wir lesen Geschichten, tausende, alle großartig und wahr, aber nie werden sie nur beiläufig erzählt: Hier wird nicht umhergeschlendert, hier findet keine Nabelschau statt, hier gibt es nichts Malerisches. In *Papillon* spricht ein Mann, der angestrengt ein einziges Ziel verfolgt, getrieben, was seiner Epik ihren Ton und Rhythmus und natürlich auch ihren Inhalt verleiht.

Während der dreizehn Jahre in der Hölle gibt es lediglich ein einziges Ziel: die Flucht, ganz einfach das Entkommen. Über die Schönheit, die Schrecken, das Gelingen oder die Misserfolge, aber auch über die Momente absoluten Glücks im Verlauf der neun von

Charrière-Papillon[14] unternommenen Fluchtversuche werde ich hier nichts verraten, denn sie machen das eigentliche Thema des Buches aus, und es wäre idiotisch, den Inhalt an dieser Stelle stumpf wiederzugeben. Als Gangster war er auf das Aufbrechen von Safes spezialisiert, zu lebenslanger Zwangsarbeit jedoch wurde er für ein Verbrechen verurteilt, das er nicht begangen hatte; so landet Papillon mit fünfundzwanzig in der Strafkolonie. Sein Aufenthalt dort erstreckt sich, Fluchtperioden inbegriffen, über dreizehn Jahre; «Aufenthalt» ist das richtige Wort, weil er nie aufgeben und sich nie, wie die meisten anderen Zwangsarbeiter, in sein Schicksal fügen wird: Er will an diesem trübseligen Ort nicht klebenbleiben, nicht bis zum Altersschwachsinn ein derart jämmerliches Dasein fristen. Das Schlimmste, was ein Mensch einem anderen zufügen kann, ist, ihm jede Hoffnung auf eine Zukunft und Veränderung zu nehmen. Und während sich die Häftlinge in ihren Zellen und auf den Gefängnishöfen im Kreis drehen, kommt Papillon eine fixe Idee: Flucht. Mit einem Schlag wir ihm die Dimension seines Vorhabens bewusst. Das verwandelt ihn regelrecht. Sogar hinter den Gittern von Saint-Joseph, in der höllischen Stille seines Eingeschlossenseins, bleibt er frei; wo alle durchdrehen oder Selbstmord begehen, überlebt er, bleibt er ein klar denkender Mensch. Aber er begnügt sich nicht, wie ein stoischer Philosoph, mit einer Freiheit in Ketten, er wird zur Tat schreiten. Wie Jean-François Revel in seinem intelligenten Nachwort schreibt, ergreift Papillon, in seinem gierigen Lebenswillen, mit unzähligen Tricks und unvergleichlicher Geduld, manchmal auch mit Gewalt, jede Gelegenheit, seine erträumten Möglichkeiten in Fluchtwege zu verwandeln. Und

---

14   «Papillon» – auf Deutsch «Schmetterling» – ist der Spitzname, der ihm in der Strafkolonie gegeben wurde.

deshalb identifiziert sich der Leser mit diesem Strafgefangenen, folgt ihm Zeile für Zeile, über atemraubende Seiten hinweg, überholt ihn sogar, zittert und leidet mit ihm, lernt mit dem Spürsinn eines ehemaligen Insassen der Strafkolonie die theatralischen Effekte und plötzlichen Wendungen vorauszuahnen. Männer, Freunde, die uns seit dem Pariser Gefängnis La Santé oder seit Saint-Martin-de-Ré begleiteten, die mit uns Brot und Salz geteilt haben, werden plötzlich nachts in einem Barackenlager von Royale oder Notre Dame erstochen. Drei Schmerzenslaute, ein Seufzen. Papillon hält sich nicht mit Leichenreden auf, und wir finden das gut, wir finden das richtig. «Die Flucht ergreifen, nichts anderes als Flüchten!», das heißt: nach vorn schauen. Ja, nie ist uns ein Protagonist so brüderlich nah gewesen wie dieser «zermalmte» Strolch auf der Flucht, wie Charrière ihn einmal nennt. Für uns, die empfindsamen, von Vermittlungsbemühungen todmüde gewordenen Intellektuellen, ist *Papillon* ein wunderbares Intermezzo reiner Handlung. In Schauerromanen, in Gruselgeschichten, die sich in ihrer eigenen Handlung erschöpften und die man anschließend gleich in den Abfall warf, haben wir ein Surrogat gesucht. *Papillon* aber wird man nicht entsorgen, man liest das Buch von neuem, ich habe es getan, und man spürt bei der zweiten Lektüre, dass Charrière, der geniale Erzähler, den Leser, wie beim ersten Mal, ohne jede Ermattung in denselben wilden Rhythmus entführt.

Das Wunder ist dies: dass er fünfundzwanzig Jahre nach den Geschehnissen, die er hier schildert – und es ist achtunddreißig Jahre her, dass er 1931 in die Strafkolonie überstellt wurde; sein letzter, endlich gelingender Ausbruch ist 1944 erfolgt –, dazu imstande ist, uns diese in ihrer Aktualität, mit aller Genauigkeit und mit bewundernswert vielen Einzelheiten vorzuführen. Heute ist Charrière, wie man weiß, venezolanischer Staatsbürger, er ist verheiratet, hat eine erwachsene Tochter und ist Besitzer eines

Restaurants mit Nachtclub. Zweimal ist er reich geworden und zweimal hat er alles verloren, das letzte Mal 1967 beim Erdbeben von Caracas, das einen Teil der Stadt völlig zerstörte. Man denke an Voltaire, an seinen *Candide* und an das Erdbeben von Lissabon! *Papillon*, der so viele Katastrophen übersteht, ohne dass sie seine Vitalität mindern würden, ist, wenn man es so sehen will, Candide – freilich ohne Voltaires seichten und reizlosen Rationalismus. Er überlegte also, mit welchen Mitteln er ein drittes Mal zu Reichtum gelangen könnte, als ihm das Buch *Astragalus* von Albertine Sarrazin, auch eine Gefängnis-Ausbrecherin, in die Hände fiel. Auf dem Einband stand eine Zahl: 123 000 verkaufte Exemplare. Daraus folgerte Charrière, dass seine eigenen Abenteuer, die viel blutiger als die Albertines waren, ihm seinen Reichtum zurückbringen würden, falls er sie niederschriebe. Das war der Anlass, sich ans Schreiben zu machen. Noch nie hatte er eine Feder in der Hand gehabt, wusste aber genau, was er schreiben würde: So oft hatte er es innerlich wiedergekäut oder in kurzen Episoden ein paar Freunden erzählt, dass sein ganzes pralles Leben in seinem Kopf bereitstand und nur noch forderte, abgerufen zu werden. Und so verfasste Charrière die 500 Seiten seines *Papillon* in zwei Monaten, schrieb manchmal bis zu dreißig Stunden am Stück, ohne zu essen und zu trinken, weil er das Gefühl für Zeit und Raum verlor: erzählte nicht von der Strafkolonie, sondern «lebte» sie, und das ist das ganze Geheimnis der wunderbaren Gegenwärtigkeit seiner Erzählung wie auch seines Erinnerungsvermögens, das nichts als staunen lässt. Denn Charrière nutzt sein Gedächtnis nicht einfach nur, um sich zu erinnern, er halluziniert, was in der Strafkolonie die einzige Möglichkeit war, einer Gegenwart, die des Lebens nicht wert war, zu entkommen. Aber lassen wir Charrière selber sprechen: «Manchmal», hat er zu mir gesagt, «ruft meine Genauigkeit Zweifel hervor, und man fragt sich, ob meine Phantasie nicht doch Einfluss darauf genommen hat.

Aber du musst verstehen, dass ich ganze fünf Jahre mit mir allein zugebracht habe, wenn man die Zeit der Untersuchungshaft und die Strafgefangenschaft addiert. Ich durfte nicht lesen, durfte mit niemandem sprechen, vernahm keine Geräusche aus der Außenwelt, konnte auch keine von mir geben, weil ich ja keine Schuhe hatte, bloß Filzschlappen. Um mir die Zeit zu vertreiben, die sich wie ein endloser Marathonlauf dehnte, bin ich zu den Sternen gereist. Wie hab ich's hingekriegt? Zuerst habe ich mich müde gemacht, bin einfach Stunde für Stunde in meiner Zelle auf- und abgegangen, und wenn ich dann wirklich müde war, habe ich mich auf meine Pritsche gelegt, zog mir einen Zipfel meiner Decke fest über die Nase, sodass nur wenig Luft durchkam, und dann fing's an, plötzlich hob ich ab und trat die Reise an. Auf die Weise hab ich meine Gedächtnisleistung vergrößert. Das ging so weit, dass ich mich an die Farbe der Kleider meiner Mutter erinnerte, als ich gerade mal vier Jahre alt war. Wer überleben will, muss diese höheren Stufe der Aufnahmefähigkeit erlangen. Man muss aus dem Gefängnis ausbrechen wollen, darf nicht länger daran denken, dass man lebendig begraben ist. Man muss zu den Sternen reisen: in die Vergangenheit, indem du an deine Kindheit und dein früheres Leben denkst, oder in die Zukunft, wo du dir Schlösser in Spanien errichtest. An die Gegenwart zu denken ist unmöglich, denn das würde ja bedeuten, dass du es anerkennst, lebendig begraben zu sein.»

So praktizierte Charrière, wie einstmals Rimbaud, die «Überspanntheit aller Sinne» und entwirklichte das Wirkliche, weil er es nicht hätte ertragen können. Als er sich entschlossen hatte, sein Leben zu erzählen, musste er nur ein weiteres Mal zu den Sternen fliegen, in die Milchstraßen der eigenen Vergangenheit, und so die Zeit abschaffen. Über die Strafkolonie zu schreiben oder in ihr zu leben: Das war für ihn dasselbe, und Auferstehen hatte er seit langer Zeit geübt.

Gegenwärtig hält sich der Auferstandene in Paris auf. Er ist aus Caracas angereist, um sein Buch vorzustellen und um sicherzustellen (daran besteht kein Zweifel), dass die Auflage von *Papillon* Albertine Sarrazins Buch weit übertreffen wird. Runzeln, Falten, tiefe Gräben, in sein Gesicht sind die Spuren all der Wirbelstürme eingeschrieben, die sein Leben durchfegt haben. Seine Brust und seine Hüften strotzen von blauen Tätowierungen: Tigermäuler, natürlich Schmetterlinge, sinnliche Frauenmünder. Ihm fehlt ein Daumen, auch ein Teil seines Ohrs. Raue Stimme, dumpf und warm zugleich, unerhört lebhafte Augen; er stellt sich vor einen hin und redet: Man kann ihm zuhören, wie man ihn liest, tagelang, nächtelang, ohne genug zu bekommen, ohne zu wissen, wo man sich befindet und wer man ist.

Elle, Nummer 1226, 16. Juni 1969

ERZÄHLUNGEN

Sie sitzen auf einer Holzbank und reden vertraulich miteinander. Ich habe mich diskret entfernt. Aber der Akzent der Provence eignet sich schlecht für stille Messen, ich kann es nicht vermeiden, eben doch zu hören, was sie sagen. Ein seltsames Zwiegespräch: «Sag, Honoré, wie geht es dir?» «Mir geht's gut, alles wie immer, Titine. Und hier bei euch? Was gibt's Neues?» «Noch nichts. Müssen abwarten.» Titine Roux schüttelt bedrückt, ja niedergeschlagen den Kopf. Es folgt ein langes Schweigen. Endlich ringt sich Honoré, Tintines Schwager, dazu durch, zu sprechen: «Na ja», sagt er, «der Wünschelrutengänger ist zu mir gekommen. Nach dem Diebstahl der Juwelen der Begum war er auf der richtigen Spur. Er hat zu mir gesagt: ‹Wenn Francis oder Titine mich treffen wollen, sollen sie mir nur die Fotos der Bilder und ihrer Rahmen zeigen, das reicht mir schon.›» Titine blickt Honoré durchdringend an, sie lächelt nicht. Sie ist eine Bäuerin; trotz ihres weißen Haars ist alles an ihr dunkel, die Haut, der Blick, die Kleidung, ganz wie die ewigen Witwen in Kalabrien oder auf Sizilien. Wahrscheinlich hat sie ihr Leben lang nur Schwarz getragen. Ihr Gesicht ist kantig, ruhig, eher unzugänglich: Man spürt, dass es Dinge gibt, die sie nicht verzeiht. «Man weiß ja nie», sagt sie schließlich. Weiß man eigentlich überhaupt je irgendetwas? Und warum sollte Baptistine Roux, geboren in La Colle-sur-Loupe, dem kleinen

Dorf zwischen Cagnes-sur-Mer und Vence, Witwe von Paul Roux, dem Gründer des La Colombe d'Or in Saint-Paul-de-Vence, dem Prachtvollen, dem ersten der Dynastie der Roux, nicht an Wünschelrutengänger glauben? Es ist in der Tat ein außergewöhnlicher Schatz, der da verloren gegangen ist, die Rutengänger vom Lande, mit ihren Pendeln oder Haselstrauchästen, werden sich bestimmt noch nie auf eine vergleichbare Suche begeben haben: Denn es geht um keine vergrabene Schatulle, keine verscharrten Ersparnisse und auch keine wundertätigen Kessel, übliche Behältnisse bäuerlicher Geldsammlungen. Nein, was verloren ging, was im Restaurant La Colombe d'Or am 1. April 1960 zwischen ein und sechs Uhr morgens gestohlen wurde, ist ein ganzes Museum moderner Kunst. Man stelle sich vor, wie der Gendarm von Saint-Paul-de-Vence auf allen Plätzen innerhalb der Stadtmauer, in all den schattigen Gassen des alten, befestigten Städtchens das Unglück mit überlauter Singstimme verkündete: «Drei Gemälde von Braque – ein Seegemälde, ein Blumenstrauß und die berühmte Languste – alle weg, dazu ein großes, auf Holz gemaltes Werk von Picasso – ebenfalls ein Blumenstrauß, mit wilden und aggressiven Blumen, die zu boxen scheinen –, ein Fisch von Bernard Buffet, ein Frauenkopf von Modigliani, eine sitzende Frau von Bonnard, ein riesiges blaurotes Bild von Miró, eine Frau beim Aufstehen von Pascin, ein Rouault, ein Dufy, eine Suzanne Valadon, ein Bazaine, ein Derain, ein Villon!»

Allein was den Geldwert betrifft, ist der Verlust entsetzlich: Die der Wirklichkeit am nächsten kommende Schätzung liegt bei einer Summe von zweihundert Millionen Francs. Was aber den künstlerischen Wert angeht, ist der Verlust unersetzbar, und in der Familie Roux – Titine, Pauls Witwe, Francis, ihr Sohn und die Schwiegertochter Yvonne – hat jeder Tränen in den Augen, sobald man darauf zu sprechen kommt: Bei ihnen hat der Diebstahl das Gefühl entstehen lassen, Paul Roux, der Gründer, wäre soeben ein zweites Mal gestorben. Hier freilich setzen auf schwindelerregende Weise die Fragen ein: Denn dieser in den Annalen der Kunstdiebstähle wohl einzigartige Raub kann nur über die Geschichte des Restaurants La Colombe d'Or, über das Wesen der Familie Roux, ihr Verhältnis zu Geld, Kunst und Poesie verstanden werden. Tatsächlich, warum nur hingen diese Meisterwerke im Speisesaal eines Provinzgasthauses, gleich gegenüber dem Bratrost? Warum war für sie keine Versicherung abgeschlossen worden? Warum begnügte sich die Familie damit, Abend für Abend die hölzernen Fensterläden des Speisesaales zu schließen und die Tür abzuriegeln, ohne an Sicherheitsvorkehrungen oder an einen Safe auch nur zu denken? Und welche Beziehung besteht zwischen Hotel-, Gaststättengewerbe und moderner Malerei? Was konnte ein Bauer wie Paul Roux überhaupt von Malerei verstehen? Und wer war Paul Roux? Vorab jedoch die nicht leicht zu beantwortende Frage aller Fragen: Welche Rolle spielt das Hotel La Colombe d'Or eigentlich in Saint-Paul-de-Vence?

Es sollte übrigens erwähnt werden, dass ich diesen Artikel in einem Zimmer des Hotels schreibe. Vier Uhr nachmittags, ein Tag im April, wunderbares Wetter. Ohne mich aus dem Fenster lehnen zu müssen, sehe ich von meinem Tisch aus die Terrasse des La Colombe mit ihren lebendigen, weißen, zerzausten, in rätselhaftem Anstand verlorenen Tauben, sehe auf jedem Tisch die Blumensträuße in ihren lebhaften Farben – so will es die Tradition –, dann drei schwarze Zypressen, die sich vor dem Himmel abzeichnen, und nahe der Wand unter einem großen, in Stein gemauerten Relief von Fernand Léger Véra Clouzot, die Frau des Regisseurs, in gelben Hosen, Karten spielend. Die beiden Clouzots wohnen seit Jahren im La Colombe. Véra gibt sich von drei bis acht ihrem Kartenspiel hin, unabänderlich, und er, Clouzot – das ist fürwahr der Widerspruch seines Schöpfertums – ersinnt unter dieser Sonne, in diesem Licht, seine schauderhaften Spionage- und Horrorgeschichten. Es gibt natürlich auch Geräusche: das Klappern der Boule-Kugeln unter den Platanen der Esplanade beim Tor zum Dorf direkt vor der berühmten Gaststätte, die kurzen, festen Schläge der Wäscherinnen im städtischen Waschhaus, die Motoren der Touristenbusse, die von Nizza oder Cannes hierherkommen, Begeisterungsschreie von Touristen, die sich trauen, ihren Kopf unter das Portal des La Colombe zu stecken, Stimmen von Fremdenführern, die es jetzt auch in Saint-Paul-de-Vence gibt; Paul Roux, der Zauberlehrling, dreht sich gewiss vor Scham im Grabe um: «Saint-Paul, der Treffpunkt der Künstler, hier ist das Haus von Monsieur Montand, hier das Haus von Monsieur Prévert, und hier steht der Tisch von Monsieur Clouzot ...»

Saint-Paul-de-Vence ist selbstbewusst geworden, es weiß um seine Schönheit und die kostbare Einzigartigkeit jedes seiner Steine, jedes Pflastersteins. Der bedauernswerte Preis der wahren Liebe, die große Maler und Dichter wie Jacques Prévert diesem Ort erwiesen haben, ist, dass Saint-Paul, weil es jetzt in Saint-Paul verliebt ist, seine Natürlichkeit verloren hat: Was sich heute dem Touristen zeigt, ist ein hübsch frisierter, polierter Ort, geordnet bis in seine Unordnung hinein, geschützt, andächtig bewahrt wie eine aussterbende Tierart.

Und doch können die Ansichtskarten, schlechte Farbbilder zu sechs Francs, serienweise für die Amerikaner produziert, und die kitschigen Souvenirläden, die hier seit einigen Jahren wie Pilze aus dem Boden schießen, dem reinen Licht des provenzalischen Himmels nichts anhaben, ebensowenig den Olivenhainen, den Zikaden und dem Pochen des Herzens, das – wie in Toledo – beim plötzlichen Erscheinen des in seine Mauern gedrängten Städtchens einsetzt, wenn man vom Meer zu ihm hochfährt. Der Reiz von Saint-

Paul ist unzerstörbar, eben deshalb bestehen einsame Menschen ganz unterschiedlicher Herkunft – authentisch oder nicht – darauf, dort zu bleiben. Sie wissen, das wahre Saint-Paul enthüllt sich nur jenen, die das Glück haben, dort auch die Nacht zu verbringen. Von elf Uhr vormittags bis sechs Uhr abends, wenn Touristenhorden aus aller Welt über die alten Steinpflaster trampeln, lassen sie sich nicht blicken, sie kommen in der Dämmerung zum Vorschein und am frühen Morgen: Während dieser gesegneten Stunden werden Bauern, Winzer, Töpfer, Bildhauer, Dichter, Maler und Berühmtheiten auf Urlaub, ob sie nun Einheimische oder adoptierte Kinder des Ortes sind, zu einer Familie, zu «der Familie».

Aber das La Colombe d'Or bedeutet doch noch etwas anderes; dort befindet sich ein Hostienschrein, das Allerheiligste unter den Heiligtümern: Wenn auch jeder Zutritt hat, hier speisen oder übernachten kann – es gehört nun einmal zur Idee einer Gaststätte, allen offenzustehen –, so ist es doch ungemein schwierig, von den Wirten von ganzem Herzen willkommen geheißen zu werden. Diesen seltenen Zauber zu schätzen und den Wert, der ihn ausmacht, voll genießen zu können fordert eine Verbindung von Eigenschaften und Tugenden, der man so gut wie nie begegnet; ja, sie schließen einander gewöhnlich sogar aus.

Aber wo befinde ich mich überhaupt? Der Tisch, auf dem ich schreibe, ein langer, breiter Tisch aus Olivenholz, schwarz, fest, nach Bauernart gezimmert, steht mit seinem von Knoten und Sprüngen durchzogenen Holz auf festen Beinen. Generationen von Bauern leben in ihm fort, die Bewahrung der Tradition, überhaupt alle Sehnsüchte der Landschaft und des Landbesitzens manifestieren sich in diesem Tisch, der unabänderlich dasteht, sich jedem Wandel, historischen Umstürzen, Revolutionen verweigernd. Und wenn es unbedingt eines Gemäldes bedürfte, um in einem anderen Medium die Vorstellung des zeitlosen, des seinem Boden verbundenen Frankreich zu verkörpern, würde man an den Wänden der Bauern wohl Werke von Le Nain oder das Bild *Mort du père de famille* von Greuze erwarten.

Erster Widerspruch: Über meinem Bett explodiert im wahrsten Sinne des Wortes – langes, strahlendes Rechteck – eine rote, schwarze, blaue, ergreifende, wuchtige, tödliche Lithographie von Miró. Über mir hängt die gesamte moderne Malerei, die Revolte, der Protest, die radikale Infragestellung aller herrschenden Werte. Und was noch? An den anderen Wänden gibt es einen weiteren Miró und zwei Werke von Chagall, Rabbiner mit weißen Bärten, ein vor Zärtlichkeit irres Eselsauge, kleine jüdische Behausungen im alten Russland.

Zweiter Widerspruch: Neben dem Tisch aus Olivenholz würde man ein vergilbtes, raues Bettlaken, ein Fayence-Waschbecken und einen Wasserkrug erwarten. Aber nein, die Herzogin von Windsor, die, was Raffinesse angeht, offenbar recht pedantisch ist, würde an diesem Badezimmer, den Waschbecken, den Steckdosen, den Handtuchhaltern, den Mückengittern, den Schiebetüren, an allen der sogenannten Nützlichkeit dienenden Bequemlichkeits-Spielereien nichts aussetzen können, die palastartigen Hotels in Nizza mit ihren freistehenden Badewannen im Stil der zwanziger Jahre würden daneben altmodisch wirken. Und vielleicht würde die Herzogin es sich sogar durchgehen lassen, begeistert vor den Mosaikböden der Badezimmer zu seufzen, ob blau oder gelb oder aus feinstem Terrakotta aus Aix-en-Provence.

So sind die Zimmer im La Colombe d'Or, dem Paradies der «happy few», die Bequemlichkeit und Luxus lieben, es aber hassen, wenn man sie ihnen aufdrängt, wie es in den großen Hotels üblich ist, wo das Ritual von Verbeugungen der Laufburschen und Diener jede Lust daran zerstört. Und zweifellos besteht der Höhepunkt des Luxus, der Raffinesse, ja des Snobismus in Wahrheit wohl darin, sich zu wünschen, dass das am wenigsten Natürliche ganz natürlich wirken soll.

Im La Colombe – das macht den Geist dieses Ortes aus – spürt man die Dienstleistung nicht, die Intellektuellen können ruhigen Gewissens auf den Tischen aus Olivenholz schreiben oder sich täglich drei Bäder genehmigen, ohne daran denken zu müssen, dass ihr Glück auf Unterdrückung beruht, dass ihr Wohlbefinden sie von anderen Menschen trennt. Hier – und das ist wohl der Grund, weshalb die wahren Dichter und Künstler sich wie verrückt ins La Colombe verlieben – ist die Unterdrückung, falls es sie denn gibt, unsichtbar. Wenn man je einem Zimmermädchen begegnet, vermittelt es dem Gast mit seinem südlichen Akzent und weil es seit zwanzig Jahren hier im Hause tätig ist, augenblicklich das reinste Wohlgefühl, man spricht mit ihm und weiß sich unter seinesgleichen.

Das sind die Widersprüche der Intellektuellen. Und doch stimmt es, dass Gäste, deren Glück darin besteht, sich anders als andere zu fühlen, und die das auch zum Ausdruck bringen wollen, hier nicht richtig sind, dass sie sich nicht wohl fühlen können. Titine und Francis haben diesbezüglich den Spürsinn von Paul Roux geerbt, der ungeeignete Gäste mit der Gewissheit eines Indianers auf dem Kriegspfad ausmachen konnte. Er ortete sie, forderte sie heraus, wusste fast immer, sie loszuwerden.

Am Anfang stand Paul Roux. Er würde heute achtundsechzig Jahre alt sein. Er war ein Bauer, ein Sohn mittelloser Bauern, die Eltern besaßen einen kleinen Hof zwischen La Colle und Saint-Paul – und alles Lernen in der Schule widerstrebte ihm so sehr, dass er vom Collège in Castillon, einer Stadt in den Bergen, in die seine Eltern ihn nach der Grundschule in der Hoffnung geschickt hatten, Entfernung vom heimatlichen Boden würde seine Freude am Studieren steigern, davongelaufen war. Mit seinen vierzehn Jahren war Paul Roux in den Flecken mediterraner Erde und das Meer verliebt, das er von den Olivenhainen an den Hängen seines arg verfallenen Dorfes aus sehen konnte. Er konnte es weder ertragen, ins Exil geschickt noch zwischen Zimmerwänden eingesperrt zu werden, und so beschloss die Familie, da man gegen seinen Starrsinn nun mal nichts ausrichten konnte, dass er sein Auskommen als Bauer würde finden müssen. 1918 kehrt er nach sieben Jahren Militärdienst zurück und erklärt, dass er nunmehr auch nicht länger Bauer sein wolle. Seine verzweifelte Mutter fleht ihn an, Berufssoldat zu werden; der Flecken Erde, den die Familie besitzt, sei zu karg, zu hart, zu unergiebig. Doch er will weder Bauer noch Soldat werden. Paul Roux hat eine andere Idee: Als seine Großmutter starb, hat sie ihm in Saint-Paul ein kleines Café vermacht. Wirklich so gut wie nichts: ein enger Raum, ein paar Sessel, zwei Tische mit Platten aus Marmorimitat. Warum entscheidet Paul Roux sich also, Wirt zu werden? Es ist ohne Zweifel zu früh, von Berufung zu sprechen, und vom La Colombe d'Or gibt es in seinem knochigen, kupferbraunen, ein wenig indianerhaft und poetisch aussehenden Schädel damals noch nicht die Spur einer Vorstellung. Für den sechsundzwanzig Jahre jungen Mann ist das Café du Jardin, so lautet der erste Name vom La Colombe, anfangs nur ein Mittel, Saint-Paul nicht verlassen zu müssen und mit wenig Arbeit sein Leben zu fristen. Aber es gibt einen Umstand, der ihm wichtiger ist als alles andere: Paul Roux liebt es, Leuten zu begegnen, Bekanntschaften zu schließen, Kameraden und Freunde zu finden. Bald tauft er sein Bistro in À Robinson um – das ist nun der zweite Name des künftigen La Colombe –, und dieses wird für ihn eine bestimmte gesellschaftliche Aufgabe erfüllen: Menschen nach Saint-Paul zu locken. In der Renaissance, zur Zeit der Königin Jeanne de Provence, hatte das Dorf in blühendem Wohlstand gestanden, es war die unbestrittene Hauptstadt der Liebeshöfe der

Provence und der Lieblingsort der Trobadors gewesen; erst seit der Zeit Napoleons war es langsam unbedeutend geworden. À Robinson indessen erweist sich bald als ein ungewöhnliches Lokal: Paul Roux beginnt, einfache Speisen zu kochen, die er meist ausländischen Reisenden, abenteuerlichen Zeitgenossen, die aus Nizza, Antibes oder Cannes anreisen, serviert. An Samstagabenden und an Sonntagen lässt er mit einer Bratsche und einem auf der Terrasse installierten mechanischen Klavier «zum Tanz aufspielen», wodurch À Robinson sich in ein Tanzlokal verwandelte, in ein richtiges Lokal mit Raufereien und Duellen, in denen auf Kampf- und Rasiermesser nicht verzichtet und eine Liebesrivalität zwischen den Bauern aus Vence, Saint-Paul, La Colle, Tourrettes, Cagnes und den Seeleuten von der Küste blutig ausgetragen wurde.

À Robinson verfügte damals über zwei Zimmer, ihr Eigentümer hatte nie daran gedacht, sie zu vermieten. Aber eines Tages trafen eine Engländerin und ein Engländer in Saint-Paul ein und wollten als Pensionsgäste aufgenommen werden; sie fanden den Ort so wunderbar, dass sie Roux ermutigten, sein À Robinson zu einem kleinen Hotel zu machen. Paul baute erst sechs, später acht kleine Zimmer mit kalkgetünchten Wänden an, dann ließ er seine Mutter kommen, um in der Küche feine Fischgerichte wie Wolfsbarsch mit Fenchel und Rotbarbe mit Thymian zu kochen, und weil es in Saint-Paul bereits einige Tauben gab und die weiße Taube ein Symbol des Friedens ist, erfand er den Namen La Colombe d'Or, die goldene Taube.

Seine ersten Kunden waren Maler: Mittlerweile sind sie verstorben oder verrückt geworden. Sie haben kein großes Werk hinterlassen, und ihr einziges Verdienst besteht darin, von der Schönheit um Saint-Paul bis ins Innerste getroffen gewesen zu sein und damit den Erfolg und das Glück des Colombe d'Or vorausgeahnt zu haben. Es waren Schweden, Engländer, Deutsche, Amerikaner,

Leute aus nördlichen Ländern, die den Verstand verloren, als sie Südfrankreich entdeckten. Zum Beispiel Billy Green, ein Amerikaner, der nur eine einzige Nacht im La Colombe verbringen wollte: Er blieb drei Jahre, widmete sich voller Leidenschaft der Rückkehr zu den Ursprüngen, war überall barfuß anzutreffen, ernährte sich von Oliven und ließ seinen Bart wachsen. Oder ein Schwede namens Jacobsen; den Deutschen Henter trieb sein mangelndes künstlerisches Talent in den Wahnsinn; Meknès, auch er Amerikaner, wurde ebenfalls verrückt: Mit einem Säbel jagte er in den Gassen hinter Joséphin Verdet her, dem Bürgermeister von Saint-Paul, und feuerte Nacht für Nacht Revolverschüsse in die Luft. Als man ihn ins Irrenhaus bringen wollte, brach er in gewaltiges Gelächter aus und rief: «Hier ist das Hotel, das mir gefällt. Endlich hab ich das Glück gefunden!»

1925 schließlich war dem La Colombe endgültig der Durchbruch gelungen. Den ersten Malern folgen jene, die die Gegenwartskunst bestimmten, die ihre Ästhetik ganz Paris, den wahrhaft Reichen und Vermögenden, aufzwangen. Auch der exzentrische und völlig bankrotte Fürst von Bourbon-Parma mietete sich 1923 im La Colombe ein, verbrachte mehrere Monate dort, und haute, weil er keinen Sou besaß, um seine Rechnung zu bezahlen, heimlich ab, indem er von seinem Fenster aus auf das Dach eines Reisebusses sprang, den er zu diesem Zweck gemietet hatte. Zwei Jahre später erfährt Paul Roux, der vom Fürsten seitdem nichts gehört hatte, dass dieser gerade, sorglos und von Selbstvorwürfen weit entfernt, in Cannes Badeurlaub macht. Großmütig sucht er ihn auf und bittet ihn, erneut sein Gast im La Colombe zu sein; der Fürst sammelt daraufhin einige adelige Freunde gleichen Ranges, und für eine Weile werden im Gasthaus Sitten einkehren wie einst am Hof des Sonnenkönigs. Raffiniert, großzügig, prunkliebend, gönnerhaft. Aber gewitzt wie Odysseus, erfindet Paul Roux erneut für die

Damen von Welt die provenzalischen Minnesänger vergangener Zeiten, organisiert festliche Paraden, die bei Nacht mit Flötern und Trommlern durch die Gassen von Saint-Paul ziehen.

So viel zur malerischen Seite, zur Fassade. Diese tollen Übertriebenheiten, diese Freude am Prunk und an dem Aufsehen, das er erregt, sind ganz und gar vernünftig. So nämlich bildete sich eine wirkungsvolle Legende um La Colombe und ebenso um Paul Roux selbst, der immer nur makellos weiße Anzüge trug und dazu einen riesigen, ebenfalls weißen Hut mit breiter Krempe, der eigens für ihn angefertigt worden war und den er namentlich bei der Ausübung seiner Hauptaufgabe auf dem Kopf hatte: Zweimal täglich, zu den Mahlzeiten, drehte er vor den Augen seiner Gäste den Hähnchenspieß im großen Ofen. Die Speisenden waren wie entrückt vor Bewunderung. Und Paul Roux scheute keine Mühe, die Legende, die ihn umrankte, aufrechtzuerhalten und nie etwas zu tun, das seine «Erscheinung» hätte trüben können. Da den Geschicken im La Colombe eine strenge Arbeitsteilung zugrunde lag, musste er sich keine Sorgen machen; wo Paul den wohldurchdachten Wahnsinn darstellte, verkörperte seine Gattin Titine, die Frau in Schwarz, die Vernunft, «die mit beiden Beinen auf dem Boden steht» und den kommerziellen Fortbestand des Unternehmens sichert. Sie allein wusste, wie weit ihr Mann gehen durfte. Und wenn er wirklich einmal übertrieb, was selten geschah, griff sie ein.

Und doch befand sich der wirkliche Paul Roux immer anderswo. Er war reich geworden, kümmerte sich aber nicht um sein Geld. Es anzuhäufen, es zu horten, es zur Bank zu tragen interessierte ihn nicht. Sein Leben lang verfügte er über kein Konto, und als er 1952 starb, hinterließ er seinem Sohn Francis nur 200 000 Francs Bargeld. Seine Leidenschaft war das Anlegen vor Ort, eine intelligente, nie gestillte Leidenschaft. Sein Leben war ein ständiges Hantieren mit Möbeln und Steinen, weswegen das Mobiliar des Hotels – die

Tische, Sessel, Schränke usw. – die Frucht einer unaufhörlichen Suche ist: Jeden Sonntag machte sich Paul Roux mit Freunden auf die Jagd. Aber er jagte gar nicht: «Na schön», sagte er, «dann werde ich kochen.» Und er kochte tatsächlich, aber hin und wieder durchstöberte er auch bloß provenzalische Bauernhöfe, einen nach dem anderen, blieb abrupt vor einem Tisch, einer Holzbank, einem Brotkorb, einer Truhe stehen und verließ den Hof erst, wenn er den Bauern überredet hatte, ihm das gewünschte Stück zu verkaufen.

Sechsmal veränderte auch La Colombe d'Or sein Aussehen, und sein endgültiges Gepräge erlangte das Lokal erst kurz vor Paul Roux' Tod: Die mosaikgefächerte Decke des Speisesaales wurde in Rognes im Département Var gekauft; die Ziegel am Eingang kommen aus einer Bergkapelle; die Fliesen der Terrasse pflasterten zuvor die Gehsteige von Vence. Die schönen Steine der Fassade entstammen einem zur Ruine verfallenen Schloss in der Umgebung von Aix-en-Provence. Um sich ihrer zu bemächtigen, musste Paul Roux zuerst Eigentümer des Schlosses werden: Er ließ die Steine in zwei Hälften schneiden, nummerierte sie eigenhändig und transportierte sie nach Saint-Paul, wo sie wieder zusammengesetzt wurden. Man kann sagen, dass er, unentwegt auf der Hut wie ein Jäger, mit lauerndem Blick die ganze Provence durchsucht hat, um aus La Colombe d'Or die mustergültige provenzalische Wohnstätte zu machen, die sie geworden ist. Der amerikanische Milliardär Citizen Kane war ein Schatzsucher mit nur einer Regel: Er wollte die Stile nicht vermischen; genauso Paul Roux.

Noch eine andere Sache ließ ihm keine Ruhe und forderte ihn zum Handeln heraus. La Colombe war eigentlich vollkommen, doch die Rolle des Gönners, der andere unterhält, gefiel ihm nicht mehr, im Verlauf seines Lebens hatte er so viele Hühner gebraten, dass er das Drehen des Spießes anderen überlassen konnte. Im September 1946, sieben Jahre vor seinem Ableben, schuf Paul Roux seinen ersten eigenen Blumenstrauß auf Leinwand. Viele Seiten der acht Gästebücher des La Colombe vermitteln einen verblüffenden Stammbaum moderner Malerei. Wenn man die Unterschriften von Picasso, Braque, Matisse, Bonnard, Utrillo oder die von Chagall und Dunoyer de Segonzac vor Augen hat, will das besagen, dass diese großen Maler, sie alle, eines Abends hier gespeist haben. Sie haben hier gegessen und gewohnt; den Bauern Paul Roux packte eine wahre Leidenschaft für sie und für ihr Werk. *La Langouste* von Braque war das erste Bild, das er kaufte – er bezahlte 400 000 Francs dafür –, und die Liebe zur Malerei ersetzte rasch seine einstige Liebe für Möbel und Steine. Sobald er ein wenig Geld hatte, kaufte er ein, er kaufte mehr, als er sich leisten konnte, auch dann, wenn er sich gar nichts leisten durfte. Eines Tages wurde im La Colombe ein Familienrat abgehalten: Paul Roux hatte sich entschlossen, Fernand Léger in seinem Studio aufzusuchen und ihm ein Gemälde abzukaufen. «Nur ein einziges, nicht mehr», flehte Titine, «es wird zu teuer», und verlangte, dass Francis, ihr Sohn, Paul begleitete, um ihn davon abzuhalten, einen Fehler zu begehen. Aber als Vater und Sohn am Abend zurückkehrten, brachte Paul Roux drei große Légers mit nach Hause, dazu den Bestellzettel für ein Flachrelief, das sich heute auf der Terrasse befindet. Es dauerte drei Jahre, bis er seine Schulden bei Léger abbezahlt hatte, und an dem Tag, als das Relief endlich in die Mauer eingelassen wurde, fiel er vor Überwältigung in Ohnmacht.

Die großen Maler sind keineswegs verrückt. Und falls sie je Geschenke machen, dann nach bestem Wissen und Gewissen. Wenn Paul nicht ein wahrhaftiger Liebhaber der Malerei gewesen wäre, hätten weder Picasso noch Braque, weder Miró noch Buffet ihm Bilder gegeben. Aber sie haben es getan: Braque hat ihm eines der drei Gemälde, die jetzt gestohlen wurden, geschenkt, Picasso überließ ihm seinen berühmten *Blumenstrauß*. Picasso liebte Paul

Roux über alles und wusste, dass dieser immer davon geträumt hatte, einen Picasso zu besitzen, und zwar ein Gemälde, nicht nur Zeichnungen. Aber Roux war vor dem Preis zurückgeschreckt. Als Picasso dann erfuhr, dass Roux sterben würde – die Ärzte hatten ihn seit einigen Monaten aufgegeben –, ließ er Titine in sein Atelier kommen und übergab ihr den *Blumenstrauß*: «Aber sagen Sie Paul ausdrücklich, dass es sich um kein Geschenk handelt, ich werde mir den Kaufpreis in der Form von Mahlzeiten auszahlen lassen.» Feierlich wurde der Picasso im Speisesaal neben anderen Meisterwerken aufgehängt. Paul Roux hatte Tränen in den Augen. Drei Tage lang blieb er wie unbewegt auf einem Stuhl vor dem Gemälde sitzen, versunken in faszinierte Betrachtung. Am dritten Tag starb er. Allein, einsam und schweigend nahm der große Picasso an der Beerdigung seines Freundes teil.

Zweifellos hatte er geahnt, dass zwischen ihnen eine tiefe und geheime Verwandtschaft bestand. Und alle, die es bezeugen konnten, sagten, dass es ein bewegendes Schauspiel war, wenn an manchen Nachmittagen der größte Maler des Jahrhunderts den Hobbymaler in das Zimmer begleitete, das dieser zu seinem Atelier bestimmt hatte. Roux, sonst überaus scheu, zeigte Picasso seine Arbeiten, bat ihn um Ratschläge, und dieser redete mit ihm wie mit einem gleichrangigen Kollegen. Gemeinsam sah man die beiden nachdenken und miteinander diskutieren. An seinem Lebensende hatte sich Paul Roux aus dem Hotelbetrieb zurückgezogen: Die Leidenschaft für die Malerei hatte völlig von ihm Besitz ergriffen, zehn Stunden warf er jeden Tag mit nicht endender Beharrlichkeit Farben auf eine Leinwand, und oft musste man ihn geradezu anflehen, sein Atelier zu verlassen.

Die andere, ebenso ausschließliche Leidenschaft des alten Mannes galt seinem Sohn, Francis. Hundertmal hatte man ihm über die Jahre hin vorgeschlagen, das La Colombe d'Or zu verkaufen, und man hatte ihm Unsummen dafür geboten. Jedes Mal hatte er mit einem Blumenstrauß und mit demselben Satz geantwortet: «Die Blumen sind für euch, und das La Colombe ist für meinen Sohn bestimmt.» Francis Roux, heute dreißig Jahre alt, hat dasselbe empfindsame Gesicht wie sein Vater, dieselbe Scheu, dieselbe Sensibilität: Am Eingang des Speisesaals hat er an der rechten und linken Wand zwei wunderbare Fotografien angebracht: Eine von Picasso und eine von Braque, waltend über dem La Colombe wie zwei schützende Geister. Francis jedoch sagt von sich, es sei ein Wunder, dass er nicht ein Galgenvogel geworden sei, denn Roux, sein Vater, dieser Bauer, habe seinen einzigen Sohn wie den Prinzen von Wales erzogen. Francis: «Wenn jemals jemand bis zur Verdorbenheit verwöhnt worden ist, dann ich. Er gewährte mir einfach alles, und was ich mir wünschte: Geld, Kleidung, Autos, ich bekam's sofort.»

Aber gutes Blut bewährt sich auch: Francis Roux wurde zum würdigen Nachfolger der Dynastie. Seit dem Diebstahl weint er jedes Mal, wenn ihm sein Vater in den Sinn kommt, sind doch durch das Verbrechen Bau und Bemühung eines ganzen Lebens verwüstet worden. Die Gemälde, alle Paul Roux gewidmet, bei denen man sich fragt, was die Diebe eigentlich damit anfangen können, waren das Andenken der Familie an ihn. Und deshalb waren sie auch nicht besser gesichert, ja nicht einmal versichert.

Der Betrieb im La Colombe d'Or geht unterdessen weiter. Auf seinem Sterbebett rief Paul Roux Francis zu sich und sagte zu ihm: «Francis, du hast jetzt ein schönes Haus, und ich kenne dich, du wirst auch immer Gäste haben.»

Elle, Nummer 749, 29. April 1960

Die Bibel ist wahr: Am 26. Februar 1964 stand in einer aus Jerusalem kommenden Meldung von Associated Press, dass amerikanische Archäologen am Ostufer des Jordan eine aus der Eisenzeit stammende Stadt entdeckt hätten. Der Leiter der Ausgrabungen, James B. Pritchard, Kurator für Biblische Archäologie an der University of Pennsylvania, vermutete, mit seiner Entdeckung den Ort der biblischen Festung Zarthan gefunden zu haben. In zwei Gräbern, namentlich in dem einer Dame hohen Ranges, vielleicht einer Königin, hatte man Objekte aus Bronze von seltener Eleganz, Halsbänder aus Gold, Elfenbein und Karneol, Ketten und Anstecknadeln aus Silber sowie Elfenbeinbehälter für Schönheitscremes gefunden: Nie zuvor hatte Palästina den Archäologen ein Grabmal mit solchen Reichtümern dargeboten, nie zuvor hatte eine Grabstätte vom Beginn der Eisenzeit eine solche Sammlung von Bronze-Gegenständen enthalten. Zarthan hatte damit dreitausend Jahre gewartet. Ich buchte den erstbesten Flug – so will es unser Berufsethos –, um keine Zeit zu verlieren.

Zarthan wird im Alten Testament zweimal erwähnt. Das Buch Josua erzählt von der Ankunft des Volkes Israel nach dem Auszug aus Ägypten und dem Tod Moses' (etwa 1220 bis 1200 vor unserer Zeitrechnung) im Gelobten Land: Im Kapitel 3, Vers 16 kann man lesen, dass zu dem Zeitpunkt, da die Priester, die Träger der Bundeslade, vor Jericho das Jordanbett betraten, der Fluss auf wundersame Weise in seinem Lauf innehielt und es so dem gesamten Volk erlaubte, ihn trockenen Fußes zu durchschreiten: «[D]a stand das

Wasser, das von oben herniederkam, aufgerichtet auf einem Haufen, sehr ferne, bei der Stadt Adam, die zur Seite Zarthans liegt.» Im Zusammenhang mit Geschehnissen, die sich dreihundert Jahre später zur Zeit des größten Ruhmes Israels ereigneten, wird Zarthan im Buch der Könige erneut erwähnt: «und die Töpfe, Schaufeln und Becken. Und alle diese Gefäße, die Hiram dem König Salomo machte zum Hause des Herrn, waren von geglättetem Erz. In der Gegend am Jordan ließ sie der König gießen in dicker Erde, zwischen Sukkoth und Zarthan. Und Salomo ließ alle Gefäße ungewogen vor der sehr großen Menge des Erzes.» (1. Könige 7, 45–47) Der große König Salomon verstarb im Jahr 931 vor Christus. Zarthan überlebte ihn nur zehn oder zwanzig Jahre, dann verschwand es aus der Geschichte: Eine unweit von Theben im ägyptischen Karnak gefundene Liste belehrt uns, dass Pharao Scheschonq I., aus der XXII. Dynastie einen Kriegszug nach Palästina unternahm, dabei zahlreiche Städte zwischen dem Toten Meer und dem See Genezareth dem Erdboden gleichmachte und im Vorüberziehen auch den Tempel von Jerusalem plünderte, wo Rehabeam, ein Sohn Salomons, herrschte. Danach ging die Spur von Zarthan für immer verloren: Niemand erwähnte es mehr.

Mit der Vorstellung fabelhafter Stätten, die, wie das Grab des Tutanchamun oder das Schatzhaus des Atreus in Mykene, unbeschädigt zu neuem Leben erweckt wurden, fiel ich in Jerusalem gleichsam als ein Schatzsucher vom Himmel, fand jedoch nur harte, Geduld erfordernde, schwerste Arbeit vor, genauer: die nüchternen, doch hinreißenden Wirklichkeiten der modernen Archäologie. Ich hatte dieselben Illusionen wie alle Laien und Außenstehenden. Es war gut, sie loszuwerden.

In der Nachricht von Associated Press war zu lesen gewesen, dass der gegenwärtige Ausgrabungsort von Zarthan im Jordantal, gelegen auf halber Strecke zwischen dem Toten Meer und dem See

Genezareth, den Namen «Tell es-Sa'idiyeh» trage. Doch niemand konnte mir Sa'idiyeh auf einer Landkarte zeigen; ich musste mich an die Archäologen wenden. Die französischen Dominikaner der Bibelschule in Jerusalem erklärten mir den Weg, teilten mir aber auch mit, dass die Ausgrabungen der amerikanischen Forscher für dieses Jahr eingestellt worden seien; der leitende Archäologe, Professor Pritchard, sei nach Philadelphia zurückgekehrt; am Ausgrabungsort seien nur noch ein Deutscher, ein Ire und ein paar jordanische Beamte des Ministeriums für Altertümer, um die Objekte zu klassifizieren. Vor allem zeigten sich die Dominikaner überrascht, ja sie wollten mir nicht glauben, als ich ihnen sagte, ich hätte meine Reise einzig und allein wegen Zarthan angetreten.

Warum Zarthan? Gewiss, es handele sich um eine bedeutsame Entdeckung, allerdings bloß für Archäologen, die Öffentlichkeit interessiere sich kaum dafür. Warum also das Interesse an diesen Ausgrabungen, wenn man die von Gibeon, einer anderen biblischen Stadt, kaum zur Kenntnis genommen habe (Pritchard hatte sie zwischen 1956 und 1957 entdeckt; in Gibeon hatten sich immerhin die Getreuen Joabs und Abners Schwertkämpfe um ein riesiges Schwimmbecken geliefert), um von Megiddo und den Stallungen des Königs Salomon, von Lachish, Jericho, Khirbet Qumran und den Höhlen am Toten Meer zu schweigen? Die Dominikaner machten, kurz gesagt, dem Journalismus den Prozess.

«Aber fahren Sie ruhig nach Sa'idiyeh», sagten sie zu mir, «Pritchard werden Sie dort zwar nicht treffen, aber Sie können sich immerhin ein Bild von den Ausgrabungsstätten machen. Und ein holländisches Team ist in Deir Alla, einem benachbarten Tell ein paar Kilometer weiter, gerade dabei, mit seinen archäologischen Forschungen zu beginnen. Sie vermuten, dass sich dort der Ort der antiken Ansiedlung Sukkoth befindet: Beide Städte werden gemeinsam im Buch der Könige genannt. Letztlich geht es also um dieselbe Sache. Und Sie werden noch etwas anderes erfahren, nämlich dass es Hunderte von Tells in diesem Land gibt und dass alle dreitausend Jahre alt oder noch älter sind.»

Schon einmal war ich, vom Toten Meer aus, durch das Jordantal stromaufwärts gefahren, vierhundertfünfzig Meter unter dem Meeresspiegel, aber damals war ich zu fasziniert gewesen von dieser Landschaft vom Anbeginn der Welt, um die Tells auch bloß wahrzunehmen. Heute sehe ich nichts anderes mehr: Wenn man sie mit den Bergen von Moab und jenen Judäas vergleicht, die das Tal im Osten und Westen umsäumen, handelt es sich um geradezu lächerliche Höcker, Erhebungen in der Ebene, nahe am Flussufer oder sogar am Fuß der Berge. Im Durchschnitt erreichen sie eine Höhe von zwanzig, dreißig, manchmal vierzig Metern, nicht mehr. «Tell» ist ein arabisches Wort, das in den Ländern des Nahen Ostens verwendet wird, um kleinere Hügel und künstliche Anhöhen zu bezeichnen, wie sie sich in Palästina, Syrien, der Türkei, in Persien und Mesopotamien finden. Heute weiß man, dass ein Tell durch die Anhäufung aufeinanderfolgender Schichten zerstörter Siedlungen über weite Zeiträume hin entsteht, vom Neolithikum (acht- bis zehntausend Jahre zurück) bis zum ersten Jahrhundert vor unserer Zeitrechnung, ja manchmal sogar noch in der jüngsten Vergangenheit wurden alle Städte und Dörfer der Gegend auf den Ruinen früherer Behausungen errichtet. Dergestalt erhöhte sich der Boden allmählich: Während die erste Siedlung noch auf dem natürlichen Boden der Ebene gebaut war, errichtete man die nächste schon auf einer kleinen Erhöhung. Ein Feuer, ein Erdbeben, ein Eroberungszug genügten, um die aus rohen Ziegelsteinen (aus Lehm geschnitten und in der Sonne getrocknet) gebauten Häuser zu Staub zerfallen zu lassen, und eine ganze Bevölkerung, getötet oder in die Flucht getrieben, verschwand aus der Region: Auf diese Weise seit Jahrhunderten oder Jahrtausenden verlassen, der unbarmherzigen Präsenz der Sonne, des Regens und der Winde ausgeliefert, haben die Tells schließlich nach und nach die für sie typische Form angenommen, sind im Winter begrünt und im Sommer kahl und insgesamt so gut in die Landschaft eingegliedert, dass man sie vor einem Jahrhundert noch als Launen der Natur betrachten konnte.

Die wahre Beschaffenheit der Tells war damals von den Pionieren der Forschung noch nicht erkannt worden. Edward Robinson, der Begründer der Palästinologie als Wissenschaft, dem wir die erste Landkarte des biblischen Palästina verdanken, hatte auf dem Gipfel des Tell el-Hesi sein Lager aufgeschlagen und erklärt: «Ich finde nichts, was darauf hindeutet, dass hier einst eine wie auch immer geartete Stadt oder eine von Menschenhand geschaffene Struktur existiert hat.» Und dennoch schlief und aß Robinson ahnungslos auf Resten von acht übereinandergeschichteten Siedlungen, eine von ihnen die im Alten Testament erwähnte Stadt Eglon!

Nur wenige biblische Städte haben ihre Identität Jahrtausende hindurch behalten: Be'er Scheva, Bethlehem, Gaza, Hebron, Jericho, Jerusalem, Tiberias sind noch heute bewohnt und voller Leben. Im Gegensatz dazu findet man in keinem modernen Atlas die Namen Beth-El, Lachish, Anathoth, Gibeon oder Megiddo, genauso wenig wie die von Hunderten in den Heiligen Schriften genannten Marktflecken oder Festungen. Diese Namen mit Orten zu verbinden und die Spur der verlorenen Siedlungen in der Landschaft wiederzufinden, genau das ist von jeher die Aufgabe, die sich den Spezialisten für das Alte Testament ebenso stellt wie den Archäologen, die die Kenntnis der Heiligen Schriften vertiefen möchten. Sie wollen die Gleichung zwischen den Zeichen und der Landschaft auflösen und haben zu diesem Zweck alle möglichen Methoden angewandt. Robinson beispielsweise hatte sich eine erstaunliche Regel zurechtgelegt: «Klöster und Mönche, deren Aussagen immer verdächtig sind, unbedingt meiden, stattdessen die Fellachen um Auskünfte bitten und versuchen, aus den arabischen Namen die hebräischen Wurzeln herauszulesen.» Erfolge waren ihm gewiss: Im Namen Al Jib spürte er Gibeon auf, Beeroth in Al-Bireh, Chephirah in Har Kefir, Anathoth, die Stadt des Propheten Jeremia, in Anata usw. Die Ausgrabungen verifizierten später seine Hypothesen.

Das freilich war noch nicht alles. Die Funde der Ägyptologen und jener dunkle Zauber, der von den Pharaonen ausging, erlaubten es glücklicherweise, etliche weitere Namen mit konkreten Orten zu verbinden. Jahrhundertelang hatte Ägypten Palästina, seinen nördlichen Nachbarn, als Teil seines Reiches angesehen: Die Pharaonen aller Dynastien hatten in Palästina Fehden ausgetragen gehabt; einer der größten, Thutmosis III. (1490 bis 1436 vor Christus), unternahm wenigstens zwanzig Feldzüge nach Judäa und Galiläa. 1926 wurden in Deutschland die ersten auf Tonscherben (von Schalen und Krügen) geschriebenen ägyptischen Texte veröffentlicht; diese Scherben waren unweit von Theben zum Kauf angeboten worden, und ein Berliner Museum hatte sie erworben. Der Gelehrte, der die Texte entzifferte und publizierte, verstand bald, dass er es mit einer Abfolge von Flüchen zu tun hatte. Die ägyptische Praxis des Fluchens bestand darin, auf Becher, Schalen und Krügen die Namen feindlicher Städte oder Personen zu schreiben und diese anschließend zu zerschmettern, das heißt gewaltsam zu Boden zu schleudern, weil die Zerstörung der Tonwaren sich, wie man glaubte, gleichsam durch Ansteckung auf den Feind übertragen würde: und diese ausgesprochen bequeme Art, einen Gegner zu vernichten, sollte sich dreitausend Jahre später als eine unschätzbare Informationsquelle für Archäologen und Geographen erweisen. In ihrer manischen Sorge, den Feind zu benennen, ihn ohne jedes Missverständnis den dunklen Mächten zu überantworten, schufen die ägyptischen Schreiber für die zu zerstörenden Orte nämlich gleichsam Ausweispapiere: Sie lieferten nicht nur deren Namen, sondern auch gültige topographische Angaben. Dank der «Fluch-Scherben», auch dank einiger später in Sakkara gefundener Bruchstücke von Lehmstatuetten konnte man wichtige Namen wie etwa Laish, Ashtaroth, Pella, Aschkelon, Rehob, Sichem, Aphek, Bet Schemech usw. topographisch bestimmen, Siedlungen, die schon vor der Ankunft der Hebräer in Palästina bestanden hatten! Und was die Annalen von Thutmosis III. betrifft, lesen sie sich regelrecht wie eine palästinensische Zeitschrift!

Aber auch das konnte noch nicht alles sein: Zwar begann sich eine Landkarte des alten Palästina abzuzeichnen, aber weiterhin blieben Hunderte von Orten unbestimmbar, weshalb die Archäologie der Region, da bei den Ausgrabungen keine Denkmäler zutage gefördert wurden und nur sehr selten ein schriftliches Dokument, unverändert eine gewissermaßen stammelnde Wissenschaft war: Die palästinensische Archäologie besaß kein Alphabet. Und wie schon erwähnt, selbst Robinson hatte die Beschaffenheit der Tells nicht erkannt. Erst im Frühjahr 1890 sollte es im Kopf eines anderen Untertans Ihrer Majestät zu einer Erleuchtung kommen, genau: im Kopf von W. M. Flinders Petrie, einem Genie, das heute als Nestor aller palästinologischen Archäologen gilt. Binnen weniger Wochen fand Petrie die Lösung und schuf damit ein Modell für sämtliche zukünftige Ausgrabungen bis heute.

Eines Tages nämlich bereitete sich dieser furchtlose Engländer mit seinem Zelt und seiner Pfeife ein Lager auf der Höhe des Tell el-Hesi, und zwar genau an derselben Stelle, wo Jahre zuvor auch Robinson sein Zelt aufgeschlagen hatte. Am Morgen begann Petrie, den Tell zu untersuchen, eine ungefähr sechzig Meter lange Erhebung, an ihrem höchsten Punkt an die dreißig Meter hoch: Die Ostseite war vom abfließenden Wasser angegriffen und bildete mit der Ebene einen Winkel von vielleicht fünfundvierzig Grad. Als er den Tell dann abschritt, fielen dem Archäologen Fragmente von Ton-Arbeiten auf, die überall aus dem steinigen Boden hervorragten. Er kehrte zur Ostseite zurück, betrachtete sie genauer: Von der Anhöhe bis zum Fuß des Tells ließen sich in der vom abfließenden Wasser geöffneten «Wunde» überall weitere Scherben erkennen. Höchst erfreut, in einem an Churchill erinnernden Gedankenflug, rief Petrie mit lauter Stimme: «Die Gewässer haben tausend Jahre Geschichte entblößt!» Später, in seinem ersten wissenschaftlichen Bericht, schrieb er mit gemäßigteren Worten: «Diese Schnittwunde im Tell zeigte uns auf den ersten Blick eine Aneinanderreihung von dem in über tausend Jahren geschaffenen Töpferarbeiten.» Und er fügte prophetisch hinzu: «In Zukunft wird man das Alter des palästinensischen Tells anhand des in ihnen verborgenen Tonguts sofort bestimmen können.»

Petrie suchte sich dreißig arabische Arbeiter, die mit ihren Frauen den Schutt Korb für Korb abtrugen, und begann mit den Ausgrabungen. Nach sechs Wochen stellten die Araber das Arbeiten ein, denn sie mussten ihre Ernte einholen, und Petrie verließ Palästina mit seinen Notizen und Karten. Erst dreißig Jahre später sollte er zurückkehren.

Einer seiner Schüler, ein Mann namens Bliss, ein Amerikaner, führte drei Jahre lang unter Petries Regie die Ausgrabungen am Tell el-Hesi fort. Wenn man deren Ergebnisse von einem musealen Gesichtspunkt aus betrachtet, erweisen sie sich als enttäuschend: Das einzige wertvolle Objekt war eine Tontafel, ganze sechsundzwanzig Zeilen in Keilschrift, die von Bliss an der von ihm so bezeichneten Grabungsstelle Nummer III gefunden wurde. Die Tafel geht auf die Zeit des berühmten ägyptischen Pharaos Echnaton (vierzehntes Jahrhundert vor Christus) zurück, und sie erwähnt Zimreda, so der Name des berühmten Prinzen von Lachish. Sie sollte dazu dienen, die Schicht, in der sie entdeckt wurde, und das auf selber Höhe gefundene Tongut einer Epoche zuzuordnen; was sich unterhalb dieser Schicht befand, musste man vor das vierzehnte Jahrhundert vor Christus datieren, während die darüber liegenden Schichten offenkundig Überreste jüngerer Siedlungen waren. Doch die Bedeutung jener ersten Ausgrabung kann nicht nur mit Blick auf die schiere Anzahl der Stücke beurteilt werden, die grundlegende Entdeckung bestand vielmehr darin, dass die Geschichte des alten Palästina in die Form, Größe und Beschaffenheit zerbrochener Töpferarbeiten eingeschrieben ist, wie Petrie und Bliss nunmehr nachgewiesen hatten.

Die ersten Archäologen hatten ihre Ausgrabungen noch betrieben, um Schätze zu suchen, wobei sie häufig die Vergangenheit zum Nutzen der Museen schändeten, die, nach Petries verdammendem Urteil, «furchterregende Massengräber ermordeter Evidenz» sind. Man entdeckte einen Gegenstand, riss ihn aus seiner natürlichen Umgebung und transportierte ihn so schnell wie möglich an einen anderen Ort, ohne sich die Mühe zu machen, die Umstände und den Hintergrund der Entdeckung zu sondieren; ferner wurde kleineren, deshalb aber keineswegs unbedeutsamen Objekten wie etwa Töpferarbeiten nur wenig Aufmerksamkeit zuteil: doch um die Herstellung von Schalen, Vasen, Tellern, Krügen haben sich die Menschen in allen Kulturen bemüht. Und so birgt die Archäologie einen Widerspruch in sich; sie will die Geschichte eines Ortes und seiner kulturellen Entwicklung neu erschaffen, kann dieses Ziel aber nur erreichen, indem sie die vorhandene Evidenz mindestens teilweise zerstört. Um etwas zu verstehen, muss der Archäologe in die Tiefe dringen, doch es empfiehlt sich, jede Entdeckung sorgfältig zu dokumentieren, bevor er weitergräbt: nichts zu zerstören, ohne es verstanden, erhellt und fotografiert zu haben. So lauten die unumstößlichen Prinzipien der modernen Archäologie, und Petrie war der Erste, der sie formuliert hat.

Erst wenn man erkannte, dass gewisse Tonwaren gewissen Schichten angehörten, wenn es zudem gelang, diese Schichten anhand bereits bekannter Objekte bekannten Alters (wie etwa der Tontafel Echnatons) zu datieren, konnte man das Skelett einer Chronologie des alten Palästina entwerfen. Tongut wurde folglich zum Alphabet der Archäologie. Heutzutage kann ein gut ausgebildeter Ausgrabungsexperte mit Hilfe der gefundenen Stücke ohne Zögern das Alter einer Schicht bestimmen, und eine phantastische Arbeit, von den Nachfolgern Petries ergänzt und erweitert, hat es erlaubt, ein Verzeichnis aller Arten von Töpfergut aus den Hauptzeitaltern der Geschichte Palästinas von der Kupfersteinzeit bis zur hellenistischen Periode zu erstellen, also von 4000 bis 330 vor unserer Zeitrechnung!

Dabei ist der Palästina-Archäologe jederzeit bemüht, hinsichtlich der Erforschung seines Tells zwei Bestände miteinander in Einklang zu bringen, die Bibel und die Töpferarbeiten. Wenn man eine historische oder biblische Stätte präzise auf eine moderne Landkarte projizieren will, muss man nachweisen, dass der betreffende Ort den durch die schriftlichen Quellen überlieferten Informationen entspricht, außerdem jedoch auch eine Art von Tongut aufweist, dessen Alter mit den in der Bibel erwähnten Zeiten übereinstimmt. Wenn solche Tonwaren fehlen, war die vermutete Identifizierung falsch.

Und jetzt, nach diesem langen Umweg, der zugegeben allen Regeln des Journalismus widerspricht, bin ich endlich in Deir Alla, oder vielmehr in Sukkoth, eingetroffen. Aber anders ging es nicht, denn diese Wegstrecke bin ich nun einmal gegangen: Von meiner eigenen Ignoranz bedrängt, las ich nachts die Bücher, die mir zu verstehen halfen, was ich bei Tag gesehen hatte. Die Ausgrabungs-

Parzellen von Dr. H. J. Franken, Lektor für biblische Archäologie an der Universität Leiden in den Niederlanden, sind geordnet und sauber wie das Innere eines holländischen Wohnzimmers. Groß, streng, mit von düsterer Leidenschaft erfülltem Blick steht Dr. Franken einem Team von neun holländischen Archäologen und ungefähr dreißig arabischen Arbeitern vor. Seine Ehefrau ist halbseitig gelähmt. Weil sie nicht mit dem Flugzeug reisen kann, macht er mit ihr die lange Reise von Leiden nach Jerusalem Jahr für Jahr im Auto; über Italien, Jugoslawien, die Türkei, den Libanon und Syrien gelangen sie an ihr Ziel. Den ganzen Tag über sitzt sie dann im Rollstuhl unter einem Zelt, in dem sie Tonscherben zusammensetzt und -klebt. Phantastisch: Ihre Finger sind klamm, sie kann die Arme kaum bewegen und ist dennoch bewundernswert geschickt. «Ein wahres Puzzle», sagt sie, «man muss Geduld haben.» Battershill Franken gilt, wie ihr Mann, als anerkannte Archäologin: Die halbseitige Lähmung hat sie 1955 urplötzlich während eines Aufenthaltes in Jericho befallen. Ihr Mann, einst Pastor in Indonesien, damals noch ein Anfänger auf dem Gebiet der Archäologie (der sich seine ersten Sporen später unter der berühmten Kathleen Kenyon, einer Nationalheldin der britischen Archäologie, verdienen sollte), kannte sie erst seit wenigen Tagen, aber ihre gemeinsame Liebe zur Vergangenheit der Menschheit erwies sich als stärker als die Behinderung durch die Krankheit, und sie heirateten.

Vor den eintönig gelben Mauern, die sich von dem Tell abheben, bleibe ich stehen. H. J. Franken kratzt mit seiner Maurerkelle in den Lehm und weist auf eine Linie, die um eine Spur heller als die anderen sein mag: «Hier», sagt er, «befinde ich mich genau in der Zeit Salomons. Dort unten wäre Josua. Und noch weiter unten gelangen wir zu den ältesten Schichten menschlicher Präsenz, inmitten der kanaanäischen Periode!» Auf einmal beginnt die stumme Erde zu sprechen und ihre Geschichte zu erzählen. Für einen Laien mag der ganze Tell nichts als ein Block lehmiger Erde sein, der Archäologe entdeckt darin drei Jahrtausende alte Straßen, Mauern, Dächer, Böden, Spuren von Bränden oder Erdbeben. In der Mauer zeichnet sich eine schwarze Linie ab: Nun nimmt H.J. statt seiner Kelle einen Pinsel zur Hand; mit zarten Bewegungen, unendlicher Vorsicht entnimmt er eine braune Materie, lässt sie wie Sand durch die Hand rinnen: «Feuer nach einem Erdbeben», sagt er. «Sehen Sie, das hier sind Weizenkörner, verkohlt, aber unversehrt.» Es stimmt, man erkennt die ursprüngliche Riffelung. «Wenigstens 3500 Jahre alt», fügt er hinzu. «Wir wenden die Radiokarbonmethode an, so können wir – bis auf wenige Jahre – genau datieren.» Diese von einem Chemiker entwickelte Methode eröffnet der Archäologie großartige Möglichkeiten; alle lebenden Organismen, alle Pflanzen enthalten den radioaktiven Kohlenstoff C14, und die Quote, nach der sie ihre Radioaktivität verlieren, ist genau errechnet worden. Also muss man nur messen, wie viel Radioaktivität in der bei den Ausgrabungen gefundenen organischen Materie noch vorhanden ist, um deren Alter festzustellen und zu relativ genauen Schätzungen zu gelangen.

In Wahrheit braucht H.J. Franken die Radiokarbonmethode freilich nicht, um seine Hypothesen, die nahezu immer ins Schwarze treffen, bestätigt zu sehen. Sein Durchblick und seine Bestimmung der Bodenschichten lässt sich mit einer polizeilichen Untersuchung vergleichen. Auf einer Tür aus verbranntem Holz, das mit der Zeit dünn wie Zigarettenpapier geworden ist, sieht er umgestürzte Mauern oder Dächer: «Ich kann ein Dach sofort identifizieren», sagt er, «die Frage der Dächer ist für mich gelöst.» Aber das vermag eben nur er: In diesem Tell haben die Menschen nicht mit Steinen gebaut, alle Gebäude, alle Siedlungen bestanden aus Rohziegeln, das heißt aus Lehm, und jede Schicht hat sich über eine frühere gelegt. Deshalb darf man ihn auch nicht wörtlich nehmen, wenn er von Mauern oder Straßen spricht, es gibt nur Lehm beziehungsweise Ton, aber das geschulte Auge eines Archäologen erblickt darin alle drei Dimensionen, während unsereiner nur eine einzige wahrnimmt.

Das ist nicht nur großartig, das ist wahrlich hinreißend: Gegenwärtig folgt H.J. den Spuren eines Erdbebens, das sich etwa um 1200 vor Christus (also zur Zeit Josuas) ereignet hat, und plötzlich beginnt diese so weit zurückliegende Periode zu leben: «Hier hat alles gebrannt», sagt er, «aber die Einwohner sind nicht alle umgekommen. Sie haben gleich mit dem Wiederaufbau begonnen, hatten bloß kein Glück. Sehen Sie: Hier finden wir die Spur eines neuerlichen Erdbebens, sehr bald nach dem ersten.»

Inzwischen sind wir auf die Anhöhe des Tells gestiegen. Ich sehe Battershill im Zelt mit ihren Tonscherben, und am Flussufer, etwa zehn Kilometer weiter, Sa'idiyeh, Pritchards Tell: «Ich werde Sie hinbringen», sagt Franken. «Pritchard hat Glück gehabt: In seinem Tell gibt es nämlich auch Gestein. Eine ganze Treppe, Sie werden sehen. Die Gegenstände aus Bronze, die man in den Gräbern fand, wurden wahrscheinlich hier, in Sukkoth, hergestellt.»

Es stimmt: Die Treppe war einst eine erstaunliche Konstruktion. Eine Mittelmauer entlang der Stufen trennt sie in zwei Stiegen, man mutmaßt, dass die Mauer zur Tarnung ein Dach trug; Zarthan war schließlich eine Befestigungsanlage, und die Treppe dürfte zu Zeiten von Belagerungen zum Wasserschöpfen benutzt worden sein, damit man vom Feind nicht gesehen wurde.

Im Gegensatz dazu bestehen die Gräber, wie in Deir Alla, aus Rohziegeln, erfordern folglich dieselbe Ausgrabungsmethode. Natürlich wurden die darin enthaltenen Objekte sichergestellt: Khair Nimer Yassin, Aufseher des jordanischen Ministeriums für Altertümer, blieb am Ort der Ausgrabungen zurück, um sie zu kollationieren. Hunderte von Krügen, bemalten Vasen, Öllampen,

Tellern, Schalen, Löffeln aus Elfenbein, Agraffen aus ziseliertem Silber, einen wunderbaren Dreifußständer aus grüner Bronze, dazu Schwerter und Dolche aus Bronze sowie eine bemerkenswert schwere Halskette aus reinem Gold, gefertigt aus siebenundzwanzig Gliedern, jedes davon aus wiederum drei Reihen konzentrischer, kleinerer Verbindungsglieder zusammengesetzt: «Eine bewundernswerte Arbeit», sagt Khair Nimer Yassin, «Hochkultur, eine künstlerisch höchst begabte Bevölkerung. Aber das ist nicht alles. Wir werden bestimmt noch weitere Meisterwerke finden.»

Das Ausgrabungsprojekt Professor Pritchards erstreckt sich in der Tat über ein Jahrzehnt: Zwei Monate jährlich, zehn Jahre lang, werden die Amerikaner aus Philadelphia zu ihren Ausgrabungen in Palästina zurückkehren. Wie Pritchard in seinem schönen Buch *Die Archäologie und das Alte Testament* erklärt: «Die Arbeit aber wird nicht abreißen, solange noch alte Tells in Palästina ohne ‹Etikett› bleiben und antike Ortsnamen aus der ständig anwachsenden Literatur über den Alten Orient noch nicht unverrückbar neben modernen stehen.»

Elle, Nummer 957, 14. April 1964

DER SCHATZ DES TUTANCHAMUN

Sieben Jahre lang, von 1922 bis 1929, veröffentlichten die britischen Zeitschriften, allen voran *The Sphere* und *The Illustrated London News*, allvierteljährlich ganze Seiten mit Farbbildern von den unendlich schönen Objekten aus der Grabstätte des Tutanchamun. Später dann, nachdem sich die anfängliche Begeisterung über die Entdeckung gelegt hatte, wurde die Erforschung des Grabes und der Tausenden von unvorstellbar vielfältigen Gegenständen, die es barg, zu einer alltäglichen Routine mit gelegentlichen Höhepunkten. Das Grab war eine Höhle Ali Babas: Die Berichterstatter, die ihren Lesern am liebsten sämtliche dort liegende Reichtümer auf einmal dargeboten hätten, mussten dem langsamen Rhythmus der Archäologen folgen und lernen, deren Geduld zu entwickeln. Noch immer herrscht ja der Irrglaube, der phantastische Schatz hätte sich am Morgen des 25. November 1922 seinem Entdecker mit einem Schlag offenbart; was darin lag, hätte nur noch ins Freie getragen werden müssen. In Wahrheit vergingen sechs lange Jahre zwischen dem magischen Moment, da ein Loch in eine Befestigungsmauer geschlagen wurde, durch das sich königliche Siegel, Tiere, Statuen, Gold – «überall das Glänzen von Gold» – im Halbdunkel vor den verwirrten Blicken des Mäzens Lord Carnavon, seiner Tochter Lady Evelyn Herbert sowie des Archäologen Howard Carter abzeichneten, und dem Zeitpunkt, als der letzte Saal der Anlage, der «Nebenraum», geöffnet wurde. Woche für Woche, Monat für Monat verkündete Tutanchamun, das Pharao-Kind der XVIII. Dynastie, als Neunjähriger gekrönt und mit achtzehn verstorben, der Welt seine phantastische, dreiunddreißig Jahrhunderte alte Botschaft, denn die Berichterstatter, die vor dem Ausgrabungsort unter der unbarmherzigen Sonne im Tal der Könige ihre Posten bezogen hatten, sorgten dafür, dass die Neuigkeiten immer wieder auf die Titelseiten aller großen Zeitungen gelangten. Auf verblüffend kaltblütige Weise rächte sich Tutanchamun so an jenen Nachfolgern, die das Grab beschädigt und dessen Symbole zerstört hatten, weil sie ihn samt seines Namens auslöschen wollten. «Wer den Namen des Verstorbenen ausspricht, erweckt ihn zu neuem Leben.» Dank Howard Carters Hartnäckigkeit, der bewundernswerten Ruhe eines Archäologen, die es ihm erlaubte, seine Funde der Reihe nach preiszugeben, genoss der Name Tutanchamuns in diesen sechs Jahren – viel länger hatte auch seine Herrschaft kaum gedauert – mehr Ansehen als zu seinen Lebzeiten.

Das ist allein Carters Verdienst. Dieser gleichmütige Engländer, für gewöhnlich ein Autor nüchterner und präziser Prosa, verstand es, die Erzählung seines Abenteuers zu Poesie werden zu lassen. Monate nach der Entdeckung, als sein Blick, den er für abgestumpft hielt, am Eingang zur eigentlichen Grabkammer wieder und wieder auf neue Schönheiten stieß, alle sorgfältig angeordnet, sprach er noch immer vom ersten Tag, vom umwerfenden Augenblick der Entdeckung: Seine Hände hätten so sehr gezittert, dass er das Werkzeug kaum habe halten können; er beschrieb seine Sehnsucht nach jener einzigartigen Minute, als handelte es sich um eine nicht zu bändigende Liebe: «Tag aller Tage, der herrlichste, den ich je erlebt habe, und gewiss einer, auf dessen Wiederkehr ich nicht hoffen darf.» Dabei war ihm, als er diese Zeilen schrieb, Tutanchamun noch nicht einmal in seiner ganzen Pracht erschienen: Carter hatte nur die Vorkammer des Grabes erforscht und katalogisiert, die mit ungeheuerlichen Tieren verzierten vergoldeten Holzbetten, die Kerzenleuchter, die Alabasterschale auf der Schwelle, die auf die Archäologen geradezu zu warten schien und der ein Wunsch für Tutanchamun eingeschrieben war: «Möge dein Ka (der Begleiter des Toten) leben! Mögest du, oh du, der du Theben liebst, Millionen Jahre an dir vorbeiziehen lassen, dasitzend, das Antlitz gegen den Nordwind gerichtet, und mögen deine Augen die Glückseligkeit sehen.» Allein im Vorraum, acht mal drei Meter sechzig groß, lagen 171 Gegenstände, darunter Truhen, die wiederum zahlreiche Dinge enthielten – viele waren gewaltsam geöffnet oder beschädigt worden, ein wildes Durcheinander.

Zwei lebensgroße Statuen aus schwarz lackiertem Holz, mit Zepter, Lendenschurz, Sandalen und goldenem Schmuck, schienen auf beiden Seiten der Nordmauer des Saales Wache zu stehen: Sie stellten den König dar. Zwischen ihnen wies ein vermauerter Durchgang, versehen mit den Siegeln der Totenstätte und dem königlichen Ornament, unmissverständlich den Weg ins Innere des Grabmals und zum Heiligtum aller Heiligtümer, wo die Mumie in ihrem Sarkophag ruhen musste.

Würdigen wir Howard Carters Leistung an diesem 25. November 1922! Seit vierzehn Jahren leitet er Ausgrabungen in Ägypten, von Theben bis zum Nildelta, und träumt den Traum jedes Ägyptologen: Er will eine unversehrte königliche Grabstätte entdecken, wo alles in ursprünglichem Zustand erhalten ist. Ein oft vergebens geträumter Traum, denn immer und überall sind Plünderer den Archäologen zuvorgekommen. Entgegen der Einschätzung der meisten seiner Kollegen jedoch, die meinen, alle Geheimnisse seien längst preisgegeben, hat Carter seit fünf Jahren darauf bestanden, dass ein exakt bestimmter Abschnitt im Tal der Könige, der überwältigenden Stadt der Toten, Meter für Meter durchgekämmt wird. Er sucht ein ganz besonderes Grab, das Tutanchamuns, eines Pharaos, von dem er kaum mehr weiß, als dass er existiert hat. An diesem Morgen wird Carter endlich für seinen Glauben belohnt:

Er ist am Ziel. Als er in der Vorkammer angelangt ist, genügen drei Schläge mit der Hacke, um den zugemauerten Durchgang zu durchbrechen und auf die andere Seite zu den größten Schätzen des Grabmals zu gelangen: den drei Sarkophagen (der letzte besteht aus massivem, außergewöhnlich schwerem Gold) sowie der bewundernswerten, gleichfalls aus purem Gold gefertigten, mit Lapislazuli und gefärbtem Glas geschmückten Gesichtsmaske, die das Antlitz der Mumie bedeckt. Doch Carter betritt die Grabkammer zunächst nicht. Auch morgen oder übermorgen nicht. Drei Monate wird er warten, bis zum Februar 1923. Im Gegensatz zu Tausenden von Antiquitätenhändlern und Schatzsuchern, die, nachdem Champollion die Hieroglyphenschrift entschlüsselt hatte, Ägypten durchsuchten, um es buchstäblich einzusacken, interessiert Carter sich nämlich weniger für die Gegenstände als für die Menschen, die diese geschaffen haben.

Er hat sich die Devise seines Lehrers Flinders Petrie, des Begründers der modernen Archäologie, zu eigen gemacht: «Jedes Stück Boden sollte Zentimeter für Zentimeter unter die Lupe genommen werden, um alles zu sehen, was es darin gibt, und zu lernen, wie es an seinen Platz gekommen ist.» Das Ziel der Archäologie ist es nicht so sehr, eine Mumie zu entdecken, als vielmehr «den Ägypter zu zeigen, als er noch keine Mumie war», mit anderen Worten: eine Zivilisation zu rekonstruieren. In dieser Hinsicht sind das Inventar aller Objekte, deren strenge Klassifikation und die genaue Durchsuchung der Fundorte das oberste Gebot des Archäologen.

Bevor Carter mit seiner Arbeit fortfuhr, musste er also erst einmal begreifen, was für eine Bedeutung die Möbel, Vasen, Krüge und Tiere hatten, die nur den Vorraum ausfüllten; er musste den Sinn ihrer Anordnung erfassen, aber auch den Grund für ihre Unordnung, denn alles wies darauf hin, dass ihm auch hier Plünderer zuvorgekommen waren. Hatten sie die Kraft gehabt, den zur

Grabkammer führenden Weg aufzubrechen, den zu betreten er sich selbst verboten hatte? Falls ja – und eine Gipsspur an der Mauer stützte diese Vermutung –, hatten sie die Schätze mitgenommen?

Carter durchharkt den Vorraum Millimeter für Millimeter. Mit peinlichster Sorgfalt fügt er an Ort und Stelle zerbrochene Gegenstände wieder zusammen, untersucht beschädigte Truhen, umgestoßene Öl- und Salbenbehälter, nimmt auf dem Boden bräunliche Spuren wahr, betrachtet mit unerhört scharfem Blick die ganze wunderliche Plünderung und die übereinandergetürmten Gegenstände: und kommt zu einem Schluss, der freilich zunächst ein Verdacht bleibt: dass nämlich die Diebe ertappt wurden, dass nach ihnen andere Personen in großer Eile versucht haben, Ordnung zu schaffen. Um in die Vorhalle zu gelangen, mussten auch sie den von den Dieben geschürften, schlauchartigen Durchgang der Galerie benutzen, der nach der Bestattung des Pharaos zugeschüttet worden ist und von der Außenwelt direkt zum Tor des Grabes führt. Ohne Luft und Licht, wie Tiefseetaucher, mussten sie sich beeilen: die Diebe damals wie auch die mit der Wiederherstellung befassten Personen, wer immer sie gewesen waren.

Eines ist gewiss: Als sie im Grabmal ein wenig Ordnung geschaffen hatten, schütten sie den Gang mit Steinen und Schutt zu, der dunkler war als das andere Füllmaterial. Nachdem Carter die Galerie von seinen Arbeitern hatte freilegen lassen, konnte er so der langen bräunlichen Spur folgen. Jetzt begann er zu verstehen.

Die von Sorgfalt zeugende Arbeit konnte unmöglich das Werk der arabischen Bewohner des Niltales sein. Der Diebstahl ging, ebenso wie die versuchte Wiederherstellung der Örtlichkeit, auf die alten Ägypter selber zurück, mithin auf die Zeitgenossen Tutanchamuns. Bald nach dessen Tod hatten hungernde Arme das Grab geschändet, nicht um Gold zu stehlen, sondern alle Arten von Öl, Salben und Lebensmitteln, bestimmt, den Ka des Pharaos auf ewig zu ernähren. Andere Männer, wohl Freunde Tutanchamuns, vielleicht auch nur die Wächter der Nekropolis, hatten sie von der Durchführung ihres Vorhabens abgehalten.

Wie wir sehen werden, berühren wir hier eine der gewiss dramatischsten Auseinandersetzungen in der pharaonischen Gesellschaft: Der Konflikt zwischen Reichen und Armen wuchs sich in einen Kampf zwischen Lebenden und Toten aus, der dem Wesen der ägyptischen Religion widersprach. Zur Zeit der XVIII. Dynastie jedenfalls konnte kein Pharao mehr die Unverletzbarkeit seiner Begräbnisstätte für gesichert halten, weshalb es zwischen den Gott-Königen und den Erbauern ihrer Grabmäler einerseits und dem Sklavenvolk der Pyramiden andererseits zu einem verblüffenden Versteckspiel kam.

––––––––––

Am 14. Juli 1881 löste der Dampfer Menshieh in Luxor langsam seine Taue und begann, den Nil dreihundert Kilometer stromabwärts an seinen Bestimmungsort Kairo zu fahren. Vierzig Pharaonen – oder vielmehr: ihre Mumien – befanden sich ordentlich aufgereiht im Bug und Heck des Schiffes. An beiden Flussufern erhob sich ein herzzerreißendes Klagen, das die ungewöhnliche, aus lauter toten Herrschern bestehende Fracht auf ihrer Reise begleitete: Wo immer das Schiff vorüberfuhr, unterbrachen Männer und Frauen die Feldarbeit, liefen zum Ufer und gaben, wie einst die Klagemänner und Klageweiber des toten Pharaos, schrille Trauerschreie von sich, weinten, jammerten, rissen sich die Haare aus, bedeckten ihren Kopf mit Staub. Um ihrer Verzweiflung noch deutlicher Ausdruck zu verleihen, schossen manche mit Pistolen in die Luft. Den allergrößten Pharaonen Ägyptens, unter ihnen Amenophis I., Thutmosis II., Thutmosis III., Ramses I., Sethos I.,

Ramses II., Ramses III., Seqenenre, dem Befreier des Niltales, der auf dem Schlachtfeld durch den Pfeil eines Hyksos[15] umkam, wurde so ein zweites Mal ein herrliches Begräbnis zuteil. Aber die armen trauernden Bauern, die den märchenhaften Leichenzug den Nil hinuntergleiten sahen, erwiesen nicht nur der fernen Vergangenheit die Ehre, sie beweinten auch ihre verlorene Existenzgrundlage. Zehn Jahre zuvor hatten die beiden Brüder Abdelrassoul aus dem Dorf Gurnah auf einer Anhöhe außerhalb des Tals der Könige das unvollendete Grabmal der Königin Isetemkheb entdeckt. Die Grabstätte erwies sich als eine Kathedrale von Saint Denis:[16] Nicht nur die Königin, sondern auch vierzig Pharaonen ruhten dort, aber sie waren ihrer prunkhaften Jenseits-Ausstattung, ihrer Amulette und Edelsteine beraubt, die einst fromme Hände zwischen die um die Mumien gewickelten Binden gesteckt hatten. Spartanisch waren die Pharaonen – kein einziges Schmuckstück war ihnen geblieben – erneut in Binden gehüllt worden und ruhten – ihre goldenen Sarkophage waren verschwunden – allen Prunkes beraubt, nur mit einem Namensschild versehen, in einfachen Holzkisten. Für die Brüder Abdelrassoul war dieses Massengrab gleichwohl ein Schatz: Es barg genügend bemerkenswerte Gegenstände, weshalb sie einst mit dem Einverständnis des Dorfes Gurnah und der Fellachen der Umgebung beschlossen hatten, ihren Fund geheim zu halten. Sie wussten, dass Touristen überhöhte Preise für solche Altertümer bezahlten, und sie sahen sofort den Nutzen, den sie aus der Lage ziehen konnten. Gewieft genug, die Objekte der Reihe nach, eines nach dem anderen, zu verkaufen, erregten sie mehrere Jahre lang kein Aufsehen; dann aber entdeckte der berühmte französische

---

15 Einwanderer in die Gegend des Nil um 1700 v. Chr. (A. d. Ü.).
16 Kathedrale unweit von Paris, wo mehr als tausend Jahre lang die französischen Herrscher und Könige bestattet wurden (A. d. Ü.).

Ägyptologe Maspero auf dem Antiquitätenmarkt Figuren, die Namen der XXI. Dynastie trugen, außerdem eine Papyrusrolle der Königin Nedjemet. Maspero ließ eine Untersuchung einleiten. Die Gebrüder Abdelrassoul wurden verhaftet. Anfangs leugneten sie, legten dann aber unter der Folter ein Geständnis ab. Am 6. Juli 1881 betraten Beamte der Regierungssektion für ägyptische Altertümer im Gefolge von Mohammed Abdelrassoul in Deir el-Bahari die letzte thebanische Grabstätte der berühmtesten Pharaonen.

Die Reise von Luxor nach Kairo wurde somit zum Epilog eines Dramas, das sich dreißig Jahrhunderte zuvor, zur Zeit der XXI. Dynastie, abgespielt hatte. Um das Ausmaß und die Folgen zu verstehen, müssen einige Worte über die Glaubensrealität der alten Ägypter verloren werden.

Der Tod war, ganz ohne Ironie, das wichtigste Ereignis ihres Lebens, kein Ende, sondern eine ersehnte Verwandlung, die in das wahre Leben führt, ein Übergang, eine Reise, die unter den besten Bedingungen stattfinden musste, damit die Unsterblichkeit erreicht werden konnte. Das Leben in der anderen Welt war für sie genauso real wie die Existenz auf dieser Erde: Die Verstorbenen würden dort alles brauchen, was ihnen hier notwendig oder angenehm gewesen war, Nahrung, Geschirr, Möbel, Schmuck, Statuen, Bilder, Schriftrollen usw. Allem voran würden sie, das war ein wesentlicher Punkt dieses Glaubens, ihren Körper brauchen. Anders als später die Christen meinten die Ägypter nicht, dass die Seele den Körper verlässt, sobald der letzte Seufzer ausgestoßen ist; in ihren Augen zerstörte der Tod die Verbindung zwischen Fleisch und Geist nicht, verstärkte sie vielmehr, weil jede Veränderung des Körpers auch eine Veränderung der Seele nach sich zog; die Auflösung dieser Bindung wäre der eigentliche, wirkliche Tod, das unwiederbringliche Verschwinden. Für sie war es folglich fundamental, den Körper «am Leben» zu erhalten, und zwar für immer.

Das brachte sie dazu, zwei Fertigkeiten zu entwickeln und zu perfektionieren: die Mumifizierung, um die Verwesung des Körpers zu verhindern, und das Bauen von Grabstätten, um den Mumien und ihren Schätzen Sicherheit zu gewährleisten.

Siebzig Tage lang wurde der Körper eines Pharaos von Spezialisten und Priestern behandelt. Die Mumifizierung verwandelte den Leichnam in einen Gott, tot für die Erde, aber lebendig für alle Zukunft. Der Ort, an dem die Mumifizierung durchgeführt wurde, trug den Namen «Haus der Kraft» (oder «der Vitalität», *Per-Nefer*), Einbalsamieren wurde als *Senefer* bezeichnet, was so viel bedeutet wie Wiedererlangung der Kraft. Der letzte Satz des Rituals ist umwerfend: «Du lebst wieder, du lebst wieder, auf immer, hier bist du nun wieder und für immer jung.»

Natürlich war es nicht die Mumie selber, umschlossen von Binden, die all die im Grab eingeschlossenen irdischen Güter genießen konnte: sondern der Ka, der Doppelgänger des Toten. Der Ka verbrachte den Großteil der Zeit im Grab, aß, trank, liebte, wurde zornig, wenn man ihn vergaß. Verwandte und Freunde mussten ihm regelmäßig Vorräte und Geschenke bringen. Sie hinterlegten ihre Gaben in kleinen, im Osten jeder Grabstätte errichteten Tempeln; an diesen Orten herrschte reger Betrieb. Menschen, die an der Treue ihrer Nächsten Zweifel hegten, bezahlten noch zu Lebzeiten Fremde, um in deren Erinnerung zu bleiben, oder, besser noch, sie schlossen einen Vertrag mit einem eigens dafür gegründeten Unternehmen, damit dieses ihrem Doppelgänger für alle Ewigkeit Nahrung und Getränke lieferte. Noch Jahrhunderte nach der Bestattung würde man dem Ka die ihm gebührenden Gaben darbringen.

Zumindest in der Theorie. In der Praxis konnte das System natürlich nur so lange funktionieren, als die Macht der Pharaonen groß und die staatlichen Institutionen beständig waren. Denn während die Pharaonen und ihre Günstlinge ihr Leben lang Reichtümer anhäuften, um diese am Ende mit sich in den Tod zu nehmen, lebte das Sklavenvolk, das jene riesigen Grab-Festungen, nichts anderes waren die Pyramiden ja, errichtete, in furchtbarem Elend, und genauso starb es natürlich auch. Den fleißigen Erbauern diente ein Erdloch als Grab: Ihr Körper verweste, weil die Hände der Einbalsamierer ihn nicht berührten, ihre Seele löste sich im Nichts auf. Für sie gab es kein Jenseits und kein Überleben. Wenn sie die großartigen Leichenzüge vorüberziehen sahen, die einen Pharao oder hohen Beamten zur letzten Ruhestätte geleiteten, konnten sich die mit der Stadt der Toten vertrauten Arbeiter vermutlich nicht des Gedankens erwehren, dass sie selber diese Gräber gebaut hatten, dass sie alle geheimen Eingänge, falschen Kammern, alle in Sackgassen endenden Galerien kannten und dass die dort hinterlegten Schätze ihnen womöglich mehr nützen würden als einem obskuren Ka. Kurz gesagt: Das Volk achtete die Religion der Reichen nicht, obwohl es sich vor den schrecklichsten Bestrafungen fürchtete. Plünderungen blieben nicht aus.

Die Pharaonen verzichteten auf allzu auffällige Pyramiden; wenn sie ihre Mumien retten wollten, so viel war ihnen klar, konnten sie ihre Schätze entweder nicht mit ins Jenseits nehmen, oder sie mussten ihre Grabstätte vor fremden Blicken verbergen. Sie wählten die zweite Lösung, indem sie das eigentliche Grab, das die Mumie und ihre Schätze enthielt, vom Tempelgrab trennten: Es würde am Ufer des Nil, gegenüber ihrer Hauptstadt Theben, für alle zu sehen sein. Die Begräbnisstätte hingegen würde streng geheim in einem kleinen, verlorenen Tal nördlich der Hauptstadt ausgehöhlt werden. Diese neuen Projekte wurden in der Zeit um 1500 vor unserer Zeitrechnung verwirklicht; während der fünf folgenden Jahrhunderte wurden dort alle Pharaonen Ägyptens bestattet. So kam die trostlose Bergschlucht zu dem Namen «Tal der Könige». Freilich war es nicht gerade ideal, dass die Trennung des Grabmals vom Tempel den Ka zwang, einen ziemlich langen Weg zurückzulegen, wenn immer er sich die für ihn bestimmten Opfergaben holen wollte. Doch der Schutz der Mumie und ihrer Schätze rechtfertigte dieses Opfer.

Naive Pharaonen: Da die Arbeiter, die die Gräber geschaffen hatten, all diese Orte kannten, nahmen die Plünderungen bald sogar zu. Während der Herrschaft der XXI. Dynastie steigerte sich die Anarchie dann ins Maßlose, Korruption erfasste nun selbst die Verwaltung der Stadt der Toten, und Priester, die eigentlich über die Begräbnisstätten hätten wachen sollen, zögerten nicht, bei ertragreichen Plünderungen mit den Arbeitern gemeinsame Sache zu machen. Nach kurzer Zeit gab es kein einziges unversehrtes Grab mehr. Einige Priester versuchten, die Ordnung wiederherzustellen und die geschändeten Grabmäler zu erneuern, doch unmöglich: Aus Verzweiflung kam einer von ihnen auf die heldenhafte Idee, die Mumien der großen Pharaonen im unfertigen Grabmal der Königin Isetemkheb gemeinsam erneut zu bestatten. Dort sollten die Abdelrassouls sie dann dreitausend Jahre später entdecken.

Vor diesem Hintergrund wird die außerordentliche Bedeutung des Grabes von Tutanchamun, des einzigen Pharaonengrabs, das nahezu unbeschädigt gefunden worden ist, deutlich. Wir verdanken dieses Wunder ohne jeden Zweifel Maya, dem «Oberaufseher der Arbeit am Ort der Ewigkeit», «königlicher Schreiber», «Wächter des Schatzes». Maya hat den Bau des Grabmals überwacht, und er liebte seinen kleinen König. Er überlebte ihn viele Jahre, und als er erfahren musste, dass das Grab geschändet worden war, entsandte er Inspektoren, die sich durch die schmale Passage zwängten, um nach der Verwüstung die Ordnung wenigstens grob wiederherzustellen. Vor allem aber ließ er den Eingang mit Splitt und Schotter bedecken, eine Schicht aus Stein, die den Ort dreiunddreißig

Jahrhunderte lang unverletzbar machen sollte, bis Carter mit der Hacke darauf einschlug. Man weiß, dass es Maya war, weil eines seiner Geschenke – ein Bildnis des auf seinem mit Löwenköpfen gezierten Totenbett ruhenden Pharaos –, zu den kostbarsten in der Grabkammer zählt, ein Beweis für seine heiligen Aufgaben und seine tiefe Freundschaft zu Tutanchamun. Zusammen mit der kastanienbraunen Haarlocke der Königin Teje, Tutanchamuns Mutter, Gemahlin des großen Amenophis III., ist es eine der berührendsten Reliquien der Grabstätte.

Was weiß man über Tutanchamun? Im Grunde wenig. Mit vier Jahren lernte er lesen, und die besten Lehrmeister priesen ihm die Vorzüge der Literatur: «Was du auch nur an einem Tag in der Schule lernst, gilt für die Ewigkeit. Die Arbeiten, die du in der Schule verrichtest, sind dauerhaft wie die Gebirge. Hast du keine Schreibtafel bei dir? Sie macht den Unterschied zwischen dir und dem aus, der nur ein Schiff rudert. Stürz dich in einen Text, wie man in Wasser eintaucht! Wer das nie erlebt hat, was für ein Jammer!»

Als Neunjähriger bestieg Tutanchamun den Thron, in der Nachfolge seines Bruders Echnaton, des großen Reformkönigs und eifrigen Anhängers von Aton, dem von den Priestern verachteten Sonnengott. Was verstand er, dieses Kind, das berufen war, in einer der unruhigsten Perioden der ägyptischen Geschichte zu herrschen, von dem blutigen Streit, der zwischen Aton und Amon, dem großen Gott der Priester von Theben, entbrannt war?

Seine Gattin, die kleine Anchesenamun, war seine Nichte und Schwägerin zugleich. Seine Nichte, da sie die Tochter seines Bruders Echnaton war; seine Schwägerin, weil Echnaton sie zur Frau genommen hatte. Wie alle Pharaonen sah er im Inzest kein Tabu; er hatte sie geheiratet, bevor Tutanchamun sie nach Echnatons Tod seinerseits zur Frau nahm.

Am Ende einer neunjährigen Herrschaft, die ihm kaum Zeit ließ, der Epoche einen Stempel aufzudrücken, musste das Pharao-Kind mit seiner Mumie und seinem Ka auf die andere Seite des Nil hinüberwechseln: Sein Grab im Tal der Könige war bereits ausgehöhlt. Geleitet von den Edeldamen des Hofes, trug Anchesenamun ihr Trauerkleid und weiße Bänder, wie alle Teilnehmer des Trauerzuges. Sie sang: «Ich bin deine Gemahlin, oh Großer, verlasse mich nicht! Willst du denn, oh Bruder, dass ich mich von dir entferne? Wie kommt es nur, dass ich allein fortgehen muss? Ich sage: ‹Ich begleite dich, oh dich, der es liebte, mit mir zu reden. Aber du bleibst still, und du sprichst nicht!›»

Elle, Nummer 1104, 9. Februar 1967
Elle, Nummer 1105, 16. Februar 1967

GEBET FÜR DIE AKROPOLIS

Der Organisator der Show Son et Lumière auf der Akropolis, Fürst Jean de Broglie, ist Jahre später am 24. Dezember 1976 im Herzen von Paris umgebracht worden. Der Mord hat damals einen großen politischen Skandal ausgelöst.

Eine Pythia wird gesucht. In den Vorzimmern der Comédie-Française oder des Old Vic Theatre in London schöpfen alte Schauspielerinnen mit müden Stimmen Hoffnung, wieder gebraucht zu werden. Wundersame Apotheose einer toten Karriere: Den Magnetbändern entwischt und durch Stereo-Säulenlautsprecher verstärkt, werden unter dem weißen Gestein des Parnass bald rätselhafte Hi-Fi-Geräusche durch die klare Nacht von Delphi tosen. Eine griechische Pythia für die Einheimischen; eine britische Pythia für die gehetzten Amerikaner, die Delphi in drei Stunden abhandeln und die Akropolis in vierzig Minuten; eine gallische Pythia für Wallonen, Waadtländer und Franzosen.

Oh ihr, meine schönen Kanadier, meine Schweizer, meine Niederländer, ihr kultivierten Kunstliebhaber, applaudiert: Vom Frühjahr bis zum Herbst wird Delphi jeden Abend, außer an den Vollmondnächten, für siebenunddreißig Minuten seine Geschichte für euch ausspucken, immer wieder aufs Neue, aller Einwände namhafter Experten zum Trotz. Das ist kein Traum, kein Wetterleuchten aus Hollywood. Nein, das ist ein präzise geplantes Vorhaben, bodenständig, solide, mit einem Wort: französisch. Denn ihr verdankt diesen wunderbaren Breitwandfilm, diesen Anschlag, diese

Schändung, diese Vergewaltigung, die sich selbst der größte Kulturbanause unter den Griechen in seinem schlimmsten Albtraum nicht hätte auszumalen gewagt, den Vertretern des geistreichsten Volkes der Erde, den Franzosen.

Son et Lumière, das jüngste Missgeschick unserer nationalen Geistesgröße, nimmt uns seit einigen Monaten an den Schlössern der Loire die Luft zum Atmen, nun braucht es, so will es unser Ehrgeiz, neue Opfer. Frankreich blüht, Son et Lumiére ist zu einem Exportartikel wie die Grandeur, Autos und Champagner geworden. Das unglückliche, unterentwickelte, an Erinnerungen reiche Griechenland wurde für den Ersteinsatz unserer Waffe im Ausland ausgewählt. Am 28. Mai 1959 überbrachte André Malraux Griechenland im Namen Frankreichs die erste elektrische und stereophonische Opfergabe: ein Son-et-Lumière-Schauspiel auf der Akropolis. Der Autor des Essays Imaginäres Museum saß im Gras auf dem westlich der Akropolis gelegenen Pnyx-Hügel, und vor ihm erstrahlten die kostbaren Heiligtümer der Akropolis im Licht unserer Scheinwerfer, während aus den Lautsprechern das Knirschen der Schuhe des französischen Langstreckenläufers Alain Mimoun zu hören war. Aufgenommen auf der Bahn im Prinzenparkstadion, sollte es die Agonie des antiken Läufers von Marathon symbolisieren.

Gleich am nächsten Tag protestierte die griechische Presse einstimmig gegen diesen Mord am Parthenon. «Ich habe gestern Abend geweint», schrieb eine Frau, «genau wie an dem Tag, als ich zum ersten Mal Nazi-Soldaten auf dem Parthenon herumtrampeln sah.» In Ethnos war zu lesen: «Wenn Ernest Renan noch lebte, der mit unendlicher Hochachtung sein Gebet auf der Akropolis verfasste, würde er seinen Mitbürger und Kollegen André Malraux zweifellos für das Unglück, das der heilige Fels erleiden muss, zur Rechenschaft ziehen. Von Seiten der griechischen Regierung hat es jedenfalls keinen Widerstand gegeben!» Und in *Neo*, Zeitung der republikanischen Mitte, hieß es: «Alle verlangen, dass die durch eine französische Firma und unter Mitwirkung der griechischen Regierung der Akropolis zugefügte Beleidigung sofort aufhören soll.» Und *Liberté*: «André Malraux, der französische Minister und renommierte Schriftsteller, hat in seiner Ansprache den berühmten Satz zitiert, den Alexander der Große in den Wüsten des Orients gerufen haben soll: ‹Oh welche Strapazen, ihr Bürger von Athen, damit ich eurer Lobpreisungen würdig werde!› Wir hätten uns gewünscht, dass die Veranstalter der bizarren Maskerade auf der Akropolis sich dieser Worte erinnert hätten. Es mag wohl sein, dass die Einwohner Athens sich heutzutage von denen des fünften vorchristlichen Jahrhunderts unterscheiden, dennoch aber gibt es eine Gemeinsamkeit. Es hätte weitaus größerer Anstrengungen bedurft, wenn die Darbietung uns hätte lobenswert erscheinen sollen.»

Auf diesen Sturm der Entrüstung reagierten Frankreich, der Fürst Jean de Broglie und die Techniker der Firma Philips mit Hochmut. Jean de Broglie, unabhängiger Abgeordneter des Département de l'Eure, Präsident des Verbandes zum Schutz historischer Stätten in Frankreich und aufgrund dieses Titels Urheber der Affäre, verstand auf der Stelle, wie er darauf reagieren musste: «Was die Presse behauptet», sagte er im Wesentlichen, «hat nichts zu bedeuten. Es handelt sich hier um nichts anderes als um eine leichte Kränkung des Nationalstolzes. Für uns zählt allein das Urteil der *vox populi*.»

Die am Fuß der Akropolis in einer mit roten Zackenlinien verzierten Betonkabine – «Hochspannung, Vorsicht, Lebensgefahr» – eingeschlossenen Techniker von Philips verwandelten sich in meisterhafte Exporteure französischer Tüchtigkeit, Qualität und Präzision. Gegenüber diesen Marsmenschen verkörperten die griechischen Lehrlinge, die man ihnen zur Verfügung gestellt hatte, orientalische Inkompetenz, Schläfrigkeit und Barbarei. Man vergaß ganz einfach, dass die armen, kleinen Griechen, die am Abend gern in aller Ruhe unter ihrer Akropolis träumen, nicht mit dem Herzen bei der Sache waren; auch verstanden sie weder die französische Sprache noch den Jargon der Pariser Elektriker.

Den Journalisten lieferten die Techniker, unempfindsam für das attische Licht, für Kapitelle und Feinheiten dorischer Säulen, nichts als stolze Zahlen: «1500 Lichtquellen; 1500 Tonnen Material; 35 Kilometer Kabel; 20000 Arbeitsstunden; 600-Kilowatt-Transformator».

Also gut. Das Spektakel, das komischerweise als «kulturelle und technische Gabe Frankreichs an Griechenland» gepriesen wurde, hat uns wahrlich mit Stolz zu erfüllen vermocht: französische Heldentat (der Text wurde von einem ehemaligen französischen Botschafter in Athen verfasst), Einfall französisch, Gestaltung französisch, Ausführung französisch. Die englische Fassung des Spektakels zählt nicht: Sie entspricht Wort für Wort der französischen, die Übersetzerin ist eine französische Vicomtesse. Nur den Griechen hat man unsere französische Sicht der Dinge nicht aufzuzwingen gewagt: Der Text für den internen Gebrauch stammt von einem dort ansässigen Akademiemitglied.

Und doch: Jedes Mal, wenn ein Schalter in der Kabine umgelegt wird und der Tempel des Parthenon, des Erechtheion, die Propyläen oder der entzückende ionische Tempel der Athena Nike rot oder orangefarben beleuchtet werden, versetzt das einem alten Archäologen in irgendeinem Viertel von Athen einen Dolchstoß, fließt eine Träne über eine griechische Wange, träumt ein Jugendlicher, der sich der Helden des Griechischen Unabhängigkeitskrieges erinnert, vom Terrorismus: Er durchtrennt die großen grauen Kabel, die wie Krakenarme den heiligen Felsen umschlingen, oder wirft wutentbrannt Bomben auf die Projektoren, die man direkt auf der Terrasse der Akropolis zwischen die Heiligtümer gepflanzt hat, damit sie ihren Zweck besser erfüllen.

Die *vox populi* hat gesprochen. Und nicht nur die griechische, sondern auch die französische, die schweizerische, die belgische, die englische, die amerikanische, die der Touristen, die man täglich inständig bittet, sich auf den Pnyx-Hügel zu begeben, um diese bunte Wiederauferstehung des großen Jahrhunderts eines Perikles zu genießen. Ein gnadenloses Fiasko: Die Statistiken nennen einige Hundert Zuschauer für die ersten Tage, dann einige Dutzende, obwohl leicht zehntausend Personen in den naturgeschaffenen Halbkreis passen würden. Eines Abends wurde die teure Ausschweifung aus Lärm und Kilowattstunden schließlich für genau sechsundfünfzig Verirrte veranstaltet.

Die Griechen folgen ihrer Presse, und der Tourist schmollt. Es ist egal, wird man sagen, da es sich doch um ein großzügiges Geschenk handelt. Sonderbares Geschenk, den Menschen für den Genuss des Pnyx-Hügels und die Wege um die Akropolis Eintrittsgelder abzuknöpfen: zwanzig Drachmen für ein Sitzpolster, dreißig Drachmen für einen Klappstuhl. In Wahrheit hat die Firma Philips, die nur zu gern ihrem eigenen Ruhm und dem Frankreichs dienen wollte, sich dazu bereitgefunden, Materialien im Wert von hundertzwanzig Millionen vorzustrecken, allerdings keineswegs als Geschenk. Der zwischen der griechischen Tourismus-Agentur, einer staatlichen Einrichtung, und dem Verband zum Schutz historischer Stätten in Frankreich – A.P.L.D.E.L.P.D.S.D.F. – unterzeichnete Vertrag legt fest, dass die Einnahmen bis zum Wert von hundertzwanzig Millionen Philips zustehen. Erst dann gehen Materialien und Produktion ins Eigentum der griechischen Regierung über.

Der Fürst von Broglie, ursprünglich zuversichtlich, jeden

Abend mehrere Tausend Menschen zum Pnyx-Hügel strömen zu sehen, hatte errechnet, dass Philips binnen drei Jahren die Investition eingespielt haben würde. Und weil die griechische Regierung den durchaus rechtmäßigen Wunsch hegt, ein wenig Geld zu verdienen, kann man vermuten, dass nun mindestens fünf Jahre lang das kavernöse Schnaufen des Läufers Alain Mimoun die Verliebten daran hindern wird, sich am Fuße der Akropolis zu lieben.

Alles in allem hat sich die Firma Philips – und niemand könnte es ihr zum Vorwurf machen – gegenüber der griechischen Regierung einfach wie ein Kreditinstitut verhalten, mit dem einen Unterschied, dass es ihr schwerfallen wird, durch Zurückschiffen der Materialien oder Verfrachten des Parthenon nach Paris ihre Forderungen einzutreiben, falls das griechische Volk und die Touristen die Erwartungen nicht erfüllen sollten. Die Griechen selber sind verwundert, dass Frankreich – gar in der Person des Ministers – für diese kommerzielle und wahlkampfbedingte Unternehmung mit seinem Ansehen bürgen zu müssen glaubt.

Der Fürst de Broglie, bei den letzten Parlamentswahlen zum Abgeordneten des Département de l'Eure gewählt, hat 1951 erstmals auf einer Liste der Partei Rassemblement pour la France (RPF) kandidiert. Er sagt, er wäre wegen der Wahlbündnisse gescheitert. Drei Monate später wurde er zum Generalrat eines Kantons der l'Eure gewählt und beschloss, das Glück seiner Mitbürger zu mehren, indem er die Geschichte des Départements zu neuem Leben erweckte: Festival de l'Eure in der Abtei von Le Bec-Helloin, dann in Château Gaillard, in Louviers usw. – also erste schüchterne Versuche, von Erfolg gekrönte Anläufe. Er wurde übermütig, gründete den A.P.L.D.E.L.P.D.S.D.F., zog im vergangenen Jahr in das Schloss von Senlis, wo er triumphieren konnte und endlich zum Abgeordneten gewählt wurde. In Senlis unterbreitete er dann auch dem Botschafter Griechenlands seine großartige Idee: *Son et Lumière* auf der Akropolis. Der Botschafter sagte nicht nein.

Kontakte, Reisen nach Athen, wo Herr Agathokles, Präsident der griechischen Fremdenverkehrsamts und Teil der faschistischen Regierung von Konstantinos Karamanlis, sich «sehr einsichtig» zeigte, Rückkehr nach Paris, Verhandlungen mit Philips, mit dem Amt für kulturelle Verbindungen, Künste und Literatur usw. So sieht die Entstehungsgeschichte aus.

Aber damit wollte man sich nicht begnügen. Im Fieber der Vorbereitung, des Erfolges sicher, änderte der Fürst den Namen seiner Organisation. Sie wurde zum Verband zum Schutz historischer Stätten in Frankreich, was sein künftiges Betätigungsfeld einerseits beträchtlich erweiterte und andererseits Frankreich – durch fürstliches Dekret – das Monopol der «Bewahrung» der menschlichen Vergangenheit übertrug. Zugleich nahm das Büro, das er in Athen zur Überwachung der Arbeiten eingerichtet hatte, den Namen «Büro des Mittleren Ostens» an, wie während der schönsten Zeiten des einst in der Rue Oudinot gelegenen Kolonialministeriums.

Die Niederlage in Athen hat, dem Anschein nach, den Eroberer kaum tangiert, denn man spricht bereits ernsthaft von einem *Son et Lumière* in Delphi. Warum nicht auch in Mykene, mit Agamemnon? In Olympia? Auf Delos? Mit Rhodos, wo ein venezianischer Palast steht, hat man bereits Kontakt aufgenommen, so viel ist sicher. Auch im Nahen Osten, in Israel, hat das Büro schon Fuß gefasst, in Haifa ist *Son et Lumière* für den Dezember vorgesehen. Der Verband zum Schutz historischer Stätten hat also bereits munter den Äquator überquert.

Der Fürst von Broglie wettete vor einem Monat, er werde *Son et Lumière* bis nach Indien, Mexiko und Japan bringen. Auch ans Kap der Guten Hoffnung: und dieses letztere Projekt ist, wie es scheint, am weitesten fortgeschritten. Die Eintrittskarten werden sehr teuer sein, eine wahrer «Bal des Petits Lits Blancs».[17]

France-Observateur, 23. Juli 1959

---

17   Bezieht sich auf einen über lange Zeit jährlich in der Pariser Opéra Garnier abgehaltenen Wohltätigkeitsball für tuberkulosekranke Kinder, der 1918 von dem Zeitungsherausgeber Léon Bailby begründet wurde. Er wurde hauptsächlich von Aristokraten und Reichen besucht und finanziert (A. d. Ü.).

NIE WIEDER AGADIR

Ich kann mich nicht zur Abreise entschließen. In zwanzig Sekunden, nach der Kurve, wird Agadir nicht mehr zu sehen sein. Die absolute Gegenwart der Katastrophe wird sich mit einem Schlag verflüchtigen. Ich kenne die Straße, zunächst folgt sie einem langen, hell leuchtenden Strand, später führt sie in die rosafarbenen Gebirge. Bald kommt das verrostete Schild, das ich schon bei der Anreise gesehen habe: «Strand-Paradies – Fischspezialitäten»; wie bei meiner Ankunft werde ich von nie endenden Ferien träumen. Das ist die ganze Wahrheit: In wenigen Sekunden werden die wunderbaren Landschaften im Süden Marokkos für mich zur einzigen Realität geworden sein; die drei Tage unsäglichen Schreckens, die ich gerade erlebt habe, die Stadt Agadir, ihre Massengräber, die Züge von Leichenträgern und ihre verrückt gewordenen kleinen Mädchen werden darin keinen Platz mehr haben. Ganz und gar nicht.

Da es mein Beruf ist, Zeugnis abzulegen, habe ich viele Seiten mit Notizen bedeckt, um nichts zu vergessen; dennoch werde ich mir schon bald die weiße und leere Straße unter der Sonne, den Betonfladen, der gestern noch ein Haus gewesen ist, die Matrosen des Begleitschiffes La Baïse, die sich mit gezückten Revolvern an die Verfolgung einer Katze machen, die Hitze, den aufsteigenden, ekelerregend süßlichen Geruch nur noch vorstellen können. Das ist auch der Grund, warum ich jetzt, bei der Abreise, das Gefühl habe, eine große Ungerechtigkeit, einen Verrat zu begehen: Selbst wenn es mir gelingt, das Erdbeben von Agadir in Worte zu fassen, wird Agadir von nun an für mich wie für alle, die meine Zeilen lesen wer-

den, nur noch etwas Abwesendes sein. Dabei waren die drei Tage
hier das genaue Gegenteil davon: Die vernichtete Stadt erdrückte
uns mit ihrer gewaltigen und faszinierenden Präsenz, die Irrea-
lität des Todes war das einzig Wirkliche, der Albtraum hatte von
uns Besitz ergriffen; wir konnten uns kaum vorstellen, dass es
anderswo glückliche Städte geben könnte.

Schon zehnmal wollte ich abreisen, zehnmal habe ich es mir
anders überlegt, obwohl meine Reportage im engeren Sinn abgeschlossen war. Eigentlich gibt eine Straße eine Richtung vor, schafft
Ordnung, stiftet Bedeutung, offenbart verschiedene Wahlmöglich-
keiten, doch hier, in Agadir, sind alle Orte einander ebenbürtig.
Es bedarf einer großen Anstrengung, einer richtigen Tat, um von
hier abzureisen. Gestern: Die Stadt lag verlassen da, seit dem Vorabend war sie den Wachsoldaten der marokkanischen Armee und
den Marinetruppen des von Frankreich entsandten Geschwaders
ausgeliefert, die auf gut Glück in den stummen Ruinen herumhack-
ten. Sonne, Durst, unerträglicher Gestank; Bootsleute der Marine
tränkten die Luft mit Eau de Cologne oder Minzlikör; wo immer ich
mich während der langen Stunden in der Stadt aufhielt, erstarrte
ich; Trümmer einstiger Gebrauchsgegenstände geisterten umher:
Das mit Cinzano-Flaschen gefüllte Regal eines Cafés stand herum,
auf der Straße lag eine Broschüre, *Treize complots du 13 mai*, zufällig auf Seite 112 geöffnet, ein unbeschädigtes Porträt von Mohammed V. war zu sehen, ruhig und blass und fern wie ein Spiegelbild,
die Spiegelung eines Sultans.

Einige erst kürzlich eingetroffene Kollegen suchten wie besessen nach der alten Ordnung Agadirs: Hier befand sich das Tout va
bien, das Café der Eliten, hier stand das Saâda, ein wunderbares
Hotel, hier war die Straße X, die Avenue Y. Sie fassten sich bald,
denn die Altstadt lag, wie Argos in Sartres Stück *Die Fliegen*, tot
und bleich da; die Straßen zwar intakt, doch die Gebäude zer-

stört, zerquetscht, ein einziger modriger Brei. So verzichteten sie auf ihre Namenslisten und ließen sich von der großen Freiheit zur Gleichgültigkeit verschlingen. Dann standen alle reglos da, in Bann gezogen und hingerissen von einem Totentanz, den entkräftete Matrosen vortrugen. Zwischen den verbogenen Stahlstangen eines Betonblocks lag der Leichnam eines robusten, vielleicht fünfzigjährigen Mannes. Die Aufgabe war einfach: Die Stangen mussten mit Metallschneidern zertrennt werden, um den Körper zu befreien, ihn in ein Leinentuch zu legen und im Laufschritt davonzutragen. Ein Matrose mit Mundschutz trat näher und schnitt in den Stahl, wobei er einen seltsamen Tanzschritt vollführte, um auf Distanz zu bleiben. Ein anderer löste ihn ab. Das Ganze ging zwei Stunden.

Ich war dabei. Ich hätte mich ebenso gut in Jaschech aufhalten können, einem muslimischen Vorort, wo buchstäblich kein Stein auf dem anderen geblieben ist. Jaschech scheint aus dem Inneren der Erde heraus durch eine riesige Schnauze, einen Maulwurf, vernichtet worden zu sein. Die Bulldozer, Bagger und Traktoren sind im europäischen Teil der Stadt im Einsatz; hier gibt es nur Schaufeln und Hände. Aber für die Steine der muslimischen Häuser genügen Hände auch: Von der Straße aus sah man sie, Männer und Frauen, kolonnenweise auf ihrem Hügel zusammengedrängt; unaufhörlich durchsuchten sie die Trümmer, um Körper ans Licht zu holen. Die Bewohner von Jaschech waren fast alle umgekommen, die zwei großen Massengräber, die man vor dem unbeschädigt gebliebenen Friedhof ausgehoben hatte, reichten nicht aus. Ein drittes musste gegraben werden.

Moulay Hassan, der Kronprinz,[18] ließ am Tag nach dem Erdbeben vier Marokkaner auf dem Talbordj-Platz durch Erschießen

18   1961 sollte er zum König Hassan II. gekrönt werden.

hinrichten. Sie hatten geplündert. In der offiziellen Version haben sich die verfeindeten Gemeindeverbände, der europäische und der marokkanische, im Unheil brüderlich vereint gefunden. Aber auf dem Militärflughafen, wo sich die überlebenden Europäer zur Evakuierung einfanden, kam, neben Hilflosigkeit, der alte Hass zum Vorschein, und weil man keine Verantwortlichen oder Schuldigen für diese Naturkatastrophe finden konnte, mussten die Plünderungen einiger weniger zum Vorwand für andere Dummheiten herhalten. Zusammengesunken am langen Tisch eines Speisesaals, wiederholte eine Frau mechanisch: «Nie wieder Agadir!», genau so, wie wir einst gerufen hatten: «Nie wieder Oradour».[19] Dann verband die Frau die beiden Katastrophen, die politische und die von der Natur verhängte: «Können Sie sich das vorstellen?», sagte sie, «Es gab ja die Unabhängigkeit, wir haben durchgehalten und sind hiergeblieben. Und jetzt das! Sie müssen verstehen, wir gehen fort, wir machen Schluss mit Marokko! Es ist vorbei.»

Nach der Bombenexplosion vor drei Wochen haben achtzigtausend Menschen auf den Straßen Casablancas demonstriert und den Rückzug der Franzosen aus ihrem Land gefordert. Die Matrosen des Stützpunktes und des französischen Mittelmeer-Geschwaders, die hier eine entsetzliche Aufgabe erfüllt haben, sagten im Rückblick zu der Kundgebung: «Sie wollen uns rauswerfen. Nur, was hätten sie ohne uns getan?» In Wahrheit haben Franzosen wie Marokkaner mit allen ihnen zur Verfügung stehenden Mitteln bis an die Grenzen ihrer Kräfte gearbeitet. Zwei Drittel des Personals der königlichen Armee, die in Agadir stationiert war, sind bei dem

---

19   Oradour-sur-Glane bei Limoges wurde am 10. Juni 1944 zum Schauplatz der Hinrichtung von 642 Männern, Frauen und Kindern durch eine Einheit der II. Division der SS und nach dem Krieg ein Erinnerungsort an die Gräuel der Besetzung Frankreichs durch das NS-Regime (A. d. Ü.).

Erdbeben getötet worden. Es brauchte Zeit, andere Truppen aus dem Norden herbeizuschaffen. In den ersten Stunden waren die französischen Matrosen nahezu allein. Sie haben ihre Pflicht getan. Ohne Dankbarkeit oder Glückwünsche zu erwarten, hat unsere Armee, so rühmt sie sich, ihren Beitrag geleistet. Es stimmt: Die Zeitungen von Casablanca haben die französische Unterstützung bei den Rettungsaktionen systematisch heruntergespielt. Man erwähnte sie in einer Fußnote, zusammen mit den Hilfen aus Spanien, Portugal, den USA, Holland und Deutschland. Frankreich allein? Das hätte zu sehr nach Schutzherrschaft ausgesehen. Erst am dritten Tag erteilte Moulay Hassan von seinem Kommandoposten aus, «dem Kommandoposten des Kronprinzen», wie man sagte, den Befehl, unserer Marine die ihr gebührenden Ehrungen zu erweisen – die französische Presse hatte es sich freilich von der ersten Stunde an zum Ziel gesetzt, das Gleichgewicht wiederherzustellen.

France-Observateur, 10. März 1960

POLITISCHE UND
POLEMISCHE KÄMPFE

DER HUMANIST UND SEINE HUNDE

Nachdem Polizeipräsident Papon die Leistung seiner «Hilfstruppe» am Rednerpult vor dem Generalrat des Departement Seine gewürdigt hatte, bekräftigte er blauäugig, er werde auch weiterhin «seine Pflicht erfüllen und die Bevölkerung von Paris, *Muslime inbegriffen*, vor dem Terrorismus schützen». «Die Harkis»,[20] so hatte Herr Papon zuvor erklärt, «unterstehen meiner Verantwortung und Autorität.» Das werde wohl ausreichen, dachte er, die gegen diese erhobenen Anschuldigungen zu zerstreuen: Wie könnte Herr Papon der Chef und Komplize einer Bande von Folterknechten sein? Das nennt man «verschleiern»: Herr Papon verschleiert. Aber vielleicht ahnt er auch die Gefahr, die in einer solchen bis zum Äußersten gehenden Logik liegt; und weil er tatsächlich jederzeit mit einem unliebsamen medizinischen Befund konfrontiert werden könnte, hat der Polizeipräsident noch ein anderes Argument auf Lager, eine *ultima ratio* für Generalräte, um die Inexistenz der Folter glaubhaft zu machen: Seiner Meinung nach haben alle Algerier von der Nationalen Befreiungsfront (FLN)[21] genaue Anweisungen erhalten, sie sollen unter allen Umständen erklären, dass ihnen sämtliche Geständnisse unter

---

20 Ehemalige algerische Soldaten in einer Hilfstruppe der französischen Armee (A. d. Ü.).

21 Front de Libération Nationale; eine 1954 gegründete politische Bewegung, die gegenüber Frankreich die Unabhängigkeit Algeriens mit politischen und militärischen Mitteln durchsetzen wollte (A. d. Ü.).

der Folter abgezwungen worden seien. «Es wird ihnen sogar empfohlen», fügt Herr Papon hinzu, «sich mit Zigaretten selbst Brandwunden zuzufügen, sich blutig zu schlagen, um ihre Aussage zu plausibilisieren.» – «Da haben Sie die Folter!», ruft der Polizeipräsident triumphierend.

Zweihundert Algerier, zweifellos solche, die die «Empfehlungen» der FLN allzu wörtlich genommen haben, stöhnen auf den Betten des düsteren Cusco-Saales im Untergeschoss des Justizpalastes neben dem Hôtel-Dieu und lecken ihre Wunden. Sie sind heimlich hier untergebracht worden, ohne das Recht, sich von einem Anwalt vertreten zu lassen oder mit ihren Familien Kontakt aufzunehmen. Ihre Briefe kommen nicht an, Beschwerden, die sie einreichen wollen, werden nicht angenommen. Weder die Untersuchungsrichter noch die Gerichte oder die Strafverwaltung wissen um sie. Diese namenlosen Begrabenen, diese Mohamed «SNP» (*sans nom patronyique*, «ohne Familiennamen»), sind nicht frei, aber sie sind auch keine Gefängnisinsassen, ebenso wenig wurden sie verhaftet, beschuldigt oder angeklagt: Sie sind nichts, sie existieren für niemanden. Sie warten und werden weiter warten, bis sie wieder halbwegs passabel aussehen, damit Herr Papon, ihr Beschützer, sie – im günstigsten Falle – vor aller Augen in ein Durchgangslager oder in die Verwaltungsinternierung schicken kann. Weil der Skandal jetzt öffentlich geworden ist, weil der Polizeipräsident und sein Komplize und Helfershelfer, Herr Patin, Präsident der Kommission zum Schutz individueller Rechte und Freiheiten, sich gezwungen sehen, von diesen Menschen zu sprechen, haben sie sich Begriffe zurechtgelegt, die an die schlimmsten Zeiten des Obersts Trinquier, an die Schlacht von Algier erinnern: «Gefährdung der öffentlichen Sicherheit», «in ganz schlimme Affären verwickelt», «Zugehörigkeitsverdacht» usw. Und das Vokabular des Schreckens entspricht der Wirklichkeit: Wir befinden uns im Jahr 1957 in Algier.[22] Wie damals Algier, so verfügt heute die Stadt Paris über ihr El Biar, über Folterkammern nach Art der algerischen Villa Sésini, über spezialisierte Foltereinheiten, über Hinrichtungen im Schnellverfahren, über Gefangene, Verschollene und Selbstmörder. Auch über hohe Beamte, die die Folter rechtfertigen und im Namen eines notwendigen Durchgreifens die Henker schützen. Alle Alibis sind identisch: Wir wussten bereits, dass Maurice Audin sich selbst erwürgt hat – ja, sich selbst erwürgt! – und dass die Verschollenen des *Cahier Vert*[23] sich auf Befehl der FLN unsichtbar gemacht haben. Früher, zur Zeit der *Gangrène*[24], verweigerte der inzwischen auf eine höhere Dienststufe beförderte Richter Batigne, den die Monotonie der Aussagen von Benaïssa Souami, Khebaïli und Boumaza zu langweilen begonnen hatte, die Prüfung ihrer Beschwerden unter dem Vorwand, dass «alles immer wieder dasselbe Lied» gewesen sei und man ihm «eine auswendig gelernte Lektion» aufsage. Dieser Litanei hat Papon nur das delikate Detail einer das Übliche weit übersteigenden Dummheit hinzugefügt: Es genügt ihm nicht, bloß zu verschleiern, er erstellt ein ausführliches Verzeichnis der Wunden und Beulen der Geißeln der FLN; er handelt aggressiv; er spricht von seinen Harkis wie von einer privaten Garde. Wer die attackiert, legt sich mit ihm an. Das ist die gegenwärtige Situation.

In Algier haben wir ohne Mittelsmänner gefoltert, und die Verhöre gegen das Kollektiv *Gangrène* haben französische Polizisten geführt. Das waren unsere schmutzigen Hände. Papon, Polizeiprä-

---

22 Papon war tatsächlich Polizeipräsident der algerischen Stadt Constantine.

23 Dokumentation über «verschwundene» Algerier (A. d. Ü.).

24 *Le Gangrène* («Der Wundbrand») heißt ein 1958 erschienenes Buch, in dem algerische Studenten von Folterungen durch den französischen Inlandsnachrichtendienst DST berichten (A. d. Ü.).

sident des Generals de Gaulle, hat in der Tat etwas verändert: Jetzt foltern wir mitten in Paris – mit Hilfspersonal. Wir haben einer von uns ausgebildeten Truppe von algerischen Verrätern die Aufgabe übertragen, ihre Brüder zu martern. Damit die Folter sich zu einem konsistenten System entwickeln, damit sie ihren optimalen Nutzen erbringen kann, braucht sie Freiheit und die Abwesenheit jeglicher Kontrolle. Auf keinen Fall dagegen Rechenschaftsgabe: Jacques Massu hatte den Auftrag, Algier zu befrieden, nur um diesen Preis akzeptiert. In Paris, wo die öffentliche Meinung noch über gewisse Kontroll- und Druckmittel verfügt, war es schwierig, die Laien des Nachrichtendienstes DST im Zaum zu halten. Fünf in der Rue des Saussaies zu Tode gemarterte Studenten: Hier haben wir den Skandal der *Gangrène*; man arbeitet und foltert schlecht unter diesen Bedingungen. Und wenn sie unordentlich, heimlich und aufs Geratewohl praktiziert wird, verfehlt die Folter ihren Zweck: Wir haben erkannt, dass sie über interne Systematisierungserfordernisse verfügt. Wir bewegen uns im Kreis: Jeder Algerier muss als verdächtig gelten, jeder Verdächtige muss ein potenzielles Folteropfer sein, oder die Folter hat keinen Sinn.

Herr Papon, der die edle Aufgabe übernommen hatte, in der Hauptstadt Frieden und Ordnung wiederherzustellen, musste folglich zwei einander widersprechenden Notwendigkeiten gerecht werden: einerseits der Folter zu erlauben, sich in ganz Paris auszubreiten, andererseits überall und immer auf die sauberen Hände seiner Polizeibeamten hinzuweisen. Die «Hilfstruppe», auch «Zusatztruppe» genannt, wuchs (im Sinne Hegels) über diesen Widerspruch hinaus: Die Routine der Folter, die ihr tägliches Leben bestimmte, wurde den Harkis anvertraut, und wenn die Franzosen sich gelegentlich dazu herabließen, ihre überaus geschickten Finger in den Augapfel eines Algeriers zu drücken, dann war das eine Luxushandlung.

Schon ein Jahr verhaftet, foltern und töten die Harkis so in aller Ruhe in Pariser Kellerräumen. Sie tun es vor unseren Augen. Vor den Augen Patins, vor denen der Mitglieder der Schutzkommission. Die Kommission weiß davon ... Sie war davon in Kenntnis gesetzt worden, dass man in der Rue Harvey im XIII., in der Rue de la Goutte d'Or im XVIII. Arrondissement und in Noisy-le-Sec in Romainville folterte: Stadträte, bei denen sich die Bewohner der benachbarten Häuser beklagten, dass sie wegen der Schmerzensschreie nicht schlafen konnten, forderten eine öffentliche Erklärung. Doch niemand hat sich der Sache angenommen: Die Schutzkommission, diese zarte Blume des westlichen Humanismus, wählt ihre Schrecknisse wohlbedacht aus, im Bereich des Ekelhaften, und verleiht jedem Fall, den sie sich vornimmt, sozusagen schon dadurch Würde, dass sie sich damit befasst! Von dem Augenblick an, da Patin geruht, einen wie auch immer gearteten «Exzess» seines Interesses für wert zu erachten, werden seine Protagonisten – Henker und Opfer –, ob sie es wollen oder nicht, Mitglieder der guten Gesellschaft. Patin selbst steigt nie in den Orkus hinab: Die Hölle kommt zu ihm, sie schmückt ihn, indem sie ihn berührt, delikat mit den Farben eines wohlgesinnten Mannes. Offene Wunden vernarben unter einem so sanft streichelnden Blick, Balsam bedeckt die Verletzungen, sogar das Entsetzliche wächst ins Gute hinüber. Das ist die Heuchelei, die abstoßende Maschinerie dieser Institution, deren Gründung die zarten Seelen unter uns beruhigt hat. Tatsächlich, es ging nicht um die Anzeigen, nicht um das Schaffen von Verboten, sondern darum, jeden hinters Licht führen zu können.[25] Allein die Existenz einer Schutzkommission sollte

---

25   Mitglieder der Schutzkommission, die wirklich etwas Positives bewirken wollten, haben in Anbetracht ihrer offensichtlichen Machtlosigkeit binnen Monaten ihr Amt niedergelegt. Wie es nun einmal stand, konnte die Kommission nichts anderes sein als ein

bedeuten, dass trotz mancher Verstöße gegen die Menschlichkeit diese selber nicht grundlegend in Frage gestellt war, dass die Ordnung ungefährdet und alles gut war.

Patins «Job» ist also das Menschliche: Das ganze Foltern gehört nicht zu seinen Kompetenzen. Damit eine Verbindung zwischen einem algerischen Gefolterten, also einem Untermenschen, und Patin entstehen kann, damit der Algerier auch nur den Hauch einer Chance hat, der eminenten Würde eines Patin teilhaft zu werden, bedarf es einer Vermittlung, und zwar einer menschlichen: Nur der Scharfrichter kann sie herstellen oder, je nach Wahl, ein Fallschirmspringer mit leeren Augen oder ein kräftiger, blutiger Bulle unserer Machart.

Aber wenn der Untermensch den Untermenschen foltert, wenn der Algerier selber sich zum Henker des Algeriers macht, wo bleibt dann die Vermittlung? Patin seufzt, er macht uns zu Zeugen seiner Nöte: Diese finsteren Tierkämpfe, diese «Negerschlachten» im Kellerloch ... sie gehören allesamt nicht zum Bereich eines Humanisten. Und nur die Eigenschaft des Scharfrichters zählt: Ist er einer von uns, ist er «ein Mensch» (wie man beispielsweise sagt: «Er ist im Jockey Club»)? Nur das ist die Frage, die Patin zu Beginn jeder Untersuchung stellt. Es geht ihm nicht darum, die Folter zu vermeiden, darauf pfeift er. Aber er will unser großes Ansehen nicht beschädigen, und darum schützt er die Folterknechte, solange sie Franzosen sind, und wäscht seine Hände in Unschuld, falls es sich um Harkis handelt.

Das Verschleiern ist die Hauptbeschäftigung des Präsidenten der Schutzkommission. Wir erfinden nichts, wir lassen nichts

Alibi der Macht: So ist es nur natürlich, dass heute das unwürdigste ihrer Mitglieder an ihrer Spitze steht.

durchgehen. In seiner Aussage im Barrikaden-Prozess hat Oberst Argoud, dieser andere «Paladin der westlichen Welt», Patin die Maske der Gutmütigkeit persönlich vom Gesicht gerissen: «Herr Maurice Patin», erklärte der Oberst, «hat uns übrigens in diesem Bereich [dem der Unterdrückung] jede Unterstützung zuteil werden lassen, die in seiner Macht stand.

General Massu hatte – meiner Meinung nach zu Recht – entschieden, unter seiner Verantwortung einen Erlass [der Hinrichtungen im Schnellverfahren erlaubte] herauszugeben, um den Exzessen abzuhelfen, Patin, der damit im Grunde absolut einverstanden war, fürchtete aber, dass diese Dinge durchsickern und im Ausland bekannt werden könnten. Gegenüber einem meiner Mitarbeiter, einem Technikexperten im Armeekorps von Algier, hat Patin geäußert: ‹Ich verstehe eure Angst vollkommen, ich verstehe auch, was dieses Problem für die Armee bedeutet, aber um Himmels willen! Schafft diese Vorschrift aus der Welt, produziert uns geeignete Akten, schafft falsche Zeugen herbei, ich werde euch mit allen meinen Kräften helfen, aber weg mit dieser Verordnung, weg damit, um Himmels willen!›»[26]

Um Gottes, um Himmels willen! Indem Papon den Harkis die brutalen Notwendigkeiten der Befriedung von Paris übertrug, ersparte er Patin reichlich Ärger. Er musste nun nicht einmal seine Akten fälschen, musste keine falschen Zeugen herbeischaffen: Die schmutzigen Vergeltungsmaßnahmen, die sich zwischen Untermenschen in den Kellern der Rue de la Goutte d'Or abspielen, brauchen ehrliche Leute nicht zu kümmern. In Algier hatte Patin alles gesehen, aber er verschloss die Augen davor, in Paris stellt er aufgerissene Augen und einen klaren Blick zur Schau, sieht aber

---

26 Diese Aussage von Oberst Argoud wurde zum Gegenstand einer später vom Komitee Maurice Audin im Verlag Éditions de Minuit unter dem Titel *Sans commentaire* veröffentlichten Broschüre.

nichts: Die Gespenster, die hier Gespenster foltern, sind unsichtbar. Darüber hinaus, in weiter Ferne, zeichnet sich die blaue Linie des Menschen ab. Es ist das alte rassistische Lied mit seinen Zweideutigkeiten: Umsonst trägt ein Harki die blaue französische Polizeiuniform und eine Mütze der Militärpolizei, er bleibt ein verkleideter Algerier, ein Untermensch, ein Unterbulle. Die Uniform ist weit davon entfernt, ein Zeichen dafür zu sein, dass er in den Würdegrad eines zivilisierten Menschen aufgestiegen wäre, sie ist – für alle sichtbar – nichts als das Zeichen seiner Zähmung: ein Polizeihund, dessen ursprüngliche Wildheit und angeborenes Naturell nicht etwa ausgemerzt worden sind, sondern jetzt bloß im Sinne seines Herrn gelenkt werden. Das nennt man Treue: blinde, gezähmte Wildheit, doch jederzeit widerrufbar: Wie wir alle wissen, zittern die Besitzer großer Rassewölfe ein wenig bei Nacht.

Der Harki und seine Jagd auf die algerischen Mitbrüder in den Straßen von Paris verstärken die Gewissheiten der französischen Rassisten: Denn wenn diese Leute da so unerhört wild geworden sind, dass man sie domestizieren, sie dazu bringen kann, einander zu zerfleischen, ist das nicht ein weiterer Beweis dafür – die «blinden Verbrechen» des FLN haben es uns bereits gezeigt –, dass der Kampf des Aktivisten der algerischen Revolution absolut sinnlos ist, buchstäblich unsinnig, nichts anderes als «Freiheit» zum Bösen? Patriot oder Harki, das ist das Gleiche, und jedes Mal gewinnt der Rassist: Die Söldner in blauer Uniform gestatten ihm, seinen Gegner sogar für den Anlass seines Kampfes zu verachten und sein Untermenschentum durch eben diesen Kampf als erwiesen anzusehen.

Noch etwas anderes erhofft sich der französische Polizist von dem Harki: Er will in eine ihm unzugängliche Welt eindringen, er will das Geheimnis des Algeriers offenlegen. Es geht nicht länger um den Harki, der sich verkleidet, es geht um den Polizisten, der sich kostümiert. Was für schwarze Messen und Geheimnisse werden an den mysteriösen Stätten in Nanterre und Saint-Denis zelebriert! Wenn der Franzose Elendsviertel in Beschlag nimmt, wenn er die Türen von Absteigen einschlägt, begegnet er immer bloß versteinerten Gesichtern, entschlossenen, stummen Männern; er will sich nicht eingestehen, dass er Kämpfer vor sich hat, deren einziges Geheimnis eben die Freiheit ist; der Polizist zieht es vor, sich als Opfer des Kartesianismus und eines analytischen Geistes zu sehen: «Sie sind nicht wie wir, es ist unmöglich, sich mit diesem Vieh zu verständigen.» In ihrem Widerstand gegen die Folter, ob er nun fanatisch oder fatalistisch ist, liegt ein weiterer Grund für dieses Erstaunen. Um also die «Verbindung» herzustellen, um diese Umkehrung der Dinge, die sich ihm entzieht, im Innersten zu packen, wird der Kolonisator so weit gehen, dem Kolonisierten zuletzt auch noch sein Aussehen zu stehlen und sich selbst zum Algerier zu machen: Und so kam der Harki in die Welt! Und wir befinden uns ja im Krieg, es ist folglich wichtig, Geheimnisse zu enthüllen und die FLN zu zerschlagen: Die Harmlosen und die Verräter sind ebenso alt wie die Polizei![27] Aber Strategie und Vorgehen des Kolonisators, nicht anders als die von ihm angewandten militärischen Taktiken, bilden sich immer im Unbewussten und sind durchgehend von rassistischen Motiven durchsetzt. Wenn unsere Obersten und ihre Jagdkommandos, wenn unsere Sections Administratives Spécialisées (SAS) und ihre Besten sich «unter die Bevölkerung mischen wollen wie Fische im Wasser», dann haben sie nicht nur gar nichts von Mao Zedong verstanden, wie man zu Recht behauptet hat, sie äußern vor allem auch eine völlige Ambivalenz – Abgestoßensein und Faszination zugleich – in ihren Gefühlen gegenüber den Kolonisierten.

---

27 Es gibt auch Harkis in Zivilkleidung.

Die politisch-administrative Organisation der FLN zu vernichten, dieses unendliche Vorhaben, von dem sie genau wissen, dass sie es nie zu Ende bringen werden, ist im Grunde ein zweitrangiges Ziel: Was weit mehr zählt, ist ihre von der Natur des Bösen faszinierte Neugier. Wie eine Reise zu den Randgebieten der exotischen Welt wird «der volkstümliche Krieg» jenen hohen Offizieren Rezepturen und Zaubertränke offenbaren, wird es ihnen erlauben, endlich ins Geheimnis der Kastrationsängste heraufbeschwörenden Moslems einzudringen. Am Beginn der Mao-Zedong-Schwärmerei der «Psychologen» von Algier steht nichts anderes als der unteilbare Sadismus des Kolonisators: derselbe Sadismus, der das Niederbrennen der Mechtas und die Vergewaltigung algerischer Frauen bewirkt. Und was den Harki betrifft, so gibt er dem Pariser Polizisten die Möglichkeit, seinerseits in jene tabuisierten Hinterwelten einzudringen, in die klumpige Brühe einer Kultur, in der die beunruhigende Alchimie des Bösen herrscht.

Und so ist der zum Voyeur gewordene Polizist inzwischen wie erstarrt. Er hält den Untermenschen respektvoll auf Distanz, fasst ihn nur noch mit der Pinzette an; ekelhafter und gefährlicher denn je, ist er jetzt, wie man so sagt, nicht einmal mehr den Strick wert, mit dem man ihn hängen wird, er würde alles verseuchen. Nur ein Harki ist gerade noch gut genug für ihn. Die Polizisten des DST, diese feinen, raffinierten Herren, diese Wissenschaftler, praktizieren heute eine Art Arbeitsteilung: Sie führen die von ihnen verhafteten Algerier bis an die Tore der Folterkammern, wo die Harkis tätig sind, betreten sie jedoch nicht; was drinnen geschieht, geht sie nichts an; sie quälen sich dort untereinander, würde Papon sagen. Aber das Spiel verfügt über noch subtilere Varianten: Die Franzosen entlassen den Verdächtigen, den sie fortgeschleppt und in einem Untersuchungslager, etwa in Vincennes, verhört haben. «Hau ab», sagen sie zu ihm, «du bist frei, wir haben nichts gegen dich.» Verwundert über seine Freilassung steht der Mann da, er hatte dergleichen nicht zu hoffen gewagt. Nur zehn Meter weiter erwarten ihn Harkis in Zivilkleidung, werfen sich auf ihn, stoßen ihn in ein Fahrzeug und fahren ihn zu einem ihrer Schlupfwinkel. Dort wird man ihn auf das Grässlichste foltern, wird ihn vielleicht hinrichten, oder er wird Selbstmord begehen, um seine Folterer loszuwerden: Unsere offizielle Polizei wird dabei keine Rolle gespielt haben. Kein Akteneintrag, keine Spur, so sieht der Parallelweg aus, ein Schwarzmarkt der Folter – Vieh gegen Vieh –, der in keiner Weise den Prinzipien unserer Rechtsprechung entspricht oder untersteht.

So sieht die Vorgehensweise aus, wie sie seit einem Jahr in Noisy-le-Sec, in Romainville, im XXIII. Arrondissement, in der Rue Harvey Nummer 9 und, seit dem 20. November, auch im XVIII. Arrondissement in der Rue de la Goutte d'Or Nummer 25, 28 und 29 in großem Maße praktiziert wird: Algerier werden entweder vom DST, der sie dann den Harkis übergibt, oder von den Harkis direkt festgenommen. Man verhaftet sie aufgrund von Anzeigen oder, häufiger noch, völlig willkürlich, zufällig, wie bei der Schlacht von Algier: Meistens sind es grundlose Verhaftungen, ein Sondieren ins Leere, und es kommt vor, dass die Harkis einen Mann tagelang foltern, um ihn so weit zu bringen, «einen Namen, egal welchen», zu gestehen. Die Folterungen finden in den Kellern früherer, von den Harkis beschlagnahmter Hotels statt, und man lässt in voller Lautstärke die Radios plärren, um die Schreie der Opfer zu übertönen: Wasserfolter, Folter mit Spießen und Nadeln, in den Anus eingeführte Flaschen, alle Formen und Grade der Prügelstrafe. Sie währen zwischen zwei und einundzwanzig Tagen. Elektrizität kommt nicht zur Anwendung: Es wird nur handwerkliche Folter praktiziert, und diese begnügt sich mit den vorhandenen Mitteln (Flaschen findet man beispielsweise in großen Mengen in diesen Kellern). Wie der Hauptmann Montaner, ein bekannter, nach Frankreich zurückgekehrter *pied-noir*, Vorgesetzter der beiden Harki-Bataillone, erklärt: «Diese Kerle sind viel zu primitiv, um zu wissen, wie man foltert.»[28] Primitiv, aber tüchtig: Tatsächlich werden die Gefolterten rasch so übel zugerichtet, dass es unmöglich ist, sie einem Untersuchungsrichter vorzuführen. Also bleiben zwei Lösungen: Entweder man lässt die weniger Versehrten frei und droht ihnen, falls sie über das Geschehene je ein Wort sagen sollten, mit dem Tode – und wirklich hat keiner je zu sprechen gewagt –, oder, und das ist am häufigsten der Fall, man stellt sie auf Befehl des Polizeipräsidenten unter Arrest. Blutüberströmte menschliche Wracks werden in Einzelzellen im Präsidium untergebracht und erhalten keinerlei medizinische Hilfe. Sie bleiben, bis die Wunden der Folterungen verheilen. Danach folgen Durchgangslager und Verwaltungshaft, etwa Larzac, Saint-Maurice-l'Ardoise usw.

Diese Paralleljustiz ist von der Autorität des Innenministeriums und vom Polizeipräsidium abhängig: Mit keiner anderen Schuld behaftet als der, so schrecklich gefoltert worden zu sein, dass sie kein menschliches Gesicht mehr haben, werden aufs Geratewohl verhaftete Männer in Internierungslager geworfen, ihren Familien und ihrem Leben entzogen. Man muss ja nichts davon erfahren! Papon, nunmehr gezwungen, über all das Rechenschaft abzulegen,

---

28 Man weiß nicht, wie viele Harkis es genau gibt: angeblich zwischen dreihundert und sechshundert. Die Harkis waren zuvor entweder Zuhälter, die nun die Polizei für ihre Zwecke nutzt, oder ehemalige Sträflinge gewöhnlicher Vergehen oder auch solche, die der FLN Geld gestohlen haben. Es gibt nur wenige Kandidaten, nach dem Ermessen Papons reichen sie nicht aus. Um ein Harki zu werden, muss man sich nur zur Verfügung stellen. Man wird auf der Stelle angeheuert: Acht Tage Schießübungen in Noisy-le-Sec, und schon wird man «zur Arbeit» abkommandiert. Spitzengehalt: 80 000 Francs monatlich. Der Hauptmann Montaner wird von zwei Leutnants unterstützt, von Herrn Desrogeot, einem Franzosen, und Herrn Niboucha, einem Algerier.

lässt die Zeitungen beschlagnahmen, die solche Machenschaften anprangern. Er veröffentlicht Bekanntmachungen, die sich auf zwei Behauptungen beschränken. Erstens: Sie sind alle schuldig. Den Anstrengungen der tapferen Harkis verdanken wir es, dass eine große Anzahl von Waffen konfisziert werden konnte. Zweitens: Ich werde künftig meine Bemühungen in dieser Hinsicht verstärken, indem ich Harkis auch in anderen Pariser Arrondissements einsetze. Oh, was für ein Edelmut! Aber wenn sie wirklich schuldig sind, warum wurden sie dann nicht innerhalb der vom Strafrecht sehr genau festgelegten Frist, die der Polizei dafür zur Verfügung steht, einem Untersuchungsrichter vorgeführt? Warum werden sie durch einen Verwaltungsbeschluss mit Freiheitsentzug bestraft, ohne je verurteilt worden zu sein, ohne den Beweis ihrer Unschuld liefern zu können, ohne auch nur einen Anwalt konsultieren zu dürfen? Denn so sieht es im Jahr der Gnade 1961 aus: Als ein Hilfsorgan der Justiz darf der Anwalt von solcher Paralleljustiz nichts erfahren, als wäre diese ein rein «verwaltungstechnischer Bereich». Die Tore der Gefängnisse stehen ihm offen, die der Lager, in denen Tausende von Männern, mit voller Absicht «außerhalb der Justiz» gestellt, in Vergessenheit vegetieren, bleiben ihm verschlossen. Und wenn durch eine Reihe von Zufällen, die, wie wir sehen werden, in den Bereich der Wunder gehören, ein Untersuchungsrichter doch einen der Gefolterten vernimmt, darf der Anwalt diesem lediglich nach ausdrücklicher Erlaubnis des Richters beistehen. Das ist nicht legal, aber auch nicht illegal. Solche Fälle hat das Gesetz eben nicht vorgesehen: Die Gewässer der «Justiz» und der «Verwaltung» vermischen sich nun einmal nicht.

Und wie steht es mit den Waffen? Mit den tschechischen Maschinengewehren, den Pistolen, den Handgranaten, deren Fotos *Paris-Presse* frohlockend veröffentlicht hat? Wo sind die gerichtlichen Siegel, wo die Durchsuchungsprotokolle? Es hat keine gegeben.

Uns wurden auch keinerlei Informationen zugänglich gemacht: Jeder Polizist hätte die Waffen aus seinem Arsenal holen und mit dem Finger am Abzug für *Paris-Presse* posieren können. Papon tobt vor Wut. Da hatte man ein volles Jahr in aller Ruhe foltern können, und jetzt ... Die schüchternen Einwände diverser Stadträte waren längst vergessen, und die Sache hätte ganz ungestört noch lange so weitergehen können, hätte nicht ein Häftling des Gefängnisses von Fresnes den Präsidenten einfach so überrumpelt. Slimane Ould Younes gehörte zu den im Jeanson-Prozess Verurteilten, er hatte das Glück, der Paralleljustiz zu entkommen und auf herkömmliche Weise abgeurteilt zu werden. Noch in der Zelle erfährt er Ende Januar, dass sein Bruder, Amar Ould Younes, vermisst wird; weder in seiner Wohnung noch in der Firma, für die er arbeitet, hat man ihn finden können. Slimane informiert seine Anwältin, diese reicht am 4. Februar in seinem Namen beim Doyen der Untersuchungsrichter eine Vermisstenanzeige ein. Gleichzeitig sendet sie ein Telegramm an Patin, den Vorsitzenden der Schutzkommission. Am 7. Februar dann ein zweites. Patin antwortet am 8., er sagt wie immer, er werde Nachforschungen anstellen. Ohne dass Patin in dieser Sache auch nur einen Finger gerührt hätte, erfährt Slimane Ould Younes in seinem Kerker, dass sein Bruder von den Harkis verhaftet und grausam gefoltert worden ist. Sofort reicht er eine zweite Klage ein, diesmal wegen Folter, eine reguläre Zivilklage. Da es sich um eine rechtmäßige Klage handelt, die von einem Mitglied der öffentlichen Justiz vorgebracht wird, sieht sich der Untersuchungsrichter zum Eingreifen gezwungen. Ein weiteres Paradoxon: Amar Ould Younes, das Opfer, hätte nie eigenständig Klage einreichen können, obgleich er nicht unter Anklage stand. Es war sein Bruder, ein Häftling, somit ein «Krimineller», dem die Justiz Gehör schenkte. Und so wird Amar Ould Younes aus dem Durchgangslager in Vincennes, in das er nach dreizehn in der Gewalt der

Harkis verbrachten Tagen eingeliefert worden war, entlassen und am 21. Februar dem Untersuchungsrichter vorgeführt.

Am 22. Februar schickt Slimane Ould Younes Patin folgenden Brief:

Herr Präsident,

das ist der letzte Brief, den ich Ihnen schreiben werde. Am 31. Januar 1961 habe ich Ihnen einen Brief geschickt, in dem ich Sie vom Verschwinden meines Bruders, Amar Ould Younes, in Kenntnis gesetzt habe.

Ich war naiv genug, zu glauben, Sie würden Nachforschungen nach seinem Verbleib einleiten. Am 4. und 7. Februar schickte Ihnen meine Anwältin Telegramme in dieser Angelegenheit. Am 8. Februar antworteten Sie mir und meiner Anwältin, dass Sie bezüglich genannter Umstände sofort Informationen einholen würden. Wir haben bis heute nichts erhalten, keine weitere Nachricht Ihrerseits.

Mein Bruder ist gefunden worden. Da es Ihnen bis zum heutigen Datum nicht gelungen ist, Auskünfte über ihn zu erhalten, erlauben Sie mir, Ihnen mitzuteilen, dass mein Bruder sich im Durchgangslager von Vincennes befindet.

Nachdem er am 21. Januar von den Harkis des XVIII. Arrondissements aufgegriffen und verhaftet wurde, verblieb er bis zum 2. Februar in ihrer Gewalt, wobei er grausamst gefoltert wurde: Peitschenhiebe, Würgeversuche, Wasserfolter mit Chlorwasser. Ein algerischer Mitbürger, der dasselbe Schicksal erlitten hat, erhängte sich in der Gefangenschaft der Harkis, um seinen Leiden ein Ende zu setzen. Sie tragen für diese Geschehnisse die Verantwortung, da Sie nichts unternommen haben, obwohl ich Sie vom Verschwinden meines Bruders in Kenntnis gesetzt habe.

Ich schreibe Ihnen diesen Brief, um Sie aufzufordern, sich mit

*dieser Angelegenheit nicht länger zu befassen, denn ich habe
erkennen müssen, dass Sie ein Alibi der Regierung und ein
Komplize der Folterknechte sind.*

Mit Grüßen ...

Patin antwortete Slimane Ould Younes am 25. Februar:

*Der Präsident der Schutzkommission
An
Herrn Slimane Ould Younes
33-46-2-233
Gefängnis von Fresnes*

*In Beantwortung Ihres Briefes vom 22. Februar 1961 teile ich
Ihnen mit, dass im Widerspruch zu Ihren Anschuldigungen
die Situation Ihres Bruders die Schutzkommission unentwegt
beschäftigt hat.*

*Ich verdanke das Wissen um die Haft Ihres Bruders – vor seiner
Internierung im Lager von Larzac – im Durchgangslager von
Vincennes keineswegs Ihnen.*

*Was die Gewalt betrifft, die er angeblich erlitten haben soll –
die Polizeiführung widerspricht diesen Vorwürfen –, wird der
mit dem Fall befasste Untersuchungsrichter alles unternehmen, um die Sache aufzuklären, und ich werde daran regen
Anteil nehmen.*

*Ich bin weder das Alibi der Regierung noch der Komplize
irgendeines Folterknechtes, und die zahlreichen Dankesbriefe,
die ich von allen Mitbürgern Ihres Herkunftslandes erhalte, die
ich habe schützen dürfen, erlauben mir, Ihre Frechheiten und
Beleidigungen für unter meiner Würde zu halten.*

Mit freundlichen Grüßen ...

Dieser Brief bedarf nur eines Kommentars: Patin macht sich nicht einmal mehr die Mühe, sich zu informieren. Tatsächlich nämlich hatte sich Amar Ould Younes nie im Lager von Larzac aufgehalten, nur in Vincennes, und war zuvor in der Gewalt der Harkis gewesen.

Ould Younes hat dem Untersuchungsrichter die von ihm erlittenen Folterungen geschildert. Er nannte die Namen anderer Algerier, die zur selben Zeit gefoltert wurden. Der Richter ließ sie aus dem Kerker holen und verhörte auch sie. So wurde das erste Loch in die Mauer des Schweigens geschlagen. Ein zweites wurde von Boussad Bennour geschaffen, ebenfalls in Fresnes inhaftiert, dessen Bruder, Hocine Bennour, ein Taxifahrer, genau wie Ould Younes, am 21. Januar aufgegriffen worden war. Auch Boussad reichte Klage ein, auch er schickte, wie Ould Younes, einen Brief an Patin. Weitere Klagen folgten, entweder von den Inhaftierten oder von bereits Freigelassenen, die bisher aus Angst geschwiegen hatten. Die Liste der Opfer und ihrer Aussagen über die Folterungen wächst auf den Schreibtischen der Anwälte mit jedem Tag, und sie ist grauenerregend. Wir sind außerstande, das ganze Material hier zu veröffentlichen, aber wir halten die Beweise für unsere Leser zur Verfügung.

Überlassen wir das Schlusswort dem Hauptmann Montaner der französischen Armee. Einer blonden und überaus naiven dänischen Journalistin, die sich zur Rue de la Goutte d'Or Nummer 25 begab, um zu erfahren, ob es auch stimmte, dass man Algerier folterte, gab er zur Antwort: «Wir schlagen sie ein wenig. Das ist aber auch schon alles. Es handelt sich ja um Mitglieder der OS[29]. Wer dieser Organisation beitritt, leistet einen Schwur, sich eher

---

29 Organisation spécial; Freiheitsbewegung für die algerische Unabhängigkeit, die auch vor Gewalt nicht zurückschreckte (A. d. Ü.).

selbst zu töten, als zu reden. Aber dann reden sie doch, und um die OS hinters Licht zu führen, geben sie mit unserem Einverständnis vor, sich die Venen aufzuschneiden. Aus Dankbarkeit, dass sie mit uns zusammengearbeitet haben, beschuldigen wir sie keines Verbrechens. Wenn wir sie aber laufenließen, würde der FLN sie auf der Stelle ermorden. Also schicken wir sie in Internierungslager. Einfach zu ihrer Sicherheit, für ihr Wohlergehen.»

Les Temps Modernes, Nummer 180, April 1961[30]

---

30 Man lese meine Einführung mit dem Titel «Les parias de la guerre d'Algérie», Sondernummer von *Temps Modernes*, «Harkis 1962–2012. Les mythes et les faits», Nummer 666, November-Dezember 2011.

DER HUNGERSTREIK

«Man verhandelt nicht mit Personen, die nicht am Kampf teilhaben», erklärte General de Gaulle, als die Provisorische Regierung der algerischen Republik (GPRA) vor zwei Jahren fünf inhaftierten algerischen Ministern die Vollmacht erteilte, in ihrem Namen zu verhandeln. Diese Rhetorik entsprang einer Vorstellung von Beziehungen zum Feind, die vielleicht einst an der Kriegsakademie gelehrt wurde, die aber der Realität der algerischen Revolution völlig unangemessen ist. Kämpfer und Nicht-Kämpfer, Militärs und Politiker, Männer und Frauen, Greise und Kinder, wie Bilderbögen aus der Imagerie d'Épinal[31] rasten sie vor den Augen des Generals de Gaulle dahin. Vor unser aller Augen. Und die französische Armee selber hat im Übrigen als Erste den rechtmäßigen Beweis dafür erbracht, dass die Zeit solcher Unterscheidungen vorbei ist: Völkermord kümmert sich naturgemäß nicht um Einzelheiten; die Bewohner Mechtas wurden nun einmal ausnahmslos niedergemacht. Es war unser Handeln, das alle Schichten der algerischen Gesellschaft in die Revolution hineinzog, und die Dialektik des Kampfes verschweißte sie zu einem einzigen unerbittlichen Block, machte jedermann zu einem Militanten. 11. Dezember, 5. Juli, 1. November, 17. Oktober – wir wissen nun, dass es keine Handlung einer Algerierin oder eines Algeriers gibt, die sich nicht in den Kampf eines

---

31   Eine seit 1796 in Épinal sitzende Druckerei für Illustrationen und Karikaturen (A.d.Ü.).

ganzen Volkes einschriebe oder genau dadurch ihren Sinn erhielte, dass eine verzweifelte Protestbewegung von Hausfrauen und Kindern in den Straßen von Algier *auch* eine Waffe bildet.

Jetzt aber verzieht sich ein letztes Hirngespinst: Sogar die Gefangenen nehmen den aktiven Dienst wieder auf. «Jene, die am Kampf nicht teilhaben», stürzen plötzlich in die Arena und zerstören die milde Stimmung, um die sich der General mit einer Reihe öffentlicher Reden im Vorfeld einer Verhandlung, die zu wünschen er vorgibt, bemüht hat. Fünfzehntausend Rasende in den Lagern und in den Gefängnissen verderben plötzlich das Spiel und verursachen einen Skandal, und weil sie eher sterben als das ihnen zugedachte Schicksal weiter ertragen wollen, beginnen sie den Kampf von neuem, heben ihn sogleich auf ein höheres Niveau und zwingen die Regierung auf dringliche, ja äußerst dramatische Weise, mit ihnen ins Gespräch zu treten und sie als Kämpfer anzuerkennen; sie stellen auf diese Weise allen Franzosen eine Frage, der auszuweichen schlicht unmöglich ist.

Verdutzt fragen sich die Franzosen, die nun, nach ihren Elendsvierteln, auch noch ihre Gefängnisse zur Kenntnis nehmen müssen, nach den Anlässen und Absichten dieses General-Hungerstreiks, der in den Annalen der Gefängnis-Geschichte eine nie zuvor dagewesene Angelegenheit darstellt. Die einen, die zu bedenken geben, dass die Bewegung überall zur gleichen Zeit und wie auf Kommando ihren Anfang genommen hat, orientieren sich einzig am politischen Aspekt und messen den von den Gefangenen vom ersten Tag an präzise geäußerten Forderungen nur wenig Bedeutung bei: Diese Forderungen würden, alles in allem, die eigentlichen Absichten des Streiks verbergen, statt ihren Zweck offen darzulegen. Die anderen berufen sich auf die Vorzüge verschiedener Statuten und Regelungen (das allgemeine Recht, die Regierungsform), als ob Verordnungen, die den Strafvollzug regeln, für alle Ewigkeit im Himmel eingeschrieben wären, allgemein verständlich, als ob irgendein im Voraus vom Gesetzgeber kodifiziertes Statut automatisch auf jeden Gefangenen anzuwenden wäre. Eine legalistische Sichtweise: Man folge dem Inhaftierungsgesetz, man beseitige alle Verstöße, und schon wird alles wieder seine gute Ordnung haben. Heute, da ich diese Seiten niederschreibe, am siebzehnten Tag des Hungerstreiks, hat dieser sich – weit davon entfernt, an Entschlossenheit abzunehmen, wie die Regierung gehofft hatte – verhärtet, ist über seine anfänglichen Zielsetzungen hinausgeschossen und radikalisiert sich weiter: Die algerischen Gefangenen fordern heute vielleicht Unmögliches, es geht ohne Zweifel um sehr viel mehr als um dieses oder jenes Statut. Wir werden darauf noch zurückkommen.

Die Franzosen können diesen Streik nicht verstehen, weil ihnen etwas Wesentliches fehlt: So, wie sich ein Kämpfer der Nationalen Befreiungsfront (FLN) in Uniform nicht als Soldat begreift, sondern eben als Aktivist, als bewaffneter Zivilist, so wird ein algerischer Aktivist, obwohl er im Kerker sitzt, nicht damit aufhören, sich als Kämpfer zu bezeichnen. Auch wenn es dem General de Gaulle nicht gefällt, muss man ihn töten, wenn man ihn «außer Gefecht» setzen will. Obwohl die Haft seinen Unternehmungen ein brutales Ende setzt, obwohl sie ihn am aktiven Kampf hindert, bedeutet das nicht, dass damit für den Gefangenen alles vorüber wäre: Hinter den Gittern einer Zelle oder dem Stacheldrahtzaun eines Lagers wird er sich, ungleich bewaffnet auf eine fast schon tragische Weise, mit seinem ganzen Wesen, einem anderen Kampf verschreiben, um sich dem Kampf seiner Mitbrüder, der draußen ohne ihn weitergeht, anzuschließen. Trotz des Kerkers am Kampf beteiligt zu bleiben, dieses Gebot zählt für ihn mehr als das eigene Leben – oder bedeutet ihm wenigstens genauso viel, indem er eben dieses Leben ganz und gar dem Kampf verschreibt. Das Gefängnis indessen verweigert ihm das Recht dazu durch Mauern, Verbote,

Zellen und Wachgarden; das «Gesetz» des Kerkers ist es nun einmal, den Menschen von seiner Zukunft, seinen Plänen, vom Sinn seines Lebens abzuschneiden. Einem Bewusstsein zu verbieten, über sich hinauszuwachsen: Genau das ist die nackte Gewalt. Der algerische Häftling kämpft also für die Anerkennung seiner Eigenschaft als Kämpfer oder, was auf dasselbe hinausläuft, dafür, ganz bestimmte Vorzüge zu erhalten, die es ihm erlauben, dem Absurden zu entkommen und den Kampf auf seine Weise fortzusetzen.

Um einen Kampf handelt es sich ja zweifellos: Es gibt und es gab keine politische Ordnung; die Errungenschaften der Kämpfer der algerischen Revolution sind nicht älter als die Revolution selbst; sie wurden, eine nach der anderen, durch Hungerstreiks und Aufstände erreicht, die die Sicherheitskompanien der Republik (CRS)[32] freilich blutig niedergeschlagen haben. Die Bedingungen der Kerkerhaft der algerischen Häftlinge sind einzigartig, sie wurden – nachdem französische Gerichte ihnen sieben Jahre lang eine Behandlung wie von Kriminellen zugemutet hatten – von ihnen selber entwickelt und anschließend dem staatlichen Strafsystem aufgezwungen. Kurz gesagt, sie sind aus einem historischen Prozess hervorgegangen, und wir werden noch sehen, wie die spezifischen Eigenheiten der algerischen Revolution damit verbunden sind. In dem Maß jedenfalls, wie die Haftbedingungen Ergebnis eines Kampfes und eines zwischen Verwaltung und Häftlingen geschlossenen Kompromisses sind, bleibt die Vereinbarung fragil, und kann jederzeit in Frage gestellt werden. Alles hängt von den Kerkern ab, von der Anzahl der Gefangenen – was so viel bedeutet wie: von ihrem Durchsetzungsvermögen, von der Laune der Gefängnis-

---

32   Compagnies Républicaines de Sécurité; von de Gaulle geschaffene Bereitschafts-
polizei, die vor allem bei Massenunruhen eingreifen sollte (A. d. Ü.).

wärter und von der Konjunktur. Das innere «Gesetz» aller Gefängnisse neigt naturgemäß dazu, Rechte zu verweigern und weiter und weiter zu beschneiden, es bewegt sich immer nur in eine Richtung. In dem Begriff «politische Ordnung» liegt, so gesehen, in Wahrheit ein Widerspruch: Freiheitsentzug ist totalitärer als die Freiheit selbst, er lässt sich nicht teilen. Was kann ein Statut und eine Ordnung in einem Provinzgefängnis konkret bedeuten, wo drei oder vier Algerier inmitten aller anderen, nach dem allgemeinen Recht verurteilten Gefangenen abgesondert und den Misshandlungen rassistischer Gefängniswärter ausgesetzt werden? Es hat mit nichts als mit angestammten Rechten zu tun. Es wimmelt von Beispielen: Postentzug, versperrte Zellentüren, Zeitungsverbot, konfiszierte Kofferradios usw. Wird mir etwa jemand entgegenhalten, das seien Kleinigkeiten? Nein, es handelt sich um Schikanen, und die algerischen Häftlinge reagieren äußerst empfindsam darauf. Unaufhörlich müssen sie sich wehren: Wenn sie sich fügen, werden die Schikanen schlimmer, und das Krebsgeschwür wird die Gesamtsituation durchdringen und dem Häftling radikal seine Menschenwürde absprechen, was im hier zur Debatte stehenden Zusammenhang heißt, dass sein Kampf nicht mehr wahrgenommen wird.

Die Wachsamkeit hat jedoch noch eine andere Ursache. Die algerischen Streiter und Aktivisten reklamieren nicht nur im Namen einer abstrakten Würde ein egalitäres System. Das System ist wie eine spanische Herberge: Jeder findet dort, was er mitbringt, jeder richtet sich nach seinen Vorstellungen ein. Zwischen dem Status eines Mörders der Organisation der geheimen Armee (OAS)[33], dem eines Putschisten-Generals oder dem der Kämpfer der algerischen

---

33   Organisation de l'Armée secrète; französische Untergrundbewegung während des Algerienkrieges (A. d. Ü.).

Revolution kann nur formell unterschieden werden (zumal wir wissen, dass auch das im Grunde unmöglich ist, weil die Einstufung der Putschisten extrem vorsichtig erfolgt). Schon seiner Behaglichkeit zuliebe wird General Challe also genau das tun, was er sein Leben lang getan hat: nichts. Er wird seine Pfeife rauchen oder Karten spielen. Ein revolutionärer Kämpfer hingegen wird sich um den Kampf seiner noch in Freiheit befindlichen Mitbrüder kümmern, er wird Überlegungen zu diesem Kampf anstellen, er wird seine ganze Energie dafür aufwenden und sich umso leidenschaftlicher dafür einsetzen, als dieser ohne ihn stattfindet. Was in seinen Augen das Gefängnissystem vom allgemeinen Recht unterscheidet, ist nicht vorrangig die schlechtere oder bessere Qualität der Suppe, sondern die Möglichkeit, dank genau festgelegter Vergünstigungen mit der sich draußen im Kampf befindlichen Gemeinschaft verbunden zu bleiben, diesen Kampf zu verfolgen und auf gewisse Weise auch daran teilzunehmen. Was fordert er? Zeitungen: und zwar nicht nur die der Regierung angenehmen Zeitungen, sondern auch jene der Opposition; er will Zugang zu allen Arten von Zeitungen haben. Bücher: alle Bücher. Kofferradios: und zwar mit Kurzwellen-Empfang, um die Voix de l'Algérie libre et combattante[34] hören zu können. Post: nicht zwei Briefe pro Woche, sondern so viele er will und von wem auch immer. Besuchserlaubnis und eine deutliche Verbesserung der Bedingungen in den Sprechzimmern. Offene Zellen: Diese Forderung ist zentral, denn er will mit seinen eingekerkerten Mitbrüdern kommunizieren können, sich mit ihnen zusammentun, sich informieren dürfen; er will auch im Inneren des Gefängnisses eine Ordnung errichten, in der er sich wahrnehmen und erkennen kann. In dieser Hinsicht ist die Odyssee von Rabah Bitat, einem

---

34 Revolutionärer Rundfunksender Algeriens (A. d. Ü.).

Minister der GPRA und einem der historischen Anführer der Revolution, der im Februar 1955 in Algier verhaftet wurde, geradezu beispielhaft. Er wird nach Frankreich gebracht und verbringt in vollkommener Isolation, nach den Bestimmungen des allgemeinen Rechts, sechs Monate im Gefängnis von Angers. Er verlangt, in ein Gefängnis überstellt zu werden, in dem es auch andere Algerier gibt; man kommt seiner Forderung auf eine originelle Weise nach und bringt ihn nach Riom: Die einzigen Algerier dort sind die Gefängniswärter, sie sind Algerierfranzosen. Nun beginnt er einen Hungerstreik: Am zehnten Tag bringt ihn ein Gefangenenwagen in das Pariser Gefängnis La Santé, in dem er für eine einzige Nacht bleibt, dann geht es weiter nach Rennes. Bis zum fünfzehnten Tag setzt er seinen Hungerstreik fort. Als er, mit dem Tode ringend, in ein Krankenhaus eingeliefert wird, lässt ihn der Arzt wissen, dass die GPRA sich inzwischen konstituiert hat und er zum Minister ernannt worden ist. Ob Minister oder nicht, für Bitat ist das nicht der richtige Moment, um auf der Île d'Aix etwa Ahmed Ben Bella und dessen Gefährten oder seinen Mitbrüdern der großen Gefangenschaft – zum Beispiel Fresnes oder den Baumettes – zu begegnen. Nein, er wird auf einer Krankenbahre in Saint-Malo eintreffen. Und dort brüllt der Oberaufseher: «Ich kenne hier keine Minister, ich kenne nichts als Ratten!» Nach sechs Tagen Unterbrechung beginnt Bitat erneut einen Hungerstreik. Um ihn zum Aufgeben zu zwingen, wird ihm am dreizehnten Tag das Wasser abgestellt; am fünfzehnten Tag geht es ihm dann so schlecht, dass man ihn in höchster Eile nach Fresnes bringt. Auch dort verweigert er bis zum vierundzwanzigsten Tag jede Nahrung, bis er im Koma erfährt, dass man ihm endlich erlauben wird, das Kerkerleben mit seinen gefangenen Mitbrüdern zu teilen. Bitat hat gewonnen, aber er hat dafür den höchsten Preis bezahlt: Für ihn war es wesentlich, sich dem Kampf seines Volkes anzuschließen, und für einen Kämpfer im

Kerker findet der Kampf zuerst dort statt, wo sich seine mit ihm inhaftierten Mitbrüder befinden. Das Recht auf Gemeinschaft wird damit die erste und wichtigste aller Forderungen.

Es ist also der Kampf an sich, der dem politischen Zweck seinen Inhalt und seine Eigenart verleiht, und eben deshalb wird jeder Versuch, diese besonderen Rechte – das zitierte Verbot von Kofferradios oder das Verschlossenhalten der Zellen – zu beschneiden, von den Häftlingen einerseits als Angriff auf ihre Identität als Kämpfer empfunden und zugleich als Episode in der gegen ihr Volk gerichteten Schlacht. So scheint es, als ob die Geschichte des Kampfes im Inneren der Gefängnisse dialektisch mit der allgemeinen Geschichte des draußen geführten Kampfes verbunden sei. Es handelt sich freilich um denselben Kampf. Wenn die Gefangenen der Verwaltung materielle Vorteile abzuringen vermögen, dann empfinden sie das zugleich als Einzelsieg und als Sieg ihres ganzen Volkes. Und das mit gutem Recht: Jedes Mal, wenn ihnen eine Verbesserung der Haftbedingungen zugestanden wurde, hat die französische Regierung auch an anderen Fronten eingelenkt, weshalb der Kampf überall Fortschritte verzeichnen konnte; eine neue Phase des Krieges begann. Umgekehrt gingen Verschärfungen der Haftbedingungen stets mit Rückschritten in anderen Bereichen Hand in Hand, mit einer Absicht der Regierung, die Armee oder die Verfechter eines französischen Algeriens zufrieden zu stellen. Man weiß, dass de Gaulle, wenn er seiner Polizei oder seinen Generälen Konzessionen zugestehen will, stets ein oder zwei zum Tode Verurteilte – die er dafür in Reserve hält – guillotinieren lässt. Das ist ein Ritual.

Wie könnte man erwarten, dass die algerischen Gefangenen unter diesen Bedingungen nicht auf alles, was draußen geschieht, und auf den Stand des Kampfes im Allgemeinen höchst empfindsam reagieren? Dabei gibt nicht die Angst um ihr eigenes Leben den

Ausschlag, machen wir uns das klar: Diese Männer zittern nicht wie Opfer, sie werden ihr Leben hingeben, falls es nötig ist, und sind seit langem mit dem Gedanken an den Tod vertraut. Nein, sie empfangen Nachrichten aus der Welt als die Kämpfer, die sie sind, und reagieren darauf. Die dialektische Beziehung äußert sich im doppelten Sinn: Jeden Angriff auf ihre Rechte nehmen sie als Episode des gesamten Kampfes wahr, aber jede neue Entwicklung, die sich draußen abspielt, bewegt sie umgekehrt auf packendste Weise, und das umso entschiedener, als sie all das in Ketten, ohnmächtig und aller Handlungsmöglichkeiten beraubt durchleben müssen.

Stellen Sie sich diese Kämpfer, diese Streiter der ersten Stunde doch einmal vor: Ernst, angespannt, um ihre Kofferradios geschart, erfahren sie in den Gefängnissen zum ersten Mal, dass ihre Mitbrüder der Vorstädte und Elendsviertel in Paris auf die Straßen gehen, dass sie Unabhängigkeit und Frieden fordern. Ja, das bedeutet in der Tat ein neues Kapitel im Kampf, ein entscheidendes Aufwallen, das womöglich den Sieg bringen wird; die Gefangenen erleben das in höchster Erregung. Zugleich erfahren sie von Stunde zu Stunde, wie die Demonstration unterdrückt wird, sie hören von der Explosion rassistischen Wahnsinns, die Frankreich an jenem Abend und während der folgenden Tage erschüttert hat: Ertränkt, erhängt, zu Tode geprügelt, zusammengepfercht, ausgehungert – überall tobt die Jagd nach Arabern, die Pariser Nacht der langen Messer. Unschuldige stecken die Schläge ein: Frauen, Kinder, Arbeiter; Ausgangssperre und Unterdrückung, die keine Unterschiede macht, lehren alle das Fürchten. Im Gefängnis ist es nun sicherer als in der Welt der freien Menschen: Die Gefangenen vermeinen in den Schrecknissen die geplante Vernichtung des gesamten algerischen Volkes zu erkennen. Und als sollte ihre Vermutung bestätigt werden, ergreift die Regierung genau in diesem Moment Maßnahmen gegen sie. Man schikaniert sie: Post wird ihnen vorenthalten, die Besuchszeiten werden abgesagt, Kofferradios werden nicht länger geduldet, die Zellentüren bleiben versperrt. Man wirft Ahmed Ben Bella und seinen Gefährten außerdem vor, ein Leben im Luxus zu führen: Sie telefonieren mit Kairo, heißt es, sie empfangen Tänzerinnen. Man verkürzt die Besuchszeiten aufs äußerste, man nimmt die Telefonrechnungen unter die Lupe wie nie zuvor und verdoppelt die Zahl der Gefängniswärter. Schäbige Schikanen: Sie führen nur zu einem heiligen Zusammenhalt zwischen den Gefangenen und ihren Mitbrüdern in der «Freiheit». Die Regierung reißt somit selbst die Mauern ihrer Kerker ein, sie erneuert die Einheit von Gefängnissen und Vorstädten, von «Schlössern» und Elendsvierteln.

Fünfzehn Millionen Menschen rüsten sich jetzt zum Kampf. Sie reagieren auf die Herausforderung, indem sie geben, was sie zu geben haben: ihr Leben. Sie sind alle bereit zu sterben. Und so muss der Hungerstreik in einem doppelten Sinn verstanden werden: Er ist eine Erwiderung auf die Schikanen und eine Aktion, welche die Anerkennung der Unberührbarkeit des Statuts der algerischen Gefangenen, jenes von ihnen erkämpften Statuts, für alle Häftlinge in allen Lagern erzwingen will, damit der Rang eines Kämpfers nie wieder einem Gefangenen aberkannt werden kann. Und zugleich wird dieser Hungerstreik auch noch zu einer Kundgebung «aktiver» Solidarität mit den Arbeitern des 17. Oktober, zu einer Geste des Kampfes. Deshalb hat er die rein sachspezifischen Forderungen rasch überschritten und sich im Verlauf der jüngsten Tage weiter radikalisiert; er ist zu einer nicht endenden Forderung geworden.[35] Bereits seit drei Wochen verweigern sie die Nahrungs-

---

35 Dieses Schema entspricht Zug um Zug dem von den Ministern begonnenen Streik. Manche behaupten, die algerischen Minister hätten die Gefangenen zu sterben aufgefordert, um selbst befreit zu werden. Das ist eine schändliche Unterstellung! Ahmed Ben Bella, Muhammad Boudiaf, Hocine Aït Ahmed, Rabah Bitat und Mohamed Khider haben ihren Streik einerseits aus Solidarität mit den Arbeitern des 17. Oktober, andererseits aus

aufnahme, unerschütterlich gegenüber jeder Taktik, jedem ihnen vorgeschlagenen Kuhhandel; sie fordern nun – alles auf einmal – das Unmögliche: die Unabhängigkeit, den Frieden, ihre Befreiung, den Sieg. Sie haben ein Recht auf diese Forderungen, da sie ihr Leben aufs Spiel gesetzt haben.

Zu schreiben, dass sie ganz einfach zu sterben bereit seien, entbehrt der Wahrheit. Sie führen ihren Tod herbei, und doch handelt es sich hier um eine Aktion. Niemand möge sich täuschen lassen: Egal, ob man ihnen nun erklärt, ihr Tod sei für den Sieg notwendig, oder ob das algerische Volk von ihnen verlangt, sich zu opfern, sie werden bis zum Ende durchhalten. Wenn Ben Bella erklärt, er werde «bis zum Äußersten» gehen, täuscht er niemanden. Man müsste wahrlich, was diese algerischen Aktivisten angeht – ob sie nun Minister, Kämpfer der FLN oder Gefangene sind –, ein völliger Ignorant sein, um nicht zu begreifen, dass jedem von ihnen der Tod jeden Augenblick als die unmittelbarste aller Möglichkeiten erscheint und dass sie am Vorabend der Unabhängigkeit, von den uns gewohnten Gewissheiten der Lebensbejahung nach sieben Jahren eines grauenhaften Kampfes getrennt oder befreit, noch immer aus freiem Willen den Tod zu wählen imstande sind. Das hat nichts mit Verzweiflung zu tun, sondern mit Siegeswut, mit einer Loslösung des Menschen von sich selbst. Niemand kann entkommen. Es hat so viele Märtyrer und so viel Heldentum gegeben, so viele gefallene Mitbrüder und hinweggeraffte Unschuldige, dass sich heute jeder Kämpfer als ein Toter auf Bewährung betrachtet. Ich kann es nicht besser als mit einem Sartre-Zitat aus seinem Vorwort zu

Gemeinschaftsempfinden mit allen Gefangenen begonnen. Ein Minister der GPRA bleibt in erster Linie Aktivist und Kämpfer wie die anderen. Aber es lag auf der Hand, dass ihr Streik sich verhärten musste, sie ihre Haft im Prinzip in Frage stellen und somit ihre Freilassung fordern würden. Übrigens weist nichts darauf hin, dass sie nicht, auf eigene Faust, ihren Hungerstreik fortsetzen werden.

Frantz Fanons bewundernswertem Buch *Die Verdammten dieser Erde* ausdrücken: «[D]ieser neue Mensch beginnt sein Menschenleben mit dem Ende; er hält sich für einen potentiellen Toten. Er wird getötet werden. Das heißt nicht nur, daß er das Risiko auf sich nimmt, sondern daß er dessen gewiß ist. Dieser potentielle Tote hat seine Frau und seine Söhne verloren. Er hat so viele sterben sehen, daß er eher siegen will als überleben. Andere werden von seinem Sieg profitieren, nicht er; er ist zu müde. Aber diese Müdigkeit des Herzens ist der Grund für einen unglaublichen Mut. Wir finden unsere Menschlichkeit diesseits von Tod und Verzweiflung, er findet sie jenseits von Folter und Tod.»

Dieser Streik wird sein Ende finden: Die GPRA wird die Gefängnis- und Lagerhäftlinge zweifellos auffordern, nicht bis ans Ende zu gehen und einem Kompromiss zuzustimmen. Und wie jeder radikale Streik wird auch dieser Sieg und Niederlage zugleich sein. Niederlage, da die maßlose Forderung, die ihn nährte und trug, nicht erfüllt werden kann; Sieg insofern, als die französische Regierung den Forderungen der Gefangenen wird stattgeben müssen. Aber Sieg auch noch in einem anderen Sinn: Sobald Frankreich die Tore seiner Kerker öffnen wird, werden sie zu Recht sagen dürfen, dass sie ihre Befreiung selber errungen haben und bis zum Ende Kämpfer geblieben sind. Wir werden Sieger in die Freiheit entlassen. Sie haben bereits gewonnen, und sie wissen es. Wir wissen es alle.[36]

Les Temps Modernes, Nummer 187, Dezember 1961

---

36 Ich habe nur von den Algeriern gesprochen. Aber dieser Aufsatz betrifft auch die französischen Kämpfer, die verurteilt und eingekerkert wurden, weil sie die algerische Revolution unterstützt haben. Auch sie haben am Hungerstreik teilgenommen. Alles hier Notierte, einschließlich der Schlussfolgerung, gilt natürlich auch für sie.

DAS HUMANITÄRE UND DAS
TRAGISCHE IN DER GESCHICHTE

Mit diesem Artikel wurde ein dem Begriff des Humanitären gewidmetes Sonderheft der Zeitschrift Les Temps Modernes eingeleitet. Die beiden folgenden Texte, Der Krieg hat stattgefunden und Präventivkrieg oder Apokalypse, sind bereits früher geschrieben worden. In ihnen geht es um den «Krieg» im Kosovo und den ersten «Krieg» im Irak. Den Lesern wird klar werden, dass ich von meinem Widerstand gegen Militärschläge der Weltpolizei und von meiner strengen Verurteilung des Interventionsrechts oder der Interventionspflicht, deren letztes und spektakuläres Unglück die vor kurzem erfolgte Intervention in Libyen gewesen ist, nie abgewichen bin. Auch die libyschen Vorgänge habe ich in aller Schärfe kritisiert.[37] Über die Bedingungen und, sagen wir, «beiläufigen Umstände», die sie ausgelöst haben, bin ich schockiert gewesen. Aber ich möchte mich darüber hier nicht groß auslassen. Weder mit dem Krieg noch mit der Kriegsbereitschaft sollte man spielen, von den Folgen, die jeder Krieg nach sich zieht, ganz zu schweigen – darin liegt für mich das Wesentliche. Was wir heute über Libyen und seine aktuellen Machthaber wissen, lässt keinen Optimismus aufkommen. Nachdem ich eine Petition unterschrieben hatte, die mir am Telefon im letzten Moment abgerungen wurde, habe ich meine Unterschrift und meinen Namen drei Wochen später wieder von der Petition entfernen lassen. Die hier veröffentlichten Texte

---

37 «Rhéteurs et décideurs», *Le Monde*, 17. April 2011; *Marianne*, 23.–29. April 2011.

erklären die ernsten Überlegungen, die zu meiner Entscheidung
geführt haben, und beweisen, dass ich mir treu geblieben bin.

Seit langem schon trug sich die Zeitschrift *Les Temps Modernes*
mit der Absicht, darüber nachzudenken, was unter den Begriffen
«Humanität» und «das Humanitäre» heute eigentlich verstanden
wird. Anfangs stellte ich mir die Fragen eher beiläufig: «Was ist das
eigentlich für ein Metier?» Das Humanitäre ist nämlich tatsächlich
zu einem Beruf geworden. Mittlerweile gibt es Schulen für humanitäre Angelegenheiten – die alle Arten von Diplomen und Zeug-
nissen ausstellen –, wie es Journalisten- und Verwaltungsschulen
gibt. Wir leben in einer von Verlustangst geplagten Zeit, die vor
lauter Anhäufungssucht außer sich zu geraten scheint und die Vergangenheit abtötet, nur um sie anschließend besser aufbewahren,
verknöchern und versteinern lassen zu können. Wir leben zudem
in einer Zeit – was vielleicht auf dasselbe herauskommt –, in der
alles gelernt werden kann. Ich frage mich auch: «Was ist eine Nichtregierungsorganisation?» Oder genauer: «Was ist eine humanitäre
Nichtregierungsorganisation? Wie sehen ihre Strukturen aus,
woher bezieht sie ihre Gelder? Aus wie vielen Funktionären besteht
sie? Wie wird sie aktiviert? Vertragslaufzeit, Gehälter, Honorare,
Karriereleitern, dazu Hierarchie und Fußvolk, hauptberuflich, teil-
zeitbeschäftigt, Sanktionen usw.?»

Diese Fragen sind nun gewiss nur ein Gradmesser meiner Igno-
ranz, es gibt Antworten darauf, doch es gehört nicht zum guten
Ton, die Fragen auszusprechen; jede Erwähnung humanitärer
Angelegenheiten erweckt in der Öffentlichkeit augenblicklich die
Vorstellung von Berufung, Selbstlosigkeit, Opferbereitschaft; hohe
Tugenden, welche die Materialität der Handlungen an sich, eben
das, was jeder Hilfsaktion vorausgeht, sie begleitet oder ihr folgt,
mit einem Wort die Logistik des Ganzen, gründlich vernebeln. Die

Mehrzahl der Artikel, die hier vorgestellt werden, allesamt von Autoren mit praktischer Ortserfahrung, handeln jedoch gerade von der Materialität des Humanitären und verweisen dabei zugleich auf die Engpässe, die Kehrseiten der Bemühungen und die oft perversen Folgen jedes Eingriffs.

Höchst erstaunlich ist das sichtbare Verhältnis von Ursache und Wirkung auch im Rückblick auf die Shoah und die ersten humanitären Bemühungen. Bernard Kouchner hat wiederholt verkündet: «Man hätte die Juden retten können» und «Nie wieder» (in alle europäische Sprachen übertragen – «Never again», «Plus jamais ça», «Nunca más» oder «Nigdy tego wiecief» –, wird man diese Worte bis ans Ende der Zeiten auf dem Giebel des Bahnhofsgebäudes von Treblinka lesen), und eben dieses unheilbare Schuldgefühl und dieser Schwur sind die beiden Hauptquellen des modernen Humanitätsbegriffes.

Hätte man sie also retten können? Und wenn, wer? Als ich an *Shoah* arbeitete, war es an den Universitäten in den USA und in Israel Mode geworden, verlorene Gelegenheiten der Rettung zu verzeichnen und anzuprangern, jene Momente verweigerter Hilfe und Beistandsleistung für die Gefährdeten, die man für «kritisch» hielt und die den unausweichlichen Verlauf der Dinge womöglich hätten ändern können: Eine Zeitlang gehörte *Das unerwünschte Volk* von David S. Wyman, *The Politics of Rescue* von Henry Feingold auf jeden Nachttisch. Alles daran stimmte, nur nicht die Größenverhältnisse und die Temporalität, die erbarmungslose Fülle des Wirklichen, die wahre Gestalt des Unmöglichen. Doch wenn Akademiker Karriere machen wollen, sind sie zum Publizieren verdammt, was so viel bedeutet, wie dass sie «Entdeckungen» machen müssen, welche die Vergangenheit im Licht der Gegenwart neu erstehen lassen: eine Illusion der Rückschau, die die Dichte, Schwere und Unlesbarkeit einer Epoche vergisst.

Am 7. April 1944 fliehen Rudolf Vrba und Alfred Wetzler aus dem Vernichtungslager Auschwitz-Birkenau. Dabei beweisen sie unerhörten Mut und größtes Heldentum. Vrba erklärt in *Shoah*, das Hauptmotiv ihrer Flucht habe darin bestanden, die Welt davon in Kenntnis zu setzen, was dort geschah, verbunden mit der Hoffnung, das Bekanntwerden der Wahrheit über Auschwitz könne die Deportation der ungarischen Juden, die, wie sie beide wussten, unmittelbar bevorstand, verhindern oder verzögern. Nichts dergleichen geschah. Birkenau funktionierte weiterhin, ja besser als zuvor, trotz der von Vrba gleich nach seiner Ankunft in der Slowakei fieberhaft verfassten exakten Berichte, trotz der von ihm gezeichneten Pläne der Mord-Einrichtungen, die in England und in den USA durchaus ihre Adressaten erreichten: Zwischen Mai und Ende Juni 1944 wurden in Birkenau 450 000 ungarische Juden vergast. Wenn Vrba im Moment der Flucht noch glaubte, die Welt wisse nicht, was in Auschwitz vor sich geht, erweist sich nun schnell, dass vielmehr er der Unwissende ist, er, der zwei Jahre dort gefangen war – jedes Lager, jedes Ghetto war eine Insel, Kontakt nach außen war unmöglich –, ahnt nicht, was der Welt sehr wohl bekannt ist. Die Welt weiß Bescheid: Unmittelbar «nach» Vrba tritt Jan Karski in *Shoah* auf. Sein Bericht handelt von Ereignissen, die zwei Jahre «früher», Ende 1942, stattgefunden haben. Karski, Kurier der polnischen Exilregierung, war in Polen mit einer Mission betraut worden: In Warschau hatten ihn zwei jüdische Anführer, ein Bundist[38] und ein Zionist, überreden können, das Ghetto aufzusuchen; mit eigenen Augen sollte er den Todeskampf ihrer Leute sehen und den Alliierten davon berichten. Dem Besuch des Ghettos folgte ein außergewöhnlicher Besuch in einem Lager, von dem Karski meint,

---

38   Mitglied des Allgemeinen jüdischen Arbeiterbundes (A. d. Ü.).

es habe sich um Belzec gehandelt, was manche Historiker freilich anzweifeln. Immerhin: Karski, der sich für einen ukrainischen Gardisten ausgab, hat einige Stunden in diesem Lager zugebracht und ist dort Zeuge grauenvoller Geschehnisse geworden. Der Auftrag, den er vor seiner Abreise von den jüdischen Verantwortlichen erhalten hatte, war im wahrsten Wortsinn eine Bitte – ja, mehr noch, ein Flehen – um eine militärisch-humanitäre Intervention inmitten des Krieges gewesen: «Die alliierten Nationen sollen ohne Umschweife öffentlich erklären, daß sie dieses Problem zu dem ihren machen, daß sie es in ihre globale Strategie in diesen Krieg einbeziehen: nicht nur Deutschland zu besiegen, sondern auch zu retten, was vom jüdischen Volk noch übrig ist. Sobald diese Erklärung veröffentlicht ist ... Die Alliierten haben Luftstreitkräfte, sie bombardieren Deutschland. Warum werfen sie nicht Millionen von Flugblättern ab, die die Deutschen davon unterrichten, was ihre Regierung mit den Juden macht? Vielleicht wissen sie es nicht! Und dann sollen sie wieder öffentlich erklären: Wenn die deutsche Nation nicht deutlich macht, daß sie versucht, die Politik ihrer Regierung zu ändern, wird sie für die begangenen Verbrechen verantwortlich gemacht. Sollten solche Zeichen ausbleiben, werden die Alliierten ankündigen, daß bestimmte Ziele in Deutschland bombardiert, zerstört werden als Vergeltung für die an den Juden begangenen Verbrechen. Daß diese Bombenangriffe nichts zu tun haben mit der militärischen Strategie, sondern allein das jüdische Problem betreffen. Man soll die Deutschen vor und nach den Bombenangriffen wissen lassen, daß diese stattgefunden haben und stattfinden werden, weil die Juden in Polen ausgerottet werden.»

Karski brachte seine gefährliche Mission zu einem guten Ende, er erreichte London und sogar Washington. In *Shoah* sagt er ganz einfach: «Ich habe erzählt, was ich gesehen habe!» Mehr nicht, nur das hat er gewollt. Das war, künstlerisch betrachtet, die einzige

Möglichkeit, die Strenge der Tragödie zu wahren. Aber – und das habe ich nicht in den Film aufgenommen – Karski ist in London und Washington den wichtigsten politischen und intellektuellen Persönlichkeiten begegnet, natürlich zuerst den polnischen und jüdischen wie Szmul Zygielbojm – der sich im Mai 1943, nach der Vernichtung des Warschauer Ghettos, selbst vergaste –, oder dem Rabbiner Stephen Wise, Präsident des jüdischen Weltkongresses, und auch Briten wie Anthony Eden, dem Außenminister des Vereinigten Königreichs, Lord Selbourne, der sich im Kriegsministerium hauptsächlich mit den Verbindungen zu den europäischen Widerstandsbewegungen befasste, und Schriftstellern wie H. G. Wells und Arthur Koestler. Er hat Unterredungen geführt mit Cordell Hull, dem Außenminister der USA, mit Stimson, dem Kriegsminister, mit den Erzbischöfen Spillman, Moonie und Strich, dem apostolischen Nuntius Cicognani, mit Felix Frankfurter, Richter am Obersten Gerichtshof, und außerdem Jude, und, *last but not least*, mit Franklin Delano Roosevelt, dem Präsidenten der Vereinigten Staaten von Amerika. Allen unterbreitete Karski seinen Bericht, und fast immer wurde er dabei von einem Minister oder Botschafter der polnischen Exilregierung begleitet, der ihn über die Hauptinteressen der Gesprächspartner im Voraus unterrichtete. Seine Mission bestand tatsächlich auch aus der Übermittlung vieler anderer Nachrichten, nicht nur jener, die mit der Situation der Juden zu tun hatten. Buchstäblich in eine andere Welt mit eigenem Protokoll, eigenen Ritualen und Gesetzen und einer stets genau bemessenen Zeit geworfen, verstand der junge polnische Kurier mit seinem fotografischen Gedächtnis (er besaß keine Aufzeichnung, kein einziges Dokument, alles war in seinem Kopf, er sprach mit geschlossenen Augen «wie eine Maschine», wie er sagte, und zwar wiederholt auch in *Shoah*) sehr bald, dass alles, was er über die Judenvernichtung zu berichten hatte, für seine Gesprächspartner weder eine radikale

Neuigkeit darstellte noch von besonderer Wichtigkeit war. In der Mehrheit der Fälle bestätigte es nur, was man bereits wusste; damit sich die umwerfend suggestive Kraft seines Erzählens, die im Film festgehalten wird, äußern konnte, hätte man seinem Wort mehr Zeit zur Entfaltung geben müssen. In der ihm von Roosevelt gewährten Audienz, die immerhin eine Stunde und zwanzig Minuten dauerte, redete vor allem der Präsident: Er versprach, den Danziger Korridor zu beseitigen, Ostpreußen an Polen zu geben sowie den von den Deutschen ausgebluteten polnischen Pferdebestand wiederherzustellen. Von den Juden war erst ganz am Ende des Gespräches die Rede, weil Karski das Thema nicht aufbrachte, und er war verblüfft, wie er da vor dem «Herrn der Welt» stand, der nur eine undeutbare Präsidentengeste und den knappen Kommentar von sich gab: «Die Verbrecher werden bestraft werden.»

Mit Felix Frankfurter, «Justice Frankfurter», wie man ihn nannte, einem Vertrauten Roosevelts und dem Vernehmen nach einem der brillantesten Köpfe der amerikanischen Regierung, sah die Unterredung anders aus. Karski hatte genug Zeit, um seinen Worten das notwendige Gewicht zu verleihen. Frankfurter, klein, füllig und nervös, ließ Karski reden, ohne ein Wort zu sagen, und sank dabei tiefer und tiefer in seinen Armsessel. Am Ende platzte es aus ihm heraus: «Mir wurde erzählt, Sie seien aus der Hölle gekommen. Und Sie würden auch wieder in die Hölle zurückkehren. Meine Hochachtung vor Menschen wie Ihnen! Junger Mann, ich bin nicht mehr jung. Ich richte über Menschen. Männer wie ich ... müssen zu einem Mann wie Ihnen absolut ehrlich sein. Und ich sage Ihnen: Ich glaube Ihnen nicht! [...] Ich habe nicht gesagt, dass er lügt. Ich habe gesagt, dass ich ihm nicht glaube.»[39] Frankfur-

39 Zitiert nach *Der Karski-Bericht* von Claude Lanzmann (absolut Medien, Berlin 2012) (A. d. Ü.).

ter, das Mitglied des Obersten Gerichtshofes, war für das Grauen nicht gerüstet. Was bedeuteten Treblinka oder Belzec aus der Sicht eines warmen und bequemen Büros in Washington? Was bedeutet «wissen»? Das ist die zentrale Frage. Hören wir doch Karski von seiner Begegnung mit Lord Selbourne in London berichten: «Die Vorhaben der polnischen Widerstandsbewegung interessierten ihn am meisten: Täuschungsmanöver, Sabotageakte, er wollte meine Meinung darüber hören und was unsere Bedürfnisse seien, wollte wissen, ob die Zusammenarbeit mit den britischen Agenturen zufriedenstellend sei? Dann kam ich zum Problem mit den Juden. ‹Exzellenz, ich bin außerdem noch mit einer Mission für die polnischen Juden beauftragt. Ich bin zweimal im Warschauer Ghetto und auch im Lager von Belzec gewesen. Exzellenz, darf ich Ihnen davon berichten?› Dann habe ich ihm die Situation ziemlich ausführlich geschildert. Am Ende sagte er zu mir mit einer zutiefst aristokratischen Sanftheit, mit Höflichkeit, Wohlwollen und Nachsicht: ‹Herr Karski, im Ersten Weltkrieg bedienten wir uns der Propaganda, deutsche Soldaten würden die Köpfe belgischer Säuglinge gegen die Mauern schmettern. Ich denke, wir haben damals gute Arbeit geleistet. Es ging darum, die Moral der Deutschen zu schwächen und die Feindseligkeit gegenüber Deutschland auf die Spitze zu treiben. Wir wussten, dass diese Behauptungen nicht wahr waren, aber es musste getan werden, was unserer Sache diente, der Krieg war blutig und grausam. Was nun Ihr Problem und Ihren Bericht angeht, ereifern Sie die öffentliche Meinung ruhig weiter. Sie stehen auf unserer Seite. Wir benötigen Berichte wie diese; Ihre Mission ist sehr bedeutsam.› Unmissverständlich fügte er hinzu: ‹Herr Karski, wir beide wissen, dass Sie mir nicht die Wahrheit erzählen, aber es ist ausgezeichnete Propaganda. Machen Sie weiter damit, ich danke Ihnen.›» Auch an der Schwelle der totalen Vernichtung waren die Juden also entschieden nicht der Mittelpunkt der Welt: Ihr Schicksal blieb marginal, und Jan Karski musste zur Kenntnis nehmen, dass die flehentliche Bitte, die weiterzugeben ihm aufgetragen worden war, angesichts der Trägheit des Realen von einem Idealismus, ja einer Geschwollenheit erfüllt war, die an den Wahnsinn grenzte.

Was heißt Wissen? Die Frage steht im Mittelpunkt jeder humanitären Problematik. In den Vereinigten Staaten habe ich eine Ausgabe der Zeitschrift *Jewish Frontier* vom Oktober 1942 eingesehen: Der Masterplan der Vernichtung wird darin ausführlich dargelegt, die Genauigkeit des Berichtes über Chełmno und die Gaswagen ist atemberaubend, die Veröffentlichung in New York und die Morde in Polen fanden fast gleichzeitig statt. Aber der *Jewish Frontier* war eine Zeitschrift, die nur für einen kleinen Kreis gedruckt wurde. Erst später, Anfang 1944, kauften radikale Juden, die auf ihre Weise die Welt alarmieren wollten, ganze Seiten in den meistgelesenen amerikanischen Zeitungen, in der *New York Times,* im *Chicago Tribune,* in der *Los Angeles Times,* um die Katastrophe in die Öffentlichkeit zu tragen. Im Außenministerium hielten machtvolle Gehilfen wie Breckinridge Long oder Robert Borden Reams – dem ich erst viel später begegnen sollte, als er golfspielend und heiter seinen Ruhestand in Panama-Stadt verbrachte, wo er stolz vorzügliche Dry Martini zubereitete – zynisch Informationen zurück und bagatellisierten die alarmierenden Neuigkeiten; sie leiteten die Berichte, die sie erhielten, nicht weiter. Um diesem Skandal ein Ende zu bereiten, bedurfte es der Wut und des Mutes von Finanzminister Henry Morgenthau, der, die Beweise in der Hand, endlich persönlich bei Roosevelt intervenierte. Paradoxerweise ist es Morgenthau und seinen Leuten im Finanzministerium zu verdanken, dass der Präsident Ende des Jahres 1943 das War Refugee Board (WRB) schuf. Da war es bereits sehr spät. Leute wie John Pehle, Josiah E. DuBois, Roswell McClelland, die dort arbeiteten, wurden trotz ihrer Hingabe und ihres Einsatzes auf der Stelle mit den eisernen Gesetzen konfrontiert, die eine im Krieg befindliche Nation bestimmen; so war es zum Beispiel unmöglich, den jüdischen Widerstandsorganisationen, die zu retten versuchten, was noch zu retten war, auf legale Weise Geld zu schicken: Die für das Überleben bestimmten Dollars hätten in die Hände der Feinde fallen können, was ein dem Hochverrat gleichkommendes Delikt gewesen wäre. Und die großzügigen und spitzfindigen Funktionäre des WRB begaben sich nie auf den Weg in die Illegalität.

Es waren vielmehr amerikanische Juden, Ultraorthodoxe, vom Rettungsgedanken besessen, denen das Ausmaß und die europäische Dimension der Zerstörung absolut bewusst war. Tiefe Solidarität erfüllte sie; sie bewiesen außergewöhnliche Vorstellungskraft; um den Hilferufen, die zu ihnen gelangten, zu entsprechen, nahmen sie gewaltige Risiken auf sich: Die Gesetze der Menschen bedeuteten nur wenig in Anbetracht der Dringlichkeit und des göttlichen Gesetzes. In der Slowakei entwarf ein anderer von der Rettungsidee besessener ultraorthodoxer Jude, der Rabbiner Dov Weissmandl, ein grandioses und verrücktes Konzept namens «Europa-Plan», darin bestehend, die Juden Europas von den Nazis freizukaufen. Mitbrüder in den Vereinigten Staaten schafften es, ihm ein wenig Geld zukommen zu lassen, nicht genug allerdings, um den Menschenfresser-Appetit von Dieter Wisliceny, dem hohen SS-Mann, mit dem er die Zahlungsbedingungen seines Plans aushandelte, zu stillen: Wisliceny forderte Summen, die unmöglich aufzutreiben waren; die slowakischen Juden erlegten sich größte Opfer auf, sie ließen ihn glauben, ihr eigenes Geld stamme aus Amerika und erreiche sie über geheime Kanäle in der Schweiz. Doch Wisliceny steckte die Dollars einfach ein, hinter denen, wie er glaubte, das «internationale Judentum» steckte, und die Deportationen begannen aufs Neue. Weissmandl, ein begeisterter und einfallsreicher, ein prophetischer und kämpferischer Rabbiner, vergaß seinen «Europa-Plan» und schickte andere Ideen an die Mitbrüder jenseits des Atlantiks: Er hatte die Gleise im Sinn, die nach Auschwitz führten, die Tunnel, durch welche die Züge unvermeidlich fahren mussten. Er verzichtete darauf, sie eigenhändig mit einigen Studenten seiner Jeschiwa zu sprengen, denn er fürchtete Vergeltungsmaßnahmen gegen den Rest der jüdischen Bevölkerung, falls die Deutschen herausfinden wollten, wer die Sabotageakte begangen hatte; er forderte, die Alliierten sollten die Bahnlinie bombardieren. Auch Rudolf Vrba führte im April 1944 kurz nach seiner Flucht aus dem Lager mit Weissmandl ein ausführliches Gespräch. Wochen später sprang der Rabbiner aus dem fahrenden Zug, der ihn mit den letzten verbliebenen Juden aus Sered, mit seinen Schülern, seiner Frau und seinen Kindern nach Auschwitz befördern sollte. Die Forderung, die Eisenbahnlinie und die Einrichtungen in Birkenau zu bombardieren, war vom WRB gutgeheißen, sie war gebilligt worden, sie wurde an das Kriegsministerium weitergeleitet und im Amt der Strategic Air Command (SAC), dem alle Kampfhandlungen unterstanden, ernsthaft bedacht und diskutiert. Aber sie wurde aus vielerlei Gründen, und nicht alle waren verachtenswert, wie die Illusion der Rückschau uns heute glauben machen will, verworfen. Eines bleibt gewiss: Staatssekretär John McCloy, später amerikanischer Hochkommissar in Deutschland, von dem die Entscheidung in letzter Instanz abhing, sprach sich entschieden dagegen aus. Jahre später, während der Vorbereitungen für *Shoah*, bat ich ihn, weil ich mir sicher sein wollte, in seinem Büro an der Wall Street um ein Interview. Er kannte den Anlass meines Besuches und empfing mich mit den Worten: «Ah! You come for this Jewish business!»

In meinem Vorwort für das Buch *Sonderbehandlung. Drei Jahre in den Krematorien und Gaskammern von Auschwitz* von Filip Müller, einem zentralen Protagonisten in *Shoah*, schrieb ich:

«Zwischen dem Augenblick, in dem ein Transport zur Vergasung bestimmter Juden die gewölbte Vorhalle des Gebäudes durchschritt, das sich an der Schwelle von Birkenau erhebt, ein unheilverkündender Totenvogel, dessen Flügel sich um ein dunkle Öffnung legen, und dem Moment, wo die riesigen, viereckigen Schornsteine der Krematorien ihre ersten Rauchschwaden ausspuckten, vergingen ungefähr zwei Stunden. Es war zu spät: Für die Unglücklichen, die hier am Ende ihrer Reise angelangt waren, begann nun die letzte Phase eines Zerstörungsprozesses, der schon viel früher, und anderswo, weit weg, begonnen hatte (aber wann und wo hatte er seinen Anfang genommen!).»

Ich hebe hier das Wort «zu spät» sowie die Frage nach dem Beginn, die uns den Ernst und die Tragik der Geschichte ins Gedächtnis rufen soll, bewusst hervor. Die europäischen Juden sind nicht gerettet worden. Hätten sie gerettet werden können? Haben die Leser, die heute energisch mit «Ja» antworten, nicht selber Mühe, ihre Zeit zu verstehen? Vielleicht schlägt sich in ihrer retrospektiven Scharfsinnigkeit eine grundlegende Verblendung über das nieder, was sie zu leisten beabsichtigen, über neue und harmonischere Zukunftstage, die zustande zu bringen sie sich einbilden. Auch das Humanitäre (wann wurde dieses Adjektiv zu einem Substantiv?) kommt immer zu spät: wenn Blut bereits geflossen ist, Massaker bereits stattgefunden haben. Man legt schon die Verbände an, man repariert die Schäden, ein Notfall jagt den anderen. Ubiquität und unbeständig, verschlingt das Humanitäre den Raum, mit Luchsaugen und Siebenmeilenstiefeln schreitet es von Unglück zu Unglück.

Dennoch – und auch das zeigen die diversen Artikel, die man hier lesen kann – sind Hilfeleistungen gut, nützlich, notwendig und lebenswichtig. Angesichts von Hunger, Epidemien, Gewalt und Tod besteht die allererste Regung in Solidarität, und eben darin ist das humanitäre Handeln verankert. Der Aktion und den Aktivisten ist nichts vorzuwerfen, im Gegenteil. Aber das Humanitäre will neuerdings von einer Doktrin bestimmt werden, es will Träger einer globalen Weltanschauung sein, Plattform einer planetarischen Ordnung, Ersatz oder Inspiration für Politik. Es will nicht länger «zu spät», es will «rechtzeitig» eintreffen, also «zu einer Zeit», die, um nur ja rechtzeitig zu sein, ihren Maßstab am Begriff der «Gleichzeitigkeit» nimmt: Jetzt werden die Lastwagen und die Rettungswägen des Humanitären zusammen mit den Kriegstransportern verladen, und die Verträge für den Wiederaufbau werden noch vor der präzise programmierten Zerstörung vorbereitet. Der Krieg wird nicht stattfinden, die Simultanität des Krieges und des Humanitären gestattet es, sich für Letzteres zu entscheiden, die Gewalt zu verleugnen, sie zu desinfizieren, sie für die Lösung zu halten: So weit geht die Wahnvorstellung der Null-Todes-Option. Dennoch ist Vorbeugen besser als Heilen, und die einzige Art, wirklich rechtzeitig einzutreffen, besteht darin, «noch vor dem Geschehen» vor Ort zu sein und Schläge gegen die Bösen auszuteilen: eine letzte Hoffnung, wenn Einsatzbereitschaft allein nicht ausreichen sollte.

Einmischung – Recht, Pflicht oder Macht – ist der andere Name jenes äußersten Missgeschicks des Humanitären: Die Kriege von heute, ob aktuell oder vergessen, sollten uns wenigstens lehren, dass menschliche Wirklichkeit eine behutsame Art der Handhabung erfordert, dass unvorhersehbare Kettenreaktionen die abstrakten Visionen der Mächtigen immer wieder widerlegen und dass die Menschen es jederzeit verstanden haben, in Werte zu verwandeln, was sie unterdrückt – man nennt das auch Tradition oder Kultur. Das Tragische in der Geschichte zeigt jedenfalls keine Bereitschaft, sich in den gepolsterten Büros der internationalen Meinungsmacher und Entscheider aus der Welt zu stehlen.

Les Temps Modernes, Nummer 627, April-Juni 2004

DER KRIEG HAT STATTGEFUNDEN

Der «Krieg» im Kosovo hat stattgefunden. Er endet genau in dem Augenblick, da wir diese Ausgabe fertigstellen müssen. Fünf brandaktuelle Artikel, mitten im Krieg von verschiedenen Mitgliedern des Redaktionskomitees von *Les Temps Modernes* verfasst, sind ihm gewidmet.[40] Sie zeigen hinreichend, dass wir verschiedener Meinung gewesen sind und es auch weiterhin sein werden. Wir haben uns auf keinen gemeinsamen Text einigen können. Für die einen war dieser Krieg notwendig und gerecht, für die anderen – zu denen auch ich gehöre – waren sein Ausbruch, seine Abwicklung und seine Folgen «schmutzig», und die «Kapitulation Serbiens» – um die Schlagzeile einer großen Tageszeitung aufzugreifen – ändert daran nichts: Es gibt keinen Grund, stolz zu sein. Als der Dichter Charles Péguy die Zeilen schrieb: «Mütter, hier sind eure Söhne, die so erbittert gekämpft haben ... Glücklich jene, die in einem gerechten Krieg gestorben sind», stellte er sich ganz gewiss keinen gerechten Krieg mit Nulllösung vor.

Trotz unserer Meinungsverschiedenheiten jedoch haben wir

---

40 Was mich angeht, so handelt es sich um keinen Artikel, sondern vielmehr um ein Interview, das ich der Wochenzeitschrift *Marianne* gegeben habe, eines der wenigen Organe, das nicht die Meinung aller anderen teilte. Ich drucke es hier nochmals ab, ohne den Wortlaut zu verändern, obwohl die serbische «Kapitulation» jene Ängste hinfällig werden lässt, die ich im Interview noch im Hinblick auf eine von allen Seiten geforderte Bodenoffensive und aufgrund der Durchhaltepolitik von Milošević, gegen den vom Internationalen Strafgerichtshof gerade ein Haftbefehl erlassen worden ist, geäußert habe. Dass Milošević endlich zur Vernunft gekommen ist, kann im Bedarfsfall als weiteres Argument für die Nichtigkeit einer Gleichsetzung mit Hitler dienen.

jederzeit miteinander geredet, haben offen unsere Gewissheiten und Zweifel dargelegt und unsere Fragen gestellt; wie Freunde haben wir einander Aufmerksamkeit zuteil werden lassen. Wir haben unsere Debatte sehr ernsthaft geführt, nie leichtfertig, ohne Attacken *ad hominem*, immer darauf bedacht, Worte und Gedanken nicht künstlich aufzublasen.

Jetzt müssen einige Fragen gestellt werden – das wird in der nächsten Nummer der Zeitschrift geschehen –, Fragen zur frappanten Stimmung des Bürgerkrieges, zur Intoleranz und zu jenem Bannspruch, der sich im Verlauf der letzten beiden Monate in der Presse und unter den Intellektuellen gebildet hat.

Vereinfachung, Manichäismus, Desinformation, Propaganda, unaufhörliche Bezugnahmen auf den Zweiten Weltkrieg: All das setzt sich auch jetzt nach dem «Sieg» weiter fort, den Grad der Einschüchterung steigernd, bis schließlich jede Frage als verboten gilt: zu sagen, es hätte bestimmt andere Lösungen als die gegeben, die erst zum Massenexodus der Kosovaren und nun zu dem der Serben geführt hat, zur Verheerung des Kosovos und Serbiens; die düsteren Folgen der militärisch-humanitären Intervention zu hinterfragen; die täglich wiederholte Gleichsetzung von Hitler und Milošević zurückzuweisen; sich auf die Besonderheit und Komplexität der Situationen zu berufen und die Manipulation der öffentlichen Meinung durch diverse Wortführer der NATO anzuprangern (der Krieg der NATO war bereits lange vor Rambouillet beschlossene Sache, und Milošević, so viel ist sicher, hatte gar keine andere Wahl, als das ihm vorgelegte Ultimatum zurückzuweisen). So kam es *ipso facto* dazu, dass man sich als «Feigling nach dem Vorbild Münchens» beschimpfen lassen musste und dem Lager der Halsabschneider sowie, warum nicht, gleich auch noch dem der Holocaustleugner zugeordnet wurde. Ich für meinen Teil streite nichts ab: Die Miliz und die serbischen «Paramilitärs», die ihre Methoden bereits in Bosnien und Kroatien unter Beweis gestellt hatten, haben im Kosovo ganz offensichtlich gefoltert, vergewaltigt und Frauen und Männer zu Hunderten, ja Tausenden ermordet. Diese Verbrecher darf man nicht zu verstehen versuchen: Man muss sie verurteilen und bestrafen. Aber – und das ist meine Überzeugung – das Eingreifen der NATO hat die Entfesselung der Barbarei beschleunigt, und dieser Schritt kann, was immer man darüber auch geschrieben hat, weder gutgemacht noch für nichtig erklärt werden. Wir können wahrlich nicht stolz darauf sein.

Doch viele sind nun überschwänglich: Sie feiern das neue Europa und die neue Weltordnung, die, wie sie meinen, durch einen heilbringenden Schlag auf den Hintern entstanden sei. Polieren wir die Waffen der Zukunft.

Les Temps Modernes, Nummer 604, Mai-Juni-Juli 1999

DIE SCHRECKEN VERGLEICHEN

Marianne: *Seit dem ersten Tag des Kosovokrieges werden immer wieder Begriffe der Shoah verwendet: Deportation, Genozid, Selektion, Verbrechen gegen die Menschlichkeit, Hitlertum usw. Wie reagiert der Regisseur des Films* Shoah *darauf?*

Claude Lanzmann: Man hat auch Sarajevo mit dem Warschauer Ghetto verglichen, wodurch das Geschehen bloß verschleiert und die spezifische Grausamkeit der Belagerung von Sarajevo nicht vermittelt wird. Wie mag das wohl sein, in einem Kessel in der Falle zu sitzen, umringt von Artillerie, den Scharfschützen ausgeliefert, ohne zu wissen, von wo und wann der nächste Schuss kommen wird? Es ist ja völlig klar, dass das Warschauer Ghetto etwas ganz anderes war, eine Geschichte, die vom Juli 1942 an in die Gaskammern von Treblinka führte und mit der vollständigen Vernichtung des jüdischen Wohnraums im April 1943 an ihr Ende gelangte. Warum muss immer wieder die Shoah herbeizitiert werden, statt dass man sich an die bereits hinreichend schrecklichen, spezifischen historischen Ereignisse hält?

Warum betonen viele Kommentare, dass es Ähnlichkeiten zwischen der Zeit von 1940 bis 1944 und diesem Krieg im Kosovo gibt?
Nichts ist abscheulicher, als Schrecken miteinander zu vergleichen. Im Fernsehen wurde kürzlich die Ankunft einer Gruppe freigelassener Männer an der Grenze zum Kosovo gezeigt, die von den Serben eingesperrt, geschlagen und ausgehungert worden waren. Der extrem abgemagerte Körper eines dieser Männer ließ an die Über-

lebenden von Buchenwald oder Dachau denken. Dennoch darf man sich, der Augenfälligkeit der Gräuel zum Trotz, nicht auf die Shoah beziehen. Gegenwärtig allerdings ist es schwierig, sich damit Gehör zu verschaffen. Denn nicht wenige werden mich für meine Forderung, nicht an die Shoah zu rühren, angreifen und behaupten, ich möchte die Shoah heiligsprechen. Was ich nie getan habe. Ich kann mir nicht helfen, aber ich habe das Gefühl, dass gerade jene, die die Einzigartigkeit der Shoah leugnen, diese Einzigartigkeit dennoch nutzen wollen und deshalb andere schreckliche Ereignisse mit der Shoah vergleichen. Das Phänomen dieses geradezu automatischen Vergleichens ist neu: In den schlimmsten Phasen des Algerienkrieges, als die Kämpfer der Nationalen Befreiungsfront (FLN) in Massen gefoltert und ermordet, als weite Landstrecken von ihren Bewohnern «gesäubert» wurden, haben die Intellektuellen keine rhetorischen Verweise zur Shoah hergestellt. Gleiches gilt für den Krieg in Vietnam, als Hunderte von Dörfern, Wäldern und Reisfeldern mit Napalm dem Erdboden gleichgemacht wurden. Selbst im Biafra-Krieg, in dessen Verlauf die Ideologie und Praxis humanitärer Hilfe ja erst geboren wurden, verzichtete man auf den Vergleich mit dem Nationalsozialismus.

Ist der Krieg im Kosovo eine Sache der Achtundsechziger?
Das haben Sie gesagt. Sicher jedoch ist das auch eine generationsbezogene Angelegenheit. Die Intellektuellen, die heute den Vergleich ziehen, waren während des Zweiten Weltkrieges noch nicht geboren oder doch zu jung, um eigenständig denken zu können. Sie haben nie ein Gewehr in der Hand gehabt. Sie haben den Krieg und seine Gewalt nicht durchlitten. Sie haben nie erfahren, was Angst bedeutet. Es ist die Geschichte einer Generation «nach» der Shoah, die es nicht ertragen kann, nicht wenigstens auf irgendeine Weise mit ihr verknüpft zu sein. Daher müssen die jüngeren Nachgebo-

renen sie in ihrer Einbildung wieder aufleben lassen, als wären sie um sie geprellt worden. Aber wie kann man sich um das Schreckliche betrogen fühlen? Das ist schwer zu begreifen. Fünfzig Jahre des Friedens, ist das etwa zu viel? Und noch etwas kommt hinzu, das als endloses Schuldgefühl auf dem Gewissen der Leute lastet: Die Juden sind nicht gerettet worden, und man will es nicht zulassen, dass die Welt sich ein weiteres Mal gegenüber einem so großen Verbrechen passiv verhält. Ich allerdings habe nie behauptet, die Juden hätten nach dem Kriegsausbruch gerettet werden können, es war auf jeden Fall zu spät. Man hätte viel früher, und anderswo, handeln müssen!

Sie gehören zu den wenigen Intellektuellen, die seit dem Kriegsbeginn geschwiegen haben. Der Begriff «Militärschlag» ist empörend, er ist widerlich. Und ein «chirurgischer Militärschlag» umso mehr. Es handelt sich um unheilverkündende Beschönigungen, bezeichnend für die Welt der «Werbung» und der «Kommunikation», in der wir uns suhlen. Die Sicherheitsberater Bill Clintons oder die Sprecher der NATO sind mechanisierte *golden boys* ohne Intuition, ohne Phantasie, ohne Erfahrung. «Militärschläge», das klingt wie ein Spiel: Du bist nicht brav, ich verhaue dich. Jemand wird in die Ecke gestellt, in den Kerker geworfen: «Ich höre damit auf, sobald du wieder zur Vernunft kommst.» Ich bezeichne das als Infantilisierung der Politik, ich sehe die Entwirklichung oder Unwirklichmachung der Gewalt darin. Chirurgische Militärschläge, so etwas gibt es nicht. Jeder nimmt leichtfertig seinen Anteil am Fehlverhalten hin, es sind ja nur «Begleitschäden». Und was genau ist das eigentlich, ein militärisches Ziel? Was ist eine Brücke? Ein militärisches oder ein ziviles Ziel? Man zerstört systematisch in einer sich täglich ausweitenden Eskalation, was zu erbauen Jahrhunderte in Anspruch genommen hat. Wie kann man entscheiden, einer Zivilbevölkerung brutal größtes Leid zuzufügen? Statt des halben Krieges, wie sie ihn nennen, fordern die Unerschrockenen in Hose oder Halbrock nun den totalen Krieg, den Bodentruppeneinsatz mit allen gewiss grauenhaften Folgen, vorhersehbar und unvorhersehbar zugleich. Ich bin über diesen Mangel an Achtung vor dem Ernst und der Tiefe der Geschichte empört. Am ersten Tag dieses Krieges hatte ich das Gefühl, nun beginne eine neue Weltordnung, und es hat mich erschrocken, dass sie von einer Intervention eingeleitet wurde.

Wie reagieren Sie auf Leute, die unermüdlich wiederholen, man habe unbedingt militärisch eingreifen müssen, um die Kosovaren zu retten?

Ich würde dem entgegnen, dass alles besser gewesen wäre als diese «Militärschläge». Man hätte die Gespräche fortführen, auf andere Weise drohen, unaufhörlich weiter intervenieren müssen, ohne sich auf Ultimaten festzulegen. Was ist das Ergebnis der Militärschläge? Ein exponentielles Anwachsen des serbischen Hasses, Vertreibung ganzer Bevölkerungen, Exodus, Massaker, Zerstörungen. Was werden die Kosovaren bei ihrer Rückkehr noch vorfinden, falls sie überhaupt zurückkehren werden?

Es ist die Aufgabe des Intellektuellen, gegen Schematisierungen anzukämpfen und zu verstehen, wie Vorgänge in Gang kommen und sich dann miteinander verknüpfen. Was ist Panik? Man sollte Sartres *Kritik der dialektischen Vernunft* wieder lesen: Es bedarf nicht hinter jeder Tür im Kosovo eines serbischen Schlächters, um ungezählte Menschen in die Flucht zu jagen. Aber freilich haben die Serben nicht einmal mehr die geringste Zurückhaltung geübt, nachdem die Bombardierungen begonnen hatten. Die von Frau Arbour, der Präsidentin des Internationalen Strafgerichtshofes, gegen Milošević erhobene Anklage und der gegen ihn erlassene

Haftbefehl fügen sich in die Schematisierung, von der ich gesprochen habe, und sind nur ein weiterer Schritt in der – nicht allein verbalen – Eskalation. Am Ende wird Milošević in die Enge getrieben sein: Man wird ihm keinen anderen Ausweg lassen als den zu noch größerer Gewalt. Damit ist jede Verhandlung zur Unmöglichkeit erklärt und auch unmöglich gemacht worden. Ein Übergang auf ein schärferes Niveau des Krieges wird gefordert, man will nun den totalen Krieg. Ist das die Aufgabe der Justiz?

Aus allen diesen Gründen ist es so gut wie unmöglich geworden, über diese Dinge nachzudenken und zu sprechen. Und also habe ich geschwiegen. Und diese endlosen Verweise auf die Shoah sind in der Tat geeignet, jedes Wort mit einem Maulkorb zu versehen. Keine Debatte mehr. Das Kosovo führt bei uns zum Bürgerkrieg. Seine Spuren werden lange sichtbar bleiben.

Die Debray-Affäre hat Sie also nicht überrascht?

Debray verdiente natürlich nicht, auf diese Weise an den Pranger gestellt zu werden. Ich bewundere die Kraftmenschen. Alle jene, die nie zweifeln und alles wissen.

Marianne, Nummer 110, 31. Mai 1999

THE DISASTER

Mein Film *Sobibor, 14. Oktober 1943, 16 Uhr* wurde am 11. Oktober 2001 beim New York Film Festival gezeigt, auf den Tag genau einen Monat nach dem «Triumph des Todes» in den Twin Towers des World Trade Center – die Amerikaner sprachen nur von «the Disaster». Doch der Bericht von Yehuda Lerner, dem Helden des Aufstandes von Sobibor, heiligte mitten in jenem anderen Totenreich, im Vernichtungslager der Nazis, das Leben. In Freiheit stiftender Weise, von übermenschlichem Mut beseelt, bemächtigten sich Lerner und seine Kameraden der Gewalt, sie töteten, um das Massaker an Unschuldigen zu beenden. Das New Yorker Publikum verstand sogleich, dass dieser Film, ohne dass sie danach verlangt hatten, für sie bestimmt war.

Von Norden kommend, hatte ich Tags zuvor, bei markerschütternd blauem, klarem und reinem Himmel, die Bucht von Boston und den Flughafen dieser Stadt überflogen, Logan Airport, von dem am ebenso herrlichen und friedlichen Morgen des 11. September Mohammed Atta abgeflogen war und wo auch ich viele Male ein Flugzeug bestiegen hatte. Man braucht kaum fünfundvierzig Minuten, um von Boston nach Newark oder zum John-F.-Kennedy-Flughafen zu gelangen, und ich stellte mir Atta im Cockpit der Maschine vor, der er sich zusammen mit den anderen Wahnsinnigen im Namen seines Gottes bemächtigt hatte, wie er mit mehr als sechshundert Stundenkilometern auf den Nordturm zuraste, der sich an der Südspitze Manhattans als schillerndes Symbol für den Geist und die Abenteuer der Menschheit erhob und den er in der Ferne bereits ausmachen konnte. Immer wieder muss man sich fragen und wundern: Was geschieht im letzten Augenblick, in der letzten Sekunde, bevor sich das Flugzeug in einen Feuerball verwandelt, ja, was geht im Kopf dieser Töter vor, die den Tod so sehr lieben, dass sie sich opfern, nur um das entsetzlichste Blutbad bewirken zu können? Auch ich habe Stunden damit verbracht, die Fotos von Mohammed Atta und Ziad Jarrah zu studieren. Ihre glatten und harten Gesichter geben nichts preis. Die für die Augenblicke vor der Tat ausgegebenen Anweisungen und Devisen, die *Le Monde* zu recht vollständig veröffentlicht hat, machen alles nur noch unklarer: Öffne deine Seele und putze deine Schuhe, zieh deine Unterhose fester um deinen Hodensack ... So kann man die eintönige, schaurige, alberne Litanei letzter Empfehlungen wahrheitsgetreu zusammenfassen. Die siebzig Jungfrauen, die in Allahs Paradies die verbrannten Geschlechtsorgane der Selbstmordmörder erwarten, verkünden – neben der nicht wiedergutzumachenden Katastrophe – nichts anderes als schamhafte Begierde und Frauenhass.

Das war tatsächlich ein unerhörtes, ein unvorhersehbares und unabwendbares Ereignis. Viele wollten in unserer Zeitschrift das Wort dazu ergreifen. Ein einziger Leitartikel hätte der Vielzahl an Meinungen nicht gerecht werden können. Ich habe deshalb beschlossen, jeder Position ein Forum zu geben, auch wenn mir manche Ansichten widerstrebten. Aber jeder Autor trägt Verantwortung für sich allein.

Ich will nicht wiederholen, was seit dem 11. September gesagt, bekräftigt und allenthalben bis zum Überdruss geschrieben worden ist. Es war in der Tat ein unerhörtes, unmenschliches, hassenswertes Ereignis, das es nicht zulässt, beiläufig, mit einer eiligen Kniebeuge verurteilt zu werden, als wollte man sich seiner so rasch wie möglich entledigen und obszönerweise zu den alten Litaneien zurückkehren. Dennoch glaube ich nicht, dass die Bombenangriffe auf Afghanistan eine geeignete Entgegnung darstellen, und schreibe das umso überzeugter, als ich der Minderheit angehörte, die auch die «Militärschläge» gegen Serbien angeprangert hat. Aber diejenigen, die nach einem solchen Verbrechen, einem solchen Massenmord, einer Katastrophe, welche die Menschheit insgesamt herabmindert und beschädigt, nun übereifrig verkünden, dass sie «keine Amerikaner» seien, oder Mörder und Opfer, wie es scheint, gemeinsam verurteilen, wobei sie, für das Unentschuldbare gute Gründe suchend, für die Opfer und uns gleichzeitig Abbitte leisten – was ich an anderer Stelle einmal als hündischen Neo-Pétainismus bezeichnet habe –, sind, und das ist das Geringste, was hier gesagt werden muss, nicht imstande, mit offenem Blick auf das Grauen zu schauen. Genau in dem Moment, da sie zu denken vorgeben, nehmen sie Zuflucht in der Frivolität und legitimieren, was auch immer ihre Haltung sein mag, den Terrorismus. Haben sie in New York die riesigen Plakatwände gesehen, auf denen die Fotos der sechstausend Vermissten angeschlagen sind, haben sie die verzweifelten Suchanzeigen von Angehörigen gesehen, die das Geschehene nicht fassen konnten? Meistens handelt es sich dabei um arme Leute, Puerto Ricaner, Mexikaner, Chinesen, Haitianer, Araber usw. Aber der «Widerstand gegen die kommerzielle Globalisierung», um an die traurig parodistische Formulierung eines von hundertdreizehn französischen Intellektuellen signierten Aufrufes[41] zu erinnern, will vielleicht die Gewinne und Verluste des grenzenlosen Schmerzes errechnen, wie zur besten Zeit des *Savoir Absolu*. Und richtig: Die Unterzeichnenden erklärten gleichzeitig, die Verbrechen des 11. September «unzweideutig» zu verurteilen. Ist ihnen die düster erschreckende Komik des von ihnen gewählten Begriffes «unzwei-

---

41   *Le Monde*, 21./22. Oktober 2001.

deutig» überhaupt bewusst? Schlimmer jedoch ist der Appell selbst: Er strotzt von einem alten, mechanisch gewordenen Antiimperialismus, er weist die ewig gleichen Unterzeichner aus, die nun zu ihrem Urhass zurückgefunden haben – dem Hass auf Israel, das in ihren Augen mit mehr Schuld behaftet ist als ein Bin Laden, schuldig daran, ihn erschaffen zu haben, ja warum nicht gleich der einzige Schuldige überhaupt zu sein? All das bezeugt nur ihre völlige Unfähigkeit, sich der radikalen Neuheit des Geschehenen zu stellen.

Ihr Antiimperialismus würde zweifellos – wie durch Zauberei – verpuffen, falls eines Tages – was Gott verhüten möge – die NATO oder die USA Bomben auf Israel werfen sollten.

Le Monde, 5. November 2001

Nachdruck in *Les Temps Modernes*, Nummer 615–616,

September-Oktober-November 2001

PRÄVENTIVKRIEG ODER APOKALYPSE

Heute, am 30. März, zehn Tage nach Beginn der Kampfhandlungen im Irak, lehne ich den Krieg noch stärker ab als vor sechs Wochen, als ich am Telefon gegenüber der Tageszeitung *Le Monde* den sich soeben ankündigenden Ausbruch des Krieges angeprangert habe.

Ich wiederhole die Frage, die ich damals formuliert habe: Hat man das Recht, ein Land zu zerstören, nur um sich einer Diktatur zu entledigen, die, wie erbarmungslos sie auch sein mag, für die Welt keine erwiesene Bedrohung darstellt? Wie auch immer der Krieg ausgehen wird, ich halte ihn für ungerechtfertigt, unnütz und kurzsichtig; er bringt unvorhersehbare Gefahren mit sich und wird die Region destabilisieren, und das ist das genaue Gegenteil der erklärten Absichten. Der angedrohte Schlag, die Schläge der Weltpolizei – der Begriff «Schlag» als Zeichen der Infantilisierung der Politik! – verwandeln sich gegenwärtig vor unseren Augen in einen zähen Krieg, der sicher lange andauern wird.

Aber die Gefahr lauert auch auf unseren Straßen. Eine skandalöse Ineinssetzung scheint sich auf den «pazifistischen» Demonstrationen etabliert zu haben: Man verbrennt Israel-Fahnen oder überschmiert den Davidstern mit Hakenkreuzen. Die antijüdischen Aggressionen hören nicht auf, und sie empören, wie es scheint, immer weniger. Man verwechselt den Irak mit Palästina, wobei man die von Saddam Hussein ausgegebenen Parolen nachplappert, man verbindet Bush und Scharon zum Kofferwort «Busharon». Einmal mehr soll Israel der Sündenbock sein, obwohl Scharon sich ganz offenkundig von diesem Krieg fernhält, ihm zu Recht skeptisch

POLITISCHE UND POLEMISCHE KÄMPFE

gegenübersteht, ihn tatsächlich nie gewünscht hat. Zugleich fordern die Vereinfachungen dazu auf, dass man sich ihnen anschließt, sich ihre verrückten manichäischen Losungen zu eigen macht und – wie zu Zeiten des Stalinismus – sämtliche Werte des einen Lagers gutheißt, weil man sonst sofort dem anderen zugeordnet und des Hochverrates beschuldigt würde.

Ich kritisiere diesen Krieg besonnen, weil ich, im Unterschied zur Mehrheit der heute Demonstrierenden, das Ausmaß der Ereignisse des 11. September 2001 erkannt habe, ihre radikale Neuartigkeit und ihr beispielloses Grauen. Aber jeder weiß auch: Saddam Hussein und das irakische Regime können nicht für den 11. September verantwortlich gemacht werden. Die Vorwände, mit denen Bush den Angriff auf den Irak gerechtfertigt hat, haben sich als Lügen erwiesen. Nun sind die Masken gefallen, man lügt nicht mehr. Oder genauer: Man lügt anders, man belügt sich selbst. Dieser Krieg werde ein Gesundheitsspaziergang werden, mit einer Blume im Gewehr; die Marines würden als Befreier willkommen geheißen werden, man habe ihnen Bonbons und Süßigkeiten mitgegeben, die sie von ihren Panzern aus den Kindern zuwerfen sollten; in die Divisionen integriert, würden die Journalisten in Bild und Ton der Welt vom Vorrücken einer «unbesiegbaren Armada» berichten; und die «humanitären Helfer» würden an den Grenzen riesige Zeltsiedlungen errichten, um dem Andrang von Flüchtlingen zu begegnen, der die letzten Zuckungen und den Zusammenbruch des Schreckensregimes nun einmal begleiten werde.

Man kann sich aus Arroganz, aus Selbstüberschätzung und weil man den anderen, also den Gegner (den man sich mit dem vor Streitlust verbissenen Gesicht eines Donald Rumsfeld vorstellt, der «shock and awe» verspricht!) verachtet, nicht gewaltiger und tragischer irren. Die Flüchtlingslager stehen leer: Die Menschen im Irak kehren aus freien Stücken in ihre Häuser zurück, um Waffen zu holen; trotz allen Wartens, trotz aller frommen Wünsche ist die Bevölkerung weit davon entfernt, sich gegen das Regime zu erheben, rückt vielmehr zusammen und zeigt brüllend ihren Hass auf die Eindringlinge. Die «Doktoren Seltsam» in Washington, die behauptet hatten, den Nahen Osten «umstrukturieren» zu wollen, haben vom Patriotismus der Iraker keine Ahnung gehabt, sie haben nicht bemerkt, dass es die Menschen von Anbeginn der Geschichte an immer verstanden haben, das, was sie unterdrückt, in Werte zu verwandeln – Tradition und Kultur sind daraus hervorgegangen –, sich in der Folge damit zu identifizieren und es, wenn nötig, mit dem Leben zu verteidigen. Hatten sie sich jenen Ausbruch solidarischer Gewalt, den sie auf den Straßen, in den Moscheen und Universitäten von Kairo, Amman, Islamabad auslösen würden – um von den Folgen für die sogenannten gemäßigten arabischen Regierungen hier zu schweigen –, je vorgestellt? Mit welchen Augen sehen sie jetzt den Ansturm der Hungrigen von Basra oder Umm Qasr, die unter den leeren und entsetzten Blicken der britischen Royal Marines wild um die Lebensmittelrationen kämpfen, die von den Lastwagen der «humanitären Hilfe» herbeigeschafft werden?

Der Präventivkrieg hat neuerdings humanitäre Hilfe im Gepäck, noch vor der Zerstörung wird der «Wiederaufbau» geplant. Das ist das jüngste Unglück des Interventionsrechtes, das es den Invasoren gestattet, wo immer sie wollen, im Namen des Guten eine Apokalypse zu entfesseln. Aber man übernimmt keine Verantwortung für die Apokalypse. Sie ist ihrem Wesen nach blind.

Le Monde, 1. April 2003
Nachdruck in *Les Temps Modernes*,
Nummer 623, Februar-März-April 2003

DIE ANERKENNUNG: FRANÇOIS MITTERRAND IN ISRAEL

Die Reise von François Mitterrand nach Jerusalem ist für mich ein Akt der Befreiung gewesen, der in seiner Bedeutung der Veröffentlichung von Sartres *Überlegungen zur Judenfrage* im Jahr 1945 gleichkommt. Uns, den Juden Frankreichs, die wir das große Massaker überlebt hatten, stellte sich damals, wie immer unser Unglück auch aussah, wie widersinnig unsere Schicksale auch gewesen sein mochten und auf welche Weise wir der physischen Vernichtung auch entkommen waren, allen die gleiche Frage: Wie konnte man weiter in diesem Land leben, unter Männern und Frauen, Mitbürgern, von denen wir doch wussten, dass sie zumindest in ihrer großen Mehrheit akzeptiert hatten, dass wir vier Jahre lang von der nationalen Gemeinschaft ausgeschlossen worden waren, in die man uns dann – obwohl im Grunde nicht wirklich etwas geschehen war – plötzlich wieder integrierte. Natürlich: Ich spreche hier weder von Menschen, die uns durch die Straßen getrieben hätten, noch von jenen Gerechten, die uns halfen – hätten wir ohne sie überhaupt überlebt? –, sondern von der großen Masse der Gleichgültigen, die sich mit unserer Verbannung, unserem inneren Exil oder unserem Verschwinden abgefunden hatten. Ich war zwanzig Jahre alt, ich kam aus Résistance und Krieg. Ich erinnere mich, dass mich trotzdem die gleiche quälende Frage verfolgte: «Wie soll man ‹ihnen› zulächeln, wie kann ich mein Vertrauen in ‹sie› wiederfinden, wie mit ‹ihnen› sprechen, wie weitermachen, wie mit ‹ihnen› zusammenleben?» Lügen wir nicht, schauen wir nicht mit dem Blick von heute auf diese schreckliche Vergangenheit: Fast alle von uns haben unser Judentum und die Verfolgung voller Scham und Angst erlebt, und diese Scham und Angst sind mit der Befreiung Frankreichs nicht plötzlich verschwunden. Monate später noch zitterte und erbleichte meine Mutter, wenn sie die Sirene eines Einsatzwagens der Polizei hörte. Ich konnte sie nicht davon überzeugen, dass die Zeiten sich geändert hatten und sie nichts mehr befürchten musste. In Wahrheit waren wir nicht länger Franzosen und auch nicht ganz und gar Juden. Auch das wollte schließlich gelernt werden. Den Staat Israel gab es noch nicht; was mich betrifft, so hatte ich noch nie von einem «Heimatland» gehört. Wir waren einsame, verstreute Überlebende und einer großen Einsamkeit ausgeliefert.

Dann versöhnte Sartre uns mit Frankreich und zugleich mit unserer Situation als Juden. Das Erscheinen seiner *Überlegungen zur Judenfrage*, eines kleinen didaktischen Buches, erzieherisch im wahrsten Sinne des Wortes, das in manchen Teilen, wenn man es heute wieder liest, erstaunlich zurückhaltend klingt (das lässt uns den seither zurückgelegten Weg ermessen – in der Tat, was für eine Strecke!), leistete mehr als alle Gesetze, alle Wiedergutmachungen und Siege, indem es uns von Angst und Scham befreite, uns erlaubte, uns wieder als Franzosen zu fühlen, zugleich aber stolz auf unser Judentum zu sein. Vier Jahre hatte die französische Gesellschaft ohne Juden gelebt. Der Antisemitismus war Staatsdoktrin gewesen, und dieses Gift – lügen wir auch in dieser Hinsicht nicht! – infizierte auch noch das befreite Frankreich bis ins Mark. Das von dem damals größten französischen Schriftsteller unerbittlich scharf gezeichnete Bild des Antisemiten, ein Porträt, dem kein anderes je ebenbürtig sein wird, wurde für uns ebenso zu einem Gründungsereignis und Neubeginn wie seine nicht weniger präzise und wilde Beschreibung des leidenschaftlichen und abstrakten «demokratischen» Republikaners.

Er schrieb: «[F]ür einen selbstbewußten und stolzen Juden, der auf seiner Zugehörigkeit besteht, ohne deshalb die Bande zu verkennen, die ihn an eine nationale Kollektivität binden, besteht zwischen dem Antisemiten und dem Demokraten kein so großer Unterschied. Jener will ihn als Menschen vernichten, um nur den Juden, den Paria, den Unberührbaren in ihm bestehen zu lassen; dieser will ihn als Juden vernichten, um in ihm nur den Menschen zu bewahren, das abstrakte und allgemeine Subjekt der Menschen- und Bürgerrechte.» – «Liegt die Lösung des Problems in der Ausrottung aller Juden», fragte Sartre schließlich, «oder in ihrer völligen Assimilation?» Diese Worte verurteilten zum einen – und ohne dass man widersprechen könnte – die jüngste Vergangenheit und verwarfen zum anderen alle «Lösungen des Problems» als lächerlich und nichtig, wenn wir, die Juden, sie nicht teilten; sie zeichneten indirekt ein anderes, ein ungeteiltes Frankreich, in dem wir uns erkennen konnten, weil es uns erkannte.

Für den Entwurf dieser wahrhaft erlösenden Wechselseitigkeit ist Sartre umso mehr zu danken, als er sich nie damit gebrüstet hat, zur kleinen Gruppe jener zu gehören, die das Richtige erkannt haben. Anders als so viele andere gute Menschen hat er nicht ein Leben lang gesagt: «Wir sind eben besonders.» Als er mit vierzig Jahren die *Überlegungen zur Judenfrage* publizierte, war er bereits ganz und gar der Mann, der er auch sechzehn Jahre später in seinem Vorwort zu den *Verdammten dieser Erde* von Frantz Fanon war und dem ich einmal die Frage gestellt habe: «Warum verwenden Sie immer das Wort ‹wir›, wenn Sie über die Schweinehunde schreiben, die Sie anprangern, obwohl Sie sich selbst nichts vorzuwerfen haben?» Er antwortete mit einer erstaunlichen und ausführlichen These über die Folter. Er sagte: «Ich weiß nicht, ob ich unter der Folter sprechen würde oder nicht, und niemand weiß das, aber ich habe das Recht, den zu verurteilen, der es tut – und alle anderen ebenfalls –, und so verurteile und verwerfe ich also im Voraus meinen eigenen Verrat und meine eigene mögliche Schwäche.» Hinzu kommt: Kraft seiner Intelligenz und Großzügigkeit stellte Sartre sich mit der Allgemeinheit auf eine Ebene, sprach im Namen aller, etablierte eine neue Form der Rechtmäßigkeit, weshalb er sein Leben lang von den Verfolgten aller Länder geliebt worden ist.

Was mich angeht, weiß ich nur zu gut, dass ich nach der Lektüre der *Überlegungen zur Judenfrage* anders atmete und anders durch die Straßen ging. Ich konnte in Sartres Frankreich leben, auch wenn es von Antisemiten durchsetzt war: An jenem Tag habe ich den Kopf erhoben und ihn seither nie wieder gesenkt. So hat Sartre uns etwas Bedeutendes beigebracht (wir werden es ihm nie zurückzahlen können): Ohne Anweisungen zu geben oder sich einzumischen, empfahl er den Juden, sich ihren je eigenen Weg frei zu suchen. Angesichts all unserer Treuepflichten, seien sie nun doppelt, dreifach oder unendlich, zwischen Frankreich und Israel – denn die Errichtung dieses Staates wurde zum zweiten Gründungsakt jener Jahre (und die erbitterten antizionistischen Juden ermessen nicht, was sie in Selbstverständnis und Weltverhältnis, einschließlich der Möglichkeit, eben dies zu sein: antizionistisch, der Existenz Israels verdanken) – angesichts all unserer Treuepflichten also hat Sartre jeden von uns in die Lage versetzt, nach eigenem Ermessen seinen Weg zu gehen, ohne Scham, im Rahmen der eigenen Möglichkeiten, und ohne Rechtfertigungszwang. Manchmal, wenn ich mich nicht begriff, verdankte ich es ihm, dass ich darunter nicht litt, ja gelegentlich sogar froh darüber war, mich nicht zu begreifen: weil das die kostbarste Errungenschaft der Freiheit ist. Und so sind wir auch später nicht jenen gefolgt, die uns im Namen eines jämmerlichen, verkürzten Verständnisses von Solidarität und unter dem Vorwand, wir hätten gemeinsam für die

Unabhängigkeit Algeriens gekämpft, aufforderten, mit ihrem Hass, den sie «Gründe» zu nennen wagten (soll ich gestehen, dass ich hier an den armen Claude Bourdet und seine ewige Kohorte von Petitionsunterzeichnern denke?), gemeinsame Sache zu machen und auf die Verteidigung Israels zu verzichten: Vielmehr lebten wir jetzt unsere Treue und unsere Pflichten ohne inneren Widerspruch. Und wenn wir doch mit Widersprüchen konfrontiert wurden, dann war das unsere Sache: Wir reagierten nicht mehr auf Aufforderungen.

Möge der Präsident der Republik mir diesen langen Umweg über Sartre verzeihen: Aber ich fand es nötig, seine Reise nach Jerusalem auf die Grundlage der *Überlegungen zur Judenfrage* zu stellen. Seine entschiedene Anerkennung Israels entstammt derselben Intelligenz und Großzügigkeit, ja entspringt derselben historischen Situation wie die unvergessliche Freundschaftsbezeugung, die Sartre uns 1945 zuteilwerden ließ. Was hatte er von diesem Besuch zu erwarten, der politisch von allergrößter Brisanz war, da Frankreich Israel zwar bei seiner Gründung – sogar auf eine fast ergebene, beschämte Weise – sofort als souveräne Nation anerkannt hatte, zugleich aber besser als sonst jemand wusste, dass dieser neue Staat, wenigstens in der unmittelbaren Zukunft, eine Beilegung des israelisch-arabischen und -palästinensischen Konfliktes schwierig machen würde? Innen- wie außenpolitisch hatte Mitterrand mehr zu verlieren als zu gewinnen. Aber Politik findet nicht dort statt, wo «professionelle» Beobachter, die auf das «kleinste Wort» empfindlicher reagieren als auf Ereignisse von historischer Bedeutung, sie gern haben wollen. Die Reise selbst war eine politische Geste par excellence, weil in diesem Land und bei diesem Volk Politik vor allen Dingen Anerkennung ist, weil alles andere erst möglich wird, wenn diese vorausgesetzt werden kann. Ja: alles andere.

Denn dieses Volk und diese Nation sind besessen von Anerkennung, die hier, auch wenn es um die Palästinenser geht, viel mehr ist als eine bloße Vorbedingung für dies oder jenes. Die Ursachen dafür liegen in der unlösbaren, dunklen Vergangenheit: weil es seit der Gründung Israels, wie bei der Judenfrage überhaupt, immer um das Existenzrecht geht. Die Existenz an sich ist hier folglich tatsächlich «ein Problem». François Mitterrand hat das wahrgenommen, als die jüdische Tragödie ihn, wie Sartre auch, während der deutschen Besatzung erschütterte und seit seiner ersten Reise nach Israel. Genau deshalb hat er als Präsident der Republik seinen ersten Staatsbesuch Israel abgestattet und Gesten und Zeichen der Anerkennung vervielfacht. Ich werde an dieser Stelle nicht seine Rede in der Knesset hervorheben, eine Rede, die wahrlich nichts mit der Sprache des Quai d'Orsay[42] gemein hatte, eine meisterhafte Rede der Menschlichkeit und Feinsinnigkeit, der Aufrichtigkeit und Geschicklichkeit, wobei Letztere in diesem Fall zweifellos den erstgenannten Tugenden entsprungen war; ja: Es ist ganz richtig, dass die Aufrichtigkeit in diesem Fall eine große Geschicklichkeit entfaltet hat. In Israel bedeutet Anerkennung grundsätzlich die Anerkennung des Holocaust als Ur- und Gründungsereignis: «Der Holocaust», erklärte der Präsident darum ohne Ausflüchte in einem Frontalangriff, «ist im Denken und Empfinden des französischen Volkes untrennbar mit Eurer Wiedergeburt verbunden.» Und auch am Vorabend hatte er in seiner ersten öffentlichen, an Israel und das jüdische Volk gerichteten Rede eine Sprache gefunden wie kein europäischer oder amerikanischer Staatschef vor ihm: «Wie hätte mich, so wie ich nun einmal war, das jüdische Drama in Europa nicht ins Herz treffen sollen? 1942, 1943, der Holocaust. Zerrissene Familien, ausgelöschte Familien, manchmal erinnert nichts mehr an sie, höchstens hier und da ein paar Namen auf einer Gedenktafel.

---

42 Sitz des französischen Außenministeriums (A. d. Ü.).

Wie hätte ich das Ausmaß und den Schrecken dieses Dramas nicht empfinden sollen? [...] Ja, wir haben das alles durchlebt, aber ich muss hinzufügen, dass meine [jüdischen] Freunde – und genauso all die mir unbekannten Juden – mir zugleich als Boten eines Unheils und eines Hoffnungszeichens erschienen. Ich hätte kein auserwähltes Volk geschaffen, wenn aber durch einen Gott oder allmächtigen Geist ein solches Volk geschaffen worden ist, dann kann es nur bestimmt sein, mehr als die anderen zu erfahren, auch von der Dramatik des Lebens im Fluss der Zeit.»

Nach diesen Ausführungen appellierte Mitterrand an das Gewissen seiner Gastgeber und gelangte mit einem einzigen Satz zu seinem zweiten Vorhaben, zu den Palästinensern: «Aber gibt es ein würdevolles Leben, ohne dass man die Dramatik des Lebens zu zähmen imstande ist?» Man müsste die ganze Rede zitieren, doch selbst das würde nicht der Art und Weise Rechnung tragen, in der dieser Sprecher Herr seiner Worte war, sich darin offenbarte, ihnen das Gewicht der Wahrheit verlieh. Am Ende fügte er hinzu: «Gewiss, ich stelle mir Fragen, denen sich der Staatschef eines Landes, das seit dem ersten Tag zu den Freunden des Volkes Israel zählt, einfach stellen muss. Aber keine dieser Fragen ist bedeutender als folgende: Kann ein Staat bestehen, ohne dass er über die Mittel zu seiner Existenz verfügt? Diese Mittel zu finden ist Euer Auftrag. [...] Die Geschichte Eures Volkes liegt in Euren Händen, und das ist zugleich der Grund, warum ich seit meiner Ankunft mit so großem Interesse auf alles höre, was man mir sagt.»

Diese Aufmerksamkeit und dieses Interesse waren keine bloße Stilfrage: Um halb zwei Uhr nachts zog sich der Präsident in sein Appartement zurück und schrieb die Rede, die er am Vormittag in der Knesset halten würde, bis zum Morgengrauen neu.

Ich erwähne das, um zu betonen, dass dieser Staatsbesuch unter dem Zeichen des Austausches und des Dialoges stattfand, dass er alles andere als protokollarisch war. Und gerade dort, wo das Protokoll am meisten angebracht gewesen wäre, gab es am wenigsten davon: Ich meine die Festakte in Yad Vashem, der Gedenkstätte des Holocaust. Weil das jüdische Wiedererstehen nicht vom Holocaust zu trennen ist, muss man sich damit befassen, wenn man Israel verstehen will: Ein Besuch Jerusalems muss auch nach Yad Vashem führen. Ich habe viele Staatsgäste erlebt, die Yad Vashem im Sturmschritt hinter sich brachten, mit bedecktem, aber leerem Staatschef-Kopf, wohl wissend, dass dieser Besuch erledigt werden musste, weil man ihm nicht entkommen kann, weil man der Marotte dieser Juden nun einmal huldigen muss, die in alle Ewigkeit die Unermesslichkeit, die Unvergleichbarkeit und die Einzigartigkeit des Verbrechens wiederkäuen, dessen Opfer sie geworden sind. Jedes Mal habe ich dabei an den «nur halben Kniefall der eiligen Frömmler» gedacht, von dem Flaubert spricht. François Mitterrand hingegen zog die Dinge in die Länge. Persönlich hatte er ebenso wenig zu sühnen wie Sartre, aber ich werde weder seine peinlich genaue Reglosigkeit vergessen, während das Schluchzen des Vorbeters zu hören war, der El male rachamim sang, kein Ende findend, allenfalls in Wellen des Mitleids ruckweise innehaltend, noch die unendliche Langsamkeit, mit der er sich niederbeugte, um ein Blumenbukett auf die Gedenktafel zu legen. Mit seinem ganzen Wesen war er gegenwärtig, durchdrungen von dem, was er vollzog, ganz und gar erfüllt von Sinnhaftigkeit, als wollte er zu erkennen geben, dass die einzig wirkliche Anerkennung dieses beispiellosen Verbrechens für jeden Lebenden nur die Sühne sein kann.

Tags darauf, als er im Norden des Landes, bevor er das Flugzeug nach Paris bestieg, den Kibbuz der Ghettokämpfer besuchte, blieb er zur Verzweiflung des Protokollchefs lange vor den Modellen der Vernichtungslager stehen und stellte vor jeder Fotografie die entscheidenden Fragen. Er blickte auf die Frauen und Kinder eines Judentransportes aus Ungarn, die im Juni 1944 in einem dünnen Birkenwald in Birkenau, erschöpft und mit beinahe ruhigen Mienen, direkt vor den Toren des Krematoriums V darauf warten, bei der Vergasung an die Reihe zu kommen, und fragte: «Haben sie davon gewusst?» Das ist die wesentliche Frage. Die Frage im Innersten des Holocaust[43], die Frage, die auf allen Etappen des Vernichtungsprozesses wiederkehrt. Und was bedeutet «wissen», wenn man dem Unvorstellbaren gegenübersteht?

Ein Letztes: François Mitterrand hat die besondere Befindlichkeit des jüdischen Volkes heute verstanden, unsere Bindung an Israel, Israels Haltung zur Diaspora, unsere Pflichten und unsere Treue, die aus dem Holocaust und aus jener unwahrscheinlichen Staatsgründung hervorgegangen sind. Allein diejenigen, die in ihrem Herzen nie auch nur die geringste Spur Antisemitismus getragen haben, können uns so akzeptieren, wie die Geschehnisse uns geformt haben, und zugleich begreifen, dass unsere Doppelzugehörigkeit nichts Verräterisches hat. Nachdem ihm die Ehrendoktorwürde der Hebräischen Universität Jerusalem verliehen worden war (ein Titel, den er als Staatsmann, als Denker und als Freund des jüdischen Volkes erhalten hat), inaugurierte der Präsident der französischen Republik einen Léon-Blum-Lehrstuhl für Politikwissenschaft und Soziologie in Jerusalem. Professor Ady Steg hieß François Mitterrand im Namen der französischen Freunde der Universität mit einem anspruchsvollen Festvortrag willkommen, und während ich diesen und die Antwort des Prä-

---

43 Dieser Artikel stammt aus dem Jahr 1982. Den Gepflogenheiten entsprechend, habe ich darin den Begriff «Holocaust» benutzt. Mein Film *Shoah* kam erst drei Jahre später, im April 1985, heraus. François Mitterrand wohnte dessen Uraufführung im Théâtre de l'Empire bei. *Shoah* war eine radikale Namensgebung: Ohne dass ich es beabsichtigt hätte, verdrängte und ersetzte der Begriff binnen weniger Wochen das Wort «Holocaust». Man lese nachfolgend den Artikel «Hazkarah. Die Auferstehung des Namens».

sidenten hörte, fragte ich mich: «Wer mischt sich hier nur in die inneren Angelegenheiten von wem ein?» Blum war Franzose, Jude und Sozialist, und Israel beschloss, ihn zu ehren, wie es zuvor Einstein, Kafka, Freud und viele andere geehrt hatte. Frei von jedem Reduktionismus, hatte François Mitterrand nicht daran gedacht, sich zu fragen, ob Léon Blum als die fünfte Säule Israels in Frankreich oder eher umgekehrt betrachtet werden sollte. Man wird verstehen, dass ich diesen Mann geliebt habe. Deshalb habe ich ihm Dankbarkeit, Freundschaft und Treue bewahrt.

Les Temps Modernes, Nummer 429, April 1982

DER URHASS

Der Hass geht den Dingen voraus, von denen er behauptet, sie hätten ihn erzeugt und genährt. Indem er sich entschloss, als Unterstützer zu Jassir Arafat zu fliegen, der in den Straßen von Ramallah seinen runden Bauch und seinen kämpferischen Oberlippenbart den Fernsehkameras und den wie Schüsse gesichtsloser Mörder aufflammenden Blitzlichtern der Fotografen zur Schau gestellt hat, wollte José Bové sagen, das Lager, zu dem er sich so offenkundig gesellte, gehöre fraglos und eindeutig dem Guten an. Nie zuvor hatte er israelischen Boden betreten, und nach der Landung ist er gleich mit geschlossenen Augen in die Palästinensischen Autonomiegebiete und zu dem großen Einsiedler geeilt. Er wusste nichts von der Geschichte Israels und vom Zionismus, nichts von der Shoah, nichts vom hundertjährigen israelisch-arabischen Konflikt, nichts von den Begebenheiten, den Verflechtungen, die zur gegenwärtigen Situation geführt haben, und er wollte davon auch nichts wissen. Noch nie war ein Mensch so sehr mit sich im Reinen, noch nie schien er sich seiner Sache und Beweggründe so durch und durch sicher, außer – vielleicht – der alte halsstarrige Abbé Pierre, dem unser neuer José in mehr als nur einem Zug, vor allem jedoch in seinem Ruf als großer Globalisierungsgegner ähnlich ist. Die «Brigade» befand sich an seiner Seite, die sogenannten Internationale, Frauen und Männer, Mitglieder des Internationalen Komitees für den Schutz des palästinensischen Volkes (CCIPPP), fest entschlossen, ihre Ränge zu schließen und mit ihren Körpern einen Schutzwall rund um «Arafat mit seiner Kufija» zu bilden, der in der

Grotte von Bethlehem vom rußigen Licht einer Kerze (im Heiligen Land sind Kerzen keine Seltenheit) beschienen wurde, wie einer der Heiligen Drei Könige. Eine geradezu christlich anmutende Szene – was kein Zufall war.

Man fragte sich, wie der Präsident, wie die Mitglieder seiner Regierung und seines Führungsstabs, wie die Hundertschaft des CCIPPP, alle zu Kälte, Hunger, Dunkelheit bereit, es nur schafften, zusammengepfercht in einem so engen und darüber hinaus auch noch unterirdischen Raum auszukommen und durchzuhalten, wo doch laut der Bekanntmachungen, die sie in der Presse, den Radiosendern, dem Fernsehen und dem von ihnen meisterlich beherrschten Internet verbreiteten, der Amtssitz des Präsidenten (Muqataa) unter dem unerbittlichen Beschuss israelischer Panzer und kurz vor der totalen Vernichtung stand. Heute weiß man, dass nichts davon wahr gewesen ist: Falls sie tatsächlich von Panzern umzingelt waren, sind ihre Gebäude jedenfalls unberührt geblieben, und keiner von den Internationalen, Gott sei es gedankt, ist ums Leben gekommen. In Spanien war das anders gewesen: Die echten Männer der echten internationalen Brigaden, unter ihnen Deutsche, Franzosen, Amerikaner etc., sind in den Kämpfen von Teruel, Albacete, Madrid, Barcelona, Malaga heldenhaft zu Tausenden gestorben. Man kann es den Mitgliedern des CCIPPP verzeihen, dass sie, fern von Größe und Utopie, in wenig epischen Zeiten leben; sie sind zur Parodie verdammt. Das jedoch rechtfertigt nicht, dass sie von der Parodie zur Pose, zur Übertreibung, Lüge, Propaganda und falschen Zeugenaussage überwechseln.

Seit dem Beginn der Operation «Schutzwall» mangelt es nicht an hetzerischen und falschen Zeugenaussagen. Am 16. April veröffentlichte die Zeitung *Le Monde* auf zwei Seiten, und mit all der Hochachtung, die dieses Blatt der Kultur erweist, drei umfangreiche Texte von Schriftstellern und Mitgliedern des selbsternannten

«Internationalen Parlamentes der Autoren», ein Rang, der ihren Äußerungen gewissermaßen das Siegel unwiderleglicher Wahrheit verleihen sollte: Es schrieben der Spanier Juan Goytisolo, der Südafrikaner Breyten Breytenbach, der Nigerianer Wole Soyinka, Literaturnobelpreisträger des Jahres 1986; alle drei gehörten einer Delegation dieses Parlamentes an, und alle drei hatten sich auf Einladung der Palästinenser als angeblich unparteiische Untersuchungskommission zwischen dem 24. und 29. März «in die besetzten palästinensischen Gebiete und nach Israel» begeben. Ich sage hier nichts über Goytisolo, Parteigänger und Beobachter seit so vielen Jahren, der es hätte ablehnen müssen, dort als Zeuge aufzutreten. Ebenso wenig spreche ich über den nigerianischen Nobelpreisträger, der, offensichtlich zutiefst verlegen, sich des bruchstückhaften und einseitigen Charakters seiner Eindrücke auf dieser Blitzreise vollauf bewusst, seinen Dank auszudrücken nur imstande war, indem er hinter einer mythologischen Fabel Zuflucht nahm: Odysseus-Arafat im Land der Zyklopen, als Gefangener des blinden Riesen Polyphemos (womit Scharon gemeint ist, dem, «vom reinen Körperbau einmal abgesehen, die Figur des Polyphemos gut ansteht»). Der listenreiche Odysseus, wir brauchen keine Zweifel zu hegen, wird den Sieg davontragen.

Nur Breytenbach benutzt keine trickreichen Umwege. Er optiert in seinem offenen Brief an General Scharon für den Direktangriff, beschimpft die Israelis sofort als «Herrenvolk», benutzt das Wort, mit dem die Nazis sich bezeichneten, wobei er diese grobe Beleidigung mit einer Einschränkung versieht, die sie in Wahrheit noch verschlimmert: «Ich bitte um Vergebung, wenn meine Anspielung auf das ‹Herrenvolk› mit Bezug auf Israel wegen des Nachklingens der jüngeren Vergangenheit verletzen kann, als in Europa so viele Juden zu Opfern der Endlösung geworden sind.» Warum: «so viele Juden»? Die Zahl ist bekannt.

Breytenbach ist, wie man weiß, ein Schriftsteller. Er war vielleicht einmal einer. Heute ist er nur noch ein von Bombast getragener Rhetor: In ihm steckt weder wahre Empfindung noch echtes Mitleid für die Palästinenser. Erfüllt und geplagt von seiner Leere, kann er die Unerhörtheit seiner Äußerungen nicht mehr ermessen; weil er jedoch unfähig ist, auf sie zu verzichten oder sie zurückzunehmen, reagiert er mit Eskalation und überbietet sich noch. Wie José Bové hatte Breytenbach Israel oder Palästina nie zuvor betreten: «Ich habe mich in Israel nur kurz aufgehalten, bei der Ankunft und bei der Abreise, nachdem ich eine Nacht im David Intercontinental Hotel in Tel Aviv verbracht habe, das luxuriös, aber düster und menschenleer war», schreibt er trocken. Aus gutem Grund menschenleer: Die «Märtyrer» mit ihren um den Leib geschnallten Sprengstoffgürteln erweisen sich dem geselligen Zusammentreffen von Touristen in den Empfangshallen eines Luxushotels eher als abträglich. Hier sind die Schlussfolgerungen, zu denen Herr Breytenbach nach fünf Nächten und fünf Tagen gelangt ist: «Das Entsetzen über euer Handeln überwältigt uns», «Gräueltaten», «Blutbad», «Massaker an Unschuldigen», «Kriegsverbrechen», «Verbrechen gegen die Menschlichkeit», «unverfroren gestohlenes Land»; allenthalben nichts als das Blabla banaler Redearten viktimologischer Propaganda. Aber der Schriftsteller muss weiterbohren: Vom Regen in die Traufe bzw. von Scharon zu Netanjahu kommend, richtet sich Breytenbach an ersteren mit folgenden sorgfältig gewählten Worten: «Sie meinen zynisch, dass Sie sich alles erlauben können, solange Sie sich nur im Bereich der vitalen Interessen der Vereinigten Staaten von Amerika bewegen, dabei müssten Sie diese für ihren groben Materialismus und ihre Unkenntnis der Welt verachten. Es stimmt freilich: Euer Gebrauchtwagenhändler Netanjahu hat diese überaus plumpe Propagandamethode noch offener angewendet, *wie ein schmutziger*

kleiner Finger, der die Klitoris der dabei ohnmächtig werdenden
amerikanischen Meinung grob traktiert.»[44]

Warum muss Benjamin Netanjahus Finger eigentlich unbedingt schmutzig sein, warum muss die Klitoris grob traktiert werden, warum führt das naturgemäß schmerzliche grobe Traktieren
zur Ohnmacht? Man könnte sich über die Sitten und Triebe von
Breyten Breytenbach einige Fragen stellen. Wie dem auch sei, seine
Auffassung politischer Zusammenhänge in Verbindung mit Begriffen sexueller Dominanz gestattet alle Sinnumkehrungen. Ein wenig
später schnauzt er Scharon brutal an, indem er ihm – als wollte
er ihn bespucken – entgegenhält: «Das Brummen eurer Schutzherren in Washington ...» Hier äußert sich offener Hass gegen
die Souveränität Israels, und die bloße Vorstellung der Existenz
und Legitimität eines jüdischen Staates wird in Frage gestellt.
Israel, Herr Breyten Breytenbach, hat keine Schutzherren, kein
einziger amerikanischer Soldat hat je anstelle eines israelischen
sein Blut vergossen. Und wie viele Länder, unter ihnen arabische,
hängen nicht genauso, oft sogar mehr noch als Israel, von amerikanischen Hilfszahlungen ab? Warum spricht er so verächtlich
vom «Gebrauchtwagenhändler»? Die Netanjahus sind eine Familie
deutsch-jüdischer Herkunft, die Israel ihre drei Söhne schenkte:
Bibi, den sogenannten Händler, Botschafter Israels bei den Vereinten Nationen und Premierminister, Iddo, Arzt in Jerusalem, und
Yoni, Held von Entebbe, Oberleutnant einer Spezialeinheit der Tsahal, der bei der außergewöhnlichen Rettungsaktion des 1976 von
der deutschen Rote-Armee-Fraktion entführten Air-France-Flug-
zeuges auf dem Flughafen der Hauptstadt Ugandas ums Leben kam.
Ich habe Yonis Briefe, die seine Brüder (sie dienten einst ebenfalls

---

44   Hervorhebung des Autors.

in dieser Einheit) liebevoll gesammelt haben, selbst in den Händen gehalten: Sein Edelmut, der so groß war wie seine Intelligenz, seine sehr strenge Moral und seine Seelenqual sind Bereiche, in die Herr Breytenbach nie vordringen wird.

Unsere drei literarischen Musketiere haben alle dieselbe Reise absolviert. Einer von ihnen musste die «mürrische Kleinlichkeit der (israelischen) Kontrollen an den Checkpoints, die nur wenig mit Sicherheit zu tun haben», erleiden, die anderen bloß die Lästigkeit, von einem Fahrzeug in ein anderes umzusteigen und beim Durchqueren des Niemandslands zwischen den Grenzen ihre Koffer manchmal zehn Meter weit selber tragen zu müssen. Das Umladen ist eine alte Geschichte: Ich kann mich erinnern, lange vor dem Sechstagekrieg von 1967 in Jerusalem einmal in eine ähnliche Situation geraten zu sein. Man konnte vom arabischen, zu jener Zeit jordanischen, Jerusalem nur zu Fuß ins jüdische Jerusalem gelangen und umgekehrt, weshalb jeder sein Gepäck unter größten Schwierigkeiten dreihundert oder vierhundert Meter weit tragen musste: und das war zudem noch ein seltenes Privileg. Es gab nur einen Grenzübergang: das Mandelbaum-Tor, das man heute nicht mehr sehen kann. Ja gewiss, die Checkpoints, die übertrieben genauen Überprüfungen der Personalien, die manchmal endlos langen Warteschlangen, die gibt es, ich habe sie mit voller Zustimmung der israelischen Armee in mehreren Abschnitten meines Films *Tsahal* gezeigt, ohne irgendetwas zu verbergen; und ja, die Palästinenser aus dem Gazastreifen, die in Israel arbeiten, werden jeden Tag bei ihrer Ankunft und bei ihrer Rückkehr kontrolliert. Gewiss, Herr Breytenbach, hier besteht ein Zusammenhang mit Sicherheitsfragen und mit nichts sonst: Der Terror, die Angriffe aus dem Hinterhalt, die Morde, sie alle sind auch für Israel ein täglicher Begleitumstand, und man schützt sein Leben, so gut man dazu imstande ist. Sie scheinen zu glauben, dass Bar-

baren die Olivenbäume zu ihrem Vergnügen aus der Erde reißen, dass sie aus reinem Sadismus die Häuser mit Bulldozern zerstören oder mit Dynamit sprengen. Das ist der Nachteil des humanitären Express-Tourismus, dass Sie nur vage Meinungen vernehmen, nur die Klagen der palästinensischen Kommunikatoren hören wollen, die gut eingespielte, bühnenwirksam gestaltete, Tag für Tag seit mittlerweile vierundfünfzig Jahren wiederholte und inszenierte Beschwerde, jedes Mal neu von ihren uralten Wunden und historischen Lügen genährt. Warum, Herr Breytenbach, haben Ihnen Ihre Auskunftgeber nicht erklärt, aus welchem Grund ausgerissene Olivenbäume am Straßenrand liegen? Scharfschützen lauerten hinter ihren dichten Blättern und ergriffen die Flucht, sobald ihre Tötungsmission erfüllt war.

Aber was sein muss, muss sein: Der einzige Zweck der Reise dieser kultivierten «Parlamentarier» lag darin, die Lenker des allgemeinen Konformismus in ihren Gewissheiten zu bestätigen und die Welt aufzuwiegeln, indem Israel und seine Existenz wieder einmal als die Verkörperung des Bösen denunziert werden. Deshalb betreiben sie Wort für Wort eine bösartige Umkehrung, tragen negativ wirkende Bilder zusammen – «eure prähistorischen Panzer», «das primitive Schauspiel getarnter Heeresstellungen und israelischer Fahnen auf den Kommandogebäuden» (Breyten Breytenbach) –, nazifizieren Tsahal, hitlerisieren Scharon, verwandeln die Palästinenser in wehrlose Opfer, machen allein Israel für die Lage verantwortlich. In ihren Äußerungen werden die Verhandlungen von Camp David und Taba, die Vorschläge Ehud Baraks (Rückgabe der Autonomiegebiete an Palästina, Doppelsouveränität Jerusalems, Israels Anerkennung einer Schuld gegenüber den Flüchtlingen und das Recht auf Rückkehr einer bestimmten Anzahl von ihnen etc.), die jeder schon praktisch verwirklicht glaubte, nicht erwähnt. An dieser Tatsache ändern die – von Muqataa aus – von einem französischen Theatermenschen und Aktivisten des CCIPPP über das Internet gezielt verbreiteten Falschinformationen und Gegenerklärungen der antiisraelischen Propaganda nichts: Der palästinensische Staat sollte geschaffen werden, eine große Mehrheit der Bürger Israels hatte schon zugestimmt, und noch nie hatte sich dieses Land dem Frieden so nahe gefühlt, nie hatte es sich den Frieden so sehr gewünscht. Arafat hat ihn nicht gewollt: weil er Ergebnis von Verhandlungen gewesen wäre, weil er auch ihn zu schmerzlichen Kompromissen gezwungen hätte, weil er eine Anerkennung Israels an der Seite des palästinensischen Staates, ohne jegliche Hintergedanken, impliziert hätte, den Verzicht auf doppeltes Spiel und zweideutige Sprache, weil er nicht länger erlaubt hätte, zwei Eisen im Feuer zu haben, womit auch der Terrorismus an sein Ende gekommen wäre, kurz, weil er das Ende der Unabhängigkeitsbewegung bedeutet hätte. Die Internationalisierung des Konfliktes ist immer das eigentliche Ziel der Palästinenserführer geblieben. Ich erinnere mich an Ahmad Shukeiri, Arafats Vorgänger, der mir und Sartre (der für sich allein ein Parlament darstellte) im März 1967 in Gaza, das damals unter ägyptischer Kontrolle und Verwaltung stand, ohne Umschweife erklärte, dass er den allgemeinen Krieg, womit er durchaus einen Weltkrieg meinte, jedem Versuch eines Abkommens mit Israel vorzog. Das ist auch der Grund, warum es unbedingt das Krebsgeschwür der Flüchtlingslager aufrechtzuerhalten galt, für die allein das Hilfswerk der Vereinten Nationen für Palästina-Flüchtlinge im Nahen Osten (UNRWA) zuständig war: «eine Schöpfung des amerikanischen Imperialismus», wie Sartre Gamal Abdel Nasser zu bedenken gab, der dagegen nichts einzuwenden hatte. Nur drei Monate später sollte der Sechstagekrieg ausbrechen!

Die Verantwortungslosigkeit der Schriftsteller und Intellektuellen, für die schon die Existenz Israels die Erbsünde darstellt, hat zur Folge, dass der Entwicklungsgeschichte der Ereignisse nicht Rechnung getragen wird. Kein Wort über den brutalen Ausbruch der Zweiten Intifada, die «Al-Aqsa» genannt wird (und niemand schenkt heute mehr ernsthaft der Fabel Glauben, etwas wie ein Pawlow'scher Reflex habe zur Anwesenheit jenes «Polyphem» auf dem Vorplatz der Moscheen geführt) und durch Tötungen und unweigerlich vergossenes Blut nichts anderes als die bereits erwähnte Internationalisierung des Konflikts bezweckt, die Zweite Intifada, deren unmittelbare Folge die Wahlniederlage von Ehud Barak und die Amtsübernahme Scharons war, was die Auseinandersetzungen und die Verhaltensweise der Kämpfenden augenblicklich und radikal veränderte. Die Palästinenser kontrollierten nämlich dieses Mal, im Gegensatz zu den Geschehnissen während der Ersten Intifada, die Gebiete und verfügten über eine bewaffnete Armee. Das war nicht länger ein Krieg des Steinewerfens, es war ein wirklicher Krieg, trotz der Unverhältnismäßigkeit militärischer Mittel, auf die man sich stützte. Die Schieß- und Kampferöffnungs-Bestimmungen, die Verwendung verschiedener Patronentypen (Plastik, Kautschuk, echte Kugeln) waren in früheren Jahren, wie ich bezeugen kann, streng und talmudisch kodifiziert, und die Regeln wurden gehorsam befolgt: Die Soldaten schossen nur mit echten Patronen, wenn sie ihr Leben in Gefahr wähnten. Das war nach dem Beginn des zweiten Aufstands auf Anhieb und sehr oft der Fall. Weil sie des Krieges müde waren, reagierten die jungen israelischen Soldaten in den Kämpfen, die sie bestreiten mussten, mit Gewalt: Wer will der letzte Tote des Krieges oder der erste des Friedens sein? Dieser Krieg, darin liegt sein Paradoxon – und gewiss auch der größte Fehler des Osloer Friedensprozesses, der am Ende sehr schwierige, ja entscheidende Fragen offengelassen hat –, war umso erbitterter, als der Frieden nun endlich erreicht schien. Danach haben die Palästinenser, indem sie zur schlimmen

Strategie des Opferterrors griffen, also zu Bomben in Menschengestalt, die zu sterben bereit waren, um die grauenhaftesten Gemetzel zu verüben, die Eskalation auf eine qualitativ neue Stufe gehoben. Wenn «Kolonisten» oder «Siedler» ermordet wurden, war es unerträglich, in der Presse, in irgendeiner unauffälligen Seitenecke, zu lesen: «Eine Kolonistin wurde getötet.» Oder, schlimmer noch: «Der Säugling eines Siedlers wurde erwürgt», als erlaubte es die doppelte Brandmarkung als Jude und «Siedler», den Mord zu begreifen, ihn zu rechtfertigen, als wäre es nicht der Mühe wert, sich darüber allzu sehr aufzuregen. Wenn von den «Märtyrern» berichtet wurde, die sich praktisch jeden Tag, ja mehrmals täglich, in Jerusalem, Tel Aviv, Netanja, Haifa, auf den Märkten, in den Diskotheken, den Bussen, den Hochzeitssälen und Synagogen in die Luft sprengten, wurde das rasch als Routine eingestuft. Man musste im hinteren Teil der Zeitungen danach suchen, als wäre es selbstverständlich, dass die Juden mit dem Leben dafür zu bezahlen hätten, dass sie dort unten lebten. Man klagte dann freilich nicht bloß die «Siedler» an, die in den besetzten Gebieten wohnten, sondern ganz Israel; ganz Israel wurde zur «Kolonie», und das dadurch ausgelöste verbreitete Sterben bedeutete nichts anderes als die wilde Rache des großen Palästinas und das unverstellte Verlangen nach Auslöschung Israels.

Keine Regierung, kein Staat der Welt hätte ohne Gegenwehr das geplante Massaker seiner Bürger hingenommen. Die großen Visionäre, selbst Barak, der sich in *Tsahal* als «praktischen Visionär» bezeichnet hatte, waren gescheitert. Die Perspektive von Scharon-Polyphemos war vielleicht begrenzt, aber er hatte zu tun beschlossen, was die Bürger Israels von ihm erwarteten: Mit dem Terror wenigstens für eine Weile Schluss zu machen und jene, die ihn verbreiteten, dort aufzuspüren, wo sie sich verkrochen hatten, an den Stellen, von denen aus sie ihre Todesmanöver sandten. Im

Gegensatz zu dem, was Wole Soyinka glauben machen will, war der Premierminister nicht blind: Er wusste, wen er wo suchen musste. Es lag auf der Hand, dass die Wiederbesetzung der palästinensischen Städte und der Labyrinthe der Flüchtlingslager nicht ohne Kämpfe, manchmal auch unerbittliche, gelingen würde. Die Selbstmordattentate, die eigentlich Mordattentate sind, zerstören die Möglichkeit, ja die bloße Vorstellung von «Kriegsregeln». Die jungen israelischen Rekruten konnten sicher sein, dass sie, falls sie gefangen genommen würden, ein Tod durch lynchen erwartete; als dreizehn von ihnen in einen Hinterhalt gerieten und in Dschenin von einem «Märtyrer» zerstückelt wurden, stellte sich heraus, dass alles – sogar die Leichen – mit Sprengstoff-Fallen versehen worden war: Erst danach wurde die Entscheidung getroffen, Bomben abzuwerfen. Wie Alain Finkielkraut sehr treffend sagt: «Israel hatte keine andere Wahl, als zu versuchen, auf eigene Faust dem Terrorismus Einhalt zu gebieten. Nur weil es keine militärische Lösung gibt, muss eine militärische Antwort nicht illegitim sein [...]. Man kann nicht Menschen Angst einjagen und zugleich von ihnen fordern, peinlich genau der Genfer Konvention zu folgen.»[45] Ungeachtet der unvermeidbaren Übergriffe ist Tsahal – eine der wenigen Wehrpflichtarmeen, die es heute noch auf der Welt gibt – weder ein Sammelbecken von Dieben noch eine Mörderbande.

Während der Operation «Schutzwall» hat die französische Diplomatie, von Geostrategen der Sozialistischen Partei beraten, mit Begeisterung den schlimmsten UN-Resolutionen zugestimmt. Nur fünf Nationen, darunter die Tschechische Republik unter Václav Havel, die Israel Waffen für den Unabhängigkeitskrieg geliefert hatte, widersetzten sich. Was Dutzende von Artikeln und

---

45   *La Croix*, 17. April 2002.

Petitionen, welche die Entsendung einer internationalen Eingreiftruppe forderten, kaum versteckt zum Ausdruck brachten, war nichts als der Wunsch, der unerträglichen Souveränität Israels ein Ende zu machen. Ohne die Selbstmordattentate und den Tod jüdischer Menschen auch nur mit einem einzigen Wort zu verurteilen, flehten manche Israel engelsgleich an, nicht «seine Seele zu verlieren», während andere mit der Furchtlosigkeit von Neubekehrten zu dem Entschluss kamen, für eine «palästinensische Staatsbürgerschaft» zu plädieren: Bei der Lektüre erkannte man, dass der Verfasser, ein französischer Souveränist, dabei nicht weniger als die Auflösung des Staates Israel in einer rein palästinensischen Staatsform forderte, die die «braven Juden» großzügig tolerieren, ja ihnen die palästinensische Staatsbürgerschaft gewähren würde. Es ging, mit anderen Worten, um eine Rückkehr zum Status der Dhimma, wie ihn die Juden in den arabischen Ländern vor der Gründung Israels lange eingenommen hatten!

Man muss solchen Träumen, solchen Delirien ein Ende machen. Es wird keine Intervention geben. Israel ist eine Demokratie und zugleich eine Macht. Die anderen Mächte wissen darum. Die Gesamtlage hat sich jetzt vielleicht verändert: Sie ist ernster geworden, und eine weniger komplexe Übereinkunft liegt heute womöglich näher, als man glauben will.

Ein letztes Wort noch zu den «Siedlungen», das auch die Frage nach dem «Anderen» berührt. Viele Siedler, vor allem die stark religiösen, haben zu dem biblischen Boden, den sie «Eretz Israel» nennen, eine mystische Bindung. Wichtiger als die politische Souveränität ist ihnen, auf dem Boden bleiben zu können, auf dem sie jetzt leben. Manche unter ihnen, das weiß ich (und habe es in meinem Film *Tsahal* gezeigt), würden sogar hinnehmen, im zukünftigen palästinensischen Staat als Ausländer betrachtet zu werden, solange sie ihr Stück Land nicht verlassen müssen. Sie fragen, warum es ihnen verboten sein soll, im Palästina der Zukunft zu leben, wenn doch auch Israelis in Frankreich, in Italien oder in den Vereinigten Staaten leben?

Le Monde, 9. Mai 2002
Nachdruck in *Les Temps Modernes*,
Nummer 618, März-April-Mai 2002

ARIEL SCHARON UND MAHMUD ABBAS: DER GLEICHE MUT

«Die Linke hat es nicht geschafft und wird es nie schaffen. Die Rechte will es nicht. Ich allein kann es, und ich werde es tun.» Der Premierminister empfing mich in seinem Büro, nicht in Jerusalem, sondern in Tel Aviv, in der Kyria, einem erstaunlichen Labyrinth von kleinen, niedrigen Häusern und unter Laubwerk verstreuten Barackenlagern im Umfeld des Verteidigungsministeriums, die noch heute Zeugnis von der Pioniers-Kargheit der ersten israelischen Regierungen ablegen. Drei Tage zuvor hatte Ariel Scharon vor der Knesset eine historische Rede über seinen Rückzugsplan aus dem Gazastreifen gehalten, aber mehr noch über Krieg und Frieden, über die Notwendigkeit, die Verhandlungen mit den Palästinensern wieder aufzunehmen und unter der Bedingung, dass sie den Terroranschlägen ein Ende bereiteten, endlich zum Abschluss zu bringen. Yoel Marcus, Leitartikler der wichtigen Tageszeitung *Haaretz*, nannte diese Rede tags darauf eine große, an Churchill gemahnende Ansprache, pries Scharon als einen Gulliver unter Zwergen und ermutigte ihn, weiterzumachen: «Lauf weiter, Arik, weiter!»

Die französische Presse hingegen erwähnte die Rede seltsamerweise allenfalls nebenbei, weil sie dem schlichten Manichäismus widersprach, der die Artikel der «akkreditierten Berichterstatter» so lange bestimmt hat; wenn überhaupt darüber geschrieben wurde, dann ohne die gebührende Anerkennung: Mit wenigen Zeilen wurde sie abgetan.

Scharon hatte erklärt: «Ich habe in meinem ganzen Leben, sei es als Soldat oder Befehlshaber, als Politiker oder als Abgeordneter in der Knesset, als Minister oder Premierminister, noch nie eine derart schwierige Entscheidung treffen müssen. [...] Wir wollen nicht Millionen von Palästinensern beherrschen, deren Bevölkerungszahl sich mit jeder neuen Generation verdoppelt; Israel will eine Demokratie sein, doch es kann nicht voll und ganz gelingen. Der ‹Rückzug› wird einer neuen Wirklichkeit den Weg bereiten. [...] Dies ist eine Schicksalsstunde: Wir stehen vor einer schwerwiegenden Wahl, wie sie uns nur selten auferlegt worden ist. Dass sie von großer Bedeutung für die Zukunft unseres Landes ist, lassen uns der Schmerz und die Konflikte begreifen, die sie in uns auslöst.» Er fügte hinzu, dass der Rückzugsplan aus dem Gazastreifen keine Verhandlungen ersetze: «Das ist nur eine notwendige Etappe, solange Verhandlungen noch nicht möglich sind. Alles ist denkbar, wenn nur der Terror, dieser mörderische Terror, ein Ende nimmt.»

Ich habe Ariel Scharon 1969 während des Zermürbungskrieges zwischen Ägypten und Israel kennengelernt. Damals war er der Befehlshaber des Southern Command, und ich habe ein paar Tage mit ihm in den Vorwerken der Bar-Lew-Linie verbracht, die das Ostufer des Suezkanals gegen die schweren Bombenangriffe der ägyptischen Artillerie und Heeresfliegertruppe verteidigte. Später bin ich ihm im Gazastreifen wiederbegegnet, und noch später einmal im Oktober 1973, als seine Truppen gerade durch einen unerhört kühnen Gegenangriff, in einer wahren Sintflut von Schusswechseln, den Kanal überquert und in Ägypten Fuß gefasst hatten, um in der Folge bis Suez vorzustoßen, wo sie die ägyptische Dritte Armee wie in einem stählernen Schraubstock einschlossen. Dann noch ein drittes Mal, 1982, als er von einer israelischen Untersuchungskommission, der Kahan-Kommission, schuldig gesprochen wurde, das kriminelle Verhalten arabischer, oder genauer christlich-libanesischer Milizen nicht vorhergesehen zu haben, die

mit Stichwaffen die Palästinenser von Sabra und Schatila nieder-
gemetzelt hatten, woraufhin er seinen Posten als Verteidigungsminister verlor. Als ich 1994 meinen Film *Tsahal* drehte, habe
ich mit ihm ein mehrtägiges Interview geführt, in dem ich ihn als
Kämpfer, als Veteran aller Kriege Israels und als den Urheber einer
Militärdoktrin zu Wort kommen ließ, die – aus historischen und
geostrategischen Gründen – im Wesentlichen auf dem Sturmangriff
basiert. Wenn man sich mit diesem Thema befasst, ist Scharon
nach allgemeiner Auffassung der kompetenteste Mann. Ich bin ihm
dann, er war zunächst Minister für Handel und Industrie, später
für Nationale Infrastruktur, noch ein paar Mal begegnet: Damals
machte er sich zum eifrigen Befürworter des Siedlungsbaus in den
besetzten Gebieten und wurde in dieser Rolle zum Vorkämpfer der
Siedler und zu ihrem Helden.

Heute wollen ihn manche unter ihnen ermorden. Denn seit
Ariel Scharon das vierte Jahr seiner Amtszeit angetreten hat, ist
er nicht mehr derselbe. Die Ausübung der höchsten Verantwortung hat ihn verändert, und sie hat seine Vision gewandelt. Dieses
Sichöffnen, das sowohl einer unmittelbaren Konfrontation mit der
Realität als auch einer grausamen und aufklärenden Offenbarung
der Gegebenheiten entspringt, dieses Bewusstsein, wie selten sich
Gelegenheiten zur Veränderung bieten, bürdet den Handelnden
die Pflicht zu mutigen Entscheidungen auf und macht vielleicht das
Wesen des wahren Staatsmannes aus. Als ein Premierminister, der
während einer der schlimmsten Perioden, die Israel je erlebt hat,
wiedergewählt wurde, nämlich in einer Zeit, da sich Tag für Tag
in den Straßen, Bussen und Bahnhöfen, in den Restaurants, Cafés
und Synagogen sowie auf den Märkten Mörder mit ihren Sprengstoffgürteln in die Luft sprengten, hat Scharon seine ganze Kraft
für den Kampf gegen den Terrorismus eingesetzt. Er mobilisierte
die Armee, um den «Märtyrern» den Zutritt auf israelisches Staats-

gebiet zu verbieten, ließ sie außerdem verfolgen und in ihren Verstecken ausfindig machen. Weiß man eigentlich, dass, wenn ein Attentat glückt, zuvor sechzig verhindert worden sind? Unerbittlich wurde gegen den Terrorismus gekämpft, und so erfolgreich, dass die Anzahl der Attentate tatsächlich drastisch abnahm; die Organisatoren und die Auftraggeber wurden wie die Attentäter gefunden und beseitigt. Keiner der Ersteren konnte sich je sicher fühlen: Es scheint, als hätten die Israelis das ganze *Who is Who* des Terrorismus gekannt, vielleicht weil sie Meister der elektronischen Überwachung sind oder weil ihre Gewährsmänner sie mit verblüffender Präzision über sämtliche Schlupfwinkel, über das Kommen und Gehen, die Verstecke, die «Ziele» der Täter in Kenntnis gesetzt haben: Wenn die «Dschihadisten» einander in die Augen blickten, wurden sie verrückt vor Argwohn. Israel wird den Terrorismus womöglich nie ganz besiegen können, aber die Gewalt wird abnehmen, bis das Gespräch wieder fortgesetzt werden kann.

Als ich Scharons Büro betrat, nachdem ich die einzigartig gründlichen Sicherheitsmaßnahmen erfahren durfte, die zu seinem Schutz getroffen werden, befand sich Jassir Arafat seit vierundzwanzig Stunden in Frankreich im Krankenhaus von Percy. Scharon sagte zu mir: «Abu Mazin [der Deckname von Mahmud Abbas] hat mich angerufen und gebeten, Arafat die Ausreise zu gestatten. Er hat mir seine Rückkehr persönlich garantiert. Ich habe zugesagt, ich habe sofort den Verteidigungsminister [Scha'ul Mofas] angewiesen, die Ausreise über Jordanien zu arrangieren.»

Wie man weiß, ist Scharon Arafat nie begegnet. Er hat sich hartnäckig geweigert, mit ihm zu sprechen, denn er hat ihn für das Misslingen von Camp David (der Verhandlungen zwischen Barak, Arafat und Clinton im Sommer 2000) und für die Auslösung der Zweiten Intifada verantwortlich gemacht. Er beschuldigte ihn, nie auf den Terrorismus verzichtet zu haben, die Attentate nur mit lee-

ren Worten verdammt und die «Märtyrer» verherrlicht zu haben.
Als ich mich im Verlauf seiner vierjährigen Amtszeit als Premierminister wiederholt über seine Unversöhnlichkeit verwundert
zeigte, entgegnete er mir standfest, dass Arafat ein Lügner sei und
dass es ein absolut zuverlässiges Zeichen für das Bevorstehen einer
neuen Terrorwelle gebe: «Er verlässt sein Gebiet und fliegt ins Ausland. Er ist nicht anwesend, wenn die Terrorakte verübt werden.
Jede seiner Reisen ist alarmierend für uns, sie sind eine Warnung,
die sich immer bewahrheitet hat.» Um dem entgegenzuwirken,
schickte Scharon seinen Feind ins Exil nach Ramallah und schloss
ihn in der Muqataa ein. Die Fahrt ins Militärkrankenhaus Percy in
Clamart bei Paris war dann die letzte Reise des Palästinenserprä-
sidenten. Niemand wusste genau, an welcher Krankheit er eigentlich litt: Lange hat das genüsslich verbreitete Märchen von seiner
Vergiftung durch den Mossad, von einer verwirrten Leïla Shahid
immer wieder aufgegriffen, die Runde gemacht.

Hier ist weder der Ort noch der Augenblick, die Verdienste und
Irrtümer Jassir Arafats gegenüber seinem Volk zu beurteilen; wenn
es ihm unbestreitbar gelungen ist, allen Palästinensern – jordanischen Bürgern der Westbank, israelischen Arabern, Flüchtlingen,
Menschen in der Diaspora – ein nationales Bewusstsein zu geben,
wenn er dafür internationale Anerkennung und Dankbarkeit erhalten hat, dann geschah es doch um den Preis der Negierung Israels
und des radikalen Projektes der Auslöschung der «zionistischen
Wesenheit». Unmissverständlich hat Arafat jene Gewalt gewählt,
die gegenüber der Zivilbevölkerung keine Unterschiede macht.
Man erinnere sich an die Olympischen Spiele in München, an Ent-
führungen von Linienflugzeugen in den siebziger Jahren, an die
Sprengung der Maschinen mit Dynamit in der jordanischen Wüste,
an Geiselnahmen, an Entebbe usw. Trotz Madrid, trotz Oslo, trotz
der Zuerkennung des Friedensnobelpreises, trotz Camp David und

Taba kann die Linie von Gewalt und Irredentismus bis zu den «Märtyrern» der jüngsten Jahre und Monate gezogen werden.

Mit Arafats Tod hat jetzt eine neue Ära israelisch-palästinensischer Beziehungen begonnen, die Hoffnung auf einen wahren, wirklicheren und größeren Frieden, als die beiden Völker ihn bislang erfahren haben. Denn wie Ariel Scharon sich zutiefst verändert hat, so ist auch unter den Palästinensern ein Mann von prosaischem Realismus, ein Mann von großem Mut in den Vordergrund getreten: Mahmud Abbas, der 1993 die geheimen Verhandlungen des Oslo-Abkommens organisiert hat, und gestern nun zum Präsidenten der Palästinensischen Autonomiebehörde, also zum Nachfolger Arafats, gewählt worden ist. Wenn der Friede zustande kommen soll, dann ohne Zweifel eher durch Gespräche von Abbas und Scharon als auf der Basis der sogenannten Genfer Initiative (die auf dem Papier alles bis auf den letzten Meter Land geregelt hat), wie immer sich deren engelhafte Sektierer auch dazu stellen mögen.

Bereits im Dezember 2002, als die Selbstmordattentate tobten, hatte Mahmud Abbas es gewagt, den Führern der Komitees der Intifada im Gazastreifen mit einer Rede gegenüberzutreten, die für diese undenkbar, ja unzumutbar war: «Der Kampf muss sofort aufhören», erklärte er. Für ihn bedeutete das nicht, dass man auf die Intifada verzichten müsse, aber auf die Militarisierung, die Selbstmordattentate, die Angriffe gegen Siedler oder Soldaten, und wieder zu friedlichen Formen des Protests zurückzukehren habe. «Das Volk hat davon genug», erklärte er seinen Zuhörern. «Das Volk möchte essen. Das Töten ist nicht unser Lieblingszeitvertreib.» Schonungslos fuhr er fort: «Anfangs haben manche erklärt, die Intifada werde den Zusammenbruch der Regierung Scharon bewirken, weil Scharon ja aufgrund seines Sicherheitsversprechens gewählt worden sei. Aber Scharon ist nicht gestürzt: weil die Intifada den rechten Weg verlassen hat. Ich glaube, Scharon ist heute der größte

Anführer der zionistischen Bewegung seit Herzl [...]. Die Redner haben damals lauthals verkündet: ‹Wir werden Jerusalem und die besetzten Gebiete befreien›, und sie haben nichts erreicht als die in langen Verhandlungen schon befreiten Gebiete nun abermals von der Armee besetzt zu sehen.»

Im Gazastreifen, wo die Hamas und andere radikale Gruppierungen bestimmen, was Recht ist und was nicht, eine solche Rede zu halten, das bewies nicht nur großen politischen und persönlichen Mut, es hat auch ein tiefes Verständnis für die Denkungsart und die Bedürfnisse des palästinensischen Volkes gezeigt, das eines endlosen Krieges ohne Lösung sowie aller Mythologien, Mythomanien und hohlen Rhetorik müde war. Die Arbeiter und die Familien des Gazastreifens und der Westbank waren nie glücklicher als zu der Zeit, als sie in Israel frei arbeiten durften und anständig dafür bezahlt wurden: Nie haben sie ihre israelischen Arbeitgeber in den Feldern, den Restaurants, in der Bauindustrie, den Fabriken und auf den Obstplantagen als Unterdrücker angesehen. Ja, das Volk wollte essen, und einige Monate später konnte Jassir Arafat nichts anderes tun, als Mahmud Abbas zum Ministerpräsidenten zu ernennen. Aber zu einem wiederholt nicht anerkannten Ministerpräsident, ohne wirkliche Macht, der schon kurz darauf wieder von seinem Amt zurücktrat.

Seit Arafats Tod der einzige für dessen Nachfolge in Frage kommende Kandidat, hat Abbas seine Entschlossenheit keineswegs verloren: «Der Griff nach den Waffen in der gegenwärtigen Intifada setzt uns ins Unrecht, und das muss aufhören», hat er erklärt. Diesem Mann hat Ariel Scharon nun geantwortet, nachdem auch er mit entsprechendem Mut und einer musterhaften Geschicklichkeit den Hardlinern im eigenen Lager entgegengetreten war, weshalb er heute einer Regierung nationaler Einheit vorsteht, die vom Frieden nicht wie von einem fernen Traum, sondern wie von einer nahen

Möglichkeit spricht: «Das Jahr 2005», hat Scharon vor kurzem gesagt, «bietet die historische Gelegenheit jenes Durchbruchs mit den Palästinensern, auf den wir seit Jahren warten.» Und nachdem er erneut seine Absicht bestätigt hatte, den einseitigen Rückzug aus dem Gazastreifen Wirklichkeit werden zu lassen, diesmal allerdings mit der Hilfe der Sicherheitsbehörde der neuen palästinensischen Verwaltung, ging der israelische Premierminister weiter als je zuvor: «Wir werden zu einer israelisch-palästinensischen Abmachung gelangen können, die auf viele Jahre *die Grundlage für die Koexistenz zweier Staaten bildet.* Wir sind zu schmerzhaften Konzessionen bereit, aber wir werden keine Zugeständnisse im Bereich unserer Sicherheit machen [...]. Jetzt besteht die einzigartige Gelegenheit, eine Lösung zu finden, und niemand weiß, wann eine solche Gelegenheit sich wieder bieten wird. Es besteht die einzigartige Möglichkeit, unsere strategische Situation zum Vorteil Israels zu ändern.» Und weiterhin gab Ariel Scharon zu bedenken, dass *«die Beherrschung eines Volkes durch ein anderes eine Katastrophe ist».*[46]

Die Freunde des Friedens – zu denen auch ich gehöre – müssen diesen beiden Männern, Ariel Scharon und Mahmud Abbas, ihre Hilfe zuteilwerden lassen. Deshalb müssen die Vorurteile vergessen werden, die Vorabfestlegungen, die hölzerne Sprache und die starren Meinungen, deshalb muss man das fundamental Neue in den Vorschlägen der beiden Staatsmänner erfassen. Man muss ihnen Glauben schenken: Das ist der beste Weg, ihnen zu helfen.

Le Monde, 11. Januar 2005
Nachdruck in *Les Temps Modernes*,
Nummer 629, November 2004 – Februar 2005

---

46 Hervorhebung des Autors.

ARTHUR KOESTLER:
BOTSCHAFT AUS DEM JENSEITS

Den Lesern von *Les Temps Modernes* sei empfohlen, sich die jüngste Nummer der Zeitschrift *Preuves* (Nr. 37) zu besorgen. Die Buchhalter dieser Zeitschrift werden sich über die ungewohnten Einnahmen wundern, die ihnen dadurch zufließen, und die Leser von *Les Temps Modernes* werden so Arthur Koestlers *Kleinen Führer politischer Neurosen* kennenlernen.

Es ist bekannt, dass Arthur K. zum Grundsätzlichen zurückgekehrt ist, um seinen Bruch mit dem Kommunismus zu rechtfertigen: Mit Hilfe des Indeterminismus, der Quantentheorie, der «strafbesessenen Hitzigkeit» Professor Toynbees und einem Hauch von Psychoanalyse und Yoga hat er eine recht originelle Kosmogonie errichtet, die es ihm gestattete, ohne den blutigen Utopisten Karl Marx auszukommen. Maurice Merleau-Ponty hat alles gesagt, was dazu zu sagen ist. Jedenfalls verriet dieser Raubzug in wissenschaftlichen Bibliotheken zu deutlich seine Ratlosigkeit, als dass man sich darüber hätte entrüsten können. Koestlers Meditationen über das Tragische, das Triviale und das Zwischenhirn erlaubten es ihm, in aller Herrgottsfrühe zu einer höheren Wahrheit zu gelangen: Es geschah zur Stunde, da sein Auto Straßenlampen zerschmetterte; er saß am Rande des Gehsteigs und unterrichtete die Polizeibeamten über den Lauf der Weltgeschichte.

Wer einmal gesehen hat, wie Arthur K. auf allen vieren die Treppen der «Troika» erklomm, der wird es amüsant finden, ihm heute in der Rolle eines alles durchschauenden Psychiaters wiederzubegegnen. Zweifellos hat er verstanden, dass weder Kosmogonie noch Alkohol ausreichen, den Lauf der Geschichte zu ändern, und dass die Atombombe das einzig wirksame Schutzsystem unserer Welt darstellt. Koestlers Gewissheiten haben sich im Lauf der Jahre erhärtet: Er hat den Versuch aufgegeben, sie uns mitzuteilen, und kommt zu dem Schluss, dass seine Zeitgenossen, wenn sie die Stimme der Vernunft nicht hören können, von nun an einer anderen Behandlung bedürfen. Atemberaubender Shortcut: Uranium 235 wird zur Wahrheit des Zwischenhirns, der Denker der europäischen Linken mausert sich zum psychiatrischen Berater abendländischer Regierungen. Koestler richtet sich nicht länger an uns: Der *Kleine Führer politischer Neurosen* ist der gebieterische Aufruf eines profunden Kenners der menschlichen Natur an allzu naive Staatsmänner: «Wir lassen nicht ab davon, die sonderbare Illusion zu nähren, dass der Durchschnittsbürger ein politisch vernünftiges Wesen ist, solange er nicht Teil einer Menge ist. Die Tatsachen [freilich] beweisen eher, dass der *Mensch des zwanzigsten Jahrhunderts ein politischer Neurotiker ist.*[47] Alle totalitär Gesinnten haben das von Anfang an verstanden. Sie sind die tödlichen Kräfte, die unsere Zivilisation attackieren, und wie der Tod sich von der Krankheit nährt, ist der Totenengel ein zuverlässiger Diagnostiker. Wenn wir überleben wollen, dann werden wir uns mit ihm auf guten Fuß stellen müssen. Freud und seine Nachfolger haben ein Stück des optimistischen Glaubens an den Menschen als Vernunftwesen ja schon zur Strecke gebracht: Wir räumen ein, unsere sexuelle Libido ist deformiert. Darüber hinaus ist es aber an der Zeit, endlich einzusehen, dass unsere politische Libido ebenso mit Komplexen beladen, unterdrückt und missgestaltet ist – wenn nicht noch weitaus schlimmer – als unsere sexuelle ...»

---

47   Hervorhebung von Koestler.

In jener Situation extremer Gefahr, in der Arthur K. sich befindet, hat er nun eingesehen, dass er sich vom allgemeinen Wahlrecht lösen muss: Der Durchschnittsbürger darf ihm getrost vertrauen, die Rezepte für den Umgang mit den Massen sind erprobt. Aber eine derartige Verachtung der Menschen ist altmodisch, K. wäre gut beraten, der elitistischen Theorie neues Blut zuzuführen: Die «politische Libido», sein jüngster Geistesblitz, kommt genau zur rechten Zeit, um diese zu erneuern. Man weiß, dass der Autor geradezu ein Meister des Räsonnierens mit Analogien ist: Jeder Neurose gebührt ihre Libido; weil der Mensch des zwanzigsten Jahrhunderts politisch erkrankt ist, muss man ihn mit politischer Libido versehen. Zwischen den Libidos gibt es Parallelen: Jede Missbildung der sexuellen Libido korrespondiert mit einer Missbildung der politischen Libido: «Sofern man dieses vereinfachte Schema anwendet (nämlich das des Neurotikers, definiert als ein Individuum, dessen Kontakt mit der Realität unvollkommen ist), wird man feststellen, dass es der gesamten Bandbreite der politischen Pathologie entspricht, von der ‹kontrollierten Schizophrenie› [sic] eines Klaus Fuchs bis zur Realitätsflucht des Neutralen ... Wenn Merleau-Ponty zum Beispiel meint, man schreibe die historische Vernunft ab, wenn man nicht anerkenne, dass der Marxismus nicht irgendeine Geschichtsphilosophie, sondern die Geschichtsphilosophie sei, dann wird jeder logische Dialog unmöglich, dann müssen wir der Psychotherapie Platz machen.»

Also wird man Klaus Fuchs und Merleau-Ponty einigen Elektroschocks und einer Lobotomie unterziehen. Aber sie sind ja nur Grenzfälle: Zwischen dem atomaren Spion und dem der Realität entflohenen Intellektuellen, die an den beiden Extremen des Spektrums stehen, gibt es den riesigen Sumpf der Angler. Jedes Individuum, das nicht absolut von der Notwendigkeit überzeugt ist, dass man einen Präventivkrieg gegen die UdSSR führen müsse, wird von Koestler in der Tat als politischer Neurotiker betrachtet. Das Argument ist einfach: Erstens gibt es eine objektiv furchterregende Wahrheit, die alle Fakten «zu beweisen scheinen»: Die UdSSR will unseren Tod. Zweitens und als Folge dessen muss jeder normale Mensch heute Angst haben: Auf diese Weise wird er sein *emotional adjustment* betreiben. Drittens ist die amerikanische Atombombe unsere einzige Überlebenschance. Aber solange diese Bombe nicht abgeworfen wird, ist sie lediglich die Phantasie einer Bombe, und eine Phantasie vermag nicht zu überzeugen: Der gesunde Mensch ist dem Terror ausgeliefert.

Abwesenheit von Angst definiert die Neurose: Das gilt zuallererst für den einfachen und friedlichen Menschen, den Angler, jederzeit imstande, das Leben als einen ruhigen Fluss zu begreifen; die ungeheure Perversion seiner politischen Libido wirft ihn in die Tiefen des Unbewussten zurück: «Wir möchten (erklären die Franzosen), dass man uns in Ruhe lässt. Wir wollen weder eure Almosen noch eure Coca-Cola oder eure Atombomben. Wenn ihr uns in Ruhe lasst, werden die Russen uns auch in Ruhe lassen. Vielstimmige Variationen zu diesem Thema erscheinen täglich in allen französischen Zeitungen. Der einzige Punkt, den man nicht zur Sprache bringt, ist die tragische und entscheidende Tatsache, dass das *materielle Überleben Frankreichs allein von der potenziellen amerikanischen Atombombe abhängig ist.*[48] Wollte man diesen zentralen Punkt endlich anerkennen, würde die ganze fiktive Struktur in sich zusammenstürzen. Und würde man das illusionäre Element im Universum des Neurotikers beseitigen – eben die Mischung aus Illusion und Angst –, so bliebe nur noch die Angst übrig: die uner-

---

48 Hervorhebung des Autors.

trägliche, die verdrängte Angst eines angesichts einer Ausweitung der Sowjetunion nahezu schutzlosen Europas.» Der Angler, dieser undankbare Mensch, vergisst, wem er die Möglichkeit verdankt, überhaupt fischen zu dürfen! Aber auch wenn er das einsehen sollte, wäre er noch keineswegs genesen: Die Illusion wäre zwar verschwunden, die Angst jedoch, der andere Bestandteil der Neurose, bliebe. Kann man ihn von der Angst heilen? Nein: «weil nämlich die Realität so entsetzlich ist, dass sogar der gesunde Mensch sie nicht ohne Erschaudern ins Auge fassen kann». Jeder zittert: Es scheint nur angebracht, die Angst des Unglücklichen, dem brutal die Augen geöffnet wurden, in eine heilige und unantastbare zu verwandeln, eben in jene Koestlers, die als Urmaß gesunder Menschlichkeit betrachtet werden kann. Erstere wäre dann die Angst der Opfer – «allein die Angst bliebe übrig» –, während die andere Angst ihre eigene Überwindung in sich enthalten würde. Gesundheit besteht aus Angst und etwas anderem, nicht etwa allerdings aus überwundener Angst, sondern aus einer noch stärkeren Angst, der Panik des Hellsehers, der weiß, dass es zu spät ist. Der Angler ist zum Hasen geworden und wartet, in Bann geschlagen, ab: Wenn der Feind erst auftaucht, ist er verloren. Arthur K., unfähig, diese demütige hypothetische Weisheit zu ertragen, ruft ihm zu: «Wache auf, die Welt ist kaputt, der Feind ist längst hier!» Die Rote Armee hat sich in unseren Mauern breitgemacht, im Bett Arthur Koestlers, und dieser selbst ist bereits tot: gestorben vor Angst. Hier steckt das Geheimnis seiner Gelassenheit.

Zweifellos ist es genau das, was dem *Kleinen Führer* den Charakter einer unumstößlichen Botschaft aus dem Jenseits verleiht. Koestler ist mittlerweile nur noch den Liebhabern des Gläserrückens zugänglich. Man fragt: «Geist, bist du bei uns?», und Arthur K. verkündet mit der Besserwisserei der Gespenster die lange Liste der Neurosen:

Erstens verdrängte Schuld: Fall der Deutschen, die gerne sagen: «Unser Goethe, unser Beethoven, [aber nie] unser Auschwitz, unsere vergasten Säuglinge; dieses Verhalten verrät einen Komplex unbewusster Schuldgefühle.»

Zweitens kollektiver Gedächtnisschwund: Fall der Franzosen, die vergessen, «dass Frankreich nicht von seiner Widerstandsbewegung, dem Maquis, befreit worden ist, sondern durch angloamerikanische Kriegsmaschinerie und Macht, durch die britischen und englischen Panzer. In diesem [französischen] Fall führt die Gleichsetzung zu gemeinsam beanspruchtem Ruhm und gestattet es der politischen Libido, sich hoheitsvoll aufzublähen.»

Drittens Flucht vor der Wirklichkeit: Fall der Engländer. Als London bombardiert wurde, gab ein Redner eine Plauderei über «die Gewalt im amerikanischen Roman» zum Besten. «Die Mehrheit der Menschen», sagte er, «begegnet der Gewalt im Lauf des Lebens nur sehr selten. Sie steigen am Morgen aus dem Bett, bestellen ihren Garten ...» – «man hört das Pfeifen einer Bombe [hier spricht nun Koestler], die nur wenige Häuser weiter einschlägt, und die Sirenen beginnen ihr höllisches Getöse.» Der brave Redner legte geduldig eine Atempause ein und nahm seinen Vortrag seelenruhig wieder auf: «Ich wollte sagen, dass Gewalt nur selten in das Leben gewöhnlicher Leute einbricht und es daher unangemessen ist, wenn ein Künstler Geschehnissen dieser Art zu viel Zeit und Platz einräumt.» Natürlich kommt Koestler zu dem Schluss, «dass die gesamte britische Außenpolitik gegenüber der Montanunion» dem Charakter dieser Rede entspricht.

Nach diesem bestechenden Essay zur Völkerpsychologie nimmt das Gespenst, nun gesondert und weitaus genauer, das Individuum ins Visier und befasst sich auch hier mit «einigen kleineren Entartungen»:

Erstens Ambivalenz: Genauso, wie man eine schwierige

Geliebte zugleich hassen und lieben kann, empfinden Amerikaner und Briten füreinander gemischte Gefühle. Hier liegt das Geheimnis des Währungsstreites zwischen Dollar und Pfund: «Im Durchschnitt alle sechs Monate verschlimmern sich die angloamerikanischen Beziehungen, und es kommt zu einer kleinen Krise, die zumeist nicht durch einen echten Interessenkonflikt ausgelöst wird, sondern durch eine charakteristische wechselseitige Verärgerung.»

Zweitens Fetischismus: Der Anbetung von Strumpfhaltern oder Stulpenstiefeln entspricht in der politischen Ordnung die Vergötterung der Partei, «die nicht länger als ein Requisit des eigentlichen Anliegens angesehen wird, sondern als ein Element der Anbetung an sich».

Drittens ewige Heranwachsende: Die gibt es vor allem in den Vereinigten Staaten und in Frankreich. Fall X: ehemaliger Kommunist, ehemaliger Trotzkist, unverbesserlicher Parteisekretär, «er leidet an einer politischen Libido von inzestuöser Prägung». Fall Y: «der politische Masochist». Er rebelliert gegen die im eigenen Lande begangenen Ungerechtigkeiten, stellt sich aber gegenüber den Protesten angesichts der sowjetischen Konzentrationslager taub: «Y ist ein invertierter Patriot, den Selbsthass und Selbstbestrafungssucht zum Hass auf das eigene Land, zum Wunsch nach der Peitsche, die es züchtigen und auf den rechten Weg bringen soll, geführt haben.» Schließlich der Fall Z: «Hansdampf in allen Gassen, der seinen Namen allen ‹fortschrittlichen› Komitees zur Verfügung stellt, dessen Stimme sich zum Protest gegen sämtliche Ungerechtigkeiten erhebt und der auf dieser Welt noch nie etwas geleistet hat. Z ist das politische Pendant einer *Nymphomanin;* so sehr leidet er an einem Überschuss politischer Libido. Diese Art der Neurose blüht besonders auffallend im Klima der Linken, denn die Linke ist, verallgemeinernd gesprochen, politisch immer übersexualisiert.»

Hier endet die Botschaft. Wenn Arthur K. nicht tot wäre, würde man ihn gern als sexuell überpolitisiert bezeichnen. Gegen diese Art von Impotenz bleiben die gängigen Aphrodisiaka leider ohne Wirkung. Ein einziges Heilmittel könnte vielleicht helfen: eine entzückend eingerichtete kleine Junggesellenwohnung in Los Alamos, im Schatten der Bombe oder, ein wenig näher noch, direkt im Bauch derselben.

Les Temps Modernes, Nummer 101, April 1954

NACHT UND NEBEL: ENTGEGNUNG AN GILLES DELEUZE BETREFFEND FASSBINDERS UND SCHMIDS *SCHATTEN DER ENGEL*

Die linke französische Kritik hält den antisemitischen Film *Schatten der Engel* von Rainer Werner Fassbinder und Daniel Schmid, ein eheliches Kind von *Jud Süß* und *Der ewige Jude*, das in direkter Nachkommenschaft der Filme aus der Blütezeit der Nazis steht, für über jeden Zweifel erhaben. In Deutschland war der Film, ebenso wie Fassbinders Theaterstück,[49] dessen filmische Adaptation er ist, verboten worden; seine Aufführung bei den Filmfestspielen von Cannes im vergangenen Frühjahr provozierte die Abreise der israelischen Delegation. Gewiss waren die Israelis und die deutschen Zensoren Opfer von Geistererscheinungen und litten an Halluzinationen.

Mit solchen Grübeleien und Visionen hat unser französisches Kinopublikum zum Glück nichts zu schaffen: Es wurde weder bei lebendigem Leibe verbrannt noch gehörte es einem Volk der Menschenschinder an; also hat es mit seiner Vergangenheit reinen Tisch gemacht; seine unschuldigen Augen sehen nur makellose Schönheit, allem Vulgären hingegen verschließen sie sich.

Doch sie zählen zur Linken, diese Liebhaber der Schönheit, diese neuen Verfechter des L'art pour l'art, sie zählen ihrem ontologischen Status nach zur Linken und sind allein deshalb schon unfehlbar; sie sind, wie Cäsars Frau, über jeden Verdacht erhaben. Ihr Blick ist «künstlerisch», aber auch politisch: Wie könnten

---

49 *Der Müll, die Stadt und der Tod* (A. d. Ü.).

sie sich irren, wie könnten sie uns täuschen, da sie doch Teil der unendlichen Substanz der Linken sind, für die Antirassismus ein naturgemäß immer passendes, ja ewiges Prädikat darstellt? Wenn diese Experten, diese unablässig Wachsamen keine noch so kleine Spur von Antisemitismus in einem Film entdeckt haben, der, wie wir sehen werden, ein Kompendium von Rollenbildern darstellt, die Hass und Angst im Verlauf von Jahrhunderten geschmiedet haben, muss man ihnen wohl blind vertrauen, die Waffen strecken und das Denken einstellen. Oder allein denken: also übel denken. Voller Snobismus und Entsetzen. Jede Form des Snobismus ist terroristisch, weil er ausschließt; der endemische Terrorismus der Clique der Filmliebhaber jedoch verbindet und steigert sich hier mit einem ideologischen Terrorismus, der ihm als Alibi, ja als Wahrheitsgarantie dient und dem Betrug Rechtmäßigkeit verleiht.

Ein Viertel der kritischen – und durch die dünner werdende Höhenluft verfinsterten – Köpfe organisiert eine Hexenjagd, man versucht – in was für einem Ton! – uns einzuschüchtern. Ein Kleinmeister der *Tribune socialiste*, in Wahrheit eine Frau, die ihren Artikel mit dem Namen Fabian Gastellier zeichnet und die, wer könnte daran zweifeln, hier massenhaft Stroh in Gold verwandelt, schreibt hingerissen: «Man hat dem Film von Daniel Schmid vorgeworfen, antisemitisch zu sein. Wer derlei behauptet, hat nichts verstanden. Falls die Figur des Juden darin ein Saukerl ist, dann nicht deshalb, weil er Jude wäre, sondern weil die Macht diesen Juden zu einem Saukerl gemacht hat.» Schön und gut, was die Macht betrifft, diesen Unheilsbegriff jeder tieferen politischen Überlegung. Aber wenn es nur um diesen einen Juden geht, um diesen einzelnen und individuellen, der zufällig auch noch ein Saukerl ist, oder eben um einen Saukerl, der zufällig Jude ist, wie Herr Gastellier uns glauben machen will, warum erhält er dann keinen Namen, warum ist er unter allen Figuren des Films – Huren, Zuhälter, Transvestiten, die samt und sonders eines Namens für wert befunden wurden – der einzige, der keinen Familiennamen, ja nicht einmal einen Vornamen erhält? Von seinem ersten Auftritt an bis zum letzten Bild ist er «der Jude» oder «der reiche Jude». So wird er ausnahmslos bezeichnet, wenn die anderen über ihn reden, und so nennt er sich auch selber, sobald er auf sich zu sprechen kommt.

Wenn er etwa den Scheck kommentiert, den er ausstellt, um die Hure zu bezahlen, erklärt er: «Das wird dich eine Stange Geld kosten, Jud!» Die Hauptdarsteller sagen fast nie «der Jude», sondern nahezu immer «der Jud», ohne das abschließende «e». Im Deutschen verleiht das Weglassen des «e» dem Wort einen düsteren, unheilvollen Klang, der dem französischen «youpin» oder «youtre» entspricht.

Unbenannt und unbenennbar, wird der Jude im *Schatten der Engel* zu einem Urtyp, beladen mit allen negativen Merkmalen, die Jahrhunderte des Antisemitismus den Juden zugeschrieben haben. Die Reziprozität des Seins – von magischer Ordnung – zwischen dem Wesen und den Attributen: Der «reiche Jude» impliziert nicht, dass es nicht auch arme Juden gäbe, dass auch arme Juden existieren können, aber er setzt den Juden – alle Juden – mit Geld gleich.

Befinden wir uns denn auf neutralem Gebiet, im luftleeren Raum, in einer Welt ohne Gedächtnis, wo Worte kein Echo mehr finden, wo sie nicht länger auf Geschichte verweisen? Die Entindividualisierung vorantreibend, die drei Jahre später in die Massenvernichtung mündete, befahl Göring 1938 den Juden und Jüdinnen Deutschlands, ihrem nach der Geburt erhaltenen Vornamen einen weiteren hinzuzufügen, und zwar immer denselben: Israel für alle Männer und Jungen, Sara für alle Frauen und Mädchen. Fassbinder freilich verfügt über solche Feinfühligkeit nicht. Er macht es kurz und spricht uns alle unvermittelt mit unserem ewigen Wesen an: «Jud», so wie schon Luther es gehalten hat. Die Schweizer Staatsangehörigkeit des Regisseurs Schmid kann daran nichts ändern: Der Film ist ein deutscher Film. Fassbinder, der Autor des Stückes, ist Deutscher, die Handlung spielt in Deutschland und in unserer Gegenwart. Auch die Sprache ist die deutsche, und niemand und nichts kann verhindern, dass die endlose, monotone Litanei des «Jud, Jud, Jud», die den Grundton des Films ausmacht, mit ihrem abscheulichen Nachhall uns Juden nur schwer erträglich ist.

In dieser Sache zu Hilfe gerufen, zeigt sich Gilles Deleuze, den man besserer Anliegen für wert erachtet hätte, in einem Kommentar für die Tageszeitung *Le Monde* am 18. Februar 1977 aufs äußerste verwundert. Er «reibt sich die Augen», er vermeint «zu träumen», auch er hat nicht den Schatten eines Schattens von Antisemitismus im *Schatten der Engel* entdeckt: Diese Anschuldigung sei einfach «schwachsinnig». Und er zitiert aus einem Interview mit Schmid, das er in derselben Zeitung gefunden hat.[50] Deleuze erklärt uns, dass die Gesichter wie «neben den Schauspielern stehen und deren Worte wie neben den Gesichtern». Natürlich kann man sich, jedenfalls noch für eine Weile, nur mit großem Feingefühl («Pinzetten») antisemitisch äußern, das Geheul der Nazis ist noch nicht weit genug entfernt: Deshalb hat man den Schauspielern aufgetragen, «anders» zu spielen, losgelöst, abgehoben, mit «Distanz», neutralisierend. Dergestalt vermied man das «volkstümliche Psychologisieren» (der Begriff stammt von Schmid) der Hitler-Besessenen, die wenigstens in dieser Hinsicht nicht «losgelöst» und «abgehoben» von den Worten waren, die sie von sich gaben.

Also kein Psychologisieren. Dafür ein anonymer und sanfter, freilich umso mordlüsternerer Diskurs, den außerhalb von Zeit und

---

50   *Le Monde*, 3. Februar 1977. Der Film *Schatten der Engel* wurde im Kino Saint-André-des-Arts in Paris gezeigt und am Mittwoch, dem 23. Februar, abgesetzt.

Raum, in absoluter Objektivität, Zombies miteinander führen. Das zeitigt Wirkung. Das zeitigt Wirkung in den abstrakten Kulissen einer Stadt im Nirgends, einer Alibi-Stadt, ganz wie der Schweizer Daniel Schmid das Alibi für R. W. Fassbinder, den Deutschen, liefert. Denn dieser denkt an eine bestimmte Stadt und Situation (nämlich an Frankfurt und die Immobilienspekulanten dort, unter denen es einige Juden gibt), und – das ist seine Privatsache – er mag die Juden nicht. Aber der Antisemitismus hat heute in Deutschland kein Bürgerrecht, er fristet sein Dasein unterirdisch, wie unter einem Deckmantel, und der Direktangriff mit offenem Visier ist dortzulande derzeit unerträglich. Der Antisemit muss maskiert auftreten, er muss seine Ziele indirekt verfolgen. Darum gehen Fassbinder und Schmid, um ein durch und durch konkretes Antijudentum, dem sie sich beide zugehörig fühlen, zu erklären und darzustellen, den Umweg über den Archetyp, des «ewigen Juden». Der Archetyp bestimmt die Struktur des Stückes und lenkt dessen Ablauf, weshalb *Schatten der Engel* ein schlecht gewählter Titel, ein Titel der Tarnung ist: Man müsste den Film «Die Zeit des Juden» oder «Die Stadt zur Zeit des Juden» nennen.

«Einverstanden», räumt Deleuze ein, das Wort «reicher Jude» ist «sehr bedeutend». Nicht das Wort, Deleuze, die Sache! Und nicht bedeutend: ausschlaggebend! Ohne den «reichen Juden» – und Deleuze weiß das sehr wohl – würde es den Film nicht geben. Was wäre Fassbinder wohl eingefallen, wenn dieser Haifisch von einem Immobilienspekulanten Thyssen oder Borsig geheißen hätte? Nichts. Denn was ihn antreibt, ist nicht, wie er behauptet, eine gemeine linksradikale Verkleidung, nicht die Denunzierung des Kapitalismus oder der Macht, also blinder Systeme und Maschinerien, die selbst jene, in deren Besitz sie sind, unterwerfen und kommandieren, sondern allein eine antisemitische Leidenschaft. Die Bundesrepublik Deutschland zählt sechzig Millionen reine

Arier, einige Millionen Gastarbeiter und dreißigtausend Juden: Liegt also wirklich alle Macht in deren Händen? Sind die Krupps, die Magnaten der Riesenkonzerne im Ruhrgebiet und die Technokraten der Dresdner Bank machtlose Schäfchen? Aber vielleicht, einfacher und konventioneller gesagt, ist die Macht der Letzteren wohlverdient, wohingegen die Macht der Juden – *Mein Kampf* und *Die Protokolle der Weisen von Zion* haben es uns beigebracht – nur ergaunert, grausam, mitleidlos, unheilvoll und undurchsichtig ist. Die alte Leier.

So viel «Schönheit», legt uns Deleuze diskret nahe, ist doch ein «klein wenig Antisemitismus» wert. Warum nur «ein klein wenig»? In seinen Augen ist der «vormalige Faschismus» – jener von Auschwitz und Treblinka – nur «Folklore». Seit dem Holocaust ist Antisemitismus überall in der Welt unerträglich, und es gilt als obszön, wenn er sich in Deutschland zeigt. Ist er wirklich nur eine deutsche Angelegenheit?

Le Monde, 23. Februar 1977

DER EIGENTLICHE ANGEKLAGTE
IST VERGÈS

Während des Prozesses vor dem Geschworenengericht in Lyon wies Jacques Vergès, der Anwalt von Klaus Barbie, aufgrund einer Strategie, die er in einem vorangegangenen Prozess erprobt hatte, seinen Mandanten an, sich während der Verhandlung aus dem Gerichtssaal zu entfernen. Somit wurde Klaus Barbie in Abwesenheit zu einer lebenslangen Haftstrafe verurteilt. Ich erkläre hier, warum.

Le Nouvel Observateur: *Ob Barbie nun auf seiner Anklagebank sitzt oder nicht, wo liegt der Unterschied?*

Claude Lanzmann: Es spielt für niemanden eine Rolle. Außer für Barbie: Er muss sehr enttäuscht sein. Seit vier Jahren sitzt er in der Verborgenheit seiner Zelle, er wird sich dort sehr gelangweilt haben. Endlich gibt man ihm die Gelegenheit, Menschen zu sehen! Die Leute, die sich einbilden, dass Barbie aus Angst ferngeblieben wäre, verstehen gar nichts. Barbie hat mit einem Herzen aus Stein die Schreie seiner Opfer ertragen. Er hat nicht selbst darum gebeten, den Saal verlassen zu dürfen.

Was wollen Sie damit sagen?
Barbie hat nur seinem Anwalt gehorcht.

Warum hätte Vergès ihn sich vom Hals schaffen wollen?
Weil der eigentliche Angeklagte des Prozesses – und das scheint niemandem aufgefallen zu sein – nicht Barbie, sondern Vergès ist.

Vergès ist kein Verteidiger ohne Angeklagten, er ist ein Angeklagter ohne Verteidiger.

Angeklagt von wem und weshalb?
Es ist nicht das erste Mal, dass Vergès diese Strategie anwendet. Zur Zeit, als er die Algerier der Nationalen Befreiungsfront (FLN) verteidigte, praktizierte er, und aus guten Gründen, die «Abbruch-Verteidigung»: Die Angeklagten gaben einleitend eine Erklärung ab oder sprachen der französischen Justiz das Recht ab, sie zu verurteilen, dann wohnten sie dem Prozess schweigend bei. Vergès hat seither Fortschritte gemacht. Georges Ibrahim Abdallah verschwindet, Vergès bleibt allein zurück. Hätte Abdallah der Gerichtsverhandlung nicht still folgen können wie einst die Kämpfer der FLN? Aber man muss sich einen Gerichtssaal topographisch einmal vorstellen. Wenn der Angeklagte abwesend ist, richten sich alle Blicke auf Vergès; er befindet sich buchstäblich an der Stelle von Klaus Barbie, so wie er sich auch an der Stelle Abdallahs befunden hatte. In den Prozessen gegen die FLN nahm er es noch hin, einen stummen Angeklagten neben sich zu haben. Seither ist er älter geworden, er hat an Statur gewonnen, er hat sich «abgehärtet», wie er von sich zu sagen pflegt.

Sie meinen also, Vergès habe eine Wahnvorstellung: nämlich selber der Angeklagte zu sein ...
Absolut. Er ist angeklagt und zugleich unberührbar. Das ist für einen Mann wie ihn ideal. Alles ist ihm dafür recht. In den großen politischen Prozessen verwandelt sich der Angeklagte von jeher in den Ankläger; so hat auch Dimitrow agiert, aber er sprach für sich, er erklärte seine Anwälte für unzuständig, sie waren nichts als blasse Schatten. Hier erlebt man einen Rollenwechsel: Wie Dimitrow will auch Vergès sich allein verteidigen, und ebendas ist

der Beweis dafür – obwohl ihm all das zweifellos gar nicht bewusst wird –, dass er der eigentliche Angeklagte ist.

Die berühmte Strategie von Vergès wäre also nichts anderes als ein neurotisches Verhalten?
Er will allein sein. Alle Welt spricht vom Sadismus, den Vergès praktiziert. Das stimmt nicht. Vergès begehrt ontologisch, man möge ihm selbst den Prozess machen. Bestimmt ist er von jeher von diesem Wunsch besessen. Ich habe keine Ahnung, warum das so ist, er schleppt sich an seinem Trödel ab wie jeder Mensch. Was ihn betrifft, so will er bestraft werden, er will allein und völlig nackt auf der Bank im Gerichtssaal sitzen, er will öffentlich gegeißelt werden ... Lesen Sie doch wieder einmal *Saint Genet, Komödiant und Märtyrer* von Sartre. Das ist genetisch ... Aber das funktioniert natürlich nur, wenn man Zuschauer hat.

Für Vergès sind die Zuschauer die Medien, wir alle ...
Selbstverständlich. Die Perversität dieser Geschichte liegt freilich darin, dass Vergès nicht der Angeklagte ist. Das Ganze ist nur ein Scheingefecht, er geht überhaupt kein Risiko ein. Er verwirklicht seinen Traum, und am Ende verurteilt man ihn, aber es ist ein falscher Prozess: Niemand hindert ihn daran, weiterhin Schaumbäder vor den Fotografen zu nehmen.

Das Drama besteht darin, dass er seine Wahnvorstellung und die gerichtliche Wirksamkeit zusammenführt.
Alles an dieser Sache ist Täuschung und Schein. Alles, bis auf die sechs Millionen Toten.

Glauben Sie denn gar nicht an die pädagogische Wirkung dieses Prozesses?

Die Pädagogik zählt nicht, sie lehrt ein totes Wissen. Wichtig wäre die Weitergabe, die Auferweckung, die Aufhebung der Entfernung zwischen der Vergangenheit und der Gegenwart. Aber Gerichtsprozesse sind keine Orte der Erinnerung.

Le Nouvel Observateur, 22.–28. Mai 1987

RAYMOND BARRE,
EIN «UNSCHULDIGER FRANZOSE»

Alles an diesem Premierminister war rund: Man konnte Raymond Barre geradezu als das Paradigma des unschuldigen Franzosen betrachten, er hatte das Aussehen, das Gebaren, das Salbungsvolle, die Gewandtheit, die Herzlichkeit, die man dafür braucht; er ließ jedem sein Recht zuteilwerden, strahlte Legitimität aus, Zufriedenheit und Selbstsicherheit. Auch wenn Barre inzwischen schlanker geworden ist, hat das seinem französischen Wesen keinen Abbruch getan: Man möchte die Gewichtsabnahme fast bedauern. Was ihn betrifft, gibt es nur in der Verbindung der zwei Prädikate «französisch» und «unschuldig» ein Problem.

Und tatsächlich ist Herr Barre rückfällig geworden: Am 1. März 2006 wurde er in der Reihe *Les rendez-vous des politiques* des Radiosenders France-Culture interviewt, und plötzlich lässt der einst «beste Ökonom» Frankreichs die Maske fallen, ersetzt Korpulenz durch sture Bissigkeit, lässt den Vorwürfen freien Lauf, indem er mit vor Eigenlob aufgeplusterter Brust die grässlichen Äußerungen wiederholt, die er sechsundzwanzig Jahre zuvor von sich gegeben hat. Der Unterschied liegt nur darin, dass er damals, 1980, als er nach dem gegen Juden verübten Attentat auf die Synagoge in der Rue Copernic bedauert hatte, dass bei dem Verbrechen auch «unschuldige Franzosen» getötet wurden, gewissermaßen noch «im Stande der Unschuld» war und nach persönlichem Empfinden handelte, weshalb er den Skandal und die einstimmige Verurteilung, die seine Worte hervorriefen, einfach nicht verstand. Heute jedoch weiß er darum: Unmöglich kann er es nicht wissen, doch er findet kein Wort des Bedauerns, und als wollte er dem Ganzen noch das i-Tüpfelchen aufsetzen, verstrickt er sich auf gleichermaßen empörende und komische Weise.

Dass Terroristen im Inneren einer Synagoge Juden niedermetzeln, steht für Herrn Barre nicht im Widerspruch zur Ordnung der Welt und zum Lauf der Dinge. Vielmehr wirft er den Attentätern vor, die Mordopfer nicht besser bestimmt und im Voraus festgelegt zu haben; es war ihre Fehlplanung, welche die Explosion zu einem «blinden Attentat» entarten ließ, weil dabei drei «unschuldige Franzosen», die «mit ‹dieser Affäre› [sic] überhaupt nichts zu tun hatten», ihr Leben lassen mussten. «Das Ziel der Attentäter war es, schuldige Juden zu bestrafen» [sic], sagt er weiter. Schuldig wodurch? Niemand weiß es. Barre verrät es nicht, doch der Schluss liegt nahe, dass sie ontologisch schuldig waren. Meine israelische Freundin Aliza Shagrir zu töten, die, auch sie, nur rein zufällig die Rue Copernic entlanggegangen war, jüdische Frauen, jüdische Kinder, jüdische Greise zu töten, wie es anderswo in Cafés und Bussen geschieht, ist kein «blindes Tun», sondern, im Gegenteil, gezielt und wohlbedacht; die gerechte Strafe für die schuldigen Juden.

Nach diesen Aussagen reiht der Ex-Premierminister in seinem streng folgerichtigen Wahn die Perlen aneinander. Nachdem er Maurice Papon ausführlich von jeder Schuld freigesprochen hat (die Deportation der Juden sei für ihn nicht «von vitalem nationalem Interesse», seine Aufgabe lediglich gewesen, «Frankreich funktionsfähig zu halten»), stimmte er zu Papons Gunsten die alte Leier von der Kollaboration an und lobte ihn dabei in den höchsten Tönen: Pétain und de Gaulle seien die Vorder- und die Rückseite der französischen Medaille gewesen, beide hätten – jeder auf seine Weise – darauf hingewirkt, die Nation im Zustand der Marschbereitschaft zu halten, wobei die Nation in diesem Zusammenhang so viel heißt wie: die «großen Gehilfen» nach Art eines Papon und die unantastbare Verwaltung. Raymond Barre meint, eine außergewöhnliche Arbeitsteilung und geniale Kommunikation habe bewirkt, dass de Gaulle vom Moment der Befreiung an die nicht allzu schwer verstrickten und desavouierten Beamten der Vichy-Regierung in Frankreich behalten, diejenigen dagegen, «die sich auf den Wegen der Kollaboration allzu sehr hervorgetan hatten [sic!]», nach Deutschland zur Verwaltung der Besiegten verfrachtet habe. Derlei hat man noch nie gehört, und der General Pierre Kœnig, Sieger von Bir Hakeim und erster französischer Militärgouverneur im besetzten Deutschland, muss im Grabe förmlich erschaudert sein!

Nach Papon spricht der Ex-Premierminister Bruno Gollnisch frei, seinen alten Universitätskollegen, Stadtrat, zu der Zeit, als er selber Bürgermeister von Lyon war; Golnisch ist als penibler und hartnäckiger Leugner der Shoah bekannt: «Ich bin der Auffassung, dass die Leute ihre eigene Meinung haben dürfen, es ist ja ihre Meinung» [sic].

Raymond Barre denkt, wie man sieht, sehr großzügig. Und am Ende, zum Abschluss, offenbart er uns zweimal den Universalschlüssel aller gegen ihn gerichteten Attacken und aller Übel dieser Welt: «die jüdische Lobby»! Die jüdische Lobby ist ein Naturgesetz: So wie die Sonne aufgeht und Wasser bei hundert Grad Hitze zu kochen beginnt, gibt es eine jüdische Lobby, und sie trägt die Verantwortung für alles. Zu Raphaël Enthoven, dem Moderator der Sendung, sagt er: «Ich habe sehr offen mit Ihnen gesprochen. Mir ist es ‹völlig egal›, ob Sie mich nun als einen Antisemiten oder einen Leugner der Shoah hinstellen.» Zum Teufel! Man braucht schon eine hochempfindliche Goldwaage, um irgendeinen Unterschied zwischen der «jüdischen Lobby», der «Verschwörung der Weisen von Zion» und dem «internationalen Judentum» auszumachen. Und auch wenn es ihm «völlig egal» ist, klage ich Raymond Barre hier des Antisemitismus an. Schlimmer noch: Ich klage ihn an, sich zum Verfechter dieser ekelhaften Leidenschaft zu machen, sie zu verbreiten und sich ihrer zu rühmen, was vor dem Gesetz eine Straftat ist.

Libération, 6. März 2007

RUND UM *SHOAH*

EINFÜHRUNG IN DAS WERK:
ZUM THEMA *SHOAH*, DER FILM VON
CLAUDE LANZMANN[51]

Seit der Premiere meines Films *Shoah* im Frühjahr 1985 in Paris
sind mehr als vier Jahre vergangen. Diese, wenn man so will, objektive Zeitspanne hat für mich persönlich keine Bedeutung gehabt: Ich
habe nicht gespürt, wie die Zeit verging. Die gewaltigen Aufgaben,
die das Erscheinen des Films in den Ländern, in denen er gezeigt
wurde, mit sich brachte, haben mich voll ausgelastet. Ich war überhaupt nicht darauf vorbereitet und habe die Herausforderungen,
so gut ich konnte, mit den mir zur Verfügung stehenden Mitteln
zu meistern versucht, ohne Planung und ohne Infrastruktur; oft
habe ich die verheerenden Folgen, die der ungeheuerliche Film
für mein Privatleben hatte, stärker wahrgenommen als die große
Medienresonanz. Ich gebe zu, dass ich während der Vorführungen
von *Shoah* die immergleiche radikale Trauer empfand, sie ließ die
Zeit aussetzen. Und wenn sie sich heute, wie mir scheint, erholt
und langsam wieder zu vergehen beginnt, bleiben die Gewissens-
bisse ob der vielen dringlichen und schönen Briefe, die ich täglich
erhalten und nicht beantwortet habe, bezeichnend für das große
Chaos der Trauer, das *Shoah* geschaffen hat und das für immer auf
mir lasten wird.

Dieser Stillstand der Zeit nach der Fertigstellung von *Shoah*
entspricht ihrem Aussetzen während der zwölf Jahre andauernden
Arbeit an dem Film und vielleicht mehr noch einem ursprünglichen

---

51   In: Bernard Cuau (Hg.): *Au sujet de Shoah*, Belin, Paris 1990.

Bruch mit der Zeit im Vorfeld; eines Tages hat sie, unter mir nicht bekannten Umständen, aufgehört zu vergehen. Für mich hat die Zeit nie aufgehört, nicht zu vergehen. Wie könnte man, wenn sie weiterginge, zwölf Jahre an einem einzigen Werk arbeiten? Wie oft wurde mir bei der Arbeit, während der Film selbst gleichsam stehenzubleiben scheint, mit ungläubigem Entsetzen klar – als wäre ich plötzlich aufgewacht und zur Ordnung gerufen worden –, dass bereits vier, sieben, ja zehn Jahre vergangen waren! Auf diese innere Grundhaltung geht gewiss auch die Zeitlichkeit des Films zurück, die kreisförmige Struktur, der Verzicht auf eine chronologische Erzählung und eine dramatisierende Darstellung der Schrecken. Aber da ist noch etwas, das ich in zwei früheren Texten auf andere Weise erklärt habe: Wenn *Shoah* nur aus Gegenwart geschmiedet wurde, wenn die Vergangenheit sich darin aufzulösen scheint, dann deshalb, weil die Ordnung, die dem Film zugrunde liegt und die aus ihm spricht, dem Undenkbaren angehört; das unmenschliche Geschehen, dessen Zeitgenosse ich gewesen bin, wird gerade durch die Inhumanität und durch das Entsetzen, das es hervorruft, auf Distanz gebracht, ein nahezu legendenhaftes und wie außerhalb der menschlichen Zeitrechnung befindliches *in illo tempore*. Das ist nicht geschehen, das hat sich vor vierzig Jahren nicht ereignen können! *Major e longinquo reverentia:* Ohne die Distanz und ohne das Entsetzen – einer aus dem Entsetzen hervorgehenden Distanz – kann *Shoah* nicht erzählt werden, sie sind Voraussetzung für einen Bericht der Tragödie, die gegenwärtig und zugleich undenkbar ist. Auch wenn das Werk auf Zeugenaussagen basiert und sich auf fundiertes historisches Wissen stützt, befindet es sich anderswo als nur in der Geschichte, anderswo als nur in der Bindung an eine gelebte Vergangenheit und anderswo als im gegenwärtigen Überleben der Zeugen. Das Undenkbare erlaubt das Aussetzen der Zeit und den Einstieg in den Bericht. Der offenbarende und erklärende Charakter des Films, sein Rang als ein Urereignis, den manche Autoren wunderbar erfasst haben, entspringen wohl dieser widerspruchslosen Unterwerfung unter eine noch dringlichere und stärkere Forderung als allein den Aufruf zur Erinnerung.

HIER IST KEIN WARUM

Vielleicht muss die Frage einfach lauten: «Warum haben sie die Juden getötet?» Deren Obszönität allerdings wird sogleich deutlich. Tatsächlich liegt in dem Versuch zu verstehen eine unglaubliche Obszönität.

In all den Jahren, in denen ich an *Shoah* arbeitete, war es meine eiserne Regel, nicht zu verstehen. An diese Weigerung habe ich mich geklammert als an die einzig mögliche Haltung, ethisch und praktikabel zugleich. Achtsam zu sein, Scheuklappen zu tragen und eine Art Blindheit waren die Grundvoraussetzungen dafür, den Film drehen zu können.

Blindheit bedeutet hier, klarsehen zu können. Sie ist die einzige Möglichkeit, den Blick von einer uns blendenden Realität nicht abwenden zu müssen: Blindheit, die Klarsicht selbst. Um dem Schrecken ins Gesicht zu sehen, muss man jeder Form von Zerstreuung, jeder Ausflucht abschwören und vor allem und zuallererst der so zentralen, aber falschen Frage nach dem Warum mit ihren endlosen akademischen Frivolitäten und schäbigen Kunstgriffen. «Hier ist kein Warum»: Dieses Gesetz von Auschwitz, erinnert sich Primo Levi, hat ihn ein SS-Mann am Tag seiner Ankunft gelehrt. «Hier ist kein Warum»: Dieses Gesetz gilt für jeden, der Verantwortung für eine solche Überlieferung übernimmt. Denn nur auf den Akt des Überlieferns kommt es an: Ihm geht keine Verstehbarkeit, das heißt kein wahres Wissen voraus.

Die Überlieferung selbst ist die Erkenntnis. Radikalität lässt sich nicht teilen. Kein Warum, aber auch keine Antwort darauf,

warum das Warum zurückgewiesen wird – aus Angst, dieser Obszönität zu verfallen.

Nouvelle Revue de Psychanalyse,
«Le Mal», Nummer 38, Herbst 1988

DIESES WORT «SHOAH» ...
ERWIDERUNG AN
HENRI MESCHONNIC

«1983, zwei Jahre vor der Fertigstellung des Films, der damals noch nicht *Shoah* hieß, schrieb ich an meinen Freund, den Schriftsteller Manès Sperber, der sich gerade mit Raymond Aron die ersten drei Stunden angesehen hatte: ‹Diese ungeheure Arbeit, für die ich noch nicht einmal einen Titel gefunden habe, ist kein Film über den Holocaust, er ist kein Erzeugnis, kein Derivat des Holocaust, auch kein historischer Film, er ist ganz einfach er selbst, ich weiß nicht, Manès, wie ich Ihnen das erklären soll, aber so erlebe ich ihn: als ein Urereignis.› Nur Sperber kannte den Brief, Aron war gerade verstorben.

In den zwölf Jahren, in denen ich an dem Film gearbeitet habe, hatte ich keinen Titel für ihn. Der Begriff ‹Holocaust› kam, weil er ein Opfer bezeichnet und aufgrund seiner religiösen Konnotation nicht in Frage; außerdem war er bereits verwendet worden. Aus administrativen Gründen muss ein Film einen Titel haben. Ich habe es mit einigen versucht, war aber mit keinem zufrieden. In Wahrheit gab es keinen Namen für das, was ich damals nicht einmal ‹das Geschehnis› zu nennen wagte. Im Stillen, heimlich sozusagen, sprach ich von ‹der Sache›. Es war eine Art, das Unbenennbare zu benennen. Wie hätte es einen Namen für etwas geben können, was in der Menschheitsgeschichte zuvor nicht dagewesen war? Wenn es mir möglich gewesen wäre, meinem Film keinen Titel zu geben, hätte ich nur zu gern darauf verzichtet. Das Wort ‹Shoah› hat sich mir erst ganz am Ende aufgedrängt, weil ich das Hebräische nicht beherrsche und den Sinn des Wortes nicht verstand, was mir indirekt ermöglichte, auf einen Titel zu verzichten. Für all jene, die des Hebräischen mächtig sind, ist ‹Shoah› ebenfalls völlig unpassend. Der Begriff taucht mehrmals in der Bibel auf. Er bezeichnet eine ‹Katastrophe›, ‹Zerstörung›, ‹Vernichtung›, aber es kann sich auch um ein Erdbeben oder eine Sintflut handeln. Rabbiner haben jedoch nach dem Krieg eigenmächtig entschieden, dass er ‹die Sache› bezeichnen würde. Für mich war ‹Shoah› ein Begriff ohne Bedeutung, eine unverständliche und kurze Äußerung, ein undurchdringliches, nicht zu zertrümmerndes Wort, wie ein Atomkern. Als Georges Cravenne, der die Premiere im Théâtre de l'Empire organisierte, von mir den Titel des Films wissen wollte, gab ich ihm zur Antwort: ‹Shoah.› – ‹Was soll das bedeuten?› – ‹Ich weiß es nicht, es bedeutet Shoah.› – ‹Aber es muss übersetzt werden, sonst wird es kein Mensch verstehen.› – ‹Genau das beabsichtige ich, niemand soll es verstehen.› Ich habe gekämpft, um den Titel Shoah für meinen Film durchzusetzen, ohne zu wissen, dass ich dabei einen radikalen Akt der Benennung unternahm, denn nahezu augenblicklich wurde der Filmtitel in zahlreichen Sprachen zum eigentlichen Namen für das Geschehene in seiner völligen Singularität. Der Film wurde auf Anhieb eponym, man begann überall, den Begriff ‹die Shoah› zu verwenden. Die Identifikation zwischen dem Film und dem, wofür er steht, geht so weit, dass mich manche kühn als den Autor bezeichnen, der ‹die Shoah› geschaffen hätte, worauf ich nur erwidern kann: ‹Nein, ich habe den Film Shoah gemacht, die Shoah hat Hitler zu verantworten.›»

Ich habe diesen Text letztes Jahr in einem anderen Zusammenhang geschrieben, aber beim Wiederlesen merke ich, dass er bereits eine passende Erwiderung auf die Schmährede[52] von

---

52 «Pour en finir avec le mot ‹Shoah› ...», Le Monde, 20./21. Juli 2005.

Henri Meschonnic[53] darstellt, die ironischerweise in der Rubrik
«Horizonte und Debatten» von *Le Monde* abgedruckt worden war.
Welcher Horizont? Und welche Debatte? In seine widersprüchliche Argumentation verstrickt, ringt Meschonnic mit sich selber,
wobei er, seine verlogene Wissenschaft maskierend, mit einer fixen
Idee vorwärtsprescht: Man möge nicht nur mit dem Wort «Shoah»
Schluss machen, wie er meint, sondern auch mit dem gleichnami-
gen «Erfolgsfilm» und, bei genauer Überlegung, mit «der Sache» an
sich. Während andere lauthals gegen die «Gedenkpornographie
der Shoah» angehen, schreckt Meschonnic nicht davor zurück,
ohne mit der Wimper zu zucken, von einem «vergifteten Wort» und
von einer «Zuweisung der Opferrolle, die ebenso totalitär wie das
Massaker an sich [sic]» sei, zu sprechen. Und weiter: «Auf diese
Weise verdichtet *Shoah* einen ‹Kult des Erinnerns›, der begonnen
hat aufzufressen, was von den Überlebenden noch am Leben ist.»
Diesen nichtswürdigen Behauptungen muss man die wahren Worte
von Anne-Lise Stern gegenüberstellen, einer KZ-Überlebenden,
die vom Wort «Shoah» nicht aufgefressen worden ist und in ihrem
großen Buch *Le savoir-déporté* schreibt: «*Shoah* ist keine Dokumentation und kein bloßes Meisterwerk der siebten Kunst, des
Kinos. Vielmehr führt es in die achte Kunst ein, die den Maßstäben
unserer Zeit entspricht. Mit einem Schlag hat dieser Film in vielen
Menschen den Wunsch geweckt, endlich zu sprechen und in ihrem
eigenen Namen Zeugnis abzulegen. [...] Nicht wenige Psychoana-
lytiker erklären freudig, Claude Lanzmann habe eine hebräische
Vokabel in die französische Sprache eingeführt. Ich behaupte meinerseits, dass der Begriff ‹Shoah› früher nur Israelis geläufig war,

---

53   Französischer Linguist und Lyriker, der unter anderem Teile des Alten Testaments
neu übersetzt hat (A. d. Ü.).

ein rein hebräischer Begriff, der seit dem Film als französisches Wort in Frankreich, als deutsches in Deutschland, als englisches in Amerika wahrgenommen wird.»

Shoah, der Film, ist heute zwanzig Jahre alt, und es ist nicht mein Verdienst, dass man seit seinem Erscheinen überall begonnen hat, «die Shoah» zu sagen. Offenbar hat Meschonnic noch nie etwas vom objektiven Geist gehört. So ist es nun einmal: Wie könnte gerade er wissen, dass echte Werke, wenn sie erst einmal in die Welt gesetzt sind, ihrem Urheber entwischen und ihr eigenes Leben führen? *Shoah* besaß die Kraft, der Sache einen Namen zu geben. Wenn ich mich auch in jeder Hinsicht für das Werk verantwortlich weiß, konnte ich trotzdem nicht voraussehen, dass sich die Epoche seiner bemächtigen würde, wie es geschehen ist. Ich konnte es weder vorhersehen noch wollen. Und wenn die Anerkennung auch gerecht und gut ist, hätte sie genauso gut ausbleiben können. Immer hatte ich gedacht, der Film werde vielleicht dreitausend Menschen erreichen, und hätte das ausreichend gefunden. Ich beschreibe *a posteriori* und auf phänomenologische Weise die eponyme Wirkung des Films und seine paradoxen Folgen – wie etwa die große Verwechslung des Begriffes «die Shoah» mit dem Film *Shoah* –, und Meschonnic macht daraus – was für ein großartiger Übersetzer er doch ist! eine beliebige «Ancignung».

Als Übersetzer dessen, was er nicht als die Bibel bezeichnen will, hält er sich für berechtigt, ein kulturelles Gut zu plündern, weil er von seinem Ansatz ebenso besessen ist wie andere einst von der Reinrassigkeit. Im Namen der Hebräisierung scheut er nicht davor zurück, etwas Unlesbares zu schaffen; das Gefühl seiner Allmacht über die Worte erregt seine Serienkiller-Instinkte nur noch mehr, um einen Ausdruck aufzugreifen, den Michel Deguy auf ihn gemünzt hat. Zwanzig Jahre hat er warten müssen, um aus seinem dogmatischen Schlaf zu erwachen und das Ziel seines Angriffs zu benennen: *Shoah*. Der Hebräisierer der «Bibel» will also nicht, dass «die Sache» mit einem hebräischen Wort bezeichnet werde. Sein Geschwätz ist eine wirre Suche nach dem «richtigen Wort», die ihn zu widersprüchlichen, um nicht zu sagen: einander ausschließenden Behauptungen führt. Ein seltsames Verständnis von Philologie: Die Worte bezeichneten die Dinge so genau, dass es für alles nur ein richtiges Wort gebe ... Nun – und das trifft Meschonnic mitten ins Herz – ist die Macht des Wortes «Shoah», wie ich bereits dargelegt habe, nicht mit dem Ereignis identisch. Meine eingestandene Unkenntnis des Hebräischen, der Erfolg des Films und des Wortes werden die Schulmeister bis ans Ende der Zeiten verwirren. Shoah – «Verunreinigung des Geistes», «das Skandalöse dieses Wortes», «vergiftetes Wort», «man möge das Wort Shoah im Abfalleimer der Geschichte lassen». Zum Teufel! Der Killer lacht nicht, er ist bereit, alles zu akzeptieren und schamlos zu lügen, um seine Absichten zu erreichen. Er wagt zu erklären: «Alles war von den Nazis vollständig beim Namen genannt worden.» Hat Meschonnic gehört, wie ich am Ende des ersten Teils von *Shoah* den haarsträubenden Bericht Justs an den Obersturmbannführer Walter Rauff vom 5. Juni 1942 über die notwendigen Verbesserungen beim Bau der Vergasungswagen vorlese? Die Juden, die mit Auspuffgasen erstickt werden sollten, wurden als «Ladung» bezeichnet, und wenn von ihrer Anzahl die Rede war, sagte man «Stückzahl». Hat er Motke Zaïdl und Itzhak Dugin unter Tränen erzählen hören: «Die Deutschen hatten sogar gesagt, dass es verboten war, das Wort ‹Toter› oder das Wort ‹Opfer› auszusprechen, sie wären nichts als Holzklötze, nichts als Scheiße, es hätte überhaupt keine Bedeutung, es wäre Nichts. [...] Die Deutschen zwangen uns, von den Leichen zu sagen, dass es ‹Figuren› seien, das heißt ... Marionetten, Puppen, oder *Schmattes*, das heißt Lappen.» Wenn ich diese Worte hier wiedergebe, erscheint es mir eindeutig, dass dieser Abschaffer den

Film *Shoah* nicht gesehen haben kann, er nicht weiß, wovon er spricht. Wer derartig auf das «richtige Wort» fixiert ist, findet alle Begriffe besser als das hebräische Wort, selbst das Vokabular der Nazis. Darf der Mörder, dem es nicht genügt, dass er getötet hat, auch noch zum Meister des Wortes und der Empfindungen werden, die sein Opfer erlitten hat? Der Antisemitismus (und auch das ist vielleicht nicht das «richtige» Wort, aber es ist mit der Zeit und dem Gebrauch eben dazu geworden) ist der metaphysische Hass auf das Volk, das am Anfang steht, darum weiß und es so will. Es ist folgerichtig, den Höhepunkt dieses Hasses mit einem hebräischen Wort zu bezeichnen. Obgleich ich die Sprache nicht beherrsche, wusste ich lange vor meiner Entscheidung für «Shoah» und seit dem Beginn meiner Arbeit, dass ich in dem Film unsere Sicht der Katastrophe schildern wollte, die Sicht der Opfer und der Überlebenden. Meschonnic erklärt schlicht: «Hebräisch war nicht die Sprache der Ermordeten, Hebräisch war für sie nur eine liturgische Sprache.» Nein, es war die ursprüngliche Sprache des am Anfang stehenden Volkes, aufgrund dessen man sie zu Opfern gemacht hat, anstatt sie in aller Ruhe Russen, Franzosen, Polen, Griechen, Holländer sein zu lassen. Es war auch die Sprache Israels. Ich habe von Sartre gelernt, dass es der erste Schritt zu Authentizität und Freiheit ist, sich des absoluten Unrechts wieder zu bemächtigen. Diese Aneignung beginnt mit dem Namen: Ich werde der Neger sein, ich werde der Jude sein.

In Wahrheit ist dem pedantischen Schulmeister das Wort «Shoah» völlig gleichgültig. Sein Problem liegt in der «Sache», der er sich gern schnell entledigen würde, wie es sich heute – aus unterschiedlichen Gründen, die aber alle auf das Gleiche hinauslaufen – eine bunt zusammengewürfelte und lärmende Bande wünscht: sich der Shoah zu entledigen oder sie wenigstens auf ihren Platz zu verweisen. Sie strengen sich an, damit ihr Platz im Lauf der Zeit immer kleiner werde; der «Abfalleimer der Geschichte» wartet. Aber sie sollten es dennoch nicht zu eilig haben: Die Shoah, Opfer und überlebende Zeugen, die Sache, das Wort, der Film – sie alle sind zur Feier des sechzigsten Jahrestages der Befreiung von Auschwitz gegenwärtiger gewesen als je zuvor; und haben auf immer neue Generationen und ungezählte Herzen gerührt, haben Gewissensempfindungen geprägt. Den großen Umbenenner Meschonnic erwartet also eine wahre Titanenarbeit.

Le Monde, 25. Februar 2005

VOM HOLOCAUST ZU *HOLOCAUST* ODER WIE MAN SICH SEINER ENTLEDIGT

Dieser Text ist ein Zwischenbericht, den ich während der Vorbereitungen zu meinem Film Shoah *für Geldgeber, die meine Arbeit unterstützten, geschrieben habe. Später, 1977, habe ich ihn in* Les Temps Modernes *veröffentlicht. Auch in das Buch* Au sujet de Shoah *wurde er aufgenommen.*

Nach dem Krieg machte die rückhaltlose Aufdeckung des Genozids am jüdischen Volk – die Art und Weise, wie er ausgeführt worden war – die westliche Welt fassungslos. Die bis ins Mark vom Gift des Antisemitismus infizierten europäischen Nationen – fast alle wissen sich in unterschiedlichem Maß schuldig –, verstehen und erkennen auf Anhieb die Einzigartigkeit und die Unermesslichkeit des Verbrechens.

Das bestürzte Schweigen breitete sich nicht aus, weil, wieder einmal, die Juden zu Opfern bestimmt worden waren: Was das angeht, haben die europäischen Staaten ihre Gepflogenheiten, und der Holocaust wäre ohne die sich über zwanzig Jahrhunderte erstreckenden Verfolgungen und den antijüdischen Hass, welcher die Grundlage dafür geschaffen hatte, nicht möglich gewesen. Nein, die Bestürzung entsprang der unerträglichen Entdeckung, dass der Antisemitismus – gemeinsames Gut und geteilte Leidenschaft der Nationen – ein solches Ausmaß erreichen und in einen in der Menschheitsgeschichte beispiellosen Massenmord münden konnte. Das ging zu weit: Wenn der Antisemitismus bis nach Auschwitz geführt hatte, wenn das Ergebnis der antijüdischen Leidenschaft

Auschwitz hieß, dann musste der Antisemitismus für immer verbannt und unmöglich gemacht werden: Nach der nun vorherrschenden Meinung hat das jüdische Volk ein für alle Mal den höchsten Preis bezahlt. Es wird so getan, als begründete der Holocaust die theoretische Unmöglichkeit des Antisemitismus *in aeternum*. Am organisierten, geplanten und bürokratisch gesteuerten Massenmord von sechs Millionen Juden – einer sehr langatmigen Unternehmung, ohne Zorn, im Namen öffentlich verkündeter ideologischer Vorgaben – konnte die Menschheit ihre gegen sich selbst gerichtete kriminelle Bereitschaft ermessen. Tatsächlich hat sich die Menschheit durch das ungeheuerliche, am jüdischen Volk begangene Verbrechen selbst radikal in Frage gestellt.

Es handelt sich im ureigenen Sinn um ein Verbrechen gegen die menschliche Natur; die Ermordung jedes einzelnen Juden war ein gegen das Sein des Menschen gerichtetes metaphysisches Verbrechen. Ein weiteres Mal – man möchte denken, ein letztes Mal – hat das jüdische Volk in der Welt seine Rolle als Zeuge erfüllt. Der Schrei, vom Himmel über Auschwitz und Treblinka bis ans Ende der Welt, zeugt von der unüberschreitbaren Grenze der Unmenschlichkeit, welche die Menschheit zu erreichen fähig ist. Auschwitz und Treblinka können mit nichts verglichen werden, und nie werden sie mit irgendetwas vergleichbar sein. Niemand möge sich also täuschen, niemand sei so dreist, dem Holocaust seine Besonderheit, seinen einmaligen Charakter abzusprechen, indem er ihn verwässert, in der allgemeinen Frage nach dem Bösen aufgehen lässt oder ihn unter Kategorien wie den «Schrecknissen des Krieges» oder den «Opfern des Faschismus» subsumiert. Trotz der Millionen von Toten beider Lager, trotz des Grauens von Hiroshima oder Dresden weiß man, dass die sechs Millionen ermordeten Juden nicht Opfer wie die anderen sind: Dieses alles Maß überschreitende Verbrechen ist anders geartet, besitzt andere Eigenschaften, ist ein Verbrechen ohne Namen, das selbst die Nazi-Mörder nicht zu bezeichnen wagten, als hätten sie es durch eine Namensgebung auch schon unvorstellbar gemacht: ein buchstäblich unsagbares Verbrechen.

Die Aussage, der Holocaust sei einzigartig und mit nichts zu vergleichen, bedeutet nicht, dass man ihn als ein abwegiges Phänomen betrachten sollte, das jedem intellektuellen oder begrifflichen Verständnis unzugänglich bleibt, das gewissermaßen außerhalb der Geschichte angesiedelt wäre und dem somit der Status eines historischen Ereignisses versagt bleiben müsse. Im Gegenteil: Wir sind der Meinung, dass der Holocaust ein völlig eigenständiges historisches Geschehnis darstellt, das freilich monströse, jedoch nachvollziehbare Ergebnis der Geschichte des Abendlandes.

Aber die Verantwortung und die Schuld der großen Mehrheit der Staaten wiegen nun einmal zu schwer, die Zerknirschung und die Beschämung sind zu groß, das Verbrechen lastet zu unerbittlich: Der Holocaust macht der Welt zu schaffen wie ein unbequemes und unendlich lästiges Erbe. Als sich die brutalen Tatsachen der Vernichtung und die mit nichts vergleichbare Dimension des Verbrechens in den Jahren nach dem Zweiten Weltkrieg verbreiteten, ließ die allgemeine Zeitströmung nicht länger zu, dass die Wahrheit weiter eingedämmt werde. Der Holocaust wurde nicht in die Reihe der anderen historischen Ereignisse eingegliedert. Und man darf bezweifeln, ob das je der Fall sein wird.

Nun, dreißig Jahre nach der Katastrophe, erleben wir in der Tat ein einzigartiges Phänomen, die Leugnung. Die «Flitterwochen» zwischen dem jüdischen Volk und der Welt sind definitiv zu Ende, und wir können ermessen, wie sehr wir uns getäuscht haben: Fast überall steigt der Antisemitismus unverwüstlich wie ein Phönix, mit seinen alten Masken oder – moderner und «demokratischer» – unter dem Begriff des Antizionismus, aus der Asche. Und was den

Holocaust betrifft, so scheint die Devise zu lauten: «Wie kann man sich seiner entledigen?»

Im Osten wie im Westen, auf der Rechten wie auf der Linken, will man ihn um jeden Preis und mit allen Mitteln loswerden, ihn vergessen, ohne ihn verstanden zu haben, ihn verfälschen und leugnen. Die Wiedergeburt des Antisemitismus und die Leugnung des Holocaust sind dialektisch miteinander verbunden. Der Antisemitismus, der in seiner letzten Konsequenz den Tod des Juden zum Ziel hat, muss bestreiten, dass die Massenvernichtung stattgefunden hat, um endlich wieder freie Bahn zu haben und befugt zu sein, zu töten.

Ob nun der Erfolg der amerikanischen Fernsehserie mit dem eindeutigen Titel *Holocaust* als ein Zeichen von Einsicht und Bewusstwerdung verstanden werden darf, ist völlig ungewiss. Die plötzliche «Entdeckung» des jüdischen Martyrologiums durch ein großes Publikum und das einhellige Mitgefühl sind vielleicht nur die äußerste List einer Geschichte, die sich der Einzigartigkeit des Holocaust genau in dem Moment entledigt, wo sie ihn zu veranschaulichen vorgibt. Der Vorgang an sich und die dabei verwendeten Mittel sind höchst verdächtig: So wurde die jüdische Familie, mit der sich, wie es heißt, Millionen von Amerikanern und Deutschen identifizieren, auf eine Weise ausgewählt, die eben eine solche Identifikation zielgenau möglich machte. Tatsächlich, und eben darin lag das Wesentliche, war es nötig, dass sich die jüdischen Opfer in nichts von ihrem zukünftigen Fernsehpublikum, ja nicht einmal von den Henkersknechten unterschieden, um die «Menschlichkeit» dieser Juden zu verdeutlich; um das glaubwürdig zu machen, hatte man alles ausgemerzt, was sie von anderen hätte unterscheiden können, und jede Spur von Anderssein verschwinden lassen (es handelt sich um eine «assimilierte» Familie, und die Mehrheit der Schauspieler sind nicht jüdisch). Doch allein das Gegenteil wäre gerecht gewesen: Die Menschlichkeit der Opfer hätte uns umso tiefer berühren müssen, je anders diese uns von Anfang an erschienen wären.

Hätten sich die Fernsehzuschauer nicht ebenso leicht in jüdischen Männern und Frauen aus Polen, der Ukraine oder Weißrussland mit ihrer Kleidung, ihren Traditionen, ihren Besonderheiten, ihrer Fremdartigkeit wiedererkannt?

Selbst in den Gaskammern (es bedarf eines Magens aus Stahl, um darzustellen, was dort geschehen ist, denn keiner von denen, die in sie hineingingen, ist je zurückgekehrt, um Zeugnis abzulegen) verlieren diese amerikanischen Helden nicht ihre «Menschlichkeit». Sie erwarten den Tod ernst, würdevoll, wie es in solchen Situationen zum guten Ton gehört. In Wirklichkeit hat sich das anders abgespielt: Nach Jahren der Ghetto-Existenz, des Terrors, der Erniedrigung und des Hungers hatten jene, die mit Peitschen und Gummiknüppeln angetrieben und in Fünfer-Reihen in die Todeskammern gedrängt wurden, weder die Muße noch die Kaltblütigkeit, mit Vornehmheit zu sterben. Zu zeigen, wie es wirklich zugegangen ist, wäre in der Tat unzumutbar gewesen und hätte außerdem auf keinen Fall eine tröstliche Identifikation ermöglicht.

Aber es handelt sich ja auch nur um Fiktion. Das heißt im vorliegenden Fall – denn die hier gezeigte Realität fordert jede Fiktion heraus, über sich selbst Rechenschaft abzulegen – um eine fundamentale Lüge, um ein moralisches Verbrechen, um einen Mord am Gedenken. Der Holocaust bleibt zuallererst einmalig, weil er einen Kreis aus Feuer, eine unüberschreitbare Grenze um sich errichtet und weil eine bestimmte Absolutheit des Entsetzens unübertragbar ist: Zu behaupten, es könne dennoch geschehen, bedeutet nichts, als dass man sich der schlimmsten Übertretung schuldig macht. Man muss zugleich sprechen und Schweigen bewahren; man muss wissen, dass das Schweigen die unverfälschteste Form des Wortes ist; es gilt, wie im Auge des Sturms, einen geschützten, bewahrenden Bereich aufrechtzuerhalten, zu dem niemand Zutritt haben wird. Übertretung und Trivialisierung sind hier dasselbe: Die Hollywood-Fernsehserie überschreitet unerlaubte Grenzen, weil sie trivialisiert und damit das einzigartige Geschehen des Holocaust abschafft, das Unvergleichliche, wie schon gesagt, eben das, wodurch dieses Geschehen schrecklicher gewesen ist als alle bisher begangenen oder künftig zu begehenden Verbrechen.

Ich muss dazu sagen – und das ist ausschlaggebend –, dass sich das Spezifische des Antisemitismus meiner Meinung nach nicht auf politische Konflikte oder rassistische Vorurteile beschränkt. Antisemitismus ist viel mehr und etwas völlig anderes als nur eine gewisse Form des Rassismus. Ebenso – und das hängt damit zusammen – wie sich Schicksal und Geschichte des jüdischen Volkes nicht mit den Erfahrungen anderer Völker vergleichen lassen, machen die geradezu zyklischen Verfolgungen und der Hass gegen die Juden (von Remission gefolgte Höhepunkte, immer wieder enttäuschte Hoffnungen), sodann die Dauer und Beständigkeit der Verfolgungen, die Macht und das Ausmaß dieses Hasses mitsamt all den Mythen und Phantasmen, die er nie zu erwecken aufhört, aus dem Antisemitismus ein einzigartiges Phänomen, weshalb die periodisch unternommenen Versuche, ihn zu mäßigen, bloß lächerlich erscheinen. Der außergewöhnliche Lebenswille des jüdischen Volkes erklärt die Beständigkeit und die Eskalation antisemitischen Hasses, bis zum Äußersten, dem Holocaust. Trocken und großartig hat es Raul Hilberg formuliert: «Die Missionare des Christentums erklärten einst: Ihr habt kein Recht, als Juden unter uns zu leben. Die nachfolgenden weltlichen Herrscher verkündeten: Ihr habt nicht das Recht, unter uns zu leben. Die deutschen Nazis schließlich verfügten: Ihr habt kein Recht zu leben.»

All jenen, die den Holocaust als Anomalie betrachten, als perfekte Verirrung, die einer historischen Erfassung und Deutung trotzt, könnte dieses Zitat von Hilberg als eine erste Antwort dienen. Und hier folgen weitere:

Zuerst einmal – und wenn es sich um eine Verirrung handelt – sind es die Juden, die deren Opfer geworden sind. Die Verirrung findet sich also im Innersten ihrer eigenen Geschichte, sie steht darin wie ein *Gründungsakt*,[54] und man wird es ihnen nachsehen müssen, wenn sie in der Verirrung einen Sinn finden wollen. Zwölf Jahre der systematischen Verfolgung und eines vor den Augen und mit dem Wissen aller verübten langsamen Zerstörungsprozesses, als dessen Ergebnis ein Drittel ihres Volkes ausgelöscht worden ist, sollten ihnen wenigstens das Recht verschaffen, wissen zu wollen, was besagte Anomalie überhaupt ermöglicht hat.

Aber im Wesentlichen zielt diese Theorie der Verirrung heute darauf ab, die *historische Verantwortlichkeit* Deutschlands und anderer Nationen fortzufegen. Nun war die Auslöschung der Juden aber nicht die Tat einiger Geisteskranker. Was Deutschland betrifft, war der Vorgang nur auf der Grundlage eines allgemeinen Einverständnisses der deutschen Nation zu verwirklichen. Die Vernichtung von sechs Millionen Juden war eine äußerst schwierige und verzwickte Aufgabe, welche die Mörder mit zahlreichen großen Problemen konfrontierte: Zur Durchführung bedurfte es der aktiven und geduldigen Mithilfe des gesamten Verwaltungsapparates eines großen modernen Staates.

Andererseits konnte Deutschland auf die Unterstützung einer insgesamt aggressiv antisemitischen Welt zählen: Polen, Ungarn, Rumänien, die UdSSR – um nur einige zu nennen – waren antise-

---

54 Hervorhebung des Autors, wie auch alle weiteren Kursivierungen in diesem Text.

mitische Staaten. Der berühmte Madagaskarplan ist zunächst eine polnische Idee (Lepecki-Kommission, 1936); Georges Bonnet, der französische Außenminister, sprach darüber in aller Ruhe mit Ribbentrop. Und der Chef der schweizerischen Polizei, Herr Rothmund, zeichnete ab 1938 als Erster dafür verantwortlich, dass jüdische Flüchtlinge aus Deutschland in ihre Pässe den Buchstaben «J» eintragen lassen mussten. Wenn er also die Juden verdammte, sprach Hitler keine Fremdsprache, er «kommunizierte», wurde verstanden, wusste sich verstanden – man lese seine Überlegungen nach dem Misslingen der Konferenz von Évian zum Rublee-Wohlthat-Plan oder Goebbels Tagebucheinträge aus den Jahren 1942 bis 1943. Man sei überzeugt, heißt es dort, dass die Demokratien grundsätzlich nicht unzufrieden wären, wenn man ihnen das jüdische Gesindel vom Hals schaffte.

Hätten sich die Demokratien der Verfolgung entgegengestellt oder, was auf dasselbe hinausläuft, ihre Tore den Juden geöffnet und gesagt: «Ihr wollt sie nicht haben, also gut, dann nehmen wir sie eben auf», hätte der Holocaust nicht stattgefunden oder zumindest nicht ein solches Ausmaß erreicht. Der Holocaust ist erstens ermöglicht worden, weil die Nationen angesichts der Verfolgung der Juden ihre Hände in Unschuld gewaschen *und die Nazis mit dem «Problem» allein gelassen haben*. So sehen die *historischen Verantwortlichkeiten* nun einmal aus, die man von Fall zu Fall, Etappe für Etappe, bis hin zum skandalösen Misslingen der Rettung der Juden in Ungarn, nachverfolgen kann: «Was soll ich denn mit einer Million Juden anfangen?», fragte Lord Moyne, der britische Nahostminister.

Man muss beide Enden der Kette festhalten: *Der Holocaust ist zwar einzigartig, aber nicht abwegig.* Er war keineswegs das Werk einer Gruppe von unnormalen und unverantwortlichen Kriminellen, sondern muss, im Gegenteil, als Ausdruck einer versteckten

Neigung der abendländischen Zivilisation betrachtet werden. Alle waren grundsätzlich damit einverstanden, die zu töten, *für die es keinen Platz gab.*

Die Deutung des Holocaust als eine bloße Verirrung erlaubt heutzutage auch eine Neubewertung des Nationalsozialismus und gibt damit Deutschland endlich das Recht, ihn wie ein fehlendes Kettenglied in seine Geschichte zu integrieren. Dreißig Jahre lang hat Deutschland, unfähig, sich dem Holocaust zu stellen, so getan, als hätte es den Nationalsozialismus nicht gegeben. Man sprach nicht darüber. Deutschland war fett und reich geworden, aber ohne Vergangenheit; seine jungen Männer, mittlerweile zwischen dreißig und vierzig Jahre alt, waren lebende Tote. Doch das schamhafte Schweigen der großen Mehrheit der Deutschen hatte wenigstens einen Vorzug: Nämlich das implizite Einverständnis der *absoluten Priorität der Judenfrage in Ideologie und Praxis des Nationalsozialismus*, die Einsicht, dass die Vernichtung der Juden den Mittelpunkt des Nationalsozialismus bildete, dass *der Holocaust das Hauptereignis des Nationalsozialismus* war.

Jetzt ist alles anders: Die Zeit hat ihre Arbeit getan, neue Generationen von Deutschen sind herangewachsen, die keinen Anlass sehen, sich mit ihrer Geschichte verbunden zu fühlen, mit einer Geschichte zumal, die keiner sie gelehrt hat. Und schließlich hat das jüdische Volk ja auch überlebt und ist lebendiger und gegenwärtiger denn je. Vor allem aber: Es gibt den Staat Israel, der nun seinerseits Gewalt ausübt. Mit und durch diesen Staat haben die Juden sich die Mittel einer institutionalisierten Gewalt angeeignet. Auch Juden töten, was für eine wunderbare und befreiende Augenfälligkeit («und wenn die Juden selber Nazis wären!»), die vom alten Schuldgefühl erlöst und es erlaubt, die Geschichte Deutschlands neu zu schreiben, wobei der Nationalsozialismus nun endlich in diese aufgenommen werden und der Holocaust, ohne dass man ihn völlig verleugnete, zu einem sekundären Phänomen ohne Bedeutung gemacht werden kann: Auschwitz wird so gut wie ausgelassen. Die deutschen Historiker, auch die seriösen, bewegen sich gegenwärtig in diese Richtung; das ist die Botschaft der heute in Europa gezeigten Filme. Der überwältigende Erfolg, der Joachim Fests Film *Hitler – Eine Karriere* in Deutschland zuteilwurde, geht darauf zurück: Man verherrlicht in diesem Film, man ist endlich frei, die «positiven Seiten» des Menschen Hitler und des von ihm vollbrachten Werkes zu preisen. Der Holocaust jedenfalls wird ganz in den Hintergrund gedrängt: Er war die schlimme Seite eines Mannes und einer geschichtlichen Periode, die beide auch ihre Vorzüge hatten. Es gilt keineswegs als gesichert, dass die Bilanz negativ ausfällt, sie könnte auch ausgewogen sein.

So wird der antijüdische Hass zu einer persönlichen *Verirrung* Hitlers. «Es stimmt schon, er liebte die Juden nicht, und er hat übertrieben.» Steckt die Verirrung also in der Verabscheuung oder in der Übertreibung dieser Verabscheuung, steckt sie im Antisemitismus oder bloß in den «Exzessen» des Antisemitismus? Der Knoten bleibt ungelöst, und der Antisemitismus, bis jetzt verbannt, zu einer unterirdischen Existenz verdammt, kann sich unter seinen elementaren und klassischen Merkmalen – durch nichts anderes begründet und gerechtfertigt als durch das Wesen des Juden selbst – erneut vor allen Augen zeigen: So greifen Daniel Schmid und R. W. Fassbinder in ihrem Film *Schatten der Engel* mit verblüffender Unschuld, als erfänden sie diese neu, sämtliche Rollenbilder der nationalsozialistischen antisemitischen Thematik wieder auf.

So weit also sind wir nach dreißig Jahren. Die Frage ist darum primär nicht: «Wie hat es zum Holocaust kommen können?», sondern: «Wie konnten wir nur dreißig Jahre nach dem Holocaust in die gegenwärtige Situation geraten?»

Zwischen dem Vergessen, dem Verwerfen, der Leugnung des Holocaust einerseits und den Umständen, die ihn ermöglicht haben, andererseits ist eine durchaus tragische Parallele entstanden: Genauso wie die Juden in einer ergreifenden Einsamkeit und absoluten Verlassenheit ermordet wurden, ohne dass ihre Hilferufe gehört worden wären – weil der Tod der Juden schließlich nur ein bedeutungsloses Phänomen der Geschichte war –, wird die Erinnerung an dieses Verbrechen gegen die Menschheit, das der Holocaust gewesen ist, schon bald – statt unsere Aufgabe, unseren Auftrag, das geheiligte Kodizill der gesamten Menschheit darzustellen – nur noch unser kollektives Wiederkäuen sein. Genauso wie unser Volk damals mit seinen Mördern im Stich gelassen worden ist, bleiben wir allein und mit der unverheilten Wunde eines maßlosen Verbrechens zurück.

Was uns betrifft, schreibt der Philosoph Emil Fackenheim: «Die ermordeten Juden Europas gehören nicht nur der Vergangenheit an, sie bleiben die *Gegenwart einer Abwesenheit*.» Das bedeutet, dass sie uns bedingt haben und jeden Tag neu bedingen, dass wir aus ihnen geschaffen worden sind und nie aufhören werden, von ihnen abzustammen, immer wieder neu, dass wir als Israelis und Juden der Diaspora im Holocaust verankert sind, dessen Folgen und Verstrickungen – weit davon entfernt, mit der Zeit zu verschwinden – sich unaufhörlich vor unseren Augen enthüllen und tiefer und tiefer werden. Die Tötung von sechs Millionen unserer Menschen – *der Vernichtungsversuch eines gesamten Volkes* – hat die Selbstwahrnehmung der Juden und ihre Haltung gegenüber den Anderen, ja die ganze jüdische Welt radikal verändert. Die Härte Israels – die man so sehr beklagt und die, wie behauptet wird, der Anlass seiner Isolierung ist –, wie auch die Härte der israelischen Politik erklären sich allein aus dem Umstand, dass dieses Land weiß, dass es selbst die einzige Gewähr, wirklich die einzige, für jenes «Nie wieder» ist, für jenen heiligen Schwur, von dem wir glaubten, dass alle Nationen ihn nach Auschwitz leisten würden.

Bislang haben alle Produktionsfirmen, die den Holocaust behandeln wollten, ihn historisch und chronologisch zu erzählen versucht: Man beginnt 1933, mit der Machtübernahme der Nazis oder sogar noch früher, indem man die diversen Strömungen des deutschen Antisemitismus im neunzehnten Jahrhundert (völkische Ideologie, Herausbildung eines deutschen Nationalbewusstseins usw.) darstellt, und gelangt von Jahr zu Jahr, von Phase zu Phase, sozusagen fast harmonisch, bis zur Auslöschung. Als könnte ein solcher Massenmord, die Vernichtung von sechs Millionen Männern, Frauen und Kindern wirklich beschrieben werden.

Für die Tötung von sechs Millionen Juden gibt es natürlich Gründe und Erklärungen: den Charakter Hitlers, seine Beziehung zum Juden, dann die Niederlage von 1918, die Arbeitslosigkeit, die Inflation, die religiösen Wurzeln des Antisemitismus, die Funktionen von Juden in der Öffentlichkeit, das allgemeine Bild vom Juden, die vom lockenden Vergewaltiger Hitler in ganz Deutschland ausgelöste Verzückung, die germanische Disziplin, den jüdischen Geist, der als ein Gegenentwurf zum deutschen Geist gesehen wurde, usw. Aber all diese Erklärungen verschiedener Disziplinen (Psychoanalyse, Soziologie, Wirtschaftswissenschaft, Theologie usw.), ob für sich allein oder zusammen betrachtet, sind richtig und falsch zugleich, also ganz und gar unbefriedigend: Wenn sie auch Anlass für die Vernichtung gewesen sein mögen, reichen sie als Gründe doch nicht aus. Die Ermordung der europäischen Juden lässt sich nicht logisch oder mathematisch aus einem System von Voraussetzungen *ableiten*; zwischen den die Auslöschung herbeiführenden Gründen und dem Vernichtungsakt selbst – der *Tatsache* des Mordens – besteht ein Kontinuitätsbruch, eine Kluft, ein Sprung, ein Abgrund. Die Auslöschung kann nicht beschrieben werden: Sich diese Beschreibung zum Ziel zu setzen hieße gewissermaßen, ihre Realität zu leugnen, das Auftauchen der Gewalt zu verneinen, ihre unerbittliche Nacktheit in Kleider zu stecken, sie zu verzieren, sie nicht sehen zu wollen, ihr nicht von Angesicht zu Angesicht in ihrer unvergleichlichsten und jämmerlichsten Eigenschaft gegenüberzutreten, mit einem Wort: Es hieße, sie zu schwächen. Alles Reden, das Gewalt zu beschreiben versucht, bleibt ein absurder Traum der Gewaltlosen.

Und von der nackten Gewalt muss man ausgehen, nicht, wie es immer wieder geschieht, von den Lagerfeuern, den Gesängen, von den blonden Geschöpfen der Hitlerjugend. Auch nicht von den Massen fanatisch gewordener Deutscher, nicht von «Heil Hitler!»- Rufen und von den Millionen erhobener Arme. Nicht einmal von den antijüdischen Maßnahmen, die von 1933 an das Leben der deutschen Juden nach und nach unmöglich machten; nicht von der «Kristallnacht»: Ein rein chronologischer Bericht, der mit den Boykott-Maßnahmen im April 1933 seinen Anfang nähme, um *naturgemäß* in den Gaskammern von Auschwitz und Treblinka zu enden, wäre im eigentlichen Sinne nicht falsch, doch traurig, flach und eindimensional.

Stattdessen handelt es sich hier um ein Kunstwerk, um eine andere Logik und andere Art des Erzählens: Wenn man zum Beispiel das Publikum über den Skandal der Konferenz von Évian zutiefst betroffen machen will, darf Évian im Film auf keinen Fall an der Stelle auftauchen, die ihr im Verlauf der zwölf Jahre der Geschichte des Nationalsozialismus zukommt, im Gegenteil: Man muss mit dem Ende beginnen, nämlich mit der Nacht des 7. Dezember 1941, als den neunhundert Juden der kleinen Stadt Koło im Bezirk Konin (Woiwodschaft Łódź) die Ehre zuteilwurde, in den Wäldern von Ruszów die ersten Vergasungsopfer der «Endlösung» zu werden. In meinem Film darf auch die «Endlösung» folglich nicht am Schluss stehen: Sie muss vielmehr der Ausgangspunkt sein. Der Skandal von Évian kann in seiner Entsetzlichkeit nur dann deutlich werden, wenn die Vergasungswagen bereits ihre Aufgabe erfüllen, wenn der Kinobesucher, anders gesagt, vom Schwindelgefühl der Beschleunigung der Geschichte gepackt wird: Zwischen Évian und den ersten Vergasungen im Warthegau sind *nur drei Jahre* vergangen.

Die blumige Redekunst der lateinamerikanischen Delegierten bei der Konferenz und die übliche Heuchelei der britischen und amerikanischen Vertreter werden erst dann mörderisch, wenn man sie der Realität der Auslöschung, der im Gange befindlichen Massenvernichtung gegenüberstellt. Um die Tragödie zu vermitteln, muss das Ende schon bekannt sein, muss der Tod am Anfang des Berichtes gezeigt und in der Folge in allen Szenen wieder und wieder skandiert werden; so kann er das einzige Maß der Worte, der Stille, der vollführten und der unterlassenen Handlungen, der Verblendungen, die alles erst möglich machten, sein. Weil er nichts anderes bieten kann als eine plumpe Folge von Zuvor und Danach, ist der chronologische Bericht seinem Wesen nach antitragisch, und der Tod erscheint immer pünktlich, als Nicht-Gewalt und Nicht-Skandal. Aber die sechs Millionen ermordeter Juden sind nicht zur «richtigen Zeit» gestorben, und deshalb muss jedes Werk, das dem Holocaust heute gerecht werden will, es sich zum obersten Prinzip machen, die Chronologie zu zerschlagen. Die eigentliche Spannung der Untersuchung – deren Schwierigkeiten und Erfolgsaussichten selber ein wesentlicher Bestandteil des Filmes sind – wird sich immer dann um eine «historische» Spannung erweitern, wenn ein Moment der Vernichtung mit einer Szene, die eine unterlassene Hilfeleistung gegenüber einem zeitlich oder räumlich weit entfernten, gefährdeten Menschen zeigt, kontrastiert wird.

Man tötet Legenden nicht, indem man ihnen Erinnerungen gegenüberstellt, und doch: Nur wo man sie, falls das möglich ist, mit der unbegreiflichen Gegenwart, der sie entspringen, konfrontiert, eröffnet sich ein Weg, die Vergangenheit als Gegenwart aufleben zu lassen und ihr wieder Aktualität zu verleihen. Heute ist der Holocaust in vielfacher Hinsicht legendenhaft geworden, womit er die Dimensionen einer mythischen Erzählung anzunehmen beginnt: ein Wissen des Nichtwissens, unbestimmt, vage, stereotyp. Und wie bei allen Mythen fragt sich die wachsende Zahl der Zweifler und kritischen Geister, ob das alles wirklich einmal so gewesen sei. Wenn man heutzutage Bücher wie *Der Mythos der sechs Millionen* oder *Die Auschwitzlüge* schreiben kann, dann allein deshalb, weil die Realität des Holocaust heute gleichzeitig in ein fernes Verschwimmen und in die stereotype Prägnanz des Mythos übergeht, ohne jemals wirklich überliefert worden zu sein. Und das Wesentliche am Mythos, das Wissen des Nichtwissens und Nichtwissen des Wissens, besteht darin, dass es sich mit allen Varianten abfindet, keinem Verzerrungsversuch widersteht und, wenn eine Verzerrung erst einmal stattgefunden hat, sämtlichen Bemühungen, die Wirklichkeit wiederherzustellen, trotzt: also sturer als die Tatsachen ist. Wie reizlos, wie gewichtlos erscheinen dann, gegenüber der Unbestimmtheit und Strenge des Mythos, die *Erinnerungen* der Überlebenden!

Das schlimmste Verbrechen, sowohl im moralischen als auch im künstlerischen Sinn, bei der Herstellung eines dem Holocaust gewidmeten Werkes besteht darin, ihn als *Vergangenheit* zu betrachten. Der Holocaust mag Legende oder Gegenwart sein, auf keinen Fall darf er als Erinnerung abgetan werden. Ein dem Holocaust gewidmeter Film kann nur ein Gegen-Mythos werden, eine Untersuchung über die Gegenwärtigkeit des Holocaust oder mindestens über eine Vergangenheit, deren Narben in den Örtlichkeiten wie den Gewissensempfindungen noch so frisch erhalten sind, dass sie sich in ihrer atemberaubenden Zeitlosigkeit zu erkennen gibt.

VORWORT ZU *SONDERBEHANDLUNG:*
DREI JAHRE IN DEN KREMATORIEN
UND GASKAMMERN VON AUSCHWITZ
VON FILIP MÜLLER[55]

Zuerst einmal ist das Buch von Filip Müller einzigartig, weil es nie hätte entstehen sollen. Als Mitglied des «Sonderkommandos» von Auschwitz, und in dieser Eigenschaft fast drei Jahre lang unmittelbarer Zeuge der Vernichtung des jüdischen Volkes in Europa, war Filip Müller selbst für den Tod bestimmt gewesen. Denn es gab die Regel, dass die Sonderkommandos eines jeden Vernichtungslagers periodisch liquidiert werden sollten, damit keine Spuren zurückblieben: weder die Spur der in den Verbrennungsöfen der Krematorien oder auf den Scheiterhaufen unter freiem Himmel – deren Flammen zu Zeiten regen Betriebs bei Tag und Nacht in den Himmel loderten – eingeäscherten Opfer noch die der jungen Juden, deren schreckliche Aufgabe es war, die gerade vergasten Körper ihrer Angehörigen zusammen mit den Körpern anderer Männer, Frauen und Kinder ihres Volkes in Asche zu verwandeln, die sie dann in verschiedene Flüsse – Weichsel, Sola, Bug oder Ner – zu streuen hatten. Damit ein solches Buch geschrieben werden konnte, reichte es nicht aus, dass Filip Müller fünf geplanten Tötungen und allen spontanen Liquidationen, die im Lauf der Jahre seine Kameraden dezimierten, wie durch ein Wunder entkam; es reichte nicht aus, dass SS-Garden ihn aus der Gaskammer trieben, wo er sich versteckt hatte, um mit seinen Leuten zu sterben. Und

---

55   Vorwort zur französischen Ausgabe *Trois ans dans une chambre à gaz* (Pygmalion, Paris 1980), die deutsche Erstausgabe (Verlag Steinhauser, München 1979) war ein Jahr zuvor erschienen (A. d. Ü.).

auch der Umstand, dass Filip Müller überlebt hat, bot allein noch keine Gewähr dafür, dass er eines Tages imstande sein würde, uns zu berichten, was er gesehen und erlebt hat: denn eine solche Erfahrung kann kaum vermittelt werden. Die Überlebenden der Sonderkommandos sind heute eine auf der ganzen Welt verstreute kleine Schar. Weil ich nahezu allen begegnet bin, weiß ich, dass sie sich in ihrem Schweigen verbarrikadiert haben und dass man das Risiko eingehen muss, sie zu brechen, wenn man ihnen auch nur ein paar Fetzen der Wahrheit entreißen will. Filip Müller hat also nicht zufällig dreißig Jahre gewartet, bis er sich zum Schreiben entschloss: Schon die Entscheidung war heroisch, weil er sich innerlich bereit erklären musste, ausnahmslos alles zu sagen, und weil ihm bewusst war, dass er einen hohen Preis dafür zahlen würde: nämlich das gesamte Geschehen in sich noch einmal zu erleben. Dieses haarsträubende Buch ist der Bericht eines Halluzinierenden: Jede Episode darin ist völlig wahrhaftig und unmittelbar gegenwärtig, weil Filip Müller im Akt des Schreibens Zeile für Zeile sein eigenes Leben sozusagen ein zweites Mal aufs Spiel gesetzt hat. Vor einem Jahr, beim Erscheinen des Buches in Deutschland und in den USA, habe ich Filip mit eigenen Augen in Gegenwart seiner Frau und seines Sohnes zusammenbrechen sehen, als er mir vor laufender Kamera die letzten Augenblicke der tschechischen Juden im «Familienlager» von Birkenau erzählte: Da erwachte in ihm die Vergangenheit mit solcher Gewalt zu neuem Leben, dass sie zur reinen Gegenwart wurde, zum absoluten Gegenteil bloßer Erinnerung, und jede Distanz zunichtemachte.

Filip Müller ist sich bewusst, dass er ein einzigartiger Zeuge der Vernichtung des jüdischen Volkes in den Krematorien von Auschwitz ist, und das allein hat ihm die Kraft gegeben, endlich zu sprechen: Er fühlt sich dazu berufen. In dem Moment, wo sich lebendige Geschichte in tote Geschichte verwandelt, wo Wahrheit sich zur Legende verzerrt, falls sie nicht überhaupt verfälscht oder geleugnet wird, offenbart sein Buch seine wesentlichste Bedeutung. Es stellt sich all jenen entgegen, die ihre Unwissenheit, ihre Weigerung, Fragen zu stellen, ihre Böswilligkeit, ihren Antisemitismus hinter einem revisionistischen Argwohn verstecken und heute mit dem Hohn aufgeklärter Geister nach dem Wie und dem Warum fragen, also, anders gesagt, die technische Realisierung eines Massenmordes dieser Dimension anzweifeln. Weil ihnen der Mut fehlt, unverblümt zu verkünden: «Das ist alles ein Märchen», greifen sie unter dem Deckmantel einer wissenschaftlich-materialistischen Untersuchung das ihrer Meinung nach schwächste Glied in der Kette der Geschehnisse an – eben die Technik –, um Zweifel an der Vernichtung zu verbreiten. Zu diesem Thema sind bestimmt schon hunderttausend Bücher geschrieben worden, doch die haben sie nicht gelesen; die Literatur der Shoah, abgrundtief wie die Shoah selbst, liefert unwiderlegbare Beweise: Dazu kommen die unversehrten Archive der Nazi-Bürokratie, der Korherr-Bericht, Himmlers persönlicher Statistiker, Rechnungen, Aufträge, die Namen der Firmen, welche die Einrichtungen für den Massenmord gebaut oder tonnenweise Zyklon-B-Kristalle geliefert haben, die zweiundvierzig Protokollbände der Nürnberger Prozesse, die Akten von Hunderten sich anschließenden Prozesse sowie des Eichmann-Prozesses, die Geständnisse der Mörder und die Memoiren der Überlebenden, wobei die bewundernswerte und riesige amerikanische und israelische Historiographie noch gar nicht erwähnt ist, an deren Seite die französische wie ein Schulbuch wirkt. Genug davon. Weil wir schon über die Technik reden müssen, soll daran erinnert werden, dass Filip Müller, der humanste aller Menschen, selber ein Techniker des Massenmordes gewesen ist: Er hat an vielen Unternehmungen der letzten Phase des Vernichtungsvorganges teilgenommen. Er hat gesehen, wie alle fünfundvierzig Öfen – der ganze Stolz der Erfurter Firma Topf & Söhne – der Krematorien II, III, IV und V von Birkenau angeheizt wurden; er hat gesehen, wie sie repariert und gereinigt wurden, wie der graue Ruß abgeschabt wurde, der sich nach jedem «Vorgang» bildete; er hat gesehen, wie die Leichen – immer drei in entgegengesetzter Richtung, ein dickerer neben einem schmalerem Körper – auf Schieber gelegt wurden, die er, abgestützt, in die glühenden Rachen der Öfen schob. Als die Produkte von Topf & Söhne, für eine «Überhitzung» dieses Ausmaßes nicht gemacht, sich überfordert zeigten und das feuerfeste Material der Öfen mit dem ihnen abverlangten, unfassbaren Arbeitstakt ab dem 15. Mai 1944, da die massenhafte Ankunft der ungarischen Juden es notwendig machte, 450 000 von ihnen in nur fünfundfünfzig Tagen zu vernichten, nicht mehr zurechtkam, wurden Filip Müller und seine Kameraden gezwungen, in den offenen Gräben rund um das Krematorium V Scheiterhaufen zu errichten: eine Schicht Leichen, eine Schicht Holz und wieder eine Schicht Leichen, angeordnet nach allen Regeln der Kunst, damit die Luft frei zirkulieren konnte. Er hat gesehen, wie SS-Hauptscharführer Moll nachdenklich den Boden der Gräben vermaß und wie ihm plötzlich die Lösung seines Problems einfiel: Er ließ Abflussrinnen graben, damit das schmelzflüssige Fett der Juden abgeleitet werden konnte; er hat auch Leichen von Menschen gesehen, die zwei Stunden zuvor noch am Leben gewesen waren, die sich im Lodern der Flammen ganz plötzlich aufrichteten und gleichsam das Gebaren von Lebenden annahmen; in den unterirdischen Sälen der Krematorien II und III (das Wort Krematorium bezeichnete den Komplex von Gaskammern und Verbrennungsöfen) und in den Vorräumen zu den Gaskammern, perpendikular zu diesen gebaut, weiträumig wie Bahnhofs- oder Ausstellungshallen, mit in mehreren Sprachen beschrifteten Schildern, ist er zum Zeugen der letzten Augenblicke von Millionen der Unseren geworden: wobei er zum Stillschweigen verdammt war (jedes Mal, wenn ein Angehöriger des Sonderkommandos die Opfer warnte, wurde dieser sofort gefesselt und lebendig in einen der Öfen geworfen); er hat gesehen, wie sie sich langsam entkleideten, Männer, Frauen und Kinder, Alte und Junge, wie sie mit Gefühlen von Schande und Scham, kopflos und verwirrt vor Argwohn und Angst, schließlich nackt im Saal standen.

Genau darin liegt für uns das Erschütterndste: denn der bloße Vermerk, «deportiert und in Auschwitz gestorben», ist nur eine Abstraktion, ebenso wie die Zahl «sechs Millionen». Zweck und Aufgabe von Auschwitz war die Vernichtung, alles lief darauf hinaus: Die Todeseinrichtungen von Birkenau (auch Auschwitz II genannt) waren allein aus diesem Grund geschaffen worden. Es lässt sich nicht genau sagen, wie viele Opfer in den Gaskammern von Birkenau zu Tode gekommen sind (die seriösesten Schätzungen belaufen sich auf etwa dreieinhalb Millionen Opfer), aber unter Auslöschung muss man in erster Linie den Mord am jüdischen Volk verstehen. Fünfundneunzig Prozent der in Birkenau vergasten Menschen waren Juden, die übrigen waren Sinti und Roma (Zehntausende von ihnen wurden im August 1944 in den Krematorien vergast, und Filip Müller liefert von ihrem Tod einen unerträglichen Bericht) sowie russische Kriegsgefangene. Viele andere verloren ihr Leben entweder in Auschwitz selbst oder in einem der Dutzend Nebenlager, die wie Satelliten um das Hauptlager angeordnet waren: Politische Gefangene aus Polen oder Deutschland exekutierte man meist mit einem Genickschuss im Innenhof von Block 11 oder in den Vorhallen gerade nicht in Betrieb befindlicher Krematorien; dazu kamen einfache Bauern, wegen Schwarzhandel verhaftet und von der Gestapo aus Katowice ermordet, die zu diesem Zweck einmal pro Woche nach Auschwitz kam, Häftlinge, die schlicht durch Hunger oder das Lagerelend starben; schließlich Juden und Jüdinnen der Außenkommandos – wie etwa die hundert französischen Jüdinnen von Budy –, denen von Elfriede Schmidt, einer verurteilten Deutschen mit dem Beinamen «Axtkönigin», und ihrem Kapo, ebenfalls einer Frau, mit einer Axt der Bauch aufgeschlitzt oder der Kopf abgehackt wurde.

Zwischen dem Augenblick, in dem ein Transport zur Vergasung bestimmter Juden die gewölbte Vorhalle des Gebäudes durchschritt, das sich an der Schwelle von Birkenau erhebt, ein unheilverkündender Totenvogel, dessen Flügel sich um ein dunkle Öffnung legen, und dem Moment, wo die riesigen, viereckigen Schornsteine der Krematorien ihre ersten Rauchschwaden ausspuckten, vergingen ungefähr zwei Stunden. Es war zu spät: Für die Unglücklichen, die hier am Ende ihrer Reise angelangt waren, begann nun die letzte Phase eines Zerstörungsprozesses, der schon viel früher, und anderswo, weit weg, begonnen hatte (aber wann und wo hatte er seinen Anfang genommen!). Ihnen blieben zwei Stunden Lebenszeit, ein bisschen weniger oder etwas mehr, je nach Auslastung, zwei Stunden, deren einzige Zeugen die Mörder und die Männer des Sonderkommandos waren. Filip Müller enthüllt uns somit alles, was die abstrakte Formulierung «deportiert und gestorben in Auschwitz» verheimlicht. Söhne, Töchter, Brüder, Schwestern, Ehemänner, Ehefrauen, Väter und Mütter der Deportierten und ihr anderen alle auch, hört diesem Wiedergänger gut zu, hört, wie er eure Nächsten wieder zum Leben erweckt, wie er sie genau in dem Augenblick erfasst, wo sie in einem endlosen Zug in den unterirdischen Hallen verschwinden, um euch zu zwingen – und es ist heilsam! –, mit ihnen gemeinsam zu sterben, damit sie nicht allein sterben müssen. Ganze Städte, Dörfer, Ortschaften steigen die Stufen der Krematorien hinunter, er kennt ihre Namen, er erinnert sich an jede und jeden, richtet das letzte Wort an sie: Hier sind sie alle, die Juden von Ciechanów und Kiełbasin, von Będzin und Sosnowiec, von Saloniki, Korfu und Amsterdam, die von Drancy und aus der Slowakei, Cluj und Theresienstadt. Hier ist die Frau aus dem «Transport» von Białystok, die verrückt geworden ist, seit ein Mitglied des Sonderkommandos ihr die Wahrheit verraten hat; sie läuft verstört und mit zerzaustem Haar von einer Gruppe zur nächsten, sie will ihre Gefährten aufwiegeln, die gerade damit beschäftigt sind, ihre Kleidung abzulegen: Hier ist die Tänzerin der «Paraguay-Kolonne» aus Warschau, die sich in einem langsamen Striptease vor dem SS-Mann Schillinger auszieht, dem doch im Gegenteil der Auftrag erteilt wurde, das Entkleiden zu beschleunigen; jetzt tritt sie näher an ihn heran, wobei sie aufreizend ihre Hüften schwingt und stößt ihm dann blitzschnell die Spitze eines ihrer Stöckelschuhe in sein rechtes Auge, bemächtigt sich seines Revolvers und schießt ihn und den SS-Aufseher Emmerich nieder. Filip Müller will der verbreiteten Legende ein Ende machen, der zufolge die Juden ohne jede Vorahnung und ohne den Versuch einer gewaltsamen Gegenwehr die Gaskammern betreten hätten, die Legende, die uns glauben machen will, ihr Tod wäre immer ein sanfter gewesen. Viele wussten von nichts – wie sollte man auch das Undenkbare denken, und wie es sich vorstellen? –, alle freilich haben eine Vorahnung der Wahrheit in sich getragen, und am Ende, als Gummiknüppel und Peitschen benutzt wurden, um sie auf den letzten Metern anzutreiben, haben alle verstanden. Andere – und in viel größerer Zahl, als behauptet wurde – machten sich keine Illusionen: polnische Juden aus den unweit von Auschwitz gelegenen Ghettos in Oberschlesien, etwa aus Będzin und Sosnowiec, oder tschechische Juden aus den «Familienlagern», die, nach sechs Monaten in Birkenau, ganz genau wussten, wie es um sie stand. Und weil auch die SS-Männer wussten, dass sie im Bilde waren, verzichteten sie auf Beschönigungen, auf die Märchen von den Duschen und der Desinfektion, und ließen die Maske fallen: Das war der Anfang der nackten Gewalt. Behelmt, gestiefelt, auf dem Kriegsfuß, schwer bewaffnet mit Flammenwerfern und Granaten, erwarteten die SS-Schergen in den Höfen der Krematorien die Horden der wehrlosen Juden; ein Offizier setzte sich auf ein Behelfspodium und hielt den Todgeweihten eine Rede, so ungeschminkt wie möglich, und ließ ihnen die Wahl, im Gasofen oder durch die Flammenwerfer zu sterben.

Aber man gab ihnen nicht die Zeit zu überlegen und das Entsetzliche einzuschätzen: Gewehrkolben, Schlagstöcke, Schüsse aus Maschinengewehren hämmerten sofort auf sie ein. Nach einem aussichtslosen Kampf schlossen sich die Tore der Kammern der Qual hinter einer blutigen, angeschwollenen, zerfallenen Herde.

Filip Müller hat die Henker wie die Opfer beobachtet: Sehr früh, schon im April 1942, war er mit einem der ersten Transporte aus der Slowakei nach Auschwitz gekommen, und im Mai jenes Jahres hat er im Krematorium I des Hauptlagers (die großen Krematorien von Birkenau gab es noch nicht) und in einem kleinen versteckten Bauernhof inmitten des Birkenwaldes von Brzezinka, der den Namen Bunker II trug, zu «arbeiten» begonnen. Später war er im Bunker V, der zu einer Gaskammer umgebaut wurde. Damals wussten die Nazis noch nicht, wie der Betrieb genau ablaufen sollte: Sie waren im wahrsten Sinne des Wortes Pioniere, experimentierten, machten Versuche und begingen Fehler, erfanden gleichzeitig die Methode und ihren Zweck, vervollständigten sie, perfektionierten und verfeinerten sie im Laufe der Monate und Jahre. Anfangs Gewalt, dann Tricks und Lügen, schließlich wieder Gewalt: Sie wartete am Ende jedes Weges. Die sogenannte deutsche Ordnung war zugleich eine namenlose Unordnung. Die Massentötungen ein Sauhaufen im heillosen Durcheinander: Sie konnten nichts anderes sein.

Aber da sind auch die Mitglieder des Sonderkommandos, die den Leidensweg Filip Müllers teilten, edle Menschen, Totengräber

ihres Volkes, Helden und Märtyrer zugleich. Es waren einfache
Männer, intelligent und brav, die in der Hölle der Scheiterhaufen
und Krematorien – diesem *anus mundi*, um ein Wort des KZ-Arztes
Thilo zu verwenden – kaum je ihre Menschlichkeit verloren: Yos-
sele Warszawski aus Warschau, aus Paris in das Lager verbracht;
Lajb Panusz aus Łomża; Ajzyk Kalniak, ebenfalls aus Łomża; Josef
Deresiński aus Hrodna; Leib Langfus aus Maków-Mazowiecki; Jan-
kiel Handelsman aus Radom, auch er aus Paris ins Lager deportiert,
ein Ehemaliger der Internationalen Brigaden (der einzige, der noch
am Leben ist); Salmen Gradowski und Salmen Lewenthal, die beiden Chronisten des Sonderkommandos, weil sie dachten, dass keiner überleben werde, zwangen sie sich Nacht für Nacht, ein Tagebuch ihrer Höllenqualen zu schreiben, und vergruben die Blätter
anschließend im Lehm der Krematorien II und III, weiterschrei-
bend bis zum Vorabend der missglückten Revolte des Sonderkommandos am 7. Oktober 1944, bei der sie beide ums Leben kamen: auf
Jiddisch verfasste Dokumente in einer schönen und strengen Schrift,
von Feuchtigkeit angefressen und durchweicht, von denen ein Teil
1945, ein anderer erst 1962 gefunden worden ist, zu zwei Dritteln
unentzifferbar und doch durch ihre bloße Existenz erschütternd.
Auf die obszöne Frage, die immer wieder gestellt wird und die auch
ich selber schon gestellt habe: «Wie haben sie ihre Arbeit verrichten
können? Warum haben sie nicht Selbstmord begangen?», muss man
sie selber antworten lassen. Und man muss ihre Antwort unbedingt
respektieren. Halten wir zuerst einmal fest, dass sich viele von
ihnen selbst getötet haben, gleich unter dem ersten Schock, dass sie
lebendig in die Gräben gesprungen sind, in denen das Feuer wütete,
oder flehten, getötet zu werden. Unter was für einem Schock sie
standen! Blutjunge Männer: Sie sind achtzehn, zwanzig, fünfundzwanzig Jahre alt; sie kommen aus Polen, Ungarn, Griechenland; sie
treffen in Auschwitz nach einer schrecklichen Bahnfahrt (elf Tage

und elf Nächte von Saloniki, neunzehn Tage über Meer und Land von Rhodos her) ein, nach Monaten oder auch Jahren im Ghetto, einer Zeit des Elends und der Erniedrigung: Sie haben Hunger, sie haben Durst, auch auf der Rampe, man «wählt sie aus», entreißt sie ihren Familien, schert ihnen das Haar, tätowiert sie, peitscht sie, knüppelt sie nieder, führt sie unter den Stößen und Bissen der Polizeihunde bis zu den Holzzäunen des Krematoriums V oder des kleinen Bauernhofes. Und plötzlich – kann man sich jemals auf ein solches Schauspiel vorbereiten? – sehen und erfassen sie alles: Die Gräben, das Getöse der Flammen, den Schwarm der blau verfärbten, ineinander verkeilten Leichen, die aus den plötzlich weit geöffneten Toren der Gaskammern gerollt werden, Knäuel von Körpern, die sie entknoten müssen, in denen sie ihre Mutter oder ihre kleine Schwester erkennen, die gemeinsam mit ihnen vor ein paar Stunden hier eingetroffen sind. Das war der erste Schock.

Die Juden der sonnigen Küsten des Ionischen Meeres, sanft und zart wie Albert Cohen, ertrugen das nicht: Sie stürzten sich, Tauchern gleich, mit ausgebreiteten Armen in die Verbrennungsöfen. Die anderen erfüllten zwei Monate später ihre monotone Aufgabe: Mit schweren Stampfern aus Birkenholz zermalmten sie auf einer Betonplatte die Schienbeine und langen Knochen, die das Feuer nicht ganz hatte zerstören können; sie taten ihre Arbeit und sangen dabei unter dem weißen Himmel von Birkenau den ganzen Tag hindurch: *Mamma, son tanto felice.* Filip Müller hat mir gesagt: «Ich wollte leben, um jeden Preis leben, noch einen weiteren Tag, noch einen weiteren Monat. Verstehen Sie das: Leben!» Doch Salmen Lewental, dieser bewunderungswürdige Froissart[56] des Son-

56 Französischer Historiker und Dichter des vierzehnten Jahrhunderts, dem wir vor allem die detaillierte Geschichte der ersten Hälfte des Hundertjährigen Krieges verdanken (A. d. Ü.).

derkommandos, hat mit seiner vornehmen Schrift auf die obszöne Frage am besten geantwortet, als er schrieb: «Es ist nun einmal die Wahrheit, dass man um jeden Preis leben will, leben, weil man lebt, weil die ganze Welt am Leben ist. Es gibt nur das Leben ...» Nein, meine Brüder, ihr seid wahrhaftig keine für hegelianische Gewissenskriege zum Sterben ausgebildeten Absolventen von Saint-Cyr[57] in weißen Handschuhen gewesen, ihr habt die Gewalt gehasst, und im Reich des Todes habt ihr ganz und gar das Leben geheiligt.

Von den Vernichtungslagern in Treblinka, Sobibor und Belzec ist nichts geblieben: In ihrer entsetzlichen funktionellen Einfachheit waren sie nicht fürs Überdauern bestimmt; da sind nur noch einige monumentale Symbole, die das entsetzliche Massaker auf die abstrakteste Weise in Erinnerung rufen. Im Gegensatz dazu steht Auschwitz noch immer und erzeugt bis heute ein absolutes Entsetzen. All jenen, die eine Pilgerfahrt nach Birkenau antreten möchten, empfehle ich darum, das Buch von Filip Müller mitzunehmen. Auschwitz lässt sich nicht einfach besichtigen: Man muss nach Auschwitz schon als Wissender kommen. Und umgekehrt: Wenn die Leser Filip Müllers ihn nach und nach verstehen wollen, müssen sie sich an jene Orte begeben: Ihn nur zu lesen reicht nicht aus. Man muss sehen und wissen, wissen und sehen.

---

57 Von Napoleon gegründete oberste Offiziersschule der französischen Armee, gilt als Eliteuniversität (A. d. Ü.).

DIE JUDEN HABEN DIE SCHLACHT
UM DEN KARMEL VON AUSCHWITZ
VERLOREN

Von Anfang an war klar, dass die Auseinandersetzung um den sogenannten Karmel von Auschwitz mit einer Niederlage des jüdischen Lagers enden würde. Die polnischen Karmelitinnen, die sich in Auschwitz niederlassen wollten, waren bestimmt von den besten Absichten geleitet und stellten die eineinhalb Millionen dort vergaster Juden in den Mittelpunkt ihres ökumenischen Segens. Für die Juden war das eine unzumutbare Aneignung. Sie hätten ihren Protest überall kundtun, aber auf keinen Fall verhandeln sollen. In Verhandlungen einzuwilligen bedeutete eine sichere Niederlage.

L'Événement du Jeudi: Werden die Karmelitinnen Auschwitz am Ende nun doch verlassen?

Claude Lanzmann: Nein, das glaube ich nicht. Die Juden haben die Schlacht um den Karmel verloren. Falls sich meine Prognose als falsch erweisen sollte und die Karmelitinnen sich zurückziehen, bleibt es für die Juden dennoch eine Niederlage: Die bösen Juden werden ein paar gutmütige und unschuldige Ordensschwestern verjagt haben, die nichts Böses im Sinn hatten. Wenn die Juden ihre Schwäche hätten zeigen wollen, würden sie sich nicht anders verhalten haben. Vor den Augen der Welt wird offenkundig sein, dass sie gegenüber der katholischen Kirche nicht genug Gewicht haben und dass die angebliche jüdische Macht ein Mythos ist. Die Juden werden von nun an mit dieser Niederlage leben müssen. Man hätte es nicht so weit kommen lassen sollen: Auf Schlachten, die man verlieren muss, lässt man sich nicht ein.

Hätten die Juden denn nicht kämpfen sollen?

Doch, natürlich. Lassen Sie mich klar und deutlich sagen, dass ich es absolut skandalös finde, einen Karmel in Auschwitz einzurichten. Dennoch ist alles nur ein Symbol. Das eigentliche Problem ist der polnische Antisemitismus, die Art und Weise, wie die Polen die Vernichtung der Juden aufgenommen haben, nicht nur damals, als sie stattgefunden hat, sondern auch später. Vierzig Jahre nach Auschwitz hat es die doppelte Indoktrinierung durch Priester und Kommunisten, hat diese Komplizenschaft es erreicht, dass das Wort «Jude» dort kaum noch ausgesprochen oder niedergeschrieben wird. Alles wird unter der allgemeinen Kategorie der «Opfer des Faschismus» oder des «Martyriums des polnischen Volkes» subsumiert.

Das war also, Ihrer Ansicht nach, ein zusätzlicher Grund, sich gegen den Karmel zu wehren?

Ich habe in meinem Film *Shoah* alles unternommen, um zu zeigen, dass die Judenvernichtung ein völlig singuläres und spezifisches Ereignis gewesen ist. Der Tod durch Vergasung richtete sich gegen die Juden, einzig und allein gegen die Juden. Mit einer Ausnahme: Zehntausende Sinti und Roma wurden 1944 in den Krematorien von Auschwitz vergast. Aber es gab keine vergasten Polen. Das ist nicht vorgekommen. Auch Deutsche wurden nicht vergast. Natürlich mit Ausnahme der deutschen Juden. Die Gaskammern waren für die Juden bestimmt. In *Shoah* zeigt sich der polnische Antisemitismus ganz deutlich, man sieht ihn überall am Werk, auch heute noch. Ich verstehe nicht, dass manche meiner jüdischen Freunde – für die ich Zuneigung und Achtung empfinde –, die diesen Film gesehen haben und die die tiefen Wurzeln des Antisemitismus in Polen kennen, Spaß daran gefunden haben, mit der polnischen Kirche und den Kardinälen zu verhandeln. Die Juden schenken deren Wort also Glauben. Und die Kardinäle, messen die ihrer Unterschrift auf einem mit Juden geschlossenen Vertrag irgendeine Bedeutung bei?

Sie kritisieren sogar, dass überhaupt verhandelt wurde?
Man hätte nicht verhandeln dürfen: Man hätte protestieren müssen. In Genf ein Übereinkommen wie Genf 1 und Genf 2 abzuschließen, das war ein Fehler. Heute stehen die jüdischen Unterhändler vor aller Welt als die Getäuschten da. Sie verfügen über keinerlei Mittel, den Abzug der Karmelitinnen durchzusetzen. In einer Kirche, die nicht monolithisch ist, kann man durchaus Leute wie den Kardinal Decourtray finden, die bereit sind, die Vereinbarungen zu verwirklichen, aber eben auch andere, die alles unternehmen werden, damit es nicht dazu kommt. Kardinal Glemp gehört zu dieser Gruppe. Macharski vielleicht auch.

Aber warum sollten sie der Präsenz der Karmelitinnen eine so große Bedeutung beimessen?
Ich glaube, dass im Kern dieser Sache eine Bekehrungsbemühung steckt. Was soll das heißen, der Karmel von Auschwitz? Tote Juden zu bekehren, das kommt einer allgemeinen Erlösung gleich. Die Kirche macht ihre Arbeit: Sie will bekehren, das war immer ihr Ziel, und wenn es nötig ist, bekehrt sie auch die Toten. Die Juden wollen sich aber weder bekehren noch bekehren lassen, und da es der Kirche nicht gelingt, lebende Juden zu bekehren, bekehren sie eben tote. Dass der Papst aus Polen stammt, ist in dieser Angelegenheit nicht ohne Bedeutung. Ich spreche gewiss ein wenig frech, aber heute ist Rom nicht mehr in Rom. Rom ist auf polnischen Boden übergesiedelt. Johannes Paul II. kann sich getrost in Rom aufhalten, der Vatikan befindet sich dennoch in Auschwitz. Wenn die Karmelitinnen sich nun also in Auschwitz I, dem ursprünglichen Lager, niedergelassen haben, nehmen die Franziskaner in Birkenau

längst die einstige Kommandantur für sich in Anspruch. Aber darüber verliert niemand ein Wort.

Was Sie da sagen, ist erschreckend, weil Kardinal Lustiger, ein konvertierter Jude, bei der Verhandlung eine wichtige Rolle gespielt hat.

Als der Papst Jean-Marie Lustiger zum Erzbischof von Paris und bald darauf zum Kardinal ernannte, wusste er genau, was er tat. Offensichtlich besteht ein Zusammenhang zwischen Lustigers Bekehrung und seiner Ernennung. Das alles ist gerade wegen der Aufrichtigkeit des Erzbischofs von Paris eine recht komplizierte Angelegenheit: Er hat sich immer zu seinem Judentum bekannt. Und die Juden sind Optimisten und haben Humor, sie waren im Grunde entzückt, dass nun ein Jude Kardinal von Paris war. Was auch immer Lustiger unternehmen oder sagen mochte, er blieb für sie ein Jude. In ihrem Unterbewusstsein stellten sie sich vor, dass nicht die Kirche Lustiger bekehrt habe, sondern dass vielmehr sie, die Juden, gerade die Kirche bekehren. Ich bin mir nicht sicher, ob die Juden sich zu den Unterhandlungen mit solcher Hingabe bereitgefunden hätten, wenn der Kardinal Marty, der brave Bauer aus dem Béarn, noch an der Spitze der Kirche von Frankreich gestanden hätte. Auf eine gewisse Weise war man ja froh, bei den Verhandlungen unter sich zu sein. Unwissend und wissend zugleich, hat Lustiger in dieser Sache eine neutrale Rolle gespielt, und er ist zu intelligent, um das nicht zu spüren. Heute freilich muss sich der Kardinal in einen ziemlich schwierigen Widerspruch verwickelt fühlen.

Aber auch Kardinal Lustiger ist in den Verhandlungen, an die er geglaubt hatte, hinters Licht geführt worden.

Sicher, doch alle nicht polnischen Unterhändler wollten vergessen, dass Auschwitz sich in Polen befindet und den Polen gehört – es ist ihr Boden, ihr Eigentum. Sie leben dort, und die Erziehung durch die Kirche und den Kommunismus hat tiefe Spuren hinterlassen. Die Polen sind über den jüdischen Anspruch auf Auschwitz aufrichtig empört, sie finden ihn unverschämt. Sie verstehen die Abscheu nicht, die Juden gegenüber einem Karmel in Auschwitz, und allemal gegenüber dem Kreuz, empfinden. Sie verstehen das umso weniger, weil der Papst erst kürzlich von der «Treulosigkeit der Juden» gesprochen hat: Das haben die Polen sehr wohl vernommen. Ein wenig später, das sei freilich auch gesagt, hat Johannes Paul II. eine andere Rede gehalten, in der er den Antisemitismus streng verurteilt hat. Er verändert sich, das ist normal. Der Papst ist ein großer Politiker. Und große Politiker haben immer mehrere Eisen im Feuer. Reden wir doch in diesem Zusammenhang vom Genfer Abkommen: Wie können die Polen sich an einen Vertrag gebunden fühlen, der mit «Treulosen» und mit «Perfiden» geschlossen wurde? Wir befinden uns hier wieder inmitten der Genese des christlichen Antisemitismus.

Sollten die Juden vor den Toren des Karmel in Auschwitz ihren Unmut zum Ausdruck bringen?
Die amerikanischen Juden haben den Krieg hier nicht mitgemacht. Sie kehren ihr Schuldgefühl nach außen, sie wollen auf unverantwortliche Art einen Kleinkrieg führen. Es handelt sich um dieselben Gruppen, die gegen Kurt Waldheim zu Felde gezogen sind, mit dem bekannten Erfolg. Nach Polen zu reisen und den Karmel zu belagern wird bei den Polen nur Besitzansprüche wecken und ihren ureigenen Antisemitismus noch verstärken.

«Ureigenen» – sind Sie davon überzeugt?
Während der Dreharbeiten an *Shoah* hat mich das Ausmaß des polnischen Antisemitismus, selbst an den Stätten, wo die Juden zu

Tode gekommen sind, wirklich erstarren lassen. Um in ihren kleinen Dörfern seelenruhig mit dem Wissen leben zu können, dass sie Zeugen gewesen sind und ihnen die Todesursache der Hälfte ihrer Mitbürger wohlbekannt ist, um es verkraften zu können, dass sie sich später auch noch die jüdischen Häuser angeeignet haben und bis heute darin wohnen, müssen die Polen die Juden weiterhin hassen. So bleibt der antisemitische Hass – entgegen den Behauptungen von Kardinal Glemp – unverändert virulent.

In einem Interview mit France-Soir *hat Kardinal Glemp kürzlich – ich zitiere – «die Geschehnisse um den Karmel mit jenen in Palästina» in Verbindung gebracht.* Das ist ausschlaggebend. Der polnische Antisemitismus meint: «Die Juden haben für den Tod Christi gebüßt.» Volk von Gottesmördern. Mördervolk. Warum bringt Glemp unvermittelt Israel zur Sprache? Weil sich dort in seinen Augen die mörderische Natur der Juden erneut zu erkennen gibt. Seine Botschaft ist klar und deutlich: Die Juden sind vor zweitausend Jahren Mörder gewesen, sie haben Christus getötet, heute töten sie palästinensische Kinder. Der tiefere Sinn dieser Aussage des katholischen Primus von Polen liegt in der Erklärung, die Juden hätten es wegen des Holocaust vierzig Jahre lang geschafft, als Opfer zu gelten. Glemp verweist darauf, dass das ewige Wesen dieser Opfer im Morden besteht. Das ist es, was Glemp sagen will, und das ist nichts als ärgster Revisionismus. Es ist die Wurzel des Revisionismus eines Robert Faurisson. Jean-Marie Le Pen redet gegenwärtig nicht zufällig vom Weltjudentum: Er spürt, dass ein günstiger Wind für solche Anliegen weht. Die Polen, die jeden Tag neue Berichte zur Intifada auf ihren Bildschirmen sehen, die über die Kundgebungen amerikanischer Juden vor dem Karmel entsetzt sind und dann Glemp sprechen hören, behalten nur eine einzige Sache im Kopf: Mörderische Juden wollen brave Karmelitinnen daran hindern, für die Toten zu beten. Die ganze Geschichte ist vergiftet und faul. Sie wird mit jedem Tag nur noch schlimmer werden.

L'Événement du Jeudi,
Nummer 253, 7.–13. September 1989

HOLOCAUST, DIE UNMÖGLICHE DARSTELLUNG. ZU *SCHINDLERS LISTE*

Ich schätze Steven Spielberg. Ich habe *Indiana Jones* gesehen, ich habe *Jäger des verlorenen Schatzes* und *E. T. – Der Außerirdische* gesehen, ich glaube, ich habe auch seinen Film *Der weiße Hai* gesehen, und ich mag seine Filme sehr. Er ist ein echter Virtuose des Kinos. Auf jeden Fall beherrscht er sein Metier. Als ich dann von seinem Filmvorhaben hörte, dessen Vorgeschichte mir völlig unbekannt war, habe ich mir gesagt: Spielberg wird mit einem Dilemma konfrontiert sein, er kann die Geschichte Schindlers nicht erzählen, ohne zu sagen, was der Holocaust gewesen ist; und wie kann er sagen, was der Holocaust gewesen ist, wenn er doch die Geschichte eines Deutschen erzählen will, der 1300 Juden gerettet hat, wohingegen die erdrückende Mehrheit der Juden nicht gerettet worden ist? Auch wenn er die «Aktionen» im Moment der Deportation aus dem Krakauer Ghetto zeigt, auch wenn er den Lagerführer zeigt, der auf Deportierte schießt, wie kann er der Normalität der Todesprozedur und der Vernichtungsmaschinerie gerecht werden? Nein, so war das nicht für jeden abgelaufen. In Treblinka oder in Auschwitz stellte sich die Frage nach der Rettung nicht.

Wird in *Schindlers Liste* das Gesamtbild, wird die historische Wahrheit verzerrt? Ja, und zwar insofern, als jeder mit jedem in diesem Film kommuniziert und die Juden die ganze Zeit mit den Deutschen im Gespräch sind. *Shoah* ist im Gegensatz dazu ein Film, wo keiner irgendwem begegnet: Das war für mich eine ethische Haltung. Es liegt in meiner Art, streng zu sein, obwohl ich ganz und gar an die Aufrichtigkeit und an die Ehrlichkeit Spielbergs glaube; jedenfalls ist er den Einzelheiten der Geschichte Schindlers gerecht geworden, die er dem Buch von Thomas Keneally entnommen hat.

Einmal sieht man im Krakauer Ghetto eine Apotheke. Der Apotheker heißt Pankiewicz, man hört seinen Namen. Pankiewicz. Diese sehr alte polnische Apotheke hat es während meiner letzten Dreharbeiten in Polen 1981 noch gegeben. Ich habe in dieser Apotheke gefilmt, und ich bin Herrn Pankiewicz, dem Apotheker, auch persönlich begegnet. Spielberg hat also seriös gearbeitet, das ist nicht das Problem.

Das Problem besteht darin, dass der Film von zweideutigen und nahezu gefährlichen Szenen wimmelt, die man mit einer Pinzette hätte anfassen müssen. Wenn Spielberg zeigt, wie die Kerle der Judenpolizei bei Massenverhaftungen Schläge austeilen, bringt er, ohne zu differenzieren, gleichsam ohne «Gebrauchsanweisung», den Gedanken ins Spiel, die Juden hätten einen Beitrag zu ihrer eigenen Zerstörung geleistet. Wenn Spielberg zeigt, wie Schindler Geld von den Juden verlangt, findet die Szene mit zwei alten Juden des Judenrates, bärtig und stereotyp, in einem Fahrzeug statt; nach einem Getuschel, einer Art geheimer Absprache ziehen sie schließlich das Geld aus der Tasche und übergeben es Schindler. Es kommt dabei zu einer Identifikation mit dem Rollenbild der Geldjuden, ja der bärtigen Geldjuden.

Darüber hinaus steht die persönliche Geschichte Schindlers im Mittelpunkt: Schindler und die Frauen, Schindler und die Sexualität, Schindler und das Geld; Schindler ist in einem gewissen Sinne ein Spieler. Nun gut, das kommt an, ähnlich wie in *Jäger des verlorenen Schatzes*. Tatsächlich ist es ja so, dass, wenn Schindler zum Beispiel mit deutschen Offizieren oder SS-Männern zu Abend isst, um sie in seine Geschichte zu verstricken, diese Typen zwar käuflich wirken, aber in ihren schönen Uniformen keineswegs unsympathisch. Darin liegt ein Problem der Bildgebung und eines der Darstellung: Rein gar nichts, was hier geschieht, ähnelt auch nur im entfernten Sinne dem, was wirklich geschehen ist, auch wenn alles authentisch erscheint. Die Deutschen waren nicht so, sie waren anders. Außerdem ist für mich offensichtlich, dass die hier gezeigten Deportierten – nach so vielen Monaten und Jahren des Unglücks, der Erniedrigung, des Elends und des Krepierens vor Angst – durch die ausgewählten Schauspieler nicht glaubhaft verkörpert werden. In gewisser Weise bin ich unfähig, meine Aussagen zu begründen. Man begreift, oder man begreift nicht. Es ist ein wenig wie das kartesianische *cogito*: Am Ende stößt man an eine Grenze, an einen Schlussknoten, man kommt nicht darüber hinaus. Der Holocaust ist vornehmlich dadurch einzigartig, dass er einen Flammenkreis, eine unüberwindliche Grenze um sich errichtet, weil eine bestimmte Absolutheit des Entsetzens nicht vermittelt werden kann: Wer behauptet, dazu imstande zu sein, macht sich der schwersten Übertretung schuldig. Die Fiktion aber ist eine Übertretung, und ich bin fest davon überzeugt, dass es hier ein Verbot der Darstellung gibt. *Schindlers Liste* hat in mir die gleiche Empfindung hervorgerufen wie die Fernsehserie *Holocaust*. Das Überschreiten und Trivialisieren, hier wird es zur selben Sache: Die Fernsehserie wie der Hollywoodfilm übertreten Grenzen, eben weil sie «trivialisieren» und damit die Einzigartigkeit des Holocaust aufheben.

In *Shoah* wird nicht eine Sekunde Archivmaterial gezeigt, weil das weder meiner Arbeitsweise noch meiner Denkweise entspricht. Solches Material gibt es auch gar nicht. Und so erhebt sich die Frage: Muss man, sofern man Zeugnis ablegen will, eine neue Form erfinden, oder soll man rekonstruieren? Ich glaube, ich habe eine neue Form geschaffen. Spielberg hingegen hat die Rekonstruktion gewählt. Aber zu rekonstruieren bedeutet in gewisser Weise auch, Archive zu erstellen. Und wenn ich einen, etwa von einem SS-Schergen gedrehten Film gefunden hätte – einen geheimen Film, weil jede Form von Aufzeichnungen strengstens verboten war –, der zeigen würde, wie dreitausend Juden, Männer, Frauen und Kinder, in einer Gaskammer des Krematoriums II von Auschwitz erstickten und gemeinsam starben – wenn ich also einen solchen Film gefunden hätte, hätte ich ihn dennoch niemals gezeigt, mehr noch: Ich hätte ihn vernichtet. Ich kann nicht sagen, warum. Es versteht sich von selbst.

Ich habe mir also *Schindlers Liste* angesehen. Ich bin dem Film mit den allerbesten Absichten und ohne die geringste Feindseligkeit gefolgt. Ich sagte mir, es gibt filmtechnisch sehr wertvolle Details darin, obgleich mir immerzu die schon erwähnte Frage der Darstellung und der Schauspieler zu schaffen machte; dann sehe ich plötzlich, wie Spielberg das Lager von Plaszow zeigt – eine flüchtige Szene, und er ist geschickt genug, um zu wissen, wo man beschleunigen muss: Menschen schaufeln Sammelgräber, um die Leichen zu verbrennen, die sich seit der Liquidierung des Krakauer Ghettos angesammelt haben. Ziemlich am Anfang von *Shoah* erzählen zwei Überlebende des Wilnaer Ghettos und des berühmten Waldes von Ponary, wie sie 1944 gezwungen wurden, die Gräber zu öffnen und dort mit nackten Händen Leichen herauszuholen, die nur noch flache Streifen waren. Je tiefer sie in das Massengrab vordringen, desto flacher sind die Körper, und die Deutschen untersagen ihnen auch noch, das Wort «tot» oder das Wort «Opfer» auszusprechen. Sie müssen die Leichen als «Figuren» bezeichnen: als wären sie Puppen oder Marionetten. In *Shoah* ist das eine atemnehmende Szene: Zwei Männer reden in einem Wald, in einem Wald in Israel: und mit einem Schlag wird mir bewusst, dass Spielberg alles zeigt, was ich in *Shoah* nicht zeige.

Ich habe wirklich geglaubt, demütig und stolz, es gäbe ein Vor- und ein Nach-*Shoah*, ich habe gedacht, dass nach *Shoah* gewisse Dinge nicht mehr gemacht werden können. Aber Spielberg hat sie gemacht. Und dann erhielt ich einen Brief von einem Journalisten der englischen Abendzeitung *Evening Standard*, der mich nach meiner Meinung zu *Schindlers Liste* fragte. Er schrieb: «Man merkt, wie sehr Sie Spielberg beeinflusst haben.» Ich antwortete ihm, ich meinerseits könne nicht sehen, wo mein Einfluss erkennbar sei. Das genaue Gegenteil war der Fall – mein Einfluss war negativ gewesen.

Es scheint, als hätte Spielberg eine illustrierte *Shoah* verfertigt, als hätte er überall dort Bilder hineingebracht, wo es in *Shoah* keine gibt, und nun töten die Bilder die Vorstellungskraft, nun erlauben sie eine tröstliche Identifikation mit der Figur Schindler, einem doch mindestens recht fragwürdigen «Helden».

Man kann sich noch eine andere Frage stellen, nämlich zu dem seit kurzem bemerkbaren «Trend», wahrlich eine von Amerikanern und Israelis lancierte Mode: Die Gerechten sind in Mode gekommen. Man ist auf die andere Seite hinübergeschwenkt, und auf einmal gibt es mehr und mehr Menschen, die Juden gerettet haben. Wenn es aber so viele Gerechte gegeben hat, Judenretter, wie kommt es dann, dass so viele Juden gestorben sind? Auch in dieser Sache geht jeder Sinn für das rechte Maß verloren. «Gerechte» hat es durchaus gegeben, ja, aber ich nenne sie nicht «Gerechte», sondern Menschen, die ihre Pflicht getan haben. Manche haben sie immer erfüllt, manche manchmal, andere zur Hälfte. Das ist kein einfaches Thema.

Mein grundlegender Vorwurf gegen Spielberg ist, dass er den Holocaust anhand der Geschichte eines Deutschen erzählt. Auch wenn der Juden gerettet hat, ändert das die Annäherung an die Geschichte grundsätzlich, es schafft eine verkehrte Welt. *Shoah* verbietet viele Dinge, *Shoah* entzieht den Leuten viele Dinge, es ist ein karger und reiner Film. In *Shoah* gibt es keine persönliche Geschichte. Die überlebenden Juden sind Überlebende einer besonderen Menschenart: Sie sind nicht irgendwelche Überlebenden, sondern Leute, die sich am Ende der Vernichtungskette befunden haben und zu direkten Zeugen des Mordes an ihrem Volk geworden sind. *Shoah* ist ein Film über den Tod und keineswegs ein Film über das Überleben.

Keiner der Überlebenden in *Shoah* sagt «ich». Und keiner erzählt seine persönliche Geschichte: Der Friseur sagt nicht, wie er nach drei Monaten im Lager von Treblinka entkommen konnte; das interessierte mich nicht, und das interessierte auch ihn nicht. Er sagt «wir», er spricht für die Toten, er ist ihr Wortführer. Was mich betrifft, so wollte ich eine Struktur etablieren, eine Form, die für die Allgemeinheit des Volkes Gültigkeit haben sollte. Das genaue Gegenteil ist Spielbergs Vorgehensweise, für den die Massenvernichtung bloß Kulisse ist: Der blendenden schwarzen Sonne des Holocaust bietet er nicht die Stirn.

Weint man, wenn man *Schindlers Liste* sieht? Wie auch immer. Tränen sind eine Form des Genusses, Tränen sind eine Freude, eine Katharsis. Viele Menschen haben mir gesagt: Ich kann mir Ihren Film nicht ansehen, weil es in *Shoah* kaum eine Möglichkeit geben wird, zu weinen.

Spielbergs Film dagegen ist in einem gewissen Sinne ein Melodram, ein kitschiges Melodram. Man ist von der packenden Geschichte dieses deutschen Gauners fasziniert. Das ist alles. Obwohl ich in den Augen vieler Menschen als Zionist gelte, hätte ich es jedenfalls nicht gewagt, «Hammerschläge» von der Art auszuteilen, wie Spielberg es am Ende von *Schindlers Liste* tut: Schindlers Grab in Israel als Zeichen einer großen Versöhnung, mit dem Kreuz und den kleinen jüdischen Steinen, mit der Farbe, die sich nun dazugesellt, um ein Happy End anzudeuten.

Nein, Israel ist nicht die Erlösung des Holocaust. Diese sechs Millionen sind nicht gestorben, damit Israel existieren kann. Das letzte Bild in *Shoah* ist ein anderes. Es zeigt einen fahrenden Zug, endlos. Es will sagen, dass der Holocaust kein Ende hat.

Le Monde, 3. März 1994

DIE WAHRE VERGESSENSMASCHINE: ANTWORT AN ANNE SINCLAIR UND ALAIN MINC

Zu meiner großen Überraschung veröffentlichte Le Nouvel Obser- vateur *ohne Vorwarnung einen «Offenen Brief an Claude Lanz- mann», unterzeichnet von Anne Sinclair und Alain Minc, die dem Film* Schindlers Liste *zu Hilfe eilen, dem Film, der die große Mehr- heit anspricht, wohingegen* Shoah *doch nur eine begrenzte Anzahl unermüdlicher Zuschauer erreichen konnte. Sie beteuern ihre Bewunderung für* Schindlers Liste, *um mich umso inständiger zu bitten, besser zu schweigen.*

Auf die überraschende Bittschrift, die Sie an mich richten, möchte ich Folgendes erwidern:

Erstens: Ich habe keine «Polemik eröffnet», man hat mich viel- mehr aus leicht ersichtlichen Gründen gebeten zu schildern, was ich über *Schindlers Liste* denke. Da es hier um eine Frage nach der Wahrheit, nach dem Rang des Films und nach der Art und Weise der Vermittlung geht, habe ich mich der Sache nicht entzogen. Ich habe ernsthaft und maßvoll geantwortet und mich mit meinen Äußerun- gen so weit wie möglich zurückgehalten, obwohl von allen Seiten Anfragen an mich gerichtet worden sind. Auch die meisten Inter- viewanfragen habe ich abgesagt, und wenn meine Erklärungen in *Le Monde*, auf die ich allein verweise, tatsächlich ungekürzt von bedeutenden ausländischen Zeitungen nachgedruckt worden sind, dann geschah das ohne mein Wissen. Polemik, sagt man, tobe nun in den Salons, aber Sie sind es, die diese Polemik am Leben halten. Sie beide und ein obskurer holländischer Produzent und Filmemacher, der mir zudem noch seine eigene Niedertracht unterstellt. Als ob es in einem Fall wie diesem auf einen verdammten Zusammenschluss ankäme, als ob ich durch meine freie Meinungsäußerung, ohne der Einschüchterung durch die Medien nachzugeben, deren Vorsänger Sie beide offenbar abgeben wollen, irgendein Tabu bräche. Als könnten viele Leute es nicht hinnehmen, dass ich mich veranlasst fühle, auch von *Shoah* und meiner Person zu sprechen, wenn ich etwas zu Spielberg und zu seinem Film sagen soll.

Zweitens: Sie verbreiten seelenruhig Unwahrheiten. Es stimmt nicht, dass ein Drittel der Amerikaner «nicht einmal den Begriff Holocaust kennt». Das ist eine Erfindung jüdischer Bürokraten, die von ihrem Lebenszweck nicht ablassen und das Spendensammeln rechtfertigen wollen, mit dem sie den musealen Wahnsinn finanzieren, der sich ihrer wie des nun zu Ende gehenden Jahrhunderts bemächtigt hat. Haben Sie etwa die feierlichen Einweihung des in Washington, D.C. errichteten Holocaust Memorial Museum mit all dem Getrommel und der Ansprache von Präsident Clinton vergessen? Haben Sie die amerikanische Fernsehserie *Holocaust* vergessen, die von einem der großen kommerziellen Fernsehsender übertragen und wieder übertragen wurde? Genug davon.

Wenn Sie an anderer Stelle auf die «Heranwachsenden» zu sprechen kommen, «die alle unbedingt Spielbergs Film sehen wollen», «einen der wenigen, der ihre Sprache spricht», stellen Sie die Frage: «Hätten sich diese jungen Leute auch *Shoah* angesehen?», und antworten im Tonfall des Bedauerns: «Nein, leider nicht. Würden sie Primo Levi lesen? Ebenso wenig. Kennen sie den Film *Nacht und Nebel* von Alain Resnais? Nein, auch nicht», wobei sie freilich gut zu Spielberg passen, der, geübt, wie er in Sachen Vermarktung ist, in einem Interview mit *Le Monde* erklärt hat: «Als ich mir Claude Lanzmanns Film *Shoah* ansehen wollte, habe ich acht andere Leute dazu eingeladen, und jeder von ihnen hat sich bald verdrückt. Also

habe ich mir die acht Stunden [sic] des Films ganz allein ange-
schaut. *Ganz allein.* Und als wäre das eine Kampfansage, habe ich
mir gedacht: Wenn die Leute auf den Holocaust pfeifen, dann werde
ich, ich selber, ihnen eine *Geschichte des Holocaust* erzählen.»[58]
Heldenhafter Spielberg! Aber wozu brauchte er überhaupt Begleiter? Ich kenne seine Freunde nicht, aber ich erinnere mich an einen
Kinosaal mit dreitausend Plätzen in Chicago, der zehn Tage lang
gerammelt voll war mit Erwachsenen und Jugendlichen, die sich
Shoah stillschweigend ansahen, ohne auch nur mit einer Popcorn-
Tüte zu rascheln. Ich erinnere mich, dass mein Film – wiederum in
Chicago – im Biograph Theater drei Monate lang auf dem Programm
stand und an der Kasse erfolgreicher war als Al Capone. 1987 war
das, also vor sieben Jahren. Das Cinema-Studio in New York war fast
ein ganzes Jahr lang immer voll, und zur selben Zeit wurde *Shoah*
noch in hundertfünfzig anderen amerikanischen Städten gezeigt.
Ich will auch daran erinnern, dass der Film fünfmal im amerikanischen Fernsehen gezeigt und weltweit, sei es im Kino oder im
Fernsehen, von sechzig Millionen Menschen gesehen wurde. Das
heißt nicht viel, ich gestehe es Ihnen gern zu. Wenn *Schindlers Liste*
fünfhundert Millionen, ja eine Milliarde Artgenossen anlockt, freue
ich mich für Spielberg. Aber es handelt sich bei ihm, im genauesten
Wortsinn, um eine «Holocaustgeschichte», die Antrieb und Ergebnis der «Vergessensmaschine» ist, von der Sie selber sprechen. Ich
werde hier nicht noch einmal auf den Hintergrund der Debatte
zurückkommen, aber wenn der «Preis» für das, was Sie komischerweise als eine «Massenpädagogik mit ihren unvermeidlichen Feh-
lern» bezeichnen, eine Verzerrung und Verkleidung der Wahrheit
ist, dann müssen fortan leider die Unbildung und das Vergessen

---

58   Hervorhebungen des Autors.

hochleben! Gibt es im Übrigen eine Pädagogik in solchen Entsetz-lichkeiten? Kürzlich hörte ich drei Teenager an einer Bushaltestelle einander fragen: «Schaust du ihn dir an?» Einer verzog die Lippen zu einem anzüglichen Lächeln: «Es soll darin sehr viel gefoltert wer-den!» Er wird sich den Film ansehen, so viel ist sicher.

Es ist wahrscheinlich, dass Auschwitz in fünfzig, hundert oder fünfhundert Jahren tatsächlich mit der Bartholomäusnacht oder mit der Belagerung des Montségur verglichen wird. Das ist das Gesetz der menschlichen Gattung, und was Spielberg auch tun mag, was Sie beide auch darüber sagen mögen: Er geht bereits in diese Richtung. Wenn es dennoch unerwartet anders kommen sollte, wird man es nicht irgendwelchen «Produkten», sondern den großen Werken verdanken: Primo Levi, André Schwarz-Bart, Paul Celan, Robert Antelme und *Shoah*. Sehen Sie denn nicht, dass Sie im Namen eines skandalösen Effizienzprinzips, das Sie fort-während geltend machen, die Möglichkeit von wahrer Kunst selbst unterbinden? Was wäre ein «effizientes» *Krieg und Frieden*, was wäre eine «effiziente» *Suche nach der verlorenen Zeit*?

Drittens: Dieselben Leute, die sich vor einigen Monaten, als *Jurassic Park* in den Kinos lief, leidenschaftlich für die «kulturelle Ausnahme»[59] einsetzten, gehen nun, von heiliger Verwirrung ergrif-fen, in die Knie, sobald vom Holocaust die Rede ist. Sie rufen sogar Bill Clinton und seine hölzerne Präsidentensprache zu Hilfe.

Viertens: Vielleicht habe ich einen Teil meines «gewaltigen Ansehens verspielt», weil ich Ihnen hier geantwortet habe. Aber Ihre Bittschrift klingt ja nach einer Fatwa. Und das mag ich nicht.

Le Nouvel Observateur, 12.–23. März 1994

---

59   Förderung und Subventionierung kultureller Werke aus Frankreich. Grundsätzlich geht es darum, kulturelle Güter nicht wie kommerzielle zu behandeln (A. d. Ü.).

ERWIDERUNG AN JACQUES HENRIC
UND PHILIPPE FOREST

Jacques Henric, zu dem ich heute ein sehr gutes Verhältnis habe,
wird es mir verzeihen, wenn ich diesen Artikel erneut publiziere,
den ich ursprünglich, auf Grundlage des Rechts auf Erwiderung, in
seinem Magazin art press *habe abdrucken lassen. Zweifellos muss*
ihm mein Schreiben damals nahegegangen sein.

Ich werde die Streitschrift von Georges Didi-Huberman, *Bilder*
trotz allem, der art press in ihrer Nummer 297 gleich zwei Artikel
zu widmen für klug befand, zur richtigen Zeit kommentieren. Zuerst
aber muss ich mit einigen unzumutbaren Unwahrheiten und wenigstens einer der Niederträchtigkeiten aufräumen, die Teil dieser beiden Artikel sind. Der Anfängereifer, mit dem Jacques Henric und
Philippe Forest sich von Didi-Huberman haben anwerben lassen,
ohne auch nur ein wenig über die Tatsachen zu wissen, bringt den
zweiten Autor dazu, etwa über die Männer des «Sonderkommandos»
von Auschwitz-Birkenau zu schreiben: «Das von den Nazis zusam-
mengestellte, aus Deportierten bestehende Sonderkommando war
damit beauftragt, *die Massenvernichtung der anderen Deportierten*
eigenhändig zu erledigen [...]. Opfer der Scharfrichter – und *Scharf-*
richter der Opfer, die in die irrsinnige Lage gebracht wurden, *selber*
die Exekutionen vollziehen zu müssen, das Todesurteil, das über
sie wie über alle anderen verhängt war.»[60] Ich will nicht in Zweifel

---

60   Hervorhebungen des Autors.

ziehen, dass Philippe Forest sich hier in aller Unschuld äußert und ihm gar nicht bewusst ist, dass seine Worte buchstäblich sagen, die Juden des Sonderkommandos hätten mit eigenen Händen die eigenen Leute ermordet! Diese Formulierung ist so schrecklich entmutigend und ungeschickt, dass man kaum wagt, ihrem Autor zu sagen, dass er sich irrt und alles ganz anders war. Die Männer der Sonderkommandos waren einfache, intelligente, brave Männer, und die allermeisten von ihnen haben sich in der Hölle der Scheiterhaufen und Krematorien ihre Menschlichkeit bis zum Schluss bewahrt. Weil ich Achtung vor den Lesern von *art press* habe, kann ich hier nichts anderes tun, als auf mein Vorwort zu Filip Müllers Buch *Sonderbehandlung: Drei Jahre in den Krematorien und Gaskammern von Auschwitz* zu verweisen, einem der Protagonisten von *Shoah*. Nebenbei sei erwähnt: Didi-Huberman lässt sich von diesem Vorwort «inspirieren», ohne es zu erwähnen, und schreckt auch nicht davor zurück, Filip Müllers Aussagen, die er dem Buch zum Film *Shoah* entnimmt, schamlos zu manipulieren. Man wird diesen Vorwurf im Kommentar, den ich einleitend angekündigt habe, genau begründet finden. Bis es so weit ist, empfehle ich Philippe Forest, sich *Shoah* nicht «noch einmal», sondern überhaupt ein erstes Mal anzusehen. Wenn er mit dem Film vertraut wäre, hätte er unmöglich schreiben können, was ich gerade gerügt habe. Wenn er Filip Müller, Simon Srebnik, Mordechaï Podchlebnik, Motke Zaïdl, Itzhak Dugin, Abraham Bomba, Richard Glazar, Rudolf Vrba wirklich hätte sprechen gehört, würde er verstanden haben, dass diese Wiedergänger, wie ich es gesagt habe, Helden, Heilige und Märtyrer sind; er hätte ihre Gesichter, ihre Tränen, den Klang ihrer Stimmen und ihrer Worte für immer im Gedächtnis behalten. Und das ist noch nicht einmal das größte von Didi-Huberman begangene Unrecht, diesem frisch Bekehrten, der vor Anfängern predigt und dem solche vorgeblich in theoretischer Raserei begangenen Ausrutscher, Entgleisungen und Verfälschungen nicht nachgesehen werden dürfen.

Während ich diese Worte schreibe, weiß ich nur zu gut, dass die giftige Doxa, die von Jacques Henric verbreitet wird, bloß jene alte Litanei wiederkäut, der zufolge ich die Existenz anderer Werke als meiner eigenen nicht ertragen könne, «nicht einmal *Nacht und Nebel* von Resnais», während mir die «Dithyramben [meiner] fieberhaften Aficionados mehr als angenehm» seien. Das sind nun wirklich unerträgliche Lügen und Verleumdungen. Der beste Gegenbeweis: Die Herausgeber der jüngsten DVD von *Nacht und Nebel* haben mich auf Wunsch von Alain Resnais gefragt, ob sie der Ausgabe ein langes Interview über die Unterschiede zwischen *Nacht und Nebel* und *Shoah* beifügen dürfen, das ich dem Sender France-Culture gegeben habe. Ich erklärte dort, den Film immer bewundert zu haben, nicht anders als andere Filme von Alain Resnais; *Nacht und Nebel* sei allerdings kein Film über die Shoah. Doch hier ist nicht der Ort, das weiter auszuführen. Und Resnais, daran zweifle ich nicht, ist mit mir in dieser Sache einer Meinung. Mögen alle, die darüber mehr von mir hören wollen, die neue DVD von *Nacht und Nebel* kaufen! Und was die «Aficionados» betrifft, darf man sich mit gutem Recht fragen, welche wohl die «fieberhaftesten» sind: die «Didisten» wie ein Jacques Henric, ein Philippe Forest, oder die meinen?

Doch die Böswilligkeit und die Doxa, die von dieser lebt, sind unersättlich. Henric und Forest, die Didi-Gläubigen, greifen auf eine Art, die ihrer unwürdig ist, und gleichsam um die Wette alte Kamellen auf, sie machen sich nicht die Mühe, auf die Texte einzugehen, die ich geschrieben habe. Sie meinen: Ich sträubte mich gegen das Begreifen, spräche die Shoah heilig, schwänge die Fahne des Unsagbaren, des Untersagten, des Tabus, des Nichtdarstellbaren, umgäbe das Entsetzliche mit einem «poetischen Schweigen», welches das «zutiefst prosaische Schweigen, mit dem die Nazis ihre Verbrechen verbargen», nur noch verstärke. Wenn Philippe Forest mit dieser Bezichtigung auf *Shoah* zielt, dann handelt es sich um eine Beleidigung, die nach Wiedergutmachung verlangt. Seine Worte belegen, dass er nicht weiß, wovon er spricht, dass er den Film nicht gesehen hat. *Shoah* ist in erster Linie ein Unternehmen schonungsloser Entheiligung, das die Sprache wiederfindet und sie an den Ort bringt, wo das Wort nie ergriffen worden ist, wo es nicht sein durfte; *Shoah* verwirft alle Beschönigungen, treibt das Schweigen aus seinen Verstecken hervor, stellt sich dem wichtigsten, im Mittelpunkt aller Dinge stehenden Versuch: zu wissen, wie dort getötet worden ist, und dem Verbrechen auf der Spur zu bleiben, ein Aussprechen zu erzwingen und ein vollständiges Erzählen, ohne die Kamera im Augenblick des größten Schmerzes abzustellen und sich auf Zehenspitzen zurückzuziehen, wie es der gute Ton verlangen würde. Diese Form von Pietät ist nicht meine: Denn die Weitergabe gelingt nur um diesen hohen Preis. *Shoah* hat eine andere Art von Schamgefühl.

Was die Darstellung anbelangt, so habe ich mich nur auf eines festgelegt: eben darzustellen. Neun Stunden und dreißig Minuten lang habe ich die Shoah dargestellt. Kurz gesagt, die Vernichtung der Juden und die Vernichtung der Spuren ihrer Vernichtung ereigneten sich zeitgleich. Das perfekte Verbrechen war vollbracht, was so viel heißt wie: Es hat nicht stattgefunden. Diese Einstellung dem Verbrechen gegenüber steckt im innersten Herzen der Shoah und von allem, was wir noch heute erdulden. Die Nazis sind es gewesen, die das Darstellungsverbot praktiziert haben, nicht ich. *Shoah* kämpft gegen die Nichtdarstellbarkeit und stellt sich, Bild für Bild, dagegen. Der schöpferische Akt ist frei. Es ist keineswegs verboten, auf repräsentative Ersatzmittel zurückzugreifen – Schauspieler, Kostüme, Seufzer –, um den grauenhaften Tod von dreitausend Menschen zu zeigen: junge und alte Menschen, Kinder und Frauen, gemeinsam in einer der großen Vergasungsanlagen der Krematorien II, III, IV oder V von Birkenau erstickt, wo sie sich zuvor, um weiteratmen zu können, «in dem Lebens... also in dem Todeskampf» befanden, wie Filip Müller es in *Shoah* nennt. Das zu zeigen ist nicht verboten, aber unmöglich. Manche Dinge sind in der Kunst unmöglich. Nicht verboten: unmöglich. Selbst Spielberg ist in *Schindlers Liste* diesem «Unmöglichen» begegnet, er hat damit gespielt und ist vor der bildlichen Darstellung der Gaskammer zurückgewichen. So ist seine falsche Gaskammer nur ein richtiger Duschraum. Was für eine Erleichterung! «Man filmt dort, wo es einen Zeugen gibt», schreibt Arnaud Desplechin, «man kann nicht das Innere einer Gaskammer filmen, weil das entscheidende Merkmal einer Gaskammer darin besteht, keinen Zeugen am Leben zu lassen».[61] Wenn es Überlebende der Lager gibt, dann doch keine Überlebenden der Gaskammern. All jene, die dort umgekommen sind, haben kaum etwas über ihren Tod gewusst: Sie sind gleich nach ihrer Ankunft in der Dunkelheit erstickt und haben über die Stätte ihrer Qual nichts erfahren, oft vielleicht nicht einmal deren Namen gekannt. Und dennoch protokolliert *Shoah* dank Männern wie Abraham Bomba, dem Friseur von Treblinka, oder Filip Müller, aber auch mittels der Massenmörder, der wahren, der deutschen, die Kampfansage an das Unmögliche und *zeigt*, was man nicht sehen kann. Fände man eines Tages, hypothetisch gesprochen, einen nur wenige Minuten dauernden Stummfilm, den ein SS-Scherge insgeheim über den Tod in der Gaskammer gedreht hätte, einen Film, von dem ich, um die Strenge von *Shoah* deutlich zu machen, einmal gesagt habe, dass ich ihn, wenn ich ihn zu fas-

---

61   «Les films de Claude Lanzmann», *L'Infini*, Nummer 77, Winter 2002.

sen bekäme, sofort zerstören würde, dann würde diese Herausforderung gleichwohl bestehen bleiben. Jacques Henric und Philippe Forest jedoch schließen sich mechanisch der mageren Kohorte jener an, die mir unterstellen, ich wollte Beweise zerstören, womit sie andeuten – möglicherweise, ohne sich dessen bewusst zu sein –, dass sie Beweise für notwendig halten. Ich habe *Shoah* aber nicht, wie diese Leute zu glauben scheinen, zu dem Zweck geschaffen, den Revisionisten etwas zu entgegnen: Mit solchen Menschen spricht man nicht; nie hatte ich vor, das zu tun. In meinem Film legt vielmehr ein riesiger Chor von – jüdischen, polnischen, deutschen – Stimmen unabweisbar und für immer Zeugnis von einem maßlosen Verbrechen ab.

Was nun das von den Mitgliedern des Sonderkommandos geführte Tagebuch angeht, dessen Blätter im Lehm der Krematorien II und III in Birkenau vergraben worden sind, so gehörte ich zu den ersten, die davon berichtet haben, und zwar genau seit 1980, als ich darüber in meinem Vorwort zu Filip Müllers Buch schrieb – vor mittlerweile fünfundzwanzig Jahren! Man möge es nachlesen, und man wird sehen, dass ich von Didi-Huberman, der nicht ehrlich genug ist, seine Quellen zu zitieren, keine Lektionen benötige. Dasselbe gilt für die vier «der Hölle entrissenen» Fotos, jene Fotos, die Didi-Huberman zum Ausgangspunkt seiner Angriffe gemacht hat, die Wahrheit verdrehend, die Leser mit den «Entdeckungen» seines unübertrefflichen Scharfsinns betäubend: doch nichts gab ihm das Recht zu behaupten, diese Fotos seien «im Inneren der Gaskammer» des Krematoriums V von Birkenau aufgenommen worden. Zweckentsprechend verfügt die Gaskammer über keine Öffnung ins Freie. Um sie zu erreichen, musste man den großen Raum durchqueren, in dem die Opfer ihre Kleidung ablegten, bevor sie die Todeskammer betraten, den Raum, der später, nach den Vergasungen, als Totenhalle oder Leichenablagestätte gedient hat. Die

Krematorien V und IV waren primitiver und nicht so betriebstüchtig wie die Krematorien II und III. Die Vergasten wurden von den Männern des Sonderkommandos in den Auskleideraum gebracht und dort gelagert, bis sie eingeäschert wurden. Filip Müller erklärt das alles in *Shoah* sehr genau. Nur der Auskleideraum hatte eine Öffnung nach draußen: Die Aufnahmen können also nur von dort oder vom Dach aus gemacht worden sein, was für ein oder zwei der Bilder auch zutrifft, wie mir David Szmulewski versichert hat, von dem Didi-Huberman berichtet, dass er als Aufpasser auf dem Dach des Krematoriums Dienst leisten musste. David Szmulewski, ein Mann von beispielhafter Bescheidenheit und Anständigkeit, den ich im Verlauf meiner langen Nachforschungen zur Vorbereitung der eigentlichen Dreharbeiten (zusammen mit den Brüdern Dragon und Dov Paisikovich und anderen Mitgliedern des Sonderkommandos) gut kennengelernt habe, erzählte, er sei Dachdecker gewesen, was in Birkenau – ebenso wie der Schlosserberuf – einer privilegierten Arbeit gleichkam, weil man sich dabei verhältnismäßig frei im Lager bewegen konnte.

Wenn Didi-Huberman sich gegen die offensichtliche Wahrheit sträubt, wenn er darauf besteht, die vier Fotos seien «im Inneren der Gaskammer» entstanden, dann hofft er vermutlich, dass man am Ende dieses unehrlichen Kampfes, über alle Nähe, alles Abgleiten und Verwirren hinweg, dazu übergehen werde, sich tatsächlich einzubilden, man sei Zeuge der eigentlichen Vergasung geworden. Das ist der traurige und völlig unwesentliche Streitgegenstand dieses absurden Bilderkrieges, den er aus unklaren Gründen ausgelöst hat.

art press, Nummer 298, 2005

WÜRDIGUNGEN UND GRABREDEN

EIN BRIEF AN NORIAKI TSUCHIMOTO

Wie soll ich meine Freude in Worte fassen! Ein Filmemacher vom anderen Ende der Welt, dem ich nie begegnet bin, von dem ich keinen einzigen Film gesehen habe, dessen Name mir bisher nichts sagte, wünscht sich, dass ich zu einer Festveranstaltung zu seinen Ehren nach Tokio eingeladen werde und *Shoah* neben seinen Filmen vorgeführt wird. Unsere Werke sollen dort in aller Öffentlichkeit einander gegenübergestellt, unsere Fragen und die der Zuschauer erörtert werden.

Diese gemeinsame Feier, die Anerkennung und die Großzügigkeit überwältigen mich: Letztes Jahr hat Noriaki Tsuchimoto in Tokio *Shoah* gesehen. Mit seinem Blick und der Erfahrung eines großen Künstlers, mit der geistreichen Perspektive eines Kämpfers und politischen Aktivisten hat er sofort erkannt, dass unsere Arbeiten miteinander verwandt sind, welche wesensgleichen Probleme ethischer, ästhetischer und technischer Natur wir, auf je eigene Weise, haben lösen müssen, welchen zentralen Fragen wir uns gestellt und welche Antworten wir gefunden haben: Wie Vermitteln, Belehren und Befragen, wie während der systematischen Enthüllung der Hölle, an der wir beide, er wie ich, besessen gearbeitet haben, Distanz wahren? Wie gegenüber Schmerz und Tränen ruhig bleiben, ohne sich von Gefühlen überwältigen zu lassen, was jede Arbeit unmöglich machen würde, und wie auf die gerechteste Art die Ungerechtigkeit und das Verbrechen anklagen? Tausend Fragen, tausend Wege!

Ich darf Noriaki Tsuchimoto heute – und das aus gutem Grund –

einen großen Künstler nennen, denn seit ich im Februar seine Einladung erhielt, habe ich mich zu einem langen, konzentrierten Zwiegespräch mit zwei seiner Filme zurückgezogen (die anderen standen mir leider nicht zur Verfügung): *The Message from Minamata to the World*, in englischer Sprache, und *Minamata: die Opfer und ihre Welt*, auf Japanisch, ohne Untertitel. Was für ein Erlebnis! Freilich hatte ich die Dokumentationen, die ich über die Minamata-Krankheit und ihre Geschichte – dieses andere Verbrechen gegen die Menschheit – auftreiben konnte, gründlich studiert, aber Tsuchimoto ist ein so wunderbarer Filmemacher und ein so peinlich genauer Gestalter, dass ich dem Film vom ersten bis zum letzten Bild leidenschaftlich folgte, ohne den Faden zu verlieren. Ich hörte Tsuchimotos ruhiger, klarer, zugleich menschlicher und sachlicher Stimme zu, verstand aber die einzelnen Wörter nicht; genau in den Augenblicken, da ich unsicher wurde und nicht wusste, ob ich dem Film noch folgen konnte, kam mir ein Bild zu Hilfe, das kommentierte, unterstützte, dem Wort Beistand leistete und es buchstäblich erleuchtete.

Bei Tsuchimoto schwätzen die Bilder nicht – wie es heutzutage bei so vielen Filmen der Fall ist, wo sie wuchern, um die Gedankenleere zu verdecken –, sie sind rar, kostbar, herzzerreißend oder rätselhaft in ihrer Schönheit und immer bedeutsam: Ich denke an den Anfang des Films, an das lange unbewegte Bild eines Fischerbootes auf glattem Meer, im Glanz der Sonne. Das Boot ist uns nah und doch weit entfernt: Sein Kameraabstand, die Bildeinstellung, die Länge der Szene – alles ist so vollkommen, dass die unmittelbar bevorstehende Katastrophe augenblicklich spürbar wird. Die Schönheit und der Frieden sind trügerisch: Dieses Meer ist tot und tödlich. Natürlich musste ich an die erste Szene von *Shoah* denken: kein unbewegtes Bild, sondern ein langsames Panoramabild, das mit dem Boot des Sängerknaben Simon Srebnik auf dem stillen

Wasser eines Flusses in Polen dahingleitet und gleich in der ersten Minute der Erzählung an die Grenzen der Welt führt, um in der Folge die Schwelle zum Hades zu passieren und uns in das Totenreich zu schleusen.

Viele Bilder in Tsuchimotos Film sind unvergesslich, zum Beispiel das letzte, wo sich riesige schwarze, graue, weiße Wolken ineinanderfügen, ihr krebsartiges Anwachsen, das die nicht endende Bedrohung zum Ausdruck bringt; oder der von der Kamera bis zum Horizont festgehaltene Vogelflug, ein Pfeil am Himmel; oder die gebeugten nackten Schultern des alten Krakenfischers in der Bucht von Minamata: Bis zu den Achseln steht er im Meer, mit einer primitiven, holzgerahmten Maske lauert er seiner Beute auf, urplötzlich spießt er sie mit einem einzigen Schwung seines archaischen, neptunhaften Dreispitzes auf; oder derselbe Fischer: Aufrecht, mit dem strahlenden Lachen eines weltoffenen Proletariers trotzt den Sorgenfalten, den Spuren des Lebens, die sein Gesicht zeichnen, mit verdrehtem Hals und gewundener Hüfte tritt er in den Streik, Tintenfische mit ihren Tentakeln umgürten ihn, bilden hinter ihm eine Schleppe, wogendes Haar wie das der Venus des Botticelli.

Aber es gibt in Tsuchimotos Film nicht nur schöne Bilder, «die schönen Bilder». Es gibt auch Umhängemikrophone, wackelige Kamerafahrten, übertriebene und brutale Zoom-Aufnahmen einer ganz an der Aktion beteiligten Kamera, Gefechtskamera-Bilder – alles didaktisches Werkzeug, das einem einzigen Gesetz folgt: dem Belehren, Unterrichten, Zeigen, Beweisen, Überzeugen, Mobilisieren, Anklagen, Beschreiben. Eine Kamera des Topographen und des Landvermessers, dem die kleinsten Einzelheiten am Herzen liegen – und auch hier verbindet sich wieder alles mit der Vorgehensweise, die ich während der zwölf Jahre dauernden Dreharbeiten für *Shoah* verfolgt habe.

Das Thema des Festivals, das uns in wenigen Tagen in Tokio zusammenbringen wird, haben Sie mir mitgeteilt: *Die Welt von Noriaki Tsuchimoto und Claude Lanzmann.* Das ist ein weites Feld. Darüber müsste man nicht nur ein paar Seiten schreiben, sondern ein ganzes Buch. Vielleicht mehrere Bücher. Unterstützt von Tsuchimoto und dem Publikum werde ich in Tokio ausführlich über *Shoah* reden. Aber seien Sie sich bewusst, dass ich hier, wo ich vor allem über Tsuchimoto spreche, auch von mir selbst berichtet habe. Er weiß es: Er hat mich anerkannt, und ich habe ihn anerkannt. Ohne einander begegnet zu sein, haben wir uns, ganz direkt, durch und in unseren Werken erkannt, und zwar als Brüder: Wir sprechen dieselbe Sprache, die des Filmemachens, der Wahrheit und der Gerechtigkeit. Wahrheit und Gerechtigkeit bedürfen des Kunstwerks, seiner ganzen Kraft und Subtilität, um erfasst und vermittelt zu werden, damit sie alle Menschen erreichen.

Die sublime Arbeit eines Tsuchimoto untersucht geduldig gemarterte Körper, zeigt Großaufnahmen von liebkosten, von zerfurchten Gesichtern, die von der Kamera meist horizontal abgetastet werden (ich dachte an Eisenstein oder an Pudowkin); die wahnsinnigen, verdrehten Augen der Heranwachsenden von Minamata, das markerschütternde Mitgefühl der Mütter oder der «Rehabilitierten» werden durch den Blick des Regisseurs, einen zornigen und gütigen Blick, wunderbar festgehalten.

Es zählen die Freude, die schöpferische Kraft, die unbedingte Notwendigkeit, die Wahrheit zu sagen, das Nachspielen, wo es nötig ist (denn ein solcher Film ist nicht und kann nicht nur eine monotone «Dokumentation» sein, die sich auf eine Wiedergabe der «Ereignisse» oder die fade Aufnahme dessen, «was geschieht», beschränken würde), mit einem Wort: das In-Szene-Setzen. Verpasste Gelegenheiten kommen nicht zurück, wenn man sich auf solche Unternehmungen einlässt. Bei den Dreharbeiten zu *Shoah* habe ich von der «Fiktion des Wirklichen» gesprochen, und ich behaupte nicht ohne Stolz, dass das, was man gewöhnlich unter Fiktion versteht – die in der Filmindustrie von verschiedenen Spezialisten hergestellten Produkte, die sie dann als «Fiktionen» bezeichnen und den «Dokumentationen» entgegensetzen –, im Vergleich zu unseren Arbeiten schwach sind. Kein Regisseur fiktionaler Filme wird je über Tsuchimotos Erfindungsgabe und sein Einfühlungsvermögen verfügen; wenn er die Protagonisten der wirklichen Geschichte – mit seiner präzisen Regieführung, im wahren Fieberwahn, in den er eintaucht und in den er uns mitreißt, alle Grenzen zwischen Phantasie und Wirklichkeit überschreitend – zu Schauspielern gespielter und nachgespielter Geschichten werden lässt. Ich denke an die außerordentlichen Szenen der in einem riesigen Universitätshörsaal stattfindenden Gegenüberstellung zwischen den Opfern von Minamata und der unheilverkündenden Schar von Krawatte tragenden Arbeitgebern und Direktoren des für das Verbrechen verantwortlichen Mischkonzerns Chisso; an die von ihm selbst organisierte Erstürmung des Podiums durch die Fischer, die ihr Recht, die Anerkennung der begangenen Untat und Wiedergutmachung des nicht Wiedergutzumachenden fordern. Es ist ein so heftiger Ansturm, dass er die Kamera des Regisseurs mit sich reißt, zum Wanken bringt, Stößen aussetzt. Das alles geschieht natürlich mit seinem Einverständnis. Die Kamera wird buchstäblich verrückt, weil Tsuchimoto, um der Wahrheit treu zu bleiben, das Risiko eingeht, nicht länger auch nur die geringste Kontrolle auszuüben.

Mit dieser in den Annalen des Filmemachens beispiellosen Szene möchte ich enden. In wenigen Tagen werde ich Noriaki Tsuchimoto kennenlernen, einen höchst bewunderungswürdigen Mann, meinen Bruder, von dem ich vor nur drei Monaten noch nichts wusste. Ich werde ihn deshalb nicht um Verzeihung bitten, denn ich war seit 1973 in Claude Lanzmanns Welt untergetaucht. In der Welt von *Shoah*. Einer anderen Welt. Der gleichen Welt.

Auf bald, Noriaki: Auf bald, in Tokio. Auf bald, in Minamata.

Februar 1996

FÜR BERNARD CUAU

Seit Bernard Cuau am 21. August 1995 aus dem Leben gerissen wurde, hat die Zeit nicht alle Wunden geheilt. Mitnichten. Ungläubig lese ich immer wieder diese in völliger Verzweiflung geschriebenen Texte, die er mir am Ende unseres letzten gemeinsamen Abendessens, zwei Monate vor seinem Tod, anvertraute. Von einem gemeinsamen Abendessen kann eigentlich nicht die Rede sein: Mit seinem zerfetzten Magen, dessen qualvolle Erkrankung die Ärzte und er selbst damals noch einem aggressiv wuchernden Geschwür zuschrieben, aß mein Freund nichts mehr, er hielt sich an Flüssigkeiten, die man ihm verschrieben hatte, um seinen Hunger zu stillen. Schon früher einmal – im April, nach einer langen Fahrradtour, die über seine Kräfte ging und zu der ich ihn genötigt hatte, weil mir seine körperliche Schwäche nicht ausreichend bewusst gewesen war – hatte er von diesem Manuskript gesprochen und mich vorsichtig gefragt, als sei es nebensächlich, ob ich bereit wäre, es zu lesen. Die Antwort verstand sich von selbst. Er war meinem unmittelbaren, aber voreiligen Vorschlag, Auszüge daraus in einer der nächsten Ausgaben von *Les Temps Modernes* zu veröffentlichen, mit einem Lächeln ausgewichen: «Darum geht es nicht. Ich brauche dein Urteil, und ich will, dass du begreifst, wie es um mich steht.»

Wie es um ihn stand, wurde mir tatsächlich erst später klar – und in jeder Hinsicht «zu spät» –, weil ich mich in der Vorahnung einer Angst, in die sie mich vielleicht hätten stürzen können, gescheut hatte, sofort mit dem Lesen der sorgfältig geschriebenen, nicht paginierten Blätter zu beginnen. Die Umstände – eine weite Reise, Arbeit, der Sommeranfang, die Einweisung Bernards ins Krankenhaus, die Bestürzung über die Nachricht, dass die Ärzte ihn aufgegeben hatten (er war neunundfünfzig Jahre alt), die täglichen Telefonate, die Hin- und Rückfahrten zwischen der Provinz und dem Krankenhaus La Pitié in Paris, der Tod meiner Mutter zwei Wochen vor dem seinen – haben es mit sich gebracht, dass ich die Seiten erst im Augenblick seines Sterbens gelesen habe, zwischen dem letzten Tag seines Todeskampfes in jenem Tal der Cevennen, wo er heute ruht, und seinem Begräbnis.

Es spielt kaum eine Rolle, dass ich mir dieses «zu spät» nicht verzeihen kann, dieses «zu spät» – das man ebenso gut als verweigerte Erste-Hilfe-Leistung bezeichnen könnte und das alle Umstände der Welt nicht rechtfertigen werden –, meine Taubheit oder meine Blindheit oder auch, dass ich immerzu von der Frage gequält werde: «Was hätte ich getan, wenn ich nur rechtzeitig verstanden, also gelesen, hätte!» Diese Qual ist meine Sache, sie wird mich immer begleiten. Dabei stehen zu bleiben führt aber auch dazu, einer ganzen Reihe von Fragen auszuweichen, die zu stellen auf andere Art verblüffend, schmerzlich und zentral wäre.

Denn der Tod, Bernards Tod, ist auf jeder der von ihm geschriebenen Seiten gegenwärtig, er ist ihnen eingeprägt, ja sogar erschreckend genau beschrieben. Es scheint – aber steht es mir überhaupt zu, das zu sagen, gerade jetzt, wo mich ein aller Formulierungen und Gedanken spottender Schwindel erfasst? –, als ob die von meinem Freund mir noch zu seinen Lebzeiten anvertrauten Seiten wirklich erst nach seinem Ableben gelesen werden konnten und durften, testamentarisch, im Zeichen des Todes; als hätte die nun offenbare Evidenz dieses angekündigten Todes die Seiten erleuchtet und wäre damit Garant und Siegel ihrer Wahrheit und Schönheit. «Ich bin am Leben, und ich bin tot», schreibt Bernard Cuau schon am Anfang seines Textes. Ich erinnere mich, wie ich mich fast erschlagen fühlte, als ich diese nicht datierten Worte in den letzten Augenblicken seines Todeskampfes las: «ich bin tot». Wie hätte ich diese Worte aufgenommen, wenn ich sie rechtzeitig gelesen hätte, gleich nach der Übergabe des Manuskripts oder früher noch, damals im April? Wie hätte ich, etwas weiter im Text, jene andere Passage gelesen, von der ich heute weiß, dass er sie zwei Jahre zuvor verfasst hatte, als er noch kein körperliches Leiden und keine klinischen Symptome hatte und in der Bernard – im Mehrbettzimmer eines Krankenhauses, fast stinkend, wofür er die Formulierung «Vergessen seines Körpers» prägte –, sich genau so beschrieb, wie ich ihn dann im Pariser Krankenhaus La Pitié während der unerträglich heißen Tage des Sommers 1995 erlebt habe? Ich hätte zweifellos verstanden, dass mein Freund sich zurückzog, dass er am Ende war und die Konsequenzen der unerbittlichen Entscheidungen seines Lebens nicht länger heldenhaft und schweigsam ertragen konnte. Ich hätte seine Worte, «ich bin tot», jedoch nur als eine Metapher lesen können, ohne den unvermeidlichen Zerfallsprozess vorauszuahnen, der im Begriff war, sich zu erfüllen. Die eigentliche Frage hat mit dem Rang und Anspruch dieses Werkes zu tun: Hätte ich erkannt, dass es zu den seltenen Fällen gehört, die mit dem Blut ihres Verfassers bezahlt wurden und von denen man sagt, sie zählen nicht zur Literatur, weil sie die Literatur selbst sind?

Wenn ich von seinem Werk spreche, meine ich damit sowohl diesen letzten Text als auch die in den letzten zehn Jahren in *Les Temps Modernes* veröffentlichten Artikel und seine frühen kämpferischen Bücher: *La Politique de la folie*, eine unversöhnliche Anklage psychiatrischer Gewalt; *L'Affaire Patrick Mirval*, ein Buch mit Vorworten von Michel Foucault und Pierre Vidal-Naquet; seine Theaterstücke und etwa zehn Filme von ergreifender Feinsinnigkeit und Intensität. Um seine Filme wissen vor allem seine Studenten (er unterrichtete Filmkunst an der Universität Paris VII), weil er sie für akademische Kreise produziert hatte. Bernard war nie darum bemüht gewesen, ein breites Publikum zu erreichen. Machtstrategien und medienwirksame Tricks blieben ihm fremd, sein Gesetz war die Zurückgezogenheit. Wenn ich seine Arbeiten heute lese oder wiederlese, wenn ich die mir bekannten Filme erneut anschaue oder andere entdecke, von denen er mir gegenüber nie gesprochen hat, ermesse ich, dass seine unterschiedlichen Schöpfungen alle einem einzigen glühenden Herd entsprangen: Er wachte über einen ungeteilten Schmerz. Bernard hatte sich ganz der Hoffnungslosigkeit, dem Unwiederbringlichen verschrieben, dafür allein wollte er sich einsetzen; seine Worte und sein Handeln waren im Wahnsinn, im Ausgeschlossensein und im Gefängnis zu Hause (wöchentlich unterrichtete er in den Haftanstalten La Santé, Melun und Fresnes). Wir, die Lebenden, bemühten uns bei allen Redaktionssitzungen von *Les Temps Modernes* um Lösungen – ob es nun um politische oder andere Fragen ging. Er hingegen konfrontierte uns meist nur mit seiner ruhigen Sanftmut; wenn er, was selten, dann aber fieberhaft geschah, doch das Wort ergriff, konnten wir alle nur das Gefühl haben, dass er von anderswo zu uns sprach: Aus der Verzweiflung, der zu stellen er sich entschieden hatte, gab es keinen Ausweg. Und ebenso wenig gab es einen Ausweg aus den verrückten Zwängen, die er sich in seinem Privatleben auferlegte und von denen die Texte Zeugnis ablegen. Tod, Leben und Werk sind hier nicht voneinander zu trennen, und es ist der Tod, der das Leben und das Werk fest zusammenhält. Bernard Cuau hat sich mit seiner Arbeit umgebracht, mit allen seinen Arbeiten und namentlich mit der selbstgestellten Aufgabe als nächtlicher Schreiber, als der Nachtwächter, der er geworden war.

«Aufrecht, am Beginn der Erzählung, wartet er.

Seit Ewigkeiten steht er da, er wartet mit gesenktem Kopf, betrachtet die Erzählung, die er nicht in Angriff nimmt.»

Bedurfte es wirklich seines Todes, um die Vollkommenheit der vollendeten Erzählung zu bestätigen?

Les Temps Modernes, Nummer 587, März–Mai 1996

FÜR BERNARD CUAU

HAZKARAH. DIE AUFERSTEHUNG
DES NAMENS

Es rührt mich zutiefst, heute Morgen an diesem heiligen Ort vor Ihnen das Wort zu ergreifen. Mit der Einladung, bei der uralten und doch immer jungen Zeremonie der Hazkarah[62] die Festrede halten zu dürfen, haben Sie mir eine große Ehre erwiesen. Vor vier Jahren ist diese Tradition unterbrochen worden, weil die Bauarbeiten am Denkmal der Shoah begonnen haben, das zugleich Museum und zeitgenössisches jüdisches Dokumentationszentrum sein soll und wo wir heute versammelt sind. Unsere Feier ist also eine Eröffnungszeremonie, sie findet, seit das Denkmal der Öffentlichkeit zugänglich ist, zum ersten Mal statt. Der Ernst und die einzigartige Rührung, die mich überwältigen und die Sie mit mir teilen, wie ich an Ihren Gesichtern ablesen kann, haben zweifellos damit zu tun, dass wir uns alle, Sie wie ich, der Bedeutung dieses Denkmals bewusst sind: Es ist zuallererst das unsere, das Denkmal der französischen Juden und noch mehr das Denkmal der aus Frankreich deportierten Juden, die aus ihren Städten und Dörfern in den Tod geschickt worden sind. Ich kenne andere Gedenkstätten der Shoah an anderen Orten der Welt, allen voran natürlich Yad Vashem, dann die Museen in Washington, New York oder Berlin; jedes hat seine Vorzüge, seine Größe oder seine Stärke – das ist eine Geschmacksfrage –, aber keines verzichtet so entschieden auf Bombast wie das unsere,

---

62   Hazkarah ist Hebräisch und bedeutet Totenehrung, es beschreibt aber auch den Vorgang, sich etwas ins Gedächtnis zu rufen oder sich zu erinnern.

als ob die schlagende Evidenz der Geschehnisse und des gezollten Tributes uns zur Einfachheit verpflichtet und die Demut vor der Wahrheit uns Maßlosigkeit untersagt hätte. Allen Monumentalisierungen, oft und naturgemäß bloß Monumentalisierungen der Leere, ziehe ich die nüchternen Mauern vor, welche die Namen der fast achtzigtausend aus unserem Land Deportierten bewahren; sie empfangen alle Museumsbesucher gleich am Eingang; auch nach dem Rundgang müssen sie wieder an ihnen vorbei. Diese auf alle Zeit in hartes, aus Jerusalem stammendes Gestein, den edelsten aller Rohstoffe, eingemeißelten achtzigtausend Namen sind für sich allein schon die Hazkarah. Die Schönheit, die Gegenwärtigkeit, die Massivität, die Fülle, aber auch die Individualität dieser Tausenden von Namen lassen uns das unfassbare Ausmaß des Verbrechens und die von jedem einzelnen Opfer erlittene Tragödie körperlich spüren. Was mich betrifft, so kann ich mich zwischen solchen, von so vielen Seelen bewohnten Mauern nicht aufhalten, ohne von Entsetzen ergriffen zu werden; sie wieder zu verlassen und durch das Tor wegzugehen ist tatsächlich ein Sichlosreißen, nahezu ein Verrat. Der Entschluss, die Namen unserer Märtyrer und der wenigen Überlebenden am Eingang abzubilden, ist wohl ein Zeichen wahrer Pietät, eine Verkörperung einstiger Leiden in unserer Gegenwart. Wir verdanken die Lösung in erster Linie Serge Klarsfeld: Ich erinnere mich, wie bestürzt ich beim Lesen seines *Mémorial de la déportation des Juifs de France* war, eines dicken und grob broschierten, nicht paginierten, manuell hergestellten Bandes, der die kopierten Listen der von Jahr zu Jahr, mit jedem Transport deportierten Menschen enthielt, mit keinem anderen Inhalt als der unaufhörlichen Litanei der schönen jüdischen Namen, die durch diese Verse aus Louis Aragons Gedicht *Das rote Plakat*, in Gedenken an die erschossenen Helden der Gruppe Manouchian – mehr als die Hälfte waren Juden –, unsterblich gemacht wurden:

Eure Porträts waren auf den Mauern unserer Städte
Mit schwarzem Bart und rauer bedrohlicher Nacht
Das Plakat, das ein Blutfleck zu sein schien
Denn eure Namen auszusprechen, ist schwer
Es wollte Angst bei den Passanten wecken

Serge – ich glaube, ich habe im Palais de Chaillot einmal eine Laudatio auf ihn gehalten und ihm einen Preis überreicht –, hat verstanden, dass den Opfern einen Namen zu geben, bedeutet, sie wieder lebendig zu machen oder ihnen wenigstens eine Grabstätte zu verschaffen. Erinnern Sie sich an die jüdischen Abteilungen auf den Friedhöfen von Paris oder seinen Vorstädten, ob nun in Bagneux, Pantin, Saint-Ouen, Belleville oder Charonne, aber auch auf dem Friedhof von Montparnasse oder auf Père-Lachaise, an die Grabsteine, die nie einen Sarg oder Gebeine bedeckt haben, doch mit den Fotografien eines Kindes, eines Paares, eines Mannes, einer Frau, einer ganzen Familie, mit nichts als einem Namen und dem knappen Hinweis «Verstorben» – ob nun in der Einzahl oder Mehrzahl gemeint – «in Auschwitz» und einer Jahreszahl, 1942, 1943 oder 1944, versehen sind. Haben wir je darüber nachgedacht, wie bedeutsam und ausschlaggebend die Namensgebung ist? Die Shoah war ein radikaler Angriff auf den jüdischen Namen, ohne Präzedenzfall. In seinem konsequenten Bemühen um Entindividualisierung, die drei Jahre später in die Massenvernichtung münden sollte, zwang Hermann Göring 1938 Deutschlands Juden und Jüdinnen, ihrem nach der Geburt erhaltenen Vornamen einen weiteren hinzuzufügen: Israel für das männliche, Sara für das weibliche Geschlecht. Ich erinnere mich an einen sardonisch grinsenden deutschen Juden, den ich während der Dreharbeiten zu *Shoah* in New York befragt und gefilmt hatte und der mir erzählte, wie er sich als Dreizehnjähriger vor seiner Deportation nach Riga, wohin seine Eltern und sein älterer Bruder bereits gebracht worden waren, jeden Morgen in der Polizeidienststelle seiner Geburtsstadt Kassel melden, dort die Hacken zusammenschlagen und mit lauter, deutlicher Stimme erklären musste: «Ich bin der Jude Hermann Israel Ziering.» Daraufhin bekam er gewöhnlich sofort eine schallende Ohrfeige von dem Nazi-Beamten, bei dem er jeweils vorsprechen musste: Dieser fand die Akkolade des Vornamens des Reichsmarschalls mit einem anderen, eben Israel, unerträglich. Zierings Vater, er kehrte aus dem Ghetto deutscher Juden in Riga nicht zurück, glaubte so fest an die Idee der Assimilation, dass er seinen Söhnen die deutschesten Vornamen gegeben hatte. Der ältere Bruder, später avancierte er zu einem Genie im kalifornischen Silicon Valley, war Siegfried genannt worden. Die Enteignung der Namen wurde mit unerbittlicher Härte betrieben, der Mord an den Namen begleitete die Vernichtung von Person und Besitz auf jeder Etappe: Denken wir an die auf den Unterarmen der nach Auschwitz Deportierten eintätowierten Nummern (einige von ihnen sind heute anwesend, und sie tragen diese Nummer mit Stolz, als Mahnmal, als eine unzerstörbare Anklageschrift. Was mich angeht, so kann ich diese Nummer nicht sehen, ja auf einer hellen oder gebräunten Frauen- oder Männerhaut auch nur vermuten, ohne von dem fast unbezwingbaren Bedürfnis überkommen zu werden, zum Zeichen der Pietät und der unendlichen Hochachtung meine Lippen an sie zu führen); denken wir an die Unglücklichen, die von Ponari bis Chełmno mit ihren bloßen Händen die Leichen ihrer Nächsten aus der Erde holen und auf Scheiterhaufen verbrennen mussten, damit nur ja keine Spuren übrig blieben, und denen es verboten worden war, das Wort «tot» oder das Wort «Opfer» auszusprechen. Ihre Frauen, ihre Kinder, ihre Schwestern, ihre Väter und Mütter waren somit weder Tote noch Opfer, sondern «Figuren», mit anderen Worten Marionetten, Puppen, Fetzen. Es galt, die Lebenden zu entmenschlichen, um den Massenmord zu begehen, und die Entmenschlichung machte nicht einmal vor den Toten Halt: Die Leichen in den Gaskammern waren «Stücke», die in den Vergasungswagen waren «Ladung». Das systematische Verschleiern, das Vertuschen, die Verfälschung der Sprache waren, wie man weiß, der Schlüssel zu allem, was verbrochen wurde: Die Dinge tun, sie nicht schildern, nichts sagen, nie benennen, was gerade geschieht. Als wäre ihr Handeln unmöglich geworden, wenn sie es benannt hätten. In einem sehr schönen Gedicht schrieb der spanische Dramatiker Gabriel Bocángel im siebzehnten Jahrhundert:

Dein hartnäckiger Leichnam belehrt,
dass es ein totes, aber kein besiegtes Leben gibt.

Die Nazis wussten, dass sie die Leichen besiegen mussten: Die Vernichtung der Unseren und die Zerstörung der Spuren ihrer Vernichtung verliefen parallel. Das perfekte Verbrechen war vollbracht: Es hatte nicht stattgefunden. Diese Aufhebung des Verbrechens bildet den eigentlichen Mittelpunkt der Shoah und dessen, was wir bis heute erleiden. Unsere Präsenz hier, an diesem Ort, bezeugt freilich, dass es ihnen nicht gelungen ist, die auf ewige Zeiten unbesiegbare, hartnäckige Verbindung zwischen den Toten und den Lebenden zu zerstören.

Man wird mir verzeihen, wenn ich für einen Augenblick von mir und von meinem Film *Shoah* spreche, um die lebenswichtige Bedeutung der Namensgebung zu betonen. In den zwölf Jahren, in denen ich an dem Film gearbeitet habe, hatte ich keinen Titel für ihn. Der Begriff «Holocaust» kam, weil er ein Opfer bezeichnet, nicht in Frage; außerdem war er bereits verwendet worden. Aus administrativen Gründen muss ein Film einen Titel haben. Ich habe es mit einigen versucht, war aber mit keinem zufrieden. In

Wahrheit gab es keinen Namen für das, was ich damals nicht einmal «das Geschehnis» zu nennen wagte. Im Stillen, sozusagen heimlich, sprach ich von «der Sache». Es war eine Art, das Unbenennbare zu benennen. Wie hätte es einen Namen für etwas geben können, was in der Menschheitsgeschichte zuvor nicht da gewesen war? Wenn es mir möglich gewesen wäre, meinem Film keinen Titel zu geben, hätte ich allzu gern darauf verzichtet. Das Wort «Shoah» hat sich mir erst ganz am Ende aufgedrängt, weil ich das Hebräische nicht beherrsche und den Sinn des Wortes nicht verstand, was mir auf einem Umweg tatsächlich ermöglichte, auf einen Titel zu verzichten. Für all jene hingegen, die des Hebräischen mächtig sind, ist «Shoah» ebenfalls völlig unangemessen. Der Begriff taucht mehrmals in der Bibel auf; er bezeichnet eine «Katastrophe», «Zerstörung», «Vernichtung», aber es kann sich auch um ein Erdbeben, einen Tsunami oder eine Sintflut handeln. Rabbiner haben jedoch nach dem Krieg eigenmächtig entschieden, dass er «die Sache» bezeichnen sollte. Für mich war «Shoah» ein Begriff ohne Bedeutung, eine unverständliche und kurze Äußerung, ein undurchdringliches, robustes Wort. Ich habe gekämpft, um den Titel «Shoah» für meinen Film durchzusetzen, ohne zu wissen, dass ich dabei einen radikalen Akt der Benennung unternahm, denn nahezu augenblicklich wurde der Filmtitel in zahlreichen Sprachen zum eigentlichen Namen für das Geschehene in seiner völligen Singularität. Der Film wurde auf Anhieb eponym, und man begann, den Begriff «die Shoah» zu verwenden, er verdrängte Begriffe wie «Holocaust», «Völkermord», «Endlösung». Ich habe genug gesagt. Das sind allgemein bekannte Bezeichnungen. Shoah ist ein Eigenname geworden, der einzige Name und in dieser Hinsicht unübersetzbar. Antisemitismus ist der metaphysische Hass auf das Volk, das am Anfang steht, darum weiß und es akzeptiert. Den Höhepunkt dieses Hasses mit einem hebräischen Wort zu bezeichnen ist also völlig richtig, es ist in jedem Fall weniger unangebracht als die Verwendung aller anderen möglichen Begriffe. Obwohl ich die Sprache nicht verstand, wusste ich seit dem Beginn meiner Arbeit, schon lange bevor ich mich für «Shoah» entschieden hatte, dass ich in dem Film unsere Sicht der Katastrophe schildern wollte, die Sicht der Opfer und der Überlebenden. Mit einem sicheren Gespür haben jene, die beschlossen haben, dieses Denkmal, dieses französische Denkmal, unser Denkmal hier, das Denkmal der Shoah zu nennen, meine Empfindungen verstanden. Ich bin glücklich, dass sich die Stiftung, mit unserer großen Simone Veil als Präsidentin, Stiftung zum Gedenken an die Shoah nennt. Ich bin sehr stolz darauf.

Eine der für mich unerträglichsten Szenen des Films *Shoah* spielt sich in Grabow ab, einem Schtetl in Polen. Ende Dezember 1941 wurden die Grabower Juden in den Vergasungswagen im nur neunzehn Kilometer entfernten Chełmno erstickt. Die anderen Einwohner eigneten sich sogleich ihre Häuser an. In einer Szene befrage ich vor einer mit schönen Schnitzereien verzierten Tür, an der Schwelle eines Hauses eine brave, zahnlose Bäuerin mit Stupsnase, die mir ganz selbstverständlich erzählt, sie bewohne dieses jüdische Haus. Ich frage sie, ob sie die früheren Bewohner gekannt hatte. Sie entgegnet, mit der gleichen Selbstverständlichkeit: «Ja, natürlich», und ich will wissen: «Wie haben sie geheißen?» Stille, ein langes Schweigen. Endlich erwidert sie dann, sie erinnere sich nicht an den Namen. Der Name ist ihr entfallen. Trotz der inneren Anspannung, die die Dreharbeiten mit sich brachten, habe ich in diesem Augenblick einen stechenden Schmerz empfunden, dieses Vergessen, dieser Verlust des Namens, kam einer Verdopplung des Verbrechens gleich, als wären die Juden von Grabow ein zweites Mal gestorben. Man sieht mich in *Shoah* den Hilferuf lesen, den Jacob Schulman, der Rabbiner von Grabow, an einen seiner Freunde und an den Schöpfer des Universums richtete: «Mensch, lege deine Kleider ab, bedecke deinen Kopf mit Asche, laufe durch die Straßen und tanze, vom Wahnsinn erfasst.»

Was sich in Grabow abgespielt hat, verpflichtet uns und führt uns die wichtigste Aufgabe dieses Denkmals der Shoah vor Augen. Jeder von uns, die wir hier versammelt sind, ist auf seine Weise Hüter des Namens, der Namen, Wächter von sechs Millionen Namen. Als ich vor kaum fünf Jahren zu Dreharbeiten für meinen jüngsten Film *Sobibor, 14. Oktober 1943, 16 Uhr* (Datum und Stunde des Aufstandes im Vernichtungslager) nach Sobibor zurückkehrte, entdeckte ich, dass die polnischen Behörden dort ein kleines Museum errichtet haben, das es noch nicht gegeben hatte, als ich 1978 zum ersten Mal dort drehte. In einem der Räume war in weißen Lettern auf schwarzen Wänden eine Liste mit allen polnischen Städten und Dörfern zu sehen, deren jüdische Bevölkerung in Sobibor vergast worden ist, auch die Daten der Transporte und die Opferzahlen waren angegeben. Eine genaue Liste der Deportationen aus Holland, Frankreich, Deutschland, Österreich und der Tschechoslowakei fand ich dort ebenfalls. Ich konnte nicht widerstehen: Auf der Stelle begann ich zu filmen, und der Film endet dann auch mit der langsamen Abfolge dieser Namen, einem langsamen Vorbeiziehen, begleitet von meiner Stimme, sodass sich das Bild durch das Vorlesen verdoppelt und den Zuschauer vor der Leinwand gleichsam festnagelt, eine Art und Weise, aus uns Wächter und Hüter des Namens zu machen. Die reine Pietät. Hätte ich mich nicht dazu entschlossen, die Namen laut vorzulesen, wäre das Publikum in der Freude über einen gelungenen Aufstand aus dem Film entlassen worden. Das Vorlesen der Listen warf die Zuschauer jedoch in die Realität der Tragödie zurück. Das musste sein.

Gerade fällt mir ein, dass die Frage der Namen für mich bereits vor dreißig Jahren, 1973, in meinem ersten Film *Warum Israel* im Mittelpunkt gestanden hat: *Warum Israel* beginnt und endet in der

Halle der Namen des alten, berührenden und bescheidenen Yad Vashem (damals noch nicht die gigantische Stadt aus Stein, zu der die Gedenkstätte geworden ist): Die vier Mauern dieses Archivs des Todes werden vom Boden bis zur Decke von schwarzen Sammelbüchern bedeckt, von denen jedes auf Hunderten von Seiten die Personalien der Toten oder der – immer noch von ihren hoffnungslos trauernden Nächsten gesuchten – Vermissten enthält. Zu Beginn des Films verfolgt die Kamera mit einem 360-Grad-Panorama den schweigsamen Rundgang des Archivars. Drei Stunden später öffnet dieser Mann in derselben Halle, in meiner Gegenwart, eines der Sammelbücher und beginnt es durchzusehen, wobei er, Blatt für Blatt, mit lauter Stimme meinen eigenen Namen vorliest, aber stets mit anderen – männlichen oder weiblichen – Vornamen. Am Ende schließt er das Buch geräuschvoll und sagt: «Jeder ein Lanzmann.» Ich bin mir sicher, die meisten dieser Namen wurden anders geschrieben als meiner. Man hat mich vor einer Woche in New York, im Living Heritage Museum, nach einer Vorführung von *Warum Israel*, gefragt, ob es sich bei diesen Namen um Mitglieder meiner Familie handelte. Ich habe geantwortet: «Nein, aber sie waren Menschen meines Volkes, das ist dasselbe.»

Wenn ich, von meiner persönlichen Erfahrung ausgehend, meinen innersten Beweggründen auf die Schliche zu kommen suche, dann weiß ich, dass die unmenschlichen Geschehnisse, deren Zeitgenosse ich gewesen bin, mir jedes Mal, sobald ich mich ihrer Wirklichkeit stellte, solches Entsetzen einflößen, dass ich sie aus der Menschheitsgeschichte herauslösen will: Das ist nicht geschehen ... das hat sich nicht zu meinen Lebzeiten ereignen können! Das Entsetzen erreicht seinen Höhepunkt, wenn ich an die Verlassenheit und das absolute Ausgesetztsein denke, in dem Kinder, Frauen, Männer, jung und alt, alle aus unserem Volk umgekommen sind. *Shoah* wurde gegen diese Verlassenheit geschaffen. Der Film ist nicht nur ein Akt des Benennens, sondern ebenso sehr eine Auferweckung der Toten, nicht um sie wieder ins Leben zurückzuführen, sondern um ihren Tod sprechen zu lassen, um alle Einzelheiten präzise zu beschreiben, um sie bis ans Ende zu begleiten, um alles zu erfahren, was zu erfahren möglich ist, damit wir in einem gewissen Sinne mit ihnen sterben: Er ist die unmögliche Wiedergutmachung der radikalen und herzzerreißenden Einsamkeit ihres Sterbens.

Als Jacky Fredj, der Direktor der Gedenkstätte, mich bat, heute diese Ansprache der Hazkarah zu halten, und ich mir darüber Gedanken machte, vor was für einem Publikum ich stehen würde, sagte er mir: «Wir werden unter uns sein. Keine Minister, und falls einer kommen sollte, dann nur als Privatperson. Offizielle Einladungen werden nicht verschickt. Wir werden ganz unter uns sein.» Dieser Verzicht auf jeglichen Klimbim gefiel mir, ich habe zugesagt. Und da wir jetzt unter uns sind, darf ich mich zu Recht fragen, was uns eigentlich verbindet, was uns allen gemeinsam ist. Was führt uns zusammen, was ist der Anlass unserer Versammlung an diesem Ort, wenn nicht das Band des Schmerzes, die Bindung des Fleisches an das äußerste Leid, die überlebenden Deportierten, die Waisen, die dezimierten Familien, die Generation auf Generation die Fackel weiterreichen; wenn nicht das insgeheime Einverständnis durch Blicke und Gesten, das kaum eines Wortes bedarf: Wir sind Juden, wir teilen dieselbe Geschichte, tragen den gleichen Namen. Die Mauern des Denkmals hier bezeugen es. Wir sind unter uns. Möge Serge Klarsfeld, dem ich in tiefer Freundschaft verbunden bin, mich hören! Er ist stolz darauf, dass es ihm gelungen ist, das Datum der Razzia des Wintervelodroms[63] im Gedächtnis

---

63   Massenverhaftungen am 16. und 17. Juli 1942 in Paris, die der Deportation vorausgingen (A. d. Ü.).

der Franzosen zu verankern. Serge hat allen Grund dazu: Er hat mit seiner ganzen Kraft dafür gekämpft und ist zu Recht stolz darauf. Möge die ganze Nation das Verbrechen anerkennen und sich jedes Jahr, zwei Tage nach dem Nationalfeiertag, daran erinnern. Das ist schön und gut und von großer Bedeutung. Man muss dieses Ende der Kette entschlossen hochhalten. Aber immer, wenn man gewinnt, verliert man auch. Die Kette hat noch ein anderes Ende, das meinem Herzen lieb und teuer ist: Die Gedenkfeier an jene Razzien findet nicht länger nur unter uns statt. Die goldenen Sessel des nationalen Inventars mit ihren Rücken- und Armlehnen aus rotem Samt stehen in der Rue Nélaton und erwarten die Würdenträger. Der Premierminister verliest stets eine ausgezeichnete Rede, die von einem seiner Berater, manchmal sogar einem Juden, verfasst wurde. Alle Erzbischöfe, Kardinäle, Generäle, Admirale sind anwesend und hören zu. Wenn ich den Ablauf dieses vollendeten Schauspiels betrachte, muss ich immer an die Worte von Gustave Flaubert denken, der vom «nur halben Kniefall der eiligen Frömmler» spricht. Nichts wird für mich der Rührung gleichkommen, die mich damals ergriff, vor langer Zeit, vor Serges großem politischen Sieg, als wir uns noch ganz informell, ohne Regeln und ohne bestimmtes Programm, versammelt haben und Henri Bulawko, seinerzeit der einzige Redner, uns zu Tränen rührte. Ein Hauch von Brüderlichkeit legte sich auf uns, als hätten wir ein Geheimnis geteilt, von dem nur wir wussten und das nur uns betraf. Wir waren unter uns. Und sind es immer noch. Das darf nie sterben.

Rede am Denkmal der Shoah, Paris, September 2007

PAULETTE DE BOULLY. TRAUERREDE AM GRAB MEINER MUTTER

Mama, du bist eine unerbittliche Atheistin gewesen. Gestern habe ich deinen Brief wieder gelesen, in dem du in großer und klarer Schrift den Ablauf dieser Abschiedszeremonie angeordnet hast. Du wiederholst darin entschlossen, im Vollbesitz deiner geistigen und körperlichen Kräfte, wie du betonst, deinen hundertmal geäußerten Wunsch, eine säkulare Trauerfeier zu erhalten. Im Unterschied zu vielen Menschen, die ihr Leben lang ihren Laizismus pflegen und am Ende – man weiß ja nie – zu sagen vergessen, was sie sich wünschen, um dann auf die Schnelle noch zu empfangen, was man die Tröstung der Religion nennt, hast du, Mama, deine Haltung nie geändert, nie hast du nachgegeben. Ich erinnere mich an eines unserer Gespräche, an einem Sommerabend vor ein paar Jahren in der Rue du Bac. Wir hatten beschlossen, gemeinsam zu Abend zu essen, was wir selten taten und was oft schlimm endete. Du konntest noch gehen, bereits gebückt, aber mit so unglaublicher Kraft auf meinen Arm gestützt, dass es schwer war, auseinanderzuhalten, wer in dieser Verflechtung eigentlich wen stützte, und du sagtest zu mir – ich möchte deine Worte genau wiedergeben, so richtig und schön sind sie gewesen –, dass die Größe eines Menschen darin besteht, dem, was geschehen muss, die Stirn zu bieten, bis zum Ende dafür zu kämpfen und es zu vollenden, und im Wissen darum, dass es weder ein Jenseits noch ein ewiges Leben gibt, sondern allein das Nichts, jeden Trost zu verweigern. Du hast Gott abgelehnt, aber, als eine wahre Mutter Courage, eine anspruchsvolle Ethik begründet. In den Grabstein, unter dem du nun gleich neben

535

meiner Schwester Évelyne und Monny de Boully ruhen wirst, dem Mann, der dich Tag für Tag abgöttisch geliebt hat, ohne Ausnahme, und den auch du uneingeschränkt geliebt hast, ist dieses von Monny verfasste, markerschütternde Gedicht eingemeißelt, ein Gedicht über den Tod und das undenkbare Nichts, diesen wahrlich undenkbaren Gedanken, dem du bis zum Ende treu geblieben bist:

Vergangenheit, Gegenwart, Zukunft, wohin seid ihr
entschwunden
Hier ist nicht nirgendwo
Dort oben die Harpune werfen
Dort oben zwischen den eintönigen Gestirnen

Es wird hier also weder Rabbiner noch Kippa oder Kaddisch geben, und wenn ich mich trotzdem für dich, Mama, zu einem letzten jüdischen Gruß anschicke, werde ich es für mich tun, schweigend, im Innersten meines Herzens und aus Gründen, die nur mich betreffen.

Und wenn du auch nicht an Gebete und Liturgien geglaubt hast, so liebtest du die Wörter doch wie verrückt, hast überhaupt das Reden geliebt und darauf bestanden. Wiederholt hast du gesagt, dass du dir an deinem Grab, sobald man dich in die Erde bettet, eine Rede wünschst. Diese Ansprache fällt mir zu: denn man hat mir gesagt, du habest mir diese unmögliche Aufgabe zugeteilt. Aber Mama, man braucht dafür nicht nur einen, man braucht hundert Bossuets[64] ... freilich nur unter der Bedingung, dass sie keine Bischöfe wären. Wie aber soll man deine Maßgabe begreifen und in Worte fassen, wenn man dein Sohn ist und erfüllt von Trauer?

---

64 Französischer Prediger und Verfasser von Trauerreden (1627–1704), Inhaber hoher Ämter in der katholischen Kirche (A. d. Ü.).

Du verdienst nämlich nicht bloß ein paar Sätze, sondern ein ganzes Buch. Ich habe mir oft vorgenommen, es eines Tages zu schreiben; schon lange vor deinem Tod dachte ich darüber nach und sagte mir, wenn es mir gelänge, wenn ich es schaffen sollte, dein lebendes Denkmal zu errichten, in Worte zu fassen, was es an Leidenschaft und Konflikten in unserer Beziehung gab, während das Band der Liebe unentwegt geknüpft, gelöst und neu geknüpft wurde, dann würde dieses schwierigste Werk mir vielleicht das Recht geben, darauf stolz zu sein wie auf nichts sonst, was ich im Leben getan habe.

Aber dafür ist es zu spät oder zu früh, und jetzt muss ich das Wort ergreifen, ohne Vorbereitung, ohne Nachdenken, in der Erschöpfung und Geschäftigkeit, die das Ereignis deines Todes mit sich gebracht hat. Es stimmt: Ich wusste, es war unvermeidlich, an manchen Tagen spürte ich, dass es bevorstand; ich schob diese Frist unendlich auf, denn ohne dich, ohne Paulette, konnte ich mir die Welt nicht vorstellen. Deine verblüffende Vitalität gab mir die illusorische Gewissheit, du würdest die Stärkere sein. In einem gewissen Sinne ist das auch der Fall gewesen: Denn du bist mit dreiundneunzig Jahren, taub und fast blind, gebrochen vom Alter, in deiner Wohnung gestorben, in voller Jugend, mit ungetrübtem und scharfem Verstand, mit Neugier auf Dinge und Menschen, mit einer nicht nachlassenden Lebensgier. Fast alle der an diesem Nachmittag Anwesenden können bezeugen, dass du wahrhaftig nicht bleichsüchtig erloschen bist, sondern gefallen, dahingerafft wie ein Soldat und bis ans Ende die hitzige, unzähmbare, gebieterische Paulette – ja umso gebieterischer, je gebrechlicher du wurdest (du belltest unausführbare Befehle), ungeduldig, gewitzt, mutig, von schneidender Intelligenz, allen Kompromissen und Lügen, allem falschen Schein feind, die lustige Paulette mit ihrem zerstörerischen und phantasievollen Humor, so geworden durch langes Leben: Paulette, die Antiquitätenhändlerin, die Expertin, hochgebildet und -gelehrt, in ihren Fachbereichen unschlagbar; Paulette, das lebendige Elefantengedächtnis des Jahrhunderts, Gedächtnis der Frauenbewegung, die uns mit ihren funkelnden Gegenüberstellungen des Heute mit allen vergangenen Tagen, mit den Wintern, die sie erlebt hatte, begeisterte; Paulette, die sinnbildhafte und gattungsbestimmende Mutter aller meiner Freunde während des Ausbildungsjahres am Lycée Louis-le-Grand und aller Freunde meines Bruders Jacques. Sie ist nicht nur die Mutter von Claude, Jacques und Évelyne L. gewesen. Sie war einfach «Die Mutter». Jean Cau hatte ihr diesen Namen gegeben. Und René Guyonnet, auch er ein Mitschüler, René, der heute unter uns ist, nannte sie nicht anders: Mit ihrer genialen Wissbegierde ermutigte sie zu vertraulichen Geständnissen. Sie waren alle ihre Söhne, sie liebte sie anders und auf gewisse Weise noch mehr als ihre eigenen, weil sie mit ihrem Gesindel – diesem schmutzigen Gesindel – besonders unnachsichtig war. Alle sind ihr treu geblieben, alle ihr verbunden, auch als wir Freunde uns voneinander entfernten. Dasselbe galt für die unzähligen Schwiegertöchter, die offiziellen und die sonstigen, die mit ihr noch Jahrzehnte später heimlich über uns tratschten. Ich überzeichne hier natürlich ein wenig. Judith Magre, meine erste Frau, hat mit Paulette am 3. August ihren letzten Abend verbracht. Sie sagte mir, meine Mutter sei heiter und bezaubernd wie immer gewesen: Sie waren einander echte Freundinnen, zumeist plauderten sie über alles, nur nicht über mich. Aber nachdem ich ihr tags darauf die traurige Nachricht übermittelt hatte, berichtete mir Judith, dass am 3. August die quälende Frage nach der Liebe des Sohnes erneut gestellt worden war. Und Judith sagte liebevoll: Es sei ihr gelungen, Paulette von der aufrichtigen Liebe ihres Sohnes zu überzeugen. Ich habe meine Zweifel: So eine Forschernatur, so eine Staatsanwältin überzeugt man nicht leicht. Sie wollte umfassende, stichfeste, ausführliche, Abbitte leistende Geständnisse, kniend vorgetragene Entschuldigungen. Ihre Briefe: Schneidende Anklagereden von zwanzig, dreißig, vierzig Seiten, im noch immer großartigen Stil des siebzehnten Jahrhunderts verfasst. Ich habe viele davon erhalten: Sie waren wahr und falsch, gerecht und ungerecht, aber ich habe sie immer bewundert.

Welchen Mut sie während des Krieges bewies, den sie mit gefälschten Papieren und ohne Lebensmittelkarten in Paris verbrachte. Dreimal von Gestapo und Miliz festgenommen, bot sie den Folterern die Stirn, gab nicht nach und kam jedes Mal durch nichts als Kühnheit davon. Dann unser Wiedersehen Ende 1944, nach einer zehnjährigen Trennung; seltene Besuche zwischen 1934 und 1938, als wir mit unserem Vater in der Provinz wohnten, während sie in einer Pariser Vorstadt in einer Sardinenbüchsenfabrik schuftete; dann, 1938 und 1939, einmal pro Woche ein Treffen in einer möblierten Unterkunft in der Rue Myrha, wo sie damals wohnte und uns als einzige Mahlzeit Pferdefleisch-Tatar bieten konnte, wie ich es noch heute regelmäßig esse; schließlich die Besatzungsjahre, eine offene Wunde. Sie hatte Kinder zurückgelassen, bei der Wiederbegegnung fand sie Männer vor. Aber was für eine Komik, was für eine andere Welt für meinen Bruder und mich, was für ein Fest! Ich sehe uns alle – Monny, Jacques und mich – splitternackt vor der Badezimmertür wie für eine militärische Musterung Schlange stehen. Jeder von uns betrat das Bad, sobald er an die Reihe kam: Sie waltete ihres Amtes, wusch uns, seifte uns vom Kopf bis zu den Füßen ein, verband uns, machte uns herunter, prüfte uns auf Herz und Nieren, verzog vor einer hängenden Schulter oder einem hochgerutschten Hoden angewidert den Mund. «Das hast du vom Vater Lanzmann geerbt», schimpfte sie. Der Vater Lanzmann war natürlich mein Vater, den sie unerschütterlich und beständig hasste.

Als sie einmal Jean Cocteau zum Abendessen eingeladen hatte

und er auf seine wunderbare Art das Wort ergriff, um dann mit dem Reden nicht mehr aufzuhören, hat sie mir, nachdem er gegangen war, vorgeworfen, stumm geblieben zu sein, was für einen hochmütigen Internatsgymnasiasten, der am Samstag Ausgang hatte, wohl das geringste Vergehen war. Ich hatte einfach zugehört, weiter nichts. Sie herrschte mich an: «Die Füße von Jean, seine kleinen Füße, hast du dir die angesehen?» Sie fand die meinen unförmig und albern, die von Cocteau dagegen, bis hin zur großen Zehe, von feinster Intelligenz geprägt.

Sie liebte kleine Füße, erkannte daran ein Zeichen von Unschuld: Ich sehe sie vor mir, wie sie noch vor wenigen Wochen die Füße von Felix, ihrem zweijährigen Enkel, den Dominique und ich ihr geschenkt haben, an ihren Mund führte. Sie liebte trotz Streit, Zerwürfnissen und Verwünschungen jedes ihrer acht Enkelkinder.

Mama, plötzlich werde ich von vielen Erinnerungen überwältigt, ich ahnte nicht, dass sie so überaus lebendig sein würden. Ich könnte schreiben und schreiben, nächtelang. Doch ein Sohn kann nicht alles sagen: zum Beispiel nicht das, was ich in einem Brief von Marthe Robert lese, der erst heute Morgen eingetroffen ist. Sie wird es mir bestimmt nicht übel nehmen, wenn ich ihn hier vortrage:

Mein lieber Claude,
heute lese ich in Le Monde von Paulettes Tod. Sie wissen, dass ich sie gut gekannt habe. Es gab eine Zeit, als ich sie oft besuchte, und ich fühlte mich in ihrer Gesellschaft sehr wohl. Ich bewunderte vor allem ihre Schönheit, sie schien mir die ganze Vornehmheit der Töchter des alten Israels zu verkörpern. Ich war zu Tränen gerührt, als ich sie, nur mit großer Anstrengung an Ihrer Seite gehend, an dem Tag, als ich den Preis der

Stiftung des französischen Judaismus erhielt, auf mich zukom-
men sah.
Ich umarme Sie.
M.

Noch eine letzte Erinnerung: Morgengrauen im Frühjahr 1942. Ich höre ein sanftes Klopfen an einem Fensterladen des Hauses in der Auvergne, wo wir mit meinem Vater wohnten. Wir waren auf ein heftiges Klopfen der Gestapo vorbereitet. Doch die Zartheit dieses kaum hörbaren Klopfens bringt mich dazu, die Treppe des stillen Hauses nach unten zu gehen, noch einmal zu horchen und schließlich die Haustür zu öffnen. Vor mir steht ein Unbekannter mit einem kleinen Koffer an der Hand. Er ist um die vierzig, groß, mit einer hohen Stirn, seine Augen leuchten vor Güte und Intelligenz, aber Angst steht ihm ins Gesicht geschrieben. Er murmelt: «Du bist Claude», dann legt er einen Finger auf seine Lippen und flüstert: «Pst, ich bin Herr Sylvestre.» Dieser Mann war Monny, Monny de Boully.

Sylvestre, Amédée Sylvestre war damals sein Deckname, neben vielen anderen. Er war auf Wunsch meiner Mutter zu uns gekommen, denn eine Wahrsagerin hatte ihr prophezeit, sie werde ihre Kinder nie wiedersehen. Die eigene Angst hatte er ebenso überwunden wie die große objektive Gefahr und die Demarkationslinie unter diesem Decknamen überschritten. Einige Tage blieb er bei uns, bevor er die Rückreise antrat. Abend für Abend schrieb er mit seiner schönen, kalligraphischen und fremden Dichterschrift an Paulette und beendete jeden seiner Briefe mit denselben Worten: «Ganz der deine, Paulette, ewig nur der deine.»

Und jedes Mal fragte er mich: «Willst du nicht etwas für deine Mutter hinzufügen?» Nein, Monny, nein, Mama, ich habe nichts hinzuzufügen.

LITERATURNACHWEISE

S. 19: Hugo, Victor: *Der Schlaf des Boas*, in: Helbling, Hanno; Hindermann, Frederico (Hg.): *Französische Dichtung 2. Von Corneille bis Gérard de Nerval*, Verlag C. H. Beck, München 2003, S. 285.

S. 104: Brecht, Bertolt: *Im Dickicht der Städte*, in: *Gesammelte Werke 1, Stücke 1*, Suhrkamp Verlag, Frankfurt am Main 1967, S. 135.

S. 240: Sartre, Jean-Paul: *Die Wörter*, übersetzt von Hans Mayer, Rowohlt Verlag, Reinbek 1982, S. 143 f.

S. 243: Sartre, Jean-Paul: *Die Wörter*, übersetzt von Hans Mayer, Rowohlt Verlag, Reinbek 1982, S. 143.

S. 247: Sartre, Jean-Paul: *Die Wörter*, übersetzt von Hans Mayer, Rowohlt Verlag, Reinbek 1982, S. 145.

S. 259: Cohen, Albert: *Die Schöne des Herrn*, übersetzt von Helmut Kossodo und Michael von Killisch-Horn, Klett-Cotta, Stuttgart 2012, S. 39.

S. 303: Pritchard, James B.: *Die Archäologie und das Alte Testament*, übersetzt von Margaretha von Reischach-Scheffel und Hans Peter Rüger, Rheinische Verlags-Anstalt, Wiesbaden 1961, S. 100.

S. 362: Sartre, Jean-Paul: *Vorwort*, in: Fanon, Frantz: *Die Verdammten dieser Erde*, übersetzt von Traugott König, Rowohlt Verlag, Reinbek 1969, S. 21.

S. 367: Lanzmann, Claude: *Shoah*, übersetzt von Nina Börnsen und Anna Kamp, Rowohlt Verlag, Reinbek 2011, S. 235 f. und S. 245.

S. 393: Sartre, Jean-Paul: *Überlegungen zur Judenfrage*, übersetzt von Vincent von Wroblewsky, Rowohlt Verlag, Reinbek 1994, S. 37 und S. 38.

S. 456: Lanzmann, Claude: *Shoah*, übersetzt von Nina Börnsen und Anna Kamp, Rowohlt Verlag, Reinbek 2011, S. 34 f.

S. 464: Hilberg, Raul: *Die Vernichtung der europäischen Juden*, Band 1, übersetzt von Christian Seeger u. a., Fischer Taschenbuch Verlag, Frankfurt am Main 1990, S. 15.